中国隧道及地下工程修建关键技术研究书系

U0649021

KEY TECHNOLOGY
OF THE DIFFICULT TUNNELS
OF BEIJING-ZHANGJIAKOU HIGH-SPEED RAILWAY

京张高铁重难点隧道
修建关键技术

张民庆 吕 刚 岳 岭 刘建友 刘 方 著

人民交通出版社股份有限公司

北 京

内 容 提 要

本书系统总结了京张高铁四座重难点隧道工程的修建关键技术。全书内容共分6章：第1章介绍了京张铁路和京张高铁的基本情况；第2章介绍了京张高铁隧道工程基本情况，以及工程地质和水文地质条件；第3章重点介绍了新八达岭隧道修建关键技术，主要包括下穿长城段控制爆破技术、下穿京张铁路青龙桥车站段施工技术等；第4章重点介绍了正盘台隧道修建关键技术，主要包括堆积体处理技术、反坡抽排水技术、施工通风技术等；第5章重点介绍了东花园隧道修建关键技术，主要包括降水施工自动控制技术、橡胶沥青防水涂料智能喷涂技术等；第6章重点介绍了清华园隧道修建关键技术，主要包括盾构隧道轨下结构全预制拼装技术、盾构机底部变形处理技术，以及北京地铁13号线的隔离防护等。

本书是铁路隧道修建技术的最新研究成果，内容丰富，创新点多，理论性强，实用性高，可供相关工程技术人员与高等院校师生参考使用。

图书在版编目(CIP)数据

京张高铁重难点隧道修建关键技术 / 张民庆等著
. — 北京：人民交通出版社股份有限公司，2021.7
（穿越：中国隧道及地下工程修建关键技术研究书系）

ISBN 978-7-114-17341-7

Ⅰ. ①京… Ⅱ. ①张… Ⅲ. ①高速铁路—铁路隧道—隧道施工—华北地区 Ⅳ. ①U459.1

中国版本图书馆 CIP 数据核字(2021)第 091127 号

Jing-Zhang Gaotie Zhong-Nandian Suidao Xiujian Guanjian Jishu
书　　名：京张高铁重难点隧道修建关键技术
著 作 者：张民庆　吕　刚　岳　岭　刘建友　刘　方
责任编辑：谢海龙
责任校对：孙国靖　魏佳宁
责任印制：张　凯
出版发行：人民交通出版社股份有限公司
地　　址：(100011)北京市朝阳区安定门外外馆斜街 3 号
网　　址：http://www.ccpcl.com.cn
销售电话：(010)59757973
总 经 销：人民交通出版社股份有限公司发行部
经　　销：各地新华书店
印　　刷：北京交通印务有限公司
开　　本：787×1092　1/16
印　　张：17.75
字　　数：413 千
版　　次：2021 年 7 月　第 1 版
印　　次：2021 年 7 月　第 1 次印刷
书　　号：ISBN 978-7-114-17341-7
定　　价：138.00 元
（有印刷、装订质量问题的图书由本公司负责调换）

前　　言

　　100 多年前，詹天佑先生主持建成了京张铁路，实现了中国人自主设计修建铁路零的突破。100 多年后的今天，京张高铁建成通车，这标志着中国铁路修建技术水平迈入世界先进行列。百年京张，见证了中国铁路的发展，也见证了中国综合国力的飞跃。同时，京张高铁的建成通车，标志着冬奥会配套建设取得了新进展，为冬奥会的成功举办奠定了坚实的基础。

　　在京张高铁的修建过程中，隧道工程的修建异常艰辛，特别是新八达岭隧道、正盘台隧道、东花园隧道、清华园隧道这四座隧道是重难点控制性工程。新八达岭隧道 2 次下穿八达岭长城，1 次并行水关长城，1 处浅埋下穿京张铁路青龙桥车站，如何安全通过这些重要建(构)筑物？正盘台隧道"地质多变、涌水量大、抽水艰难、通风复杂"，因前期受各种不利因素影响，第一年仅完成开挖 2000 多米，需要在剩余的一年时间内完成 10km 隧道开挖任务，这在国内外铁路隧道修建史上前所未闻，如何解决反坡抽排水难题、多工作面施工通风难题、快速施工组织难题？东花园隧道是目前我国最长的明挖铁路隧道，近邻官厅水库，地下水补给性强，隧道渗漏水风险高，如何提高施工效率？如何提升隧道结构防排水质量？清华园隧道是京张高铁唯一的盾构隧道，也是当时北京地区直径最大的盾构隧道，具有敏感度高、拆迁难、断面大、地质差、埋深浅、掘进难、风险多、工期紧、指标高、技术新等显著特点，如何按期完成隧道掘进任务？

　　面对严苛的环保要求、复杂的地质环境、巨大的工期压力以及开拓创新需求，每当遇到难题时都需要果断决策，每一次误判都将会产生严重的后果。京张高铁参建各方不畏艰辛、团结一致，不惧困难、锐意进取，解决了上述诸多工程技术难题，取得了丰硕的成果。在此，谨向京张高铁的所有建设者致敬。

"文以载道"，作为京张高铁隧道工程建设的亲历者，系统总结京张高铁四座重难点隧道工程修建的突破性成果、创新性技术，梳理凝练其建设的基本理念与工艺工法，对于促进相关技术成果的推广与应用、推动隧道专业技术人员业务能力的提升具有重要作用。

本书聚焦四座重难点隧道修建的关键技术，分别就新八达岭隧道、正盘台隧道、东花园隧道、清华园隧道展开深入论述，力求原汁原味地记录其中的技术和方法。本书是铁路隧道修建技术的最新研究成果，内容丰富，创新点多，理论性强，实用价值高，可供相关工程技术人员与大专院校师生参考使用。

本书主要由张民庆、吕刚、岳岭、刘建友、刘方撰写，参加本书编写的主要单位有中国国家铁路集团有限公司、京张城际铁路有限公司、中铁工程设计咨询集团有限公司、中铁五局集团有限公司、中铁隧道局集团有限公司、中铁十四局集团有限公司、中铁十八局集团有限公司、北京瑞威铁道工程技术有限公司、陕西博泓防水材料有限公司等。参与本书编写的主要人员还有马侃彦、马福东、于进江、于晨昀、王瑾、王婷、王伟、王建功、王建军、王效有、王磊、王久军、田四明、石山、朱旭、刘树红、刘磊、刘臻武、朱效清、朱恩红、任诚敏、任金良、许金、李志义、李维宏、李彦博、李光耀、李文杰、李忠臣、李昌、李彦宝、李坤、李维宏、吴川、吴昆朝、吴建林、肖广智、肖承倚、杜贵新、余泽西、巫伟军、单红雨、陈学峰、陈丹、陈爽、陈德胜、陈彬、张宁、张宇宁、张斌、张秀文、周广平、罗都颢、卓越、赵勇、赵海涛、赵琳、高始军、贾大鹏、钱国玉、贺玉鹏、凌云鹏、崔振喜、焦云洲、韩星俊、蒋伟平、蒋小锐、蒋思、温新亮、游旭、彭峰、满敬伟、蔡双乐等人。此外，中国国家铁路集团有限公司工程管理中心杨彦海同志对本书进行了校核，在此深表感谢！

由于作者水平和能力有限，书中难免有疏漏和不妥之处，敬请读者加以斧正，不吝指教为盼！

作　者
2021 年 1 月

目　　录

2

第1章

绪论

2019 年 12 月 30 日,北京至张家口高速铁路(简称"京张高铁")开通运营,中共中央总书记、国家主席、中央军委主席习近平作出重要指示。他指出,1909年,京张铁路建成;2019 年,京张高铁通车。从自主设计修建零的突破到世界最先进水平,从时速 35 公里到 350 公里,京张线见证了中国铁路的发展,也见证了中国综合国力的飞跃。回望百年历史,更觉京张高铁意义重大。谨向参与规划建设的全体同志致以热烈的祝贺和新年的问候!

习近平强调,京张高铁是北京冬奥会的重要配套工程,其开通运营标志着冬奥会配套建设取得了新进展,其他各项筹备工作也都要高标准、高质量推进,确保冬奥会如期顺利举办。

——新华社

1.1 京张铁路与京张高铁

一部京张史,百年铁路情。从追赶到超越,京张铁路经历时代变迁,成为中国蓬勃发展的缩影。

百余年前,清政府内外交困、日薄西山,在经历了甲午战败以及庚子事变等事件后,开明人士逐渐认识到铁路对军事、政治和经济等各方面的重要作用,于是提出兴修铁路。当时北京周边重要城市主要有天津、保定、唐山和张家口,去保定方向有京汉铁路,去天津—唐山—山海关方向有京奉铁路。张家口作为扼守京都的北大门,历来是兵家的必争之地,还是当时北方重要的物资集散地和对欧贸易的重要陆路商埠。1905 年,西方列强对中国华北路权的争夺日趋激烈,积贫积弱的清政府决定由自己筹款、自己设计、自己建造从北京到张家口的铁路。在此之前,中国已经有了十几条铁路在运行,但没有一条打上自己的鲜明烙印。

面对西方人"中国能修京张铁路的工程师还没出生"的嘲讽,留美归来的詹天佑临危受命,担任京张铁路局会办兼总工程师。他说:"窃谓我国地大物博,而于一路之工,必须借重外人,引以为耻。"詹天佑创造性地设计出"人"字形铁路,通过延长距离,顺利解决了关沟段坡度大、修路难的问题。他还首次使用炸药开采隧道,开创了至今仍在沿用的竖井施工法。1905年5月,清政府设立京张铁路局。1905年9月4日开工建设,1909年10月2日通车运营,历时4年。

京张铁路全长201.2km,行车速度35km/h,是中国人自行设计和建造的第一条干线铁路。詹天佑在崇山峻岭间写下的"人"字,写出了中国人的骨气、智慧和荣光。京张铁路的建成,在当时极大地振奋了民族精神,并对中国铁路的发展产生了广泛而深远的影响。

京张铁路线路如图1-1所示,京张铁路通车典礼如图1-2所示。

图1-1　京张铁路线路图

图1-2　京张铁路通车典礼

百余年后,作为北京冬奥会的重要配套工程,北京至张家口高速铁路开通运营(图1-3、图1-4)。作为我国首条采用北斗卫星导航系统的智能化高速铁路,也是世界上首条最高设计时速350km的高寒、大风沙环境高速铁路,京张高铁树起了中国高铁的新标杆。

图 1-3　京张高铁线路图

图 1-4　京张高铁开通运营

　　时隔 110 年,京张高铁在詹天佑当年设计"人"字线的顶点下方 4m 穿过,将天地间的"人"字改写为"大"字,新老京张,历史交汇。从自主设计修建零的突破,到世界最先进水平,从时速 35km 到时速 350km,百年京张见证了中国铁路的发展,也见证了中国综合国力的飞跃。未来,它还将见证中国再圆百年奥运梦,见证中华民族实现伟大复兴的中国梦。

　　也正因为此,京张高铁通车之际,习近平总书记由衷感叹:"回望百年历史,更觉京张高铁意义重大。"

1.2　京张高铁概况及技术标准

1.2.1　京张高铁概况

京张高铁是我国国家《中长期铁路网规划》"八纵八横"高速铁路网干线京兰(北京至兰

州)和京昆(北京至昆明)快速通道的重要组成部分。

京张高铁位于北京市西北和河北省北部境内,线路东起北京市,途经北京市海淀区、昌平区、延庆区,由延庆区康庄镇进入河北省境内,跨官厅水库,经怀来县、下花园区、宣化区,西至张家口市,总体呈东西向沟通北京和张家口两市。

京张高铁正线全长 173.964km,其中北京市境内 70.503km,河北省境内 103.461km。京张高铁设 10 座车站,设计最高运营速度 350km/h。为承办 2022 年冬季奥运会,京张高铁还配套设置了延庆支线和崇礼铁路。延庆支线自八岭西线路所引出至延庆站,全长 9.3km;崇礼铁路在京张高铁下花园北站引出至太子城站,全长 52.8km,并预留进一步向锡林浩特延伸的条件。京张高铁线路组成如图 1-5 所示。

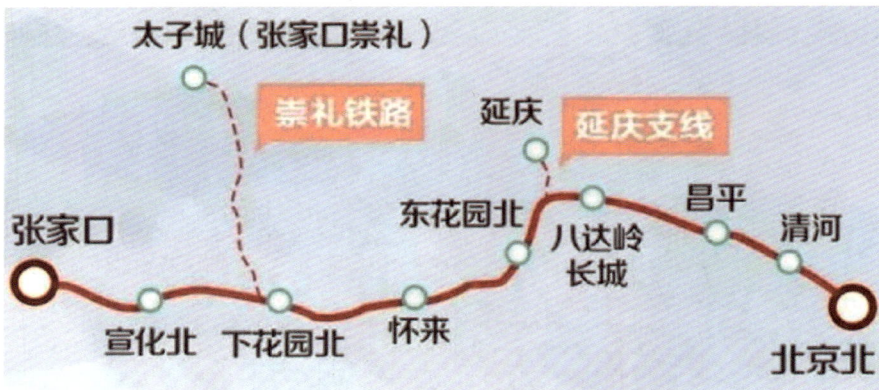

图 1-5　京张高铁线路组成示意图

京张高铁受环境条件影响较大,线路形式复杂,既有城市工程,又有改建工程,还有新建工程。线路从北京北站引出,在学院南路以南转入地下,连续下穿北三环、知春路(下穿北京地铁 10 号线)、北四环、成府路、清华东路(上跨北京地铁 15 号线),于万泉河以南转出地面;之后下穿北五环,沿既有京张铁路增建二线至沙河站,沙河站至昌平站区段增建沙昌三线至昌平站;平面引入既有昌平站后经南口镇东侧以隧道穿越军都山,于新八达岭隧道内设八达岭长城站(地下车站);出隧道过康庄进入河北境内,于既有铁路北侧在重要设施影响范围内采用地下隧道形式,出隧道后新设东花园北站,沿藏高速公路跨官厅水库、大秦铁路、京藏高速公路,与既有铁路并行,下穿京新高速公路后新设怀来站;出怀来站后一路西行,经下花园北、宣化北新设站,终至张家口南站。京张高铁线路走向如图 1-6 所示。

京张高铁全线共设计桥梁 83 座、总长度 67.189km(含新增规划路立交框架桥),设计隧道 10 座、总长度 49.607km,桥隧比(桥梁和隧道总长度占线路总长度的比例)为67.1%。

1.2.2　京张高铁技术标准

京张高铁主要技术标准见表 1-1。

图 1-6　京张高铁线路走向示意图

京张高铁主要技术标准　　　　　　　　　　　　　　　　　　表 1-1

设计速度	北京北站至清河站:120km/h;清河站至北清站:160km/h;北清站至昌平站:200km/h;昌平站至八达岭西线路所:250km/h;八达岭西线路所至下花园北站:350km/h;下花园北站至张家口站:250km/h
轨道类型	设计速度 350km/h 路段及长度超过 1km 的隧道为无砟轨道,其余路段为有砟轨道
轨道标准	1435mm(标准轨距)
正线间距	5m
最小曲线半径	一般路段 7000m,困难路段 5500m
最大坡度	一般路段 12‰,困难路段 20‰
闭塞类型	自动闭塞
车辆基地	北京北动车所
动力方式	接触网供电:50Hz,25kV

1.3　京张高铁的作用与意义

京张高铁除了作为北京—张家口举办冬季奥运会的重要交通基础设施之外,还具有如下作用与意义:

(1)京张高铁是我国国家铁路网的重要组成部分。

京张高铁西接大张客专、大西客专,西北连张呼铁路、集张铁路和集包四线,通过北京枢纽与京沈客专、京唐城际、京津城际、京沪高铁和京广客专等高速客运干线相连,形成了西北、蒙西、晋北至京津冀、东北、华东等地便捷的快速铁路干线。

(2)京张高铁兼顾市郊铁路功能,对加强北京和张家口两地之间的合作起着重要作用。

规划的京津冀一体化城际铁路网以北京、天津为中心,以京津、京张、京石、京唐等城际铁路,以及京沪、京广、京哈、京沈等省(自治区、直辖市)际客运专线为主骨架,京张高铁是其中的重要线路之一,它为形成京津冀铁路核心圈,为构建京津冀城际铁路网打下了基础。京津冀一体化通道规划如图 1-7 所示。

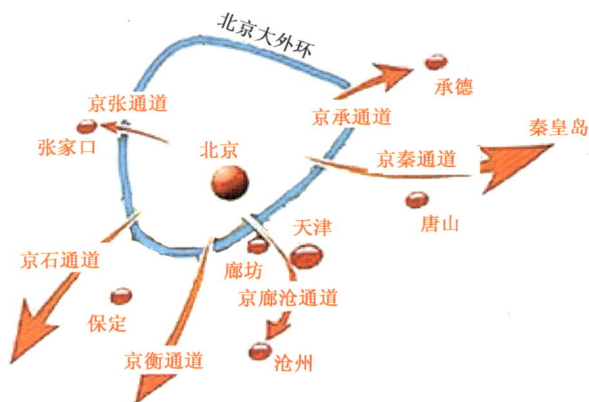

图 1-7　京津冀一体化通道规划示意图

1.4　京张高铁修建大事记

2008 年 12 月 3 日,铁道部印发《关于委托开展准格尔至张家口铁路、北京至张家口城际铁路前期工作的通知》(计长便函〔2008〕62 号),委托中铁工程设计咨询集团有限公司对北京至张家口城际铁路进行预可行性研究。

2009 年 1 月,中铁工程设计咨询集团有限公司编制完成《北京至张家口铁路预可行性研究报告》。

2010 年 7 月,国家发展和改革委员会批复《新建北京至张家口铁路项目建议书》。

2013 年 7 月 27 日,中国铁路总公司、北京市、河北省联合报送《关于报送调整新建北京至张家口铁路可行性研究报告的函》。

2014 年 9 月 16 日,环境保护部批复《新建铁路北京至张家口铁路八达岭越岭段环境影响报告书》。

2014 年 11 月,国家发展和改革委员会批复《新建北京至张家口铁路八达岭越岭段工程可行性研究报告》。

2015 年 1 月 28 日,北京市提出:为了北京和张家口联合申办 2022 年冬季奥运会,调整京张高速铁路原建设方案,实现北京至太子城奥运场馆 1h 运行时间要求,对新八达岭站出口至下花园北站区间设计时速由 250km 调整至时速 350km。

2015 年 9 月 8 日,环境保护部批复《新建北京至张家口铁路环境影响报告书》。

2015 年 11 月,国家发展和改革委员会批复《新建北京至张家口铁路可行性研究报告》。

2015 年 11 月 29 日,中国铁路总公司、北京市、河北省联合批复《新建北京至张家口铁路初步设计》。

2016 年 1 月,中国铁路总公司批复《新建北京至张家口铁路施工图》。

2016 年 4 月 29 日,京张高铁全线开工。

2019 年 12 月 30 日,京张高铁正式开通运营。

第2章
京张高铁隧道工程

早在 100 多年前,京张铁路修建时,受当时技术条件所限,全线仅设计隧道 4 座——居庸关隧道(长度 365m)、五桂头隧道(长度 46m)、石佛寺隧道(长度 141m)、八达岭隧道(长度 1092m),隧道总长度为 1644m,隧线比(隧道总长度占线路总长度的比例)为 0.8% 。京张铁路的 4 座隧道洞口如图 2-1 所示。

a)居庸关隧道

b)五桂头隧道

c)石佛寺隧道

d)八达岭隧道

图 2-1　京张铁路 4 座隧道洞口

当前,随着隧道施工技术突飞猛进,日益成熟,京张高铁全线共设计隧道 10 座,总长度为 49607m,隧线比为 28.5%。从隧道方面来看,京张高铁与京张铁路相比,隧线比提高了 30 余倍,最长隧道的长度提高了近 10 倍。

2.1　隧道总体情况

京张高铁正线全长 173964m,共设计隧道 10 座、总长度 49607m,隧线比为 28.5%,其中最长隧道为新八达岭隧道,全长 12010m。崇礼铁路正线全长 52840m,共设计隧道 5 座、总长度 22737m,隧线比为 43.0%,其中最长隧道为正盘台隧道,全长 12974m。京张高铁、崇礼铁路隧道数据统计见表 2-1。

京张高铁、崇礼铁路隧道数据统计表　　　　　　　　　　　　　　　　表 2-1

线路名称	序号	隧 道 名 称	长度(m)	里 程 桩 号	主要施工方法
京张高铁	1	清华园隧道	6020	DK13+400～DK19+420	盾构法
	2	南口隧道	3019	DK52+966～DK55+985	钻爆法
	3	居庸关隧道	3053	DK56+092～DK59+145	钻爆法
	4	新八达岭隧道	12010	DK59+260～DK71+270	钻爆法
	5	东花园隧道	4970	DK82+770～DK87+740	明挖法
	6	鸡鸣驿隧道	4880	DK132+250～DK137+130	钻爆法
	7	董家庄隧道	1162	DK142+195～DK143+357	钻爆法
	8	祁家庄隧道	5731	DK144+125～DK149+856	钻爆法
	9	八里村隧道	1432	DK169+600～DK171+032	钻爆法
	10	草帽山隧道	7340	DK172+980～DK180+320	钻爆法
崇礼铁路	1	孙家庄隧道	1462	DK4+578～DK6+040	钻爆法
	2	新兴堡隧道	2132	DK10+548～DK12+680	钻爆法
	3	正盘台隧道	12974	DK30+425～DK43+399	钻爆法
	4	青羊隧道	1394	DK44+476～DK45+870	钻爆法
	5	太子城隧道	4775	DK46+285～DK51+060	钻爆法

2.2　工程地质及水文地质

京张高铁沿线经过地区大的地貌单元主要有平原区和山岭区,其中山岭区中又分布有较大的山间河谷盆地,即怀来盆地、宣化盆地和张家口盆地。

2.2.1　工程地质

(1)地层岩性

沿线地层除古生界地层缺失外,新生界、中生界、元古界及太古界地层均有出露。山区大部分基岩裸露,北京平原、怀来盆地、宣化盆地及张家口盆地等区域均为第四系堆积层所覆盖。

（2）地质构造

根据区域构造单元划分,全线均处于中朝准地台一级构造单元内。跨华北断拗、燕山沉降带及内蒙古地轴三个二级构造单元。北京北部平原位于华北断拗之西北隅,张家口附近属内蒙古地轴之南缘,因而全线大部分地段处于燕山沉降带内。该区域属阴山东西向复杂构造带东延部分,大约展布于北纬40°~42°之间,断裂构造十分发育,以压性断裂为主,常呈北东向、东西向分布。主要构造有:涿县—丰台—怀柔—白马关断裂 F_1、八达岭箱形背斜、南口—孙河断裂 F_9、南河城—南口—琉璃庙断裂 F_2、王家元—南站—果庄断裂 F_3、近东西向和近南北向断裂 F_4、延矾盆地北缘断裂 F_7、紫荆关—赤城断裂 F_8、外井沟—沙岭子断裂 F_5、怀涿盆地北缘断裂 F_6、新保安—沙城断裂 F_{10} 等。

（3）不良地质

线路通过区域发育的不良地质类型主要有崩塌落石、泥石流、地震液化、采空区、区域沉降等。

（4）特殊岩土

沿线特殊岩土主要有填土、软土、松软土和新黄土。

2.2.2　水文地质

沿线地下水类型主要为第四系孔隙潜水和基岩裂隙水。第四系孔隙潜水主要分布于北京北至南口段北京平原区和怀来盆地,基岩裂隙水主要分布于南口至八达岭西、西黄庄至龙洋河左岸及草帽山附近的中低山区及低山丘陵区。

2.2.3　地震动参数区划

根据现行《中国地震动参数区划图》(GB 18306),沿线地震动峰值加速度值在 $0.10g$ ~ $0.20g$ 之间(地震基本烈度在Ⅶ~Ⅷ度之间),其中北京北(DK12 + 413.52)—宣化(DK154 + 800)动峰值加速度为 $0.20g$,地震基本烈度为Ⅷ度;宣化(DK154 + 800)—张家口南(DK194 + 210.136)动峰值加速度为 $0.15g$,地震基本烈度为Ⅶ度。

2.2.4　气象条件

沿线经过地区地处中纬度欧亚大陆东侧。北京市属暖温带大陆性半湿润~半干旱气候,受季风影响形成春季干旱多风、秋季秋高气爽、夏季炎热多雨、冬季寒冷干燥,四季分明的气候特点。张家口地区则属于寒温带半干旱性气候区,冬季受强大的蒙古高气压控制,漫长寒冷干燥,夏季多雷雨,春秋多风沙。

2.2.5　水文条件

沿线地区主要河流分属北运河水系和永定河水系,二者均属海河流域。在北京市范围内跨越的河流主要有转河、万泉河、清河、南沙河、北沙河,均属北运河水系;在张家口市范围内跨越的河流主要有永定河(官厅水库)、西沙河、东沙河、龙洋河、大泡沙河、小泡沙河、柳川河、清水河、城东河、城西河等,均为洋河支流,属永定河水系。

2.2.6　土壤类型

沿线土壤类型分布主要为生草棕壤、淋溶褐土、碳酸盐褐土、淡栗钙土、淡栗钙土性土、盐化草甸土等。

2.2.7　水土流失

沿线地区水土流失以水力侵蚀为主,北京市境内大部分为微度侵蚀,局部为轻度侵蚀;张家口境内为轻度侵蚀。

2.2.8　环境敏感区

线路方案充分考虑了沿线敏感区的分布情况,对多方案同时进行工程、环境对比分析,已绕避了数十处敏感区,但受工程技术条件限制,无法绕避八达岭—十三陵风景名胜区、官厅水库饮用水源保护区、吉家坊饮用水源保护区、京密引水渠饮用水源保护区等环境敏感区,以上线路经过地区均获得了相关部门的批复。

2.3　重难点隧道

根据隧道周边环境及地质特点,并结合隧道工程特征,京张高铁和崇礼铁路全线隧道可划分为市区隧道、湖区隧道和山岭隧道三种类型,见表2-2。

京张高铁和崇礼铁路隧道分类表

表2-2

隧 道 类 型		周边环境及地质特点	工 程 特 征	代表性隧道
市区隧道		地表建筑物密集、地下管线密布、地表环境敏感、环保要求高	变形控制严格、施工干扰多、施工风险大、工期紧张	清华园隧道
湖区隧道		地下水位高、地层软弱、降水难度大、防水等级高	施工组织难度大、混凝土浇筑难度大、养护条件差、工期紧张	东花园隧道
山岭隧道	风景名胜区	地形陡峻、地层多变、文物密集、环保要求严苛	施工干扰大、结构复杂、工期紧张	新八达岭隧道、居庸关隧道、南口隧道、正盘台隧道
	平缓丘陵地段	地层较平缓、表层厚覆土、洞身多浅埋	施工风险大、工期紧张	鸡鸣驿隧道、草帽山隧道、八里村隧道

根据以上隧道分类,并结合隧道特点,最终确定清华园隧道、新八达岭隧道、东花园隧道、正盘台隧道为京张高铁和崇礼铁路的四座重难点隧道。

2.4　隧道主要技术标准

2.4.1　建筑限界及轨面以上净空横断面面积

(1)清华园隧道

清华园隧道分为盾构区段和明挖区段(拱形明洞和矩形框架),隧道采用"隧限-2B"建筑限界。

盾构隧道轨面以上净空横断面面积为 $70.61m^2$,拱形明洞隧道轨面以上净空横断面面积为 $68.0m^2$,矩形框架隧道轨面以上净空横断面面积为 $68.68m^2$。隧道建筑限界及内轮廓如图2-2~图2-4所示。

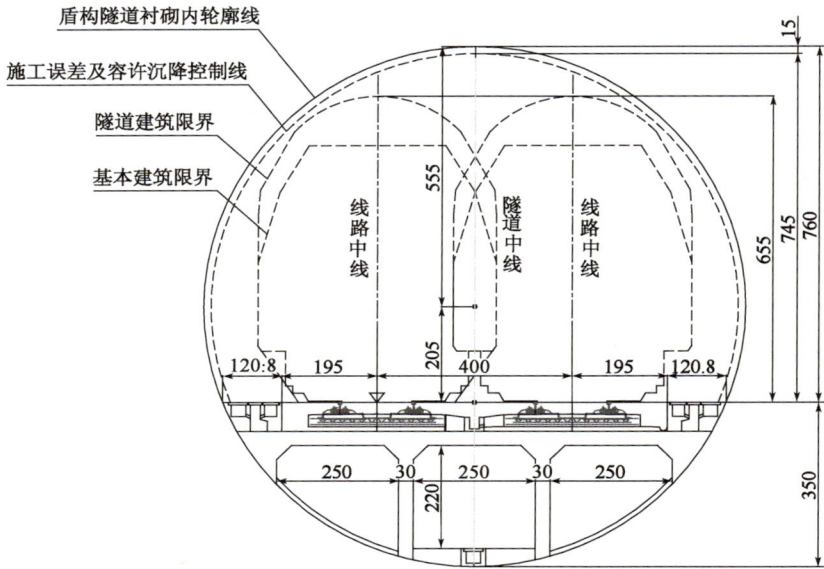

图 2-2　盾构隧道建筑限界及内轮廓图（尺寸单位：cm）

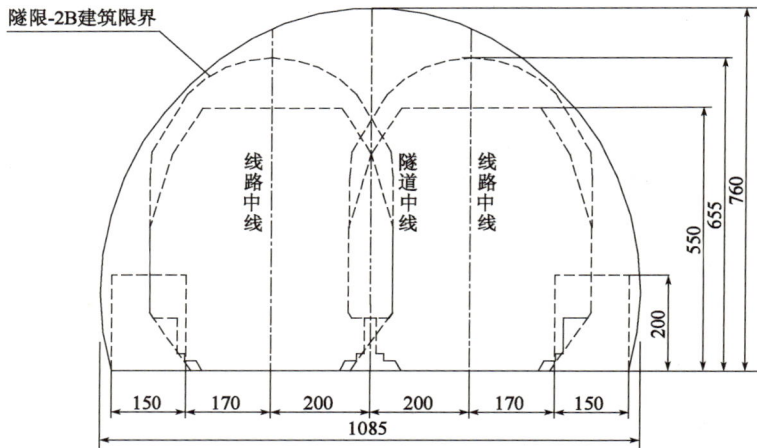

图 2-3　拱形明洞隧道建筑限界及内轮廓图（尺寸单位：cm）

（2）昌平站—张家口南站区间山岭隧道

本区间隧道采用高速铁路建筑限界，时速 250km 双线隧道衬砌内轮廓内轨顶面以上有效面积为 92m²，时速 350km 双线隧道衬砌内轮廓内轨顶面以上有效面积为 100m²。两种时速的隧道建筑限界及内轮廓如图 2-5、图 2-6 所示。

2.4.2　衬砌类型

（1）山岭隧道

山岭隧道暗挖地段采用复合式衬砌。新八达岭隧道Ⅱ级和Ⅲ级花岗岩围岩段采用曲墙带钢筋混凝土底板式衬砌，其余均采用曲墙带仰拱式衬砌。因地形或地质构造等引起有明显浅埋地段、偏压地段或通过断层破碎带地段,采用加强复合式衬砌。浅埋明洞地段采用拱形明洞衬砌。山岭隧道复合式衬砌支护参数见表2-3～表2-8。

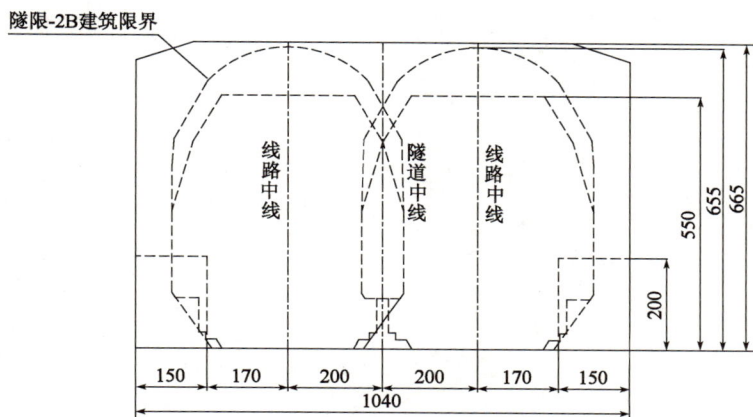

图2-4　矩形框架隧道建筑限界及内轮廓图(尺寸单位:cm)

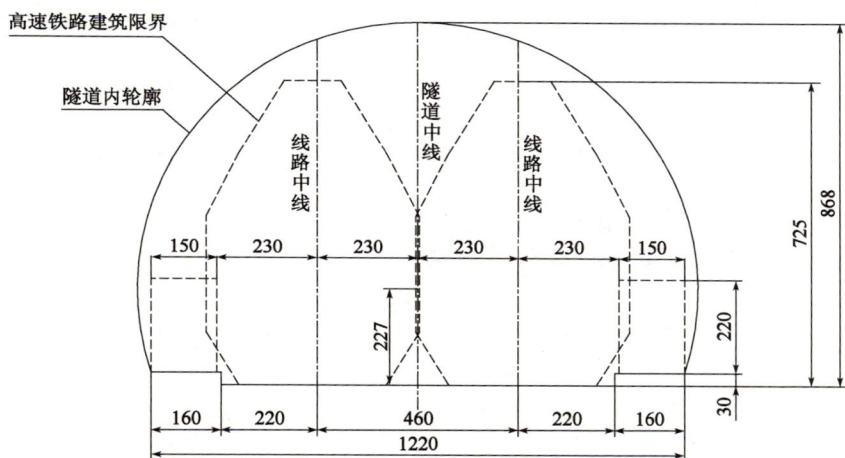

图2-5　时速250km双线隧道建筑限界及内轮廓图(尺寸单位:cm)

双线隧道复合式衬砌支护参数表(时速250km)　　　　　　表2-3

围岩级别			Ⅱ级(底板)	Ⅱ级(仰拱)	Ⅲ级(底板)	Ⅲ级(仰拱)	Ⅲ级加强	Ⅳ级	Ⅳ级加强	Ⅴ级	Ⅴ级加强
预留变形量(cm)			4	4	6	6	8	8	10	10	15
喷射混凝土	厚度(cm)	拱墙	5	5	12	12	23(拱墙)	25	25	28	28
		仰拱						10	25	28	28
钢筋网	部位		拱部	拱部	拱墙	拱墙	拱墙	拱墙	拱墙	拱墙	
	网格间距(cm×cm)		25×25	25×25	25×25	20×20	20×20	20×20	20×20		
	钢筋规格(mm)		φ6	φ6	φ6	φ6	φ6	φ8	φ8		

13

续上表

围岩级别		II级(底板)	II级(仰拱)	III级(底板)	III级(仰拱)	III级加强		IV级	IV级加强	V级	V级加强
锚杆	部位	拱部	拱部	拱墙	拱墙	拱部	边墙	拱墙	拱墙	拱墙	拱墙
	间距(环×纵)(m×m)	局部	局部	1.2×1.5	1.2×1.5	1.2×1.2	1.2×1.5	1.2×1.2	1.2×1.2	1.2×1.0	1.2×1.0
	长度(m)	2.5	2.5	3	3	3		3.5	3.5	4	4
钢架	部位					拱墙		拱墙	全环	全环	全环
	类型					ϕ22mm 格栅		ϕ22mm 格栅	ϕ22mm 格栅 / I18 型钢	I20a 型钢	I22a 型钢
	断面尺寸(高×宽)(mm×mm)					三角形格栅		180×150	180×150 / 180×94	200×100	220×110
	间距(m)					1.2		1.0~1.2	1.0~1.2	0.8~1.0	0.8
二次衬砌	拱墙(cm)	35	35	40	40	40		40	40*	50*	50*
	仰拱(底板)(cm)	30	35	30	50	50		50	50*	60*	60*
	主筋(每延米)	5ϕ14mm		5ϕ16mm					5ϕ20mm	5ϕ20mm	5ϕ22mm

注:1. 表中二次衬砌部分带"*"为钢筋混凝土。
　　2. 土质隧道、浅埋隧道、设置大管棚地段隧道拱部取消系统锚杆。

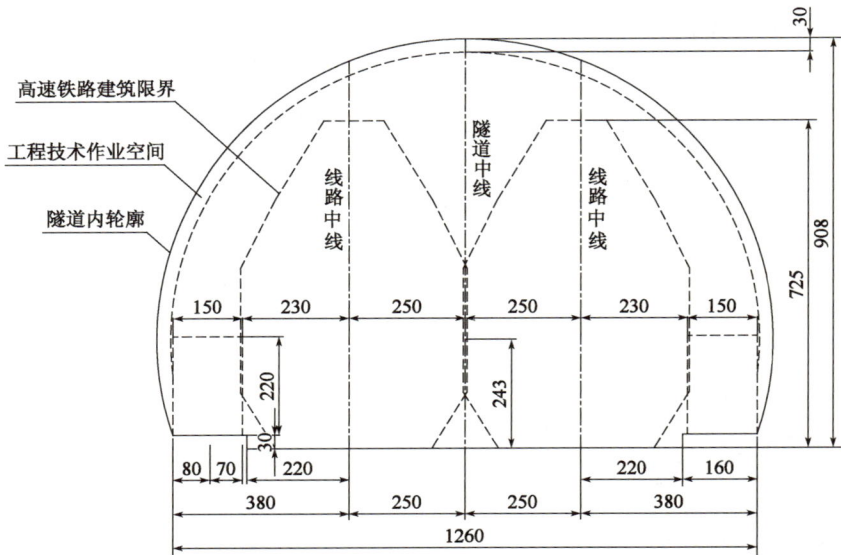

图 2-6　时速 350km 双线隧道建筑限界及内轮廓图(尺寸单位:cm)

双线隧道复合式衬砌支护参数表（时速350km）　　　　　表2-4

围岩级别			II级(仰拱)	III级(仰拱)	III级加强	IV级	IV级加强	V级	V级加强
预留变形量(cm)			4	6	8	8	10	10	15
喷射混凝土	厚度(cm)	拱墙	5	12	23(拱墙)	25	25	28	28
		仰拱				10	25	28	28
钢筋网	部位			拱部	拱墙	拱墙	拱墙	拱墙	拱墙
	网格间距(cm×cm)			25×25	25×25	20×20	20×20	20×20	20×20
	钢筋规格(mm)			$\phi6$	$\phi6$	$\phi6$	$\phi6$	$\phi8$	$\phi8$
锚杆	部位		拱部	拱墙	拱墙	拱墙	拱墙	拱墙	拱墙
	间距(环×纵)(m×m)		局部	1.2×1.5	1.2×1.2	1.2×1.2	1.2×1.2	1.2×1.0	1.2×1.0
	长度(m)		2.5	3	3	3.5	3.5	4	4
钢架	部位				拱墙	拱墙	全环	全环	全环
	类型				$\phi22$mm格栅	$\phi22$mm格栅	$\phi22$mm格栅 I18型钢	I20a型钢	I22a型钢
	断面尺寸(高×宽)(mm×mm)				三角形格栅	180×150	180×150 180×94	200×100	220×110
	间距(m)				1.2	1.0	1.0	0.8	0.6
二次衬砌	拱墙(cm)		35	40	40	40	40*	50*	50*
	仰拱(底板)(cm)		35	50	50	50	50*	60*	60*
	主筋(每延米)						5$\phi20$mm	5$\phi20$mm	5$\phi22$mm

注:1. 表中二次衬砌部分带"＊"为钢筋混凝土。
　　2. 土质隧道、浅埋隧道、设置大管棚地段隧道拱部取消系统锚杆。

单拱四线超大跨隧道复合式衬砌支护参数表（跨度大于20m）　　　　　表2-5

围岩级别		II级	III级	IV级	V级
预留变形量(cm)		6	12	15	20
初喷及第二次喷射C30钢纤维混凝土,第三次喷射C30混凝土	部位	拱墙	拱墙	拱墙	拱墙
	厚度(cm)	15	35	35	35
喷射C30混凝土	部位	仰拱	仰拱	仰拱	仰拱
	厚度(cm)	10	10	25	25
$\phi32$mm预应力锚杆(张拉设计值100kN)	锚固段长度(m)			3	3
	自由段长度(m)	5	6	7	8
	外露长度(m)	0.115	0.115	0.115	0.115
	$\phi32$mm预应力锚杆总长度(m)	5.115	6.115	7.115	8.115
	间距(环×纵)(m×m)	2.4×1.6	2.4×1.6	2.4×1.2	1.2×0.8
	设置部位	拱部	拱墙	拱墙	拱墙

围岩级别		Ⅱ级	Ⅲ级	Ⅳ级	Ⅴ级
φ25mm 药卷锚杆	总长度(m)	3	4	5	6
	间距(环×纵)(m×m)	2.4×1.6	2.4×1.6	2.4×1.2	2.4×0.8
	设置部位	拱部	拱墙	拱墙	拱墙
预应力锚索(1000 kN 为 7φ15.2mm，700kN 为 5φ15.2 mm)	锚固段长度(m)		5	6	6
	总长度(m)		15	20	25
	间距(环×纵)(m×m)		局部	3.6×2.4	2.4×2.4
	设置部位		局部	拱墙	拱墙
钢架	主钢筋中心距(宽×高)(mm×mm)	φ22mm 格栅钢架 150×160			
	间距(m)		1.6	1.2	0.8
	设置部位		拱墙	全环	全环
超前支护		局部	φ42mm 超前小导管	φ42mm 超前小导管	φ89mm 超前大管棚
					超前预注浆
锁脚锚杆		上台阶 4φ89mm，钢管 $L=5$m，中下台阶 4φ42mm，钢管 $L=5$m			
施工工法		"顶洞超前、分层开挖、预留核心、重点锁定"工法			
二次衬砌	拱墙(cm)	60*			
	仰拱(cm)	70*			

注：表中二次衬砌部分带"*"为钢筋混凝土。

单拱四线超大跨隧道复合式衬砌支护参数表（跨度小于 20m）　　　　表 2-6

围岩级别		Ⅱ级	Ⅲ级	Ⅳ级	Ⅴ级
预留变形量(cm)		6	12	15	20
初喷及第二次喷射 C30 钢纤维混凝土，第三次喷射 C30 混凝土	部位	拱墙	拱墙	拱墙	拱墙
	厚度(cm)	15	35	35	35
喷射 C30 混凝土	部位	仰拱	仰拱	仰拱	仰拱
	厚度(cm)	10	10	25	25
φ32mm 预应力锚杆(张拉设计值 100kN)	锚固段长度(m)			3	3
	自由段长度(m)	4	5	6	7
	外露长度(m)	0.115	0.115	0.115	0.115
	φ32mm 预应力锚杆总长度(m)	4.115	5.115	6.115	7.115
	间距(环×纵)(m×m)	2.4×1.6	2.4×1.6	2.4×1.2	1.2×0.8
	设置部位	拱部	拱墙	拱墙	拱墙

围岩级别		Ⅱ级	Ⅲ级	Ⅳ级	Ⅴ级
φ25mm 药卷锚杆	总长度（m）	3	3	4	5
	间距（环×纵）（m×m）	2.4×1.6	2.4×1.6	2.4×1.2	2.4×0.8
	设置部位	拱部	拱墙	拱墙	拱墙
预应力锚索（1000kN 为 7φ15.2mm，700kN 为 5φ15.2mm）	锚固段长度（m）		5	6	6
	总长度（m）		15	20	20
	间距（环×纵）（m×m）		局部	3.6×3.6	2.4×2.4（3.6×2.4）
	设置部位		局部	拱墙	拱墙
钢架	主钢筋中心距（宽×高）（mm×mm）		φ22mm 格栅钢架 150×160		
	间距（m）		1.6	1.2	0.8
	设置部位		拱墙	全环	全环
超前支护		局部	φ42mm 超前小导管	φ42mm 超前小导管	φ89mm 超前大管棚
					超前预注浆
锁脚锚杆			上中下台阶 4φ 42mm 钢管，L=5m	上中下台阶 4φ 42mm 钢管，L=5m	上台阶 4φ89mm 钢管，L=5m，中下台阶 4φ42mm 钢管，L=5m
施工工法		"顶洞超前、分层开挖、预留核心、重点锁定"工法			
二次衬砌	拱墙（cm）	50*			
	仰拱（cm）	60*			

注：表中二次衬砌部分带"*"为钢筋混凝土。

双线明洞整体式衬砌支护参数表（时速 250km）　表 2-7

覆土厚度（m）			0~4			4~10		>10	
明洞形式			路堑偏压式	路堑对称式	半路堑单压式明洞	路堑偏压式	路堑对称式	路堑偏压式	路堑对称式
衬砌	厚度（cm）	拱墙	60	60	60	70	70	80	80
		仰拱	70	70	70	80	80	90	90
	主筋（每延米）		5φ22mm	5φ22mm	10φ22mm	5φ25mm	5φ25mm	5φ28mm	5φ28mm

注：1. 隧道洞身段洞顶覆盖薄，可采用明挖暗做法通过。

　　2. 适合地震加速度 0.2g 的地震区明洞隧道。

双线明洞整体式衬砌支护参数表（时速 350km）　表 2-8

覆土厚度（m）			0~4		4~10		>10	
明洞形式			路堑偏压式	路堑对称式	路堑偏压式	路堑对称式	路堑偏压式	路堑对称式
衬砌	厚度（cm）	拱墙	60	60	70	70	80	80
		仰拱	70	70	80	80	90	90
	主筋（每延米）		10φ18mm	10φ18mm	10φ22mm	10φ22mm	10φ25mm	10φ25mm

注：1. 隧道洞身段洞顶覆盖薄，可采用明挖暗做法通过。

　　2. 适合地震加速度 0.2g 的地震区明洞隧道。

（2）城市隧道（清华园隧道）

盾构区段采用圆形衬砌，设计参数见表2-9。明洞地段采用拱形明洞衬砌和矩形框架衬砌，衬砌支护参数见表2-10。

盾构隧道设计参数　　　　　　　　　　　　　　　表2-9

项　目　名　称	参　　数	备　　注
盾构隧道内径/外径(m)	11.1/12.2	—
衬砌管片类型	C50钢筋混凝土衬砌	抗渗等级不小于P12
衬砌管片厚度(cm)	55	—
衬砌管片宽度(m)	2.0	通用环双面楔形量44mm
衬砌环类型	8+1	6个标准块+2个邻接块+1个K型块

双线明洞整体式衬砌支护参数表　　　　　　　　表2-10

			标准段	风机段
	覆土厚度(m)		3~6	
拱形衬砌	适用条件		标准段	风机段
	厚度(cm)	拱墙	80	80
		仰拱	90	90
	主筋(每延米)		$8\phi25mm$	$8\phi22mm$
框架结构	适用条件		标准段	风机段
	厚度(cm)	顶板	80	100
		边墙	80	100
		底板	90	110
	主筋(每延米)	排架外侧	$8\phi22mm$	$8\phi25mm$
		排架内侧	$8\phi25mm+8\phi25mm+8\phi22mm$	$8\phi25mm+8\phi25mm+8\phi25mm$
围护结构形式	钻孔灌注桩直径(m)		1.0	
	间距(m)		1.4	
	钢管内支撑型号		$\phi609mm,t16,t12$	

2.4.3　隧道洞门、洞口缓冲结构

京张高铁隧道中东花园隧道、鸡鸣驿隧道洞门设置减压孔。

新八达岭、东花园隧道按重点景观洞门设计，其余隧道洞门按一般景观设计。

2.4.4　建筑材料及耐久性设计

建筑材料均符合结构强度和耐久性的要求，同时满足其抗冻、抗渗和抗侵蚀的需要，具体要求如下：

（1）隧道主体结构、洞门挡墙、中心深埋水管设计使用年限100年。

（2）边坡防护结构及边、仰坡排水设施结构设计使用年限 60 年,其他附属次要结构设计使用年限 30 年。

（3）各作用环境根据地质资料分别确定,碳化环境原则均按 T2 等级设计,冻融环境原则按 D2 等级设计。

（4）不同强度等级混凝土 56d 电通量应满足表 2-11 要求。

不同强度等级混凝土 56d 电通量（C）　　　　　　　　表 2-11

混凝土强度等级	设计使用年限		
	100 年	60 年	30 年
< C30	< 1500	< 2000	< 2500
C30 ~ C45	< 1200	< 1500	< 2000
≥ C50	< 1000	< 1200	< 1500

（5）严格控制混凝土碱骨料反应和水泥中的碱量。

（6）衬砌结构混凝土原材料品质、配合比参数限制、材料使用量等耐久性指标要求,根据环境作用等级,按现行《铁路混凝土结构耐久性设计规范》（TB 10005）执行。

（7）衬砌结构钢筋外侧混凝土净保护层最小厚度按现行《铁路隧道设计规范》（TB 10003）及现行《铁路混凝土结构耐久性设计规范》（TB 10005）执行。

（8）衬砌施工控制要求、跟踪检测要求以及养护维修按现行《铁路混凝土结构耐久性设计规范》（TB 10005）及现行《高速铁路隧道工程施工质量验收标准》（TB 10753）执行。

2.4.5　防排水设计

（1）山岭隧道

根据隧道所处地区的环境现状,环保要求和隧道的工程地质与水文地质条件,防排水设计应采取"防、排、截、堵相结合,因地制宜,综合治理"的防排水原则,对隧道排水可能影响生态环境或居民生产生活用水的隧道段,根据实际情况可采用"以堵为主,限量排放"的原则设计。隧道防水等级满足现行《地下工程防水技术规范》（GB 50108）规定的一级防水标准。在裂隙水较发育地段,可采取开挖后径向注浆等形式,将大面积淋水或局部股流封堵,减少地下水流失。

（2）城市隧道（清华园隧道）

隧道明洞区段采用"以防为主"的原则设计,隧道防水等级满足现行《地下工程防水技术规范》（GB 50108）规定的一级防水标准。

盾构区段贯彻"以防为主,多道设防,因地制宜,综合治理"的原则。以管片自防水为基础,衬砌接缝防水为重点,确保隧道整体防水效果。防水等级为一级。

2.4.6　基坑工程设计原则

（1）基坑安全等级

明挖段基坑安全等级为一级,基坑侧壁重要性系数取 1.1。围护结构的计算采用荷载—结构模式,按照现行《建筑基坑支护技术规程》（JGJ 120）,采用荷载增量法原理进行计算。

（2）基坑变形控制等级

根据清华园隧道基坑深度及周边环境,确定本基坑工程变形控制等级为一级,基坑变形控制标准为:地面最大沉降量≤0.15%H（H为开挖深度）;围护结构最大水平位移≤0.2%H,且≤30mm。

（3）工程监测等级

清华园隧道明挖基坑工程自身风险等级为二级,盾构井工程自身风险等级为一级,周边环境风险等级为一级,综合确定本工程监测等级为一级。

2.4.7 抗震设计及国防要求

（1）抗震设计

位于地震基本烈度7、8度区的隧道,除按照现行《铁路工程抗震设计规范》（GB 50111）要求进行抗震验算外,在隧道洞口、浅埋和偏压地段以及断层破碎带还应进行抗震设防,其衬砌结构予以加强。

（2）国防要求

按照《铁路建设贯彻国防要求技术规程》（铁计〔2005〕23号）中的有关规定,长度大于5km的隧道,隧道洞顶覆盖层厚度达不到最小防护厚度要求的浅埋地段,衬砌应加强,采用钢筋混凝土二次衬砌。隧道衬砌顶部岩层最小保护厚度见表2-12。

隧道衬砌顶部岩层最小防护厚度值 表2-12

围岩描述	隧道顶部岩层最小厚度值（m）	
	一级重点目标	二级重点目标
VI级	41m且>6.5B	13m且>2.0B
V级围岩及IV级土质围岩	33m且>5.0B	11m且>1.5B
I、II、III级围岩及IV级石质围岩	21m且>3.5B	6m且>1.0B

注:B为隧道开挖断面宽度（m）。

2.4.8 运营通风

根据现行《铁路隧道设计规范》（TB 10003）、《高速铁路设计规范》（TB 10621）及《铁路隧道运营通风设计规范》（TB 10068）的规定,长度大于20km的隧道设置运营机械通风,长度小于20km的不设运营机械通风,因此京张高铁及崇礼铁路隧道均不需设置运营通风。

2.4.9 辅助坑道设计

（1）辅助坑道内净空根据运输要求,结合机械设备、管线布置、人行道、安全间隙等方面考虑,同时兼顾大型挖装机通行条件而拟订。双车道断面尺寸为7.3m×5.83m（宽×高）。在满足净空的前提下,内轮廓应结合地质条件、支护类型、施工方法等综合考虑,内轮廓采用单心圆直墙形式。

（2）京张高铁隧道断面大,出渣运输已经成为控制工序,因此考虑到施工快捷、安全,本线辅助坑道均采用双车道断面。

（3）施工后改造为防灾救援紧急出口的辅助坑道按永久工程设计,其余辅助坑道按临时工程设计。

（4）辅助坑道纵坡按不大于 10% 控制，困难条件下不大于 12%，以减少出渣运输能耗以及尾气排放量，加快出渣速度；作为紧急出口的辅助坑道，坡度适当减缓以有利于乘客行动。

（5）衬砌断面在洞口（30m 范围）、井底（30m 范围）、分通道交叉口（30m 范围）及断层破碎带地段采用复合式衬砌，其余地段采用锚喷整体式衬砌。

第3章

新八达岭隧道

新八达岭隧道是京张高铁线上最长的隧道，全长12010m，为极高风险隧道和全线重难点控制性工程。

新八达岭隧道2次下穿八达岭长城，1次并行水关长城，1处浅埋下穿京张铁路青龙桥车站，周边环境极其复杂，环保要求极为严苛，施工难度极具挑战，工程工期极为紧张。八达岭长城站（地下车站）设置在新八达岭隧道内，位于八达岭风景区滚天沟停车场下方102.55m处，毗邻八达岭长城。车站建成通车后，必将成为国内外游客游览八达岭长城的最便捷通道。

新八达岭隧道2016年4月开工建设，2018年12月13日顺利贯通，历时2年8个月。新八达岭隧道贯通电视新闻如图3-1所示，新八达岭隧道洞口如图3-2所示。

图3-1 新八达岭隧道贯通新闻

图3-2 新八达岭隧道洞口

3.1 工程概况

新八达岭隧道位于北京市昌平区南口镇至延庆区八达岭镇之间，进口位于京张铁路居庸关站东南侧1.2km九仙庙沟内，出口位于程家窑村。线路总体位于既有京张铁路东侧，与之走向基本平行。沿线穿越石佛寺、青龙桥、八达岭、岔道烽等附近山体。隧道附近分布居庸关长城、水关长城、红叶岭和八达岭长城等旅游景点。隧道采用单洞双线形式，进口里程为DK59

+260,出口里程为 DK71 +270,全长 12010m,最大埋深 432m。

新八达岭隧道共设置两座斜井。1 号斜井位于线路前进方向左侧,与线路左线相交于 DK63 +880 里程处,平面交角为 90°,斜井综合坡度为 11.12%,斜井平面投影长度 455m。2 号斜井位于线路前进方向左侧,与线路左线相交于 DK67 +500 里程处,平面交角为 60°,斜井综合坡度为 4.1%,斜井平面投影长度 1138m。斜井与隧道采用正交单联式,无轨运输双车道断面。1 号和 2 号斜井同时作为新八达岭隧道的永久性救援通道。

八达岭长城站(地下车站)设置在新八岭隧道内,埋深 102.55m。车站内有效长度 470m,起止里程为 DK67 +815 ~ DK68 +285。车站两端各通过 163m 的大跨段与正线连通,起止里程分别为 DK67 +652 ~ DK67 +815、DK68 +285 ~ DK68 +448。新八达岭隧道位置如图 3-3 所示。

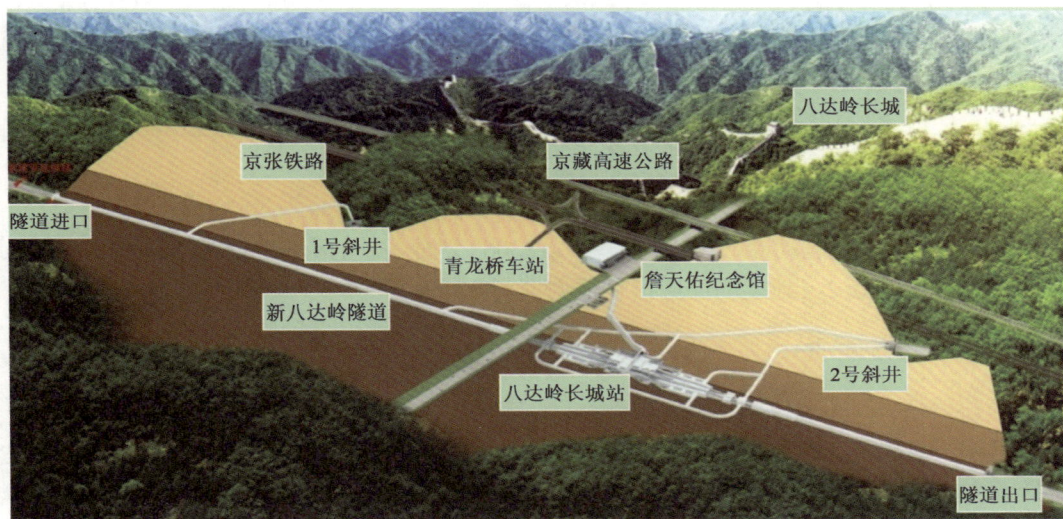

图 3-3 新八达岭隧道位置示意图

新八达岭隧道纵坡采用人字坡设计,DK59 +260 ~ DK65 +900 段(6640m)坡度为 24‰、DK65 +900 ~ DK67 +100 段(1200m)坡度为 30‰、DK67 +100 ~ DK68 +850 段(1750m,包含八达岭长城站)坡度为 1‰、DK68 +850 ~ DK70 +900 段(2050m)坡度为 -11‰、DK70 +900 ~ DK71 +270 段(370m)坡度为 -1‰。

新八达岭隧道采用 CRTS-Ⅰ型双块式无砟轨道,轨道结构高度为 51.5cm。为减少对长城等古迹的影响,DK63 +400 ~ DK64 +000、DK65 +900 ~ DK67 +779、DK70 +600 ~ DK71 +270 段采用减振型无砟轨道,轨道结构高度为 76.5cm。

3.2 工程地质及水文地质

新八达岭隧道穿越军都山,地貌单元属中低山区,整体地形呈两侧高、中间低,地形起伏较大,横向 V 形冲沟发育,均汇入中部低洼处的纵向河谷中。隧道位于纵向河谷东侧崇山峻岭中,地面高程为 364 ~743m 之间,最大相对高差 379m,山势陡峭,山体自然坡度一般为 30° ~ 50°,局部成陡崖岩墙状。山体植被发育,主要为灌木及果树等。

3.2.1　气象特征

隧道区域属暖温带大陆性半湿润～半干旱气候,受季风影响,其气候特点为:春季干旱多风、夏季炎热多雨、秋季干燥凉爽、冬季寒冷干燥,四季分明。全年降水量较小,且主要集中在7月—9月,蒸发量大,霜冻期长。新八达岭隧道区域主要气象特征参数见表3-1。

新八达岭隧道区域主要气象特征参数表

表3-1

序号	项目名称	参数值	序号	项目名称	参数值
1	年平均气温(℃)	9.5	6	平均风速(m/s)	2.1
2	最冷月平均气温(℃)	−8.0	7	最大风速(m/s)	14.7
3	极端最高气温(℃)	38.8	8	最大积雪厚度(cm)	12.0
4	极端最低气温(℃)	−25.0	9	最大冻结深度(cm)	82.0
5	年平均降雨量(mm)	431.8			

3.2.2　地震区划

根据现行《中国地震动参数区划图》(GB 18306)划分,隧道区域地震基本烈度为8度,地震动峰值加速度为$0.2g$,地震动反应谱特征周期为0.45s。

3.2.3　工程地质

1)地层岩性

根据调绘资料及工程地质钻探揭露,隧道区域地层岩性主要为:第四系松散层(Q_4),白垩系下统流纹质熔结角砾凝灰岩(K_{1d}),长城系高于庄组燧石条带、白云岩和白云质灰岩(C_{hg}),燕山晚期(γ_5)侵入岩,如花岗岩、细粒花岗岩、伟晶花岗岩、斑状二长花岗岩、石英二长岩,以及流纹斑岩脉、花岗岩岩脉、石长玢岩脉、辉绿岩脉、辉长岩脉、霏细岩脉,以上侵入岩因发育于八达岭,统称为八达岭花岗杂岩。新八达岭隧道工程地质纵剖面如图3-4所示。

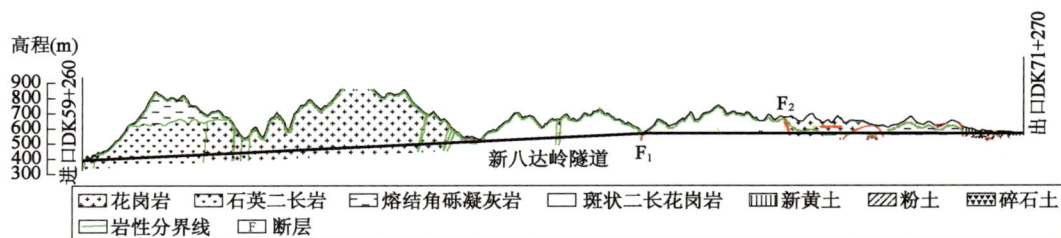

图3-4　新八达岭隧道工程地质纵剖面图

岩体的侵入、穿插、捕掳关系明显,界线清楚,大多具有明显的冷凝边,岩石结构均匀,各期侵入体具有不同程度的接触变质、矽卡岩化和特有的围岩蚀变及热液矿化。新八达岭隧道地层按由上至下顺序主要特征见表3-2。

新八达岭隧道地层主要特征表　　　　　　　　　　表3-2

序号	地　层	符号	主要特征
1	第四系松散层	Q_4	包括第四系全新统残坡积层($Q_4{}^{el}$)、冲洪积层($Q_4{}^{al+pl}$)，第四系上更新统冲积层($Q_3{}^{al}$)，第四系中更新统洪积层($Q_2{}^{pl}$)。大部分松散层分布于隧道穿越的沟谷或山坡地表，主要是粉土、砂类土以及碎石类土，不在洞身范围对隧道无影响，只有隧道出口部分段落洞身范围分布有第四系上更新统冲积新黄土($Q_3{}^{al}$)，褐黄色～黄褐色，稍密～中密，砂质含量较高，垂直节理发育
2	白垩系下统	K_{1d}	主要发育流纹质熔结角砾凝灰岩，紫红色、深绿色，岩质坚硬，完整性一般，由于是火山喷发沉积产物，往往覆盖原古地面以岩盖形式存在。在隧道区域分布有两处，一处位于DK59+835～DK61+135范围内，以岩盖覆盖于石英二长岩之上，隧道洞身不穿越该岩层；另一处在DK69+500～DK70+400范围内，在隧道小里程方向与燕山期花岗岩成不整合接触
3	长城系高于庄组	C_{hg}	分布于隧道进口往小里程40m，被燕山期石英二长岩、辉绿岩脉和辉长脉大角度侵入，侵入面倾向东南向。接触带附近白云质灰岩受到侵入热液变质作用，发生微弱的矽卡岩化和铅锌矿化等蚀变。因受到多种岩脉大角度穿插其中，以及侵入热液蚀变质作用，该段内的白云质灰岩岩体完整性较差。隧道洞身不在此岩体中通过
4	燕山期侵入岩	γ_5	属于八达岭中型岩株，岩性以酸性和偏碱性的花岗岩类侵入体为主，宏观上一般为斑状二长花岗岩，颜色一般为灰白色、肉红色，似斑状结构，普遍发育环状结构长石巨斑晶，粒度1～2cm，含量25%～50%。因岩浆活动中物理化学的多变性，形成如花岗岩、细粒花岗岩、中粗粒花岗岩、伟晶花岗岩、斑状二长花岗岩、石英二长岩等硬质岩

因酸性和偏碱性多次脉动交替侵入，八达岭侵入岩体岩脉极为发育，岩脉走向多为北北西，多数东倾，倾角一般为60°～70°，宽度一般为2～5m。对于隧道工程而言，东部岩脉发育带主要是隧道进口至DK59+450左右，岩脉高角度穿插长城系白云质灰岩，局部含脉率达60%左右。岩脉发育带形成各种岩脉如石英斑岩、流纹斑岩脉、花岗斑岩脉、闪长玢岩脉、辉绿岩脉、辉长岩脉、正长斑岩脉、二长斑岩脉、煌斑岩以及霏细岩脉等，其中正长斑岩和花岗斑岩形成最早，规模最大；稍晚的为流纹斑岩，其插入前两者中；更晚的为煌斑岩，它切断一切浅色岩脉；最晚的为辉绿岩脉，它切断了煌斑岩。

2）地质构造

隧道区域大的地质构造主要是燕山期构造，由于受太平洋板块的强烈挤压作用，使中国东部地区发生南北方向逆时针扭动，从而形成以左旋为特征的燕山区北东和北北方向的构造体系。构造体系可分为三个褶皱幕和六个变形构造变形时代。隧道区域主要受燕山期第五世代(D_5)影响，表现为伸展裂陷构造作用形成岔道火山盆地。地壳伸展期，盆地断陷形成，发育有大量火山物质喷发和喷溢，而在收缩期则表现为岩浆侵入。

（1）断裂构造

受燕山期侵入岩影响，隧道区域内断裂构造较为发育，以平行八达岭箱形背斜轴向的北东向断裂为骨干，伴有与之近于直交的北西向横张断裂，同时还发育有近东西向和近南北向扭裂面形成的正断层以及北北西向扭性断裂带。隧道区域内侵入岩受构造作用影响明显，居庸关断隆和深层断裂带是控制侵入岩活动的主体构造。断块活动过程中,断陷控制了火山喷发活动,导致大规模的岩浆侵入活动,而深层断裂则使得侵入岩体和岩脉成带状分布。

根据区域资料,隧道区域范围内九仙庙石英二长岩、四桥子中细粒花岗岩和八达岭斑状二长花岗岩等花岗杂岩均受到四桥子—白羊城北北东向断裂的控制,同时还受到八达岭箱型背斜及居庸关断隆区内内部边缘的深层断裂控制,具体侵位在居庸关断块与北西侧岔道火山断陷盆地交界部位的盆地一侧。同时,这些深层断裂带由于受到侵入岩影响,断裂带在表层显示并不明显。

综合物探资料、区域地质资料及调绘资料,隧道洞身穿越 2 条实测断层,断层的主要特征如下:

F_1 实测断裂:与隧道在既有京张铁路青龙桥站下相交于 DK66+380~DK66+460,与线路相交角度77°。断裂产状为124°∠70°,为一压扭性断裂,断面陡峭,上、下盘均为斑状二长花岗岩,断层带内为压碎岩。

F_2 实测断裂:与隧道相交于 DK68+260~DK68+300,与线路相交角度为35°。断裂产状为236°∠80°,为一压扭性断裂,上盘为斑状二长花岗岩,下盘为花岗岩,断层带内为压碎岩,强富水。

(2)岩脉

深层断裂产生的表层北北西向张扭裂隙带直接控制了大量岩脉的填充,因酸性和偏碱性多次脉动交替侵入,八达岭侵入岩体岩脉极为发育。

(3)结构面

DK59+260~DK59+480:主要发育 2~3 组节理,产状 J_1 为 85°∠65°、J_2 为 345°∠45°、J_3 为 220°∠65°,间距一般为 0.2~1m,部分段落间距大于 1m,均为密闭节理,中间无填充物,岩体较破碎~较完整。

DK59+480~DK61+400:主要发育 2~4 组节理,产状 J_1 为 90°∠80°、J_2 为 170°∠75°、J_3 为 230°∠53°、J_4 为 310°∠72°,间距一般大于 0.4m,均为密闭节理,中间无填充物,岩体完整~较完整。

DK61+400~DK63+880:主要发育 2~4 组节理,产状 J_1 为 150°∠68°、J_2 为 80°∠88°、J3 为 260°∠35°、J_4 为 346°∠20°,间距一般大于 0.4m,均为密闭节理,中间无填充物,岩体完整~较完整。岩脉主要发育 3~4 组节理,产状 J_1 为 90°∠85°、J_2 为 270°∠20°、J_3 为 20°∠55°、J_4 为 300°∠85°。

DK63+880~DK64+540:主要发育 3~4 组节理,产状 J_1 为 70°∠70°、J_2 为 350°∠70°、J_3 为 180°∠70°、J_4 为 90°∠65°,间距一般为 0.1~1m,部分段落间距大于 1m,均为密闭节理,中间无填充物,岩体较完整~较破碎。

DK64+540~DK66+300:主要发育 2~4 组节理,产状 J_1 为 220°∠82°、J_2 为 80°∠60°、J_3 为 150°∠85°、J_4 为 270°∠30°,间距一般大于 0.3m,均为密闭节理,中间无填充物,岩体完整~较完整。岩脉主要发育 2~3 组节理,产状 J_1 为 110°∠80°、J_2 为 340°∠88°、J_3 为 80°∠85°。

DK66+300~DK66+540:主要发育 3~4 组节理,产状 J_1 为 150°∠46°、J_2 为 310°∠38°、J_3 为 70°∠85°、J_4 为 80°∠65°,间距一般为 0.1~0.5m,部分段落间距大于 1m,均为密闭节理,中间无填充物,岩体较完整~较破碎。

DK66+540~DK67+760：主要发育2~4组节理，产状J_1为170°∠30°、J_2为270°∠90°、J_3为345°∠90°、J_4为80°∠32°，间距一般大于0.5m，均为密闭节理，中间无填充物，岩体完整~较完整。

DK67+760~DK69+500：主要发育3~4组节理，产状J_1为258°∠85°、J_2为335°∠86°、J_3为70°∠58°、J_4为175°∠55°，间距一般为0.1~0.3m，部分段落间距大于1m，均为密闭节理，中间无填充物，岩体较完整~较破碎。岩脉发育2~3组节理，产状一般为：J_1为90°∠80°、J_2为0°∠85°、J_3为140°∠74°。

DK69+500~DK70+600：一般发育3组及以上节理，产状J_1为120°∠65°、J_2为180°∠80°、J_3为340°∠50°、J_4为40°∠40°，间距一般为0.1~0.3m，均为密闭节理，中间无填充物，岩体较破碎。

同时各类花岗杂岩中存在差异风化带，以及岩脉接触带、岩体软弱带、节理发育密集带、蚀变带，岩体较破碎。

3.2.4　水文地质

（1）地表水类型及特征

隧道穿越里程为DK61+550、DK61+872、DK64+350的沟谷中以及隧道左侧沟谷中有地表溪流，其他沟谷中未见地表水。地表溪流平时流量较小，旱季甚至干涸，雨季时有急流。

（2）地下水类型及特征

隧道区域地下水主要为基岩裂隙水。隧道整体地形呈两侧高，中间低，地形起伏较大，横向V形冲沟发育，均汇入隧道左侧低洼处的纵向河谷中，隧道位于纵向河谷东侧崇山峻岭中，地下水由东北、西南补给区向军都山中部河谷汇集。地下水除主要接受大气降水补给外，还接受周边基岩裂隙水侧向补给。隧道处于地下水补给区及径流区，地下水顺基岩裂隙向中部河谷运移过程中，沿接触带、断裂带、蚀变带或节理发育密集带上升，在河谷或冲沟低洼沟谷处出露，多以泉点形式排泄。地下水位埋深根据地形起伏以及季节变化幅度较大，勘察期间水位埋深为4.7~76.6m。

（3）地下水侵蚀性

地下水对普通混凝土结构无侵蚀性。

（4）隧道涌水量

根据现场调查，结合区域资料综合分析，综合两种预测方法预测：DK59+260~DK64+000、DK67+760~DK70+600段采用古德曼经验公式法计算涌水量，DK64+000~DK67+760、DK70+600~DK71+270段采用大气降水入渗法计算涌水量。

综合预测隧道正常涌水量为18951m³/d，最大涌水量为56466m³/d。1号斜井正常涌水量为388m³/d，最大涌水量为776m³/d；2号斜井正常涌水量1597m³/d，最大涌水量为3549m³/d。

3.2.5　不良地质及特殊岩土

（1）不良地质

隧道区域内各类花岗岩中存在差异风化，以及岩脉接触带、岩体软弱带、节理发育密集带、蚀变带和断层破碎带等,均为隧道围岩稳定性的薄弱环节。隧道进口不良地质为危岩、落石。隧道进口段岩石风化较为强烈,形成块状或碎块状岩体,局部岩块较为突出,处于临空状态,山体地形较陡,坡角大于40°,岩体结构稳定性较差,可能发生岩块坠落。根据进口段九仙庙内调绘发现,冲沟内存在大量落石,一般粒径为0.3～1.0m,最大粒径约1.5m。

(2)特殊岩土

特殊岩土主要是隧道出口存在新黄土,上部10m有Ⅱ级非自重湿陷性。

3.2.6　隧道工程地质条件分析评价

隧道整体位于中低山区,穿越纵向河谷东侧崇山峻岭,依次从燕山期侵入岩(各类花岗杂岩,中间穿插岩脉)、白垩系流纹质熔结角砾凝灰岩和第四系新黄土等地层通过。整体地形呈两侧高,中间低,地形起伏较大,横向V形冲沟发育,均汇入隧道左侧低洼处的纵向河谷中。总体岩体完整～较破碎,局部段落出现各类花岗岩中存在差异风化以及岩脉接触带、岩体软弱带、节理发育密集带、蚀变带和断层破碎带等,岩体较破碎～破碎。

隧道DK59+480～DK61+280、DK61+600～DK64+000、DK66+300～DK69+500等段落为强富水区,其他段落为中等富水区。地下水由东北、西南补给区向军都山中部河谷汇集。隧道局部洞底高程低于左侧纵向河谷谷底高程,岩体中的各类接触带、断裂带、蚀变带或节理发育密集带均是地下水良好的通道,施工开挖一旦揭露,局部有涌水及围岩坍塌风险。

隧道进出口及洞身浅埋段,围岩稳定性差,容易塌方冒顶,应做好超前支护,加强超前地质预报和监控量测,并做好洞口边仰坡防护。尤其应注意DK66+400～DK66+440浅埋穿越老京张铁路,DK67+024～DK67+030、DK67+370～DK67+375以埋深128～176m穿越长城,DK70+840～DK71+100以埋深2～12m穿越程家窑村的民房,这些段落应重点加强监控量测和超前地质预报工作,以确保施工安全。

3.3　TBM法可行性研究

新八达岭隧道及八达岭长城站(地下车站)设计方案(采用钻爆法施工)确定后,根据要求,又重新对新八达岭隧道采用TBM法施工进行了可行性研究。

可行性方案研究的前提条件为:

(1)京张高铁应于2019年年底前开通运营。

(2)按照全线施工组织安排,新八达岭隧道应于2019年2月19日前满足铺架通过要求。以此计算,隧道有效施工时间为35个月。

3.3.1　TBM法施工适应性分析

新八达岭隧道地质以花岗岩为主,Ⅱ、Ⅲ级围岩约占80%,完整性较好。围岩强度为60～90MPa,石英含量为10%～30%。地质构造不复杂,围岩节理不发育,地下水总体不发育。综合工程地质及水文地质条件,该隧道采用TBM法施工地层适应性较好。

3.3.2　TBM法施工方案研究

紧邻新八达岭隧道的居庸关隧道全长3053m,相邻距离115m。该隧道于2015年8月先期开工,若方案调整涉及洞外工程,则会有较大的废弃,因此仅就新八达岭隧道范围进行 TBM 法施工方案研究。

新八达岭隧道设计方案为单洞双线断面,断面宽度为 13.9m,目前国内外无类似大断面 TBM 设备制造经验和隧道掘进案例,且该隧道工程即将完成招标,因此,主要研究采用两台直径 10.2m 的 TBM 掘进方案。

结合八达岭长城站在隧道内的位置,重点对 TBM 掘进长度分别为 5.1km、7.6km、9.9km 三种方案进行研究分析。

(1)5.1km(TBM)方案

该方案从隧道进口端掘进,掘进长度 5.1km。掘进段不下穿八达岭长城,不通过八达岭长城站,原车站方案维持不变。5.1km(TBM)方案设计如图 3-5 所示。

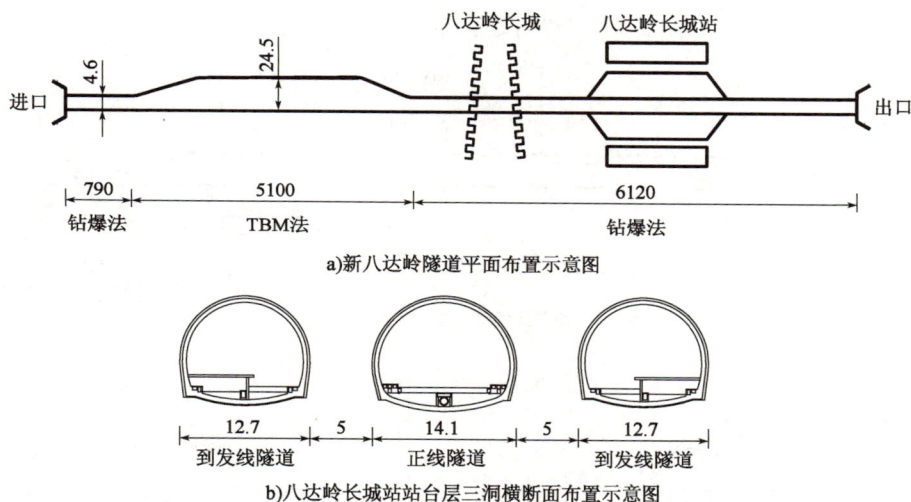

a)新八达岭隧道平面布置示意图

b)八达岭长城站站台层三洞横断面布置示意图

图 3-5　5.1km(TBM)方案设计示意图(尺寸单位:m)

(2)7.6km(TBM)方案

该方案从隧道进口端掘进,掘进长度 7.6km。掘进段下穿八达岭长城,但不通过八达岭长城站,原车站形式由三洞方案调整为双洞方案,车站绝对标高受南北咽喉区之间夹直线和坡度规定控制,需下调 11.6m。7.6km(TBM)方案设计如图 3-6 所示。

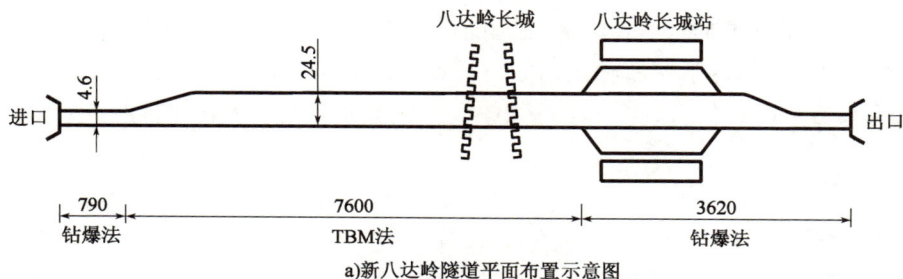

a)新八达岭隧道平面布置示意图

图　3-6

b)八达岭长城站站台层双洞横断面布置图

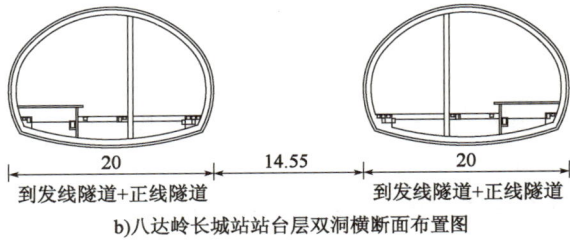

图3-6　7.6km(TBM)方案设计示意图(尺寸单位:m)

（3）9.9km(TBM)方案

该方案从隧道进口端掘进，掘进长度9.9km。掘进段下穿八达岭长城并通过八达岭长城站，原车站形式由三洞方案调整为四洞方案，车站高程受南北咽喉区之间夹直线和坡度规定控制，需下调11.6m。9.9km(TBM)方案设计如图3-7所示。

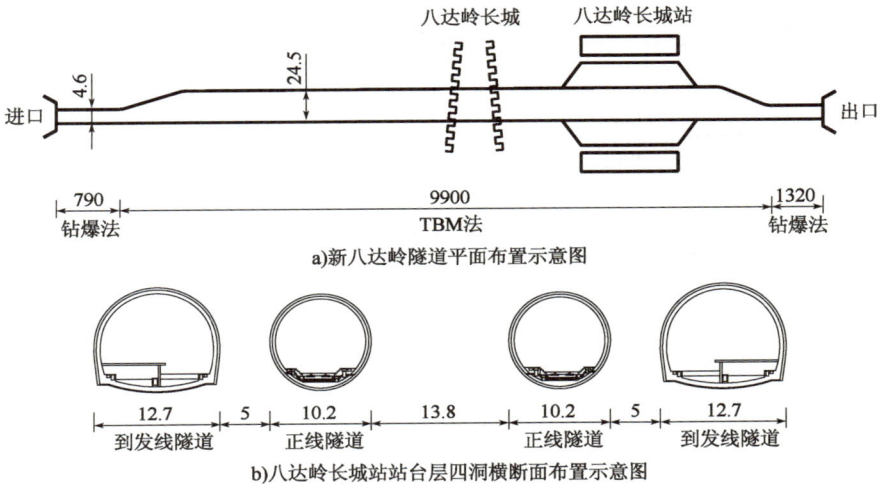

a)新八达岭隧道平面布置示意图

b)八达岭长城站站台层四洞横断面布置示意图

图3-7　9.9km(TBM)方案设计示意图(尺寸单位:m)

3.3.3　TBM 设备情况

TBM 设备新制造需要12个月，每台费用约3.5亿元。

TBM 设备有两台可以利旧使用。该两台设备(设计掘进长度30km)均已使用于兰渝铁路西秦岭隧道，分别掘进了12.8km、14.8km，主轴承工作时间约1.4万h。目前两台设备分别存放于甘肃省陇南市武都区洛塘镇和四川省广元市。若考虑利旧使用，设备性能评估约需要2个月，整修需要6~8个月，合计8~10个月。每台整修费用约0.5亿元。

3.3.4　TBM 法施工方案分析

（1）工期分析

根据兰渝铁路西秦岭隧道掘进进度统计，TBM 平均月进度为350m，采用该进度指标，5.1km(TBM)、7.6km(TBM)、9.9km(TBM)三种方案纯掘进时间分别为15个月、22个月、29

个月。考虑方案论证及修改设计 1 个月、利旧整修 8 个月、设备组装 2 个月、掘进完成后拆解 2 个月、水沟电缆槽施工 2 个月、整体道床 2 个月。5.1km(TBM)方案需要 32 个月,与整体工期安排基本符合;7.6km(TBM)方案需要 39 个月,9.9km(TBM)方案需要 46 个月,均不能满足工期要求。

(2)投资分析

根据定额测算,原钻爆法对应 TBM 方案区段的双线隧道单价为 5.3 万元/隧道延长米。若采用 TBM 法施工,三种方案的隧道延长米价格分别为 12.90(6.45×2)万元、11.28(5.64×2)万元、10.52(5.26×2)万元,因此,每隧道延长米需要增加费用分别为 7.6 万元、6.0 万元、5.2 万元。同时考虑设备运输、修建便道、设备组装及拆解等费用,与原钻爆法相比,三种方案投资分别增加约 4.5 亿元、5.6 亿元、6.1 亿元。

(3)环境影响分析

采用 TBM 法施工,由于设备运输,需要在居庸关长城核心景区内改扩建长度约 2.7km 的运输便道。景区内环保要求高,施工对环境影响较大,环保批复难度大。

(4)车站方案分析

若采用 7.6km(TBM)、9.9km(TBM)两种施工方案,都需要将八达岭长城站高程下调 11.6m,重大方案调整批复难度大、批复周期长,且增加了运营费用。

三种 TBM 法施工方案分析结果对比见表 3-3。

三种 TBM 法施工方案分析结果对比表　　　　表 3-3

方案名称	5.1km(TBM)方案	7.6km(TBM)方案	9.9km(TBM)方案
(一)工期(月)	32	39	46
(1)方案论证、修改设计(月)		1	
(2)利旧整修(月)		8	
(3)设备组装(月)		2	
(4)隧道掘进(月)	15	22	29
(5)掘进完成后拆解(月)		2	
(6)水沟电缆槽施工(月)		2	
(7)整体道床(月)		2	
(二)投资增加(亿元)	约 4.5	约 5.6	约 6.1
(1)钻爆法调整为 TBM 法(亿元)	3.88	4.56	5.15
(2)设备运输(亿元)		0.2	
(3)修建便道(亿元)		0.21	
(4)设备组装及拆解(含洞室扩挖)(亿元)		0.17	
(5)引起地下站等相关工程增加费用(亿元)	0	0.44	0.38
(三)环境影响		居庸关长城核心景区内改扩建长度约 2.7km 的运输便道	
(四)车站方案影响	方案不变	车站标高下调 11.6m,车站建筑方案有重大调整	

3.3.5　研究结论

通过研究分析,得出如下结论:

(1)新八达岭隧道采用 TBM 法施工,地层适应性方面是可行的。

(2)5.1km(TBM)方案符合总体工期要求;7.6km(TBM)方案、9.9km(TBM)方案存在工期缺口,且车站方案调整大,线型布置不合理。

(3)三种方案投资均增加较多,对环境有所影响。

经综合分析,新八达岭隧道未采用 TBM 法施工。

3.4　下穿长城段控制爆破技术

3.4.1　隧道下穿长城段基本情况

新八达岭隧道 2 号斜井开挖正洞向小里程方向两次下穿八达岭长城,一次侧下穿水关长城。新八达岭隧道与八达岭长城位置关系如图 3-8 所示,新八达岭隧道下穿及侧下穿长城段工程特征及地质状况见表 3-4。

图 3-8　新八达岭隧道与八达岭长城平面位置关系示意图

新八达岭隧道下穿及侧下穿长城段工程特征及地质状况表　　　　表 3-4

长城名称	通过方式	隧道里程	隧道纵向影响长度(m)	覆土厚度(m)	水平距离(m)	工程地质	围岩级别
八达岭长城	下穿	DK67+024~DK67+030	6	124	0	弱风化花岗岩	Ⅲ级
八达岭长城	下穿	DK67+370~DK67+375	5	168	0		
水关长城	侧下穿	DK63+600~DK63+750	150	210~218	8.4		

隧道下穿段的长城目前对游客开放,古建筑本体完整,除个别裂缝外,总体保护状况良好。下穿段长城如图 3-9 所示。

图 3-9 新八达岭隧道下穿长城平面位置关系

3.4.2 国内研究现状

随着现代工业的迅速发展、城市规模的日益扩大,工程爆破技术以及其带来的显著经济效益已从传统的岩土爆破渗透到国民经济建设的各个领域,从高层建筑的岩石地基开挖,到大型水库、水电站的修建,再到隧道等地下洞室结构的建设以及各种拆除工程,爆破技术在我国基础设施建设过程中扮演了重要角色,为社会经济的发展贡献了不可磨灭的力量。然而工程爆破带来高经济效益的同时也带来诸多问题,例如爆破区周围的建筑物、地基基础及地下结构在爆破地震波传播时,往往会产生不同程度的损伤,甚至出现主体结构破坏,对周围居民的生活造成诸多不便,以至于引发各种民事纠纷。同时,由于地质环境等因素限制,爆破施工不可避免地会在古建筑附近进行,而古建筑的结构稳定性又比较差,在爆破振动下极易发生破坏,可能会对国家的历史文物造成重大损失。

丁雄依托育王岭隧道爆破振动安全监测工程,通过理论分析、现场试验等研究方法,进行了轻轨隧道爆破施工影响下的古建筑结构振动以及爆破地震控制研究。管晓明等以成渝客运专线新红岩隧道为工程背景,测试了隧道近距下穿山坡楼房爆破时引起的地面振动。张永兴等以福州高速公路魁岐 1 号隧道工程为例,对隧道上部地表建筑进行振动速度监测。王源等基于九华山隧道爆破施工爆破振动监测数据,对质点水平和竖向加速度、速度、位移及主频进行回归分析,确立了振动传播衰减规律。谢志招等结合一起为保护国家级古建筑(石塔)进行的爆破振动测试,通过试验、归纳分析以及对古塔结构反应的分析,利用加速度和速度值控制,从而更科学地预测爆破施工对古石塔的振动影响。于晨昀研究拟建的张呼客运专线以隧道方式穿越长城烽火台遗址,分析列车振动和隧道施工振动对长城烽火台遗址的动力响应,确定了运营期间列车振动和施工期间隧道爆破的容许振动速度标准。姚道平等结合一起为保护国家级文物(六胜塔)进行的爆破振动监测,通过脉动测试和试爆测试,分析古塔结构反应,确定古塔的安全允许振动速度,更科学地控制爆破施工对古建筑的振动影响。

3.4.3　长城保护振动控制标准

现行《爆破安全规程》(GB 6722)对地面建筑物、电站(厂)中心控制室设备、隧道与巷道、岩石高边坡和新浇大体积混凝土的爆破振动判据,采用保护对象所在地基础质点峰值振动速度和主振频率,安全允许标准见表3-5。

爆破振动安全允许标准　　　　　　　　　　　　表3-5

序号	保护对象类别		安全允许质点振动速度(cm/s)		
			$f \leq 10Hz$	$10Hz < f \leq 50Hz$	$f > 50Hz$
1	土窑洞、土坯房、毛石房屋		0.15 ~ 0.45	0.45 ~ 0.9	0.9 ~ 1.5
2	一般民用建筑物		1.5 ~ 2.0	2.0 ~ 2.5	2.5 ~ 3.0
3	工业和商业建筑物		2.5 ~ 3.5	3.5 ~ 4.5	4.2 ~ 5.0
4	一般古建筑与古迹		0.1 ~ 0.2	0.2 ~ 0.3	0.3 ~ 0.5
5	运行中的水电站及发电厂中心控制室设备		0.5 ~ 0.6	0.6 ~ 0.7	0.7 ~ 0.9
6	水工隧洞		7 ~ 8	8 ~ 10	10 ~ 15
7	交通隧道		10 ~ 12	12 ~ 15	15 ~ 20
8	矿山巷道		15 ~ 18	18 ~ 25	20 ~ 30
9	永久性岩石高边坡		5 ~ 9	8 ~ 12	10 ~ 15
10	新浇大体积混凝土(C20)	龄期:初凝 ~ 3d	1.5 ~ 2.0	2.0 ~ 2.5	2.5 ~ 3.0
		龄期:3 ~ 7d	3.0 ~ 4.0	4.0 ~ 5.0	5.0 ~ 7.0
		龄期:7 ~ 28d	7.0 ~ 8.0	8.0 ~ 10.0	10.0 ~ 12.0

注:1. 爆破振动监测应同时测定质点振动相互垂直的三个分量。
　　2. 表中质点振动速度为三个分量中的最大值,振动频率为主振频率。
　　3. 频率范围根据现场实测波形确定或按如下数据选取。洞室爆破f小于20Hz,露天深孔爆破f在10 ~ 60Hz之间,露天浅孔爆破f在40 ~ 100Hz之间,地下深孔爆破f在30 ~ 100Hz之间,地下浅孔爆破f在60 ~ 300Hz之间。

根据吴德伦、叶晓明的研究总结,爆破振动效应与质点振动速度关系见表3-6。

爆破振动效应与质点振动速度关系　　　　　　　表3-6

振动效应	质点速度(cm/s)	振动效应	质点速度(cm/s)
人难以感觉到	<0.1	钢筋混凝土结构、隧道支护结构的安全振动极限	10
人可以感觉到微弱振动	0.1	使岩石介质产生裂缝、旧裂纹扩张	14
使人产生不舒适感	0.5	一般民用建筑严重开裂、破坏	19
使人扰动不安,有明显震感	1	无支护隧道岩石振动脱落	30
使人有较强的震感	3	岩石形成新的裂缝	60
一般民用居住建筑的安全振动极限	5		

通过综合分析,确定新八达岭隧道下穿八达岭长城和侧下穿水关长城时,长城的允许爆破振动速度应≤0.2cm/s。

3.4.4 爆破试验

隧道爆破振动试验和监测是调整爆破设计参数、验证爆破减振效果、确保长城安全的重要技术手段。因此,在隧道进入长城的影响范围之前,设置爆破振动试验段。

爆破振动试验和监测的目的包括:

(1)通过爆破振动监测与试验,获取爆破振动沿不利断面或不安全方向的振动衰减传播规律,回归计算爆破振动传播公式,估算开挖爆破最大允许药量与安全距离,为确定爆破施工方案与爆破参数提供依据。

(2)通过爆破振动监测与试验,评价爆破施工方案和爆破参数的合理性,为控制与优化爆破施工参数提供依据。

(3)通过爆破振动监测,测定开挖爆破作业对八达岭长城、岩土体的振动影响程度,并根据相关规范及设计标准,对其安全性作出评估,并为控制或调整爆破参数提供依据。

穿越或邻近保护建(构)筑物段隧道爆破作业时,根据现行《爆破安全规程》(GB 6722)规定,应严格控制每次爆破的起爆规模和最大单响药量,以确保被保护对象的安全。爆破质点振动速度与最大单响药量的关系按式(3-1)进行控制:

$$\nu = K\left(\frac{\sqrt[3]{Q}}{R}\right)^{\alpha} \tag{3-1}$$

式中:ν——矢量合成最大速度(cm/s);

Q——炸药量,齐发爆破时为总药量,延时爆破时为最大单段药量(kg);

R——爆破震源与被保护建筑物之间的距离(m);

$K、\alpha$——分别为爆破点至保护对象间的地形、地质条件有关的系数和衰减指数,可按表 3-7取值。

$K、\alpha$ 取值与岩性的关系　　　　　　　　　　表 3-7

岩　　性	K	α
坚硬岩石	50 ~ 150	1.3 ~ 1.5
中等硬度岩石	150 ~ 250	1.5 ~ 1.8
软岩石	250 ~ 350	1.8 ~ 2.0

为得到振动控制的敏感区间,需选取科学合理的预测模型进行预测,在现行爆破振动控制中主要针对地表振动速度峰值进行控制,对隧道爆破长城地表振动速度峰值影响较大的为掌子面距测点水平距离、总药量、掏槽单段药量、爆心距,这和采用萨道夫斯基经验公式进行爆破振动规律分析时将最大单段药量和爆心距作为影响爆破振动的主要因素考虑的方法是相似的,因此选用萨道夫斯基经验公式对临近长城段监测数据进行回归拟合。

运用非线性回归分析的手段,基于前期临近长城段爆破施工时测点峰值振动速度数据(表3-8),拟合三分量振动传播曲线,拟合结果如图3-10所示。

35

序号	掌子面里程	掏槽药量（kg）	爆心距（m）	水平距离（m）	振动速度（cm/s）		
					X 方向	Y 方向	Z 方向
1	DK67+094.0	16.8	141.90	69	0.4273	0.6677	0.4241
2	DK67+091.0	14.4	140.47	66	0.1976	0.3784	0.2376
3	DK67+088.0	7.2	139.09	63	0.1704	0.2997	0.2115
4	DK67+082.0	14.4	136.47	57	0.4107	0.4767	0.4277
5	DK67+080.5	14.4	135.85	56	0.2356	0.2488	0.2103
6	DK67+079.0	14.4	135.25	54	0.3184	0.3379	0.3042
7	DK67+078.0	10.8	134.85	53	0.2356	0.2974	0.2602
8	DK67+076.0	16.8	134.08	51	0.3279	0.5011	0.347
9	DK67+073.0	10.8	132.97	48	0.264	0.3483	0.2127
10	DK67+071.0	16.8	132.26	46	0.2486	0.3067	0.2816
11	DK67+068.0	14.4	131.24	43	0.4001	0.4629	0.5478
12	DK67+066.0	14.4	130.60	41	0.406	0.4941	0.5609
13	DK67+064.0	16.8	129.99	39	0.2817	0.3715	0.4444
14	DK67+062.0	16.8	129.40	37	0.2758	0.3449	0.3803
15	DK67+058.0	14.4	128.32	33	0.3007	0.3877	0.4266
16	DK67+056.0	14.4	127.82	31	0.3871	0.5057	0.3838
17	DK67+052.0	14.4	126.91	27	0.3409	0.486	0.5015

临近长城段爆破施工时长城测点峰值振动速度监测结果 表 3-8

三个方向测点振动速度拟合曲线分别为：

$$\nu_x = 237.6 \left(\frac{\sqrt[3]{Q}}{R_x} \right)^{1.66} \qquad (3\text{-}2)$$

$$\nu_y = 24.1 \left(\frac{\sqrt[3]{Q}}{R_y} \right)^{1.02} \qquad (3\text{-}3)$$

$$\nu_z = 2660.1 \left(\frac{\sqrt[3]{Q}}{R_z} \right)^{2.22} \qquad (3\text{-}4)$$

从拟合结果可以看出，三个方向振速速度峰值均随着比例距离的增大而减小，但三个方向振动速度峰值随比例距离的增加衰减速率差异较大。其中，Z 方向振动速度峰值衰减最快，X 方向振动速度峰值次之，Y 方向振动速度峰值衰减最慢。隧道爆破掘进前方 X 方向振动速度峰值回归结果为 $K=237.6$、$\alpha=1.66$，隧道掘进切向 Y 方向回归结果为 $K=24.1$，$\alpha=1.02$，隧道掘进垂直竖向 Z 方向回归结果为 $K=2660.1$，$\alpha=2.22$。显然 Z 方向振动速度峰值衰减规律不符合现行《爆破安全规程》（GB 6722）给出的经验取值范围，可能是山区场地条件较为复杂的原因，而 X、Y 方向的振动速度峰值可用萨道夫斯基经验公式预测。另外由回归统计结果可知，Y 方向样本振速峰值整体较 X 方向大，且衰减速率较慢，因此可采用 Y 方向峰值振动速度的计算结果作为地表安全振动速度的控制标准。

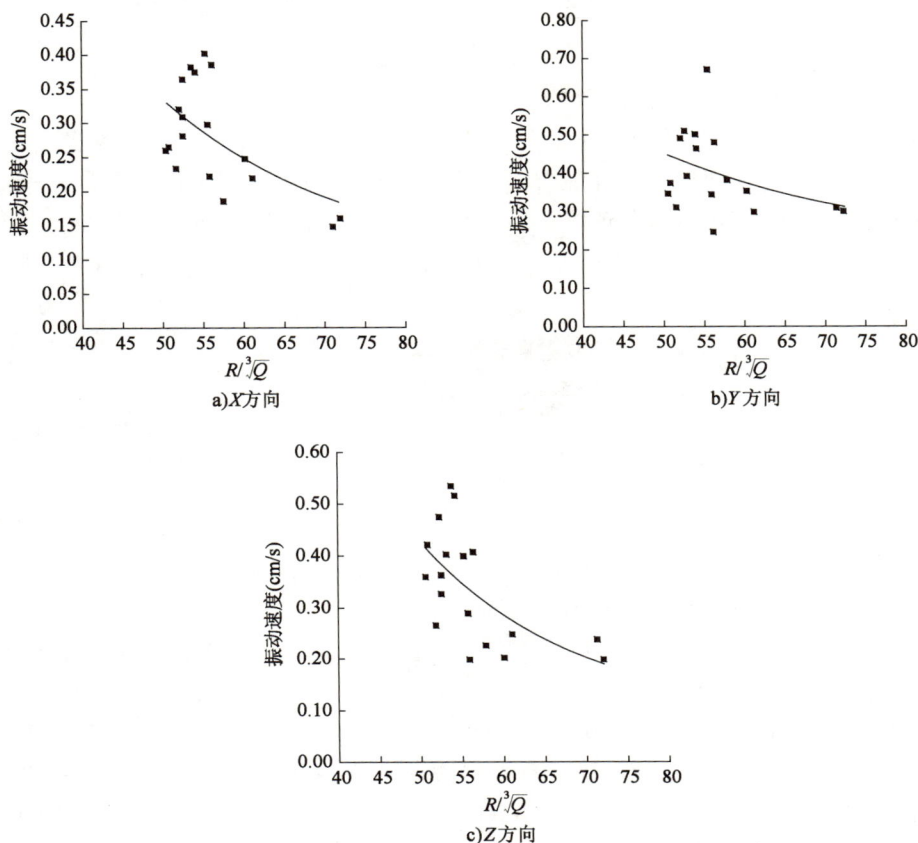

a)X方向

b)Y方向

c)Z方向

图3-10　临近长城段爆破施工时长城测点振动速度拟合曲线

按照原爆破设计时的掏槽药量,采用式(3-3)可计算得到爆破时地表长城位置最小爆心距处($R_y = 124$m)的峰值振动速度为0.44cm/s,大于安全控制振动速度标准0.2cm/s。因此需要对地表峰值振动速度超过安全控制标准的隧道爆破施工敏感区间进行重新计算,从而对地表长城进行振动速度的控制。

在给定掏槽药量与安全控制振动速度的前提下,可采用式(3-3)计算出对应最小安全爆心距,进而得到隧道爆破振动速度控制敏感区间。计算流程如下。

对式(3-3)两边同时求以 e 为底的对数得:

$$Lnv_y = Ln24.1 + 1.02Ln\left(\frac{\sqrt[3]{Q}}{R_y}\right) \tag{3-5}$$

展开并移项得:

$$LnR_y = \frac{Ln24.1 + 1.02Ln(\sqrt[3]{Q}) - Lnv_y}{1.02} \tag{3-6}$$

进一步化简得:

$$R_y = e^{\frac{Ln24.1 + 1.02Ln(\sqrt[3]{Q}) - Lnv_y}{1.02}} \tag{3-7}$$

当掏槽单段药量与振动控制速度给定时,基于三个方向回归方程可以得到三个安全距离,

37

应选取最大值用以长城地表振动控制敏感区间的表示,隧道爆破时长城地表振动控制敏感区间用水平距离范围 L 表示。

$$L = \sqrt{R_y^2 - H^2} \qquad (3-8)$$

式中:H——隧道下穿长城段拱顶正上方测点埋深(m),$H = 124\mathrm{m}$。

式(3-7)中峰值振动速度取允许最大安全振动速度 0.2cm/s,由于每次上台阶爆破进尺会根据现场条件进行调整,掏槽单段最大药量 Q 值取未优化时非电子雷管爆破方案常出现的三种不同掏槽单段药量情况分别为 10.8kg、14.4kg、16.8kg,以此计算得到的振动控制敏感区间值见表3-9。

长城地表振动敏感区间计算结果   表3-9

序号	掏槽单段药量(kg)	炮孔深度(m)	安全振动速度(cm/s)	敏感区间(m)
1	10.8	2.0		[−208.36,208.36]
2	14.4	2.5	0.2	[−236.32,236.32]
3	16.8	3.0		[−252.10,252.10]

从计算结果来看,在安全控制振动速度为 0.2cm/s 前提下,基于回归分析预测敏感区间,以长城测点处为相对原点位置,当掏槽单段药量为 10.8kg 时,敏感区间为[−208.36m,208.36m];当掏槽单段药量为 14.4kg 时,敏感区间为[−236.32m,236.32m];当掏槽药量为 16.8kg 时,敏感区间为[−252.10m,252.10m]。

在振动敏感区间范围内,应采取降振方案进行爆破施工,重点控制长城地表振动速度。根据灰色关联分析结果,确定地表振动速度主要影响因素,爆破振动控制的重点应首先考虑掏槽孔单段最大药量与雷管设置,并进行有针对性的爆破参数调整,以降低隧道爆破时长城地表振动速度。

电子雷管精确毫秒延时爆破技术起源于传统微差爆破技术,电子雷管优势在于可设置孔间延时时间,以此减小掏槽单段最大药量,达到降低地表振动速度峰值的目的。电子雷管由于孔间延时较为均匀,爆破地震波能量在频域上分布比较均匀且主振频率较高,对地表建构筑物产生的损伤较小,因此在隧道爆破现场采用电子雷管进行降振试验。

根据现行标准《工业数码电子雷管》(WJ 9085),工业数码电子雷管主要有两大类型,即现场设置型与预设置型。预设置型电子雷管的延时时间在厂家生产过程中设定不能被再次修改,现场设置型较为灵活符合现场复杂条件。综合各方面考虑,使用湖北卫东化工股份有限公司生产的型号为 ED-GX1/4000P-B8-LUX 现场设置型电子雷管,其最大可设置延期时间为 4000ms,最大延时误差小于 1%。各炮孔延时时间设置依据爆破学界四种较为公认的关于毫秒延时爆破理论之一的地震波叠加作用假说,通过设置孔间延时使爆破地震波主振段相互错开,将最大段装药量控制在一个炮孔的药量范围内,爆破振动的强度近似为单孔振动的峰值,降低爆破地震效应。

电子雷管延时间的设置依据。目前在爆破学界主要有以下四种较为公认的理论:

(1)应力波干涉作用。如果相邻两个炮孔同时起爆,由于应力波的相互干涉,在两药包中间岩体某区域内将形成无应力或应力降低区.从而容易产生大块。但如果使相邻的两药包间隔一定时间起爆,即当先爆药包在岩体内激起压缩波,并从自由面反射成拉伸波后,再引爆后续药包,不仅能消除无应力区,而且能增大该区内的拉应力,减少了由于应力波产生的能量损失,从而改善破碎块度。

(2)残余应力作用。从岩石整个破碎过程来看,先爆药包产生的爆炸应力波和爆轰气体在岩体内形成动态应力场尚未消失,后爆孔起爆,充分利用先爆孔在岩体残留的预应力场和爆轰气体对岩石的准静态应力场,加强岩石的破碎作用、改善破碎质量。

(3)地震波叠加作用。逐孔延时起爆可使得先后起爆产生的爆破地震波在时间和空间上分离,使主振段相互错开,将最大段装药量控制在一个炮孔的药量范围内,爆破振动的强度为单孔振动的峰值。此外,如果延期时间选取得当,还会使两列地震波的主振相叠加干扰相消,小于单孔振动强度。实际上,只要合理选取延期时间,爆破地震效应均有不同程度的降低,大量工程资料表明,毫秒延时爆破降振可达30% ~ 60%。

(4)新增自由面作用。先爆孔在应力波和爆轰气体的作用下造成岩体一定程度的损坏,在爆区周围形成了爆破漏斗和相互交错的裂缝,为后爆孔创造了丰富的自由面。新增临空面不仅缩短了后爆孔的最小抵抗线,减弱了岩体的夹制作用,还有利于反射拉伸应力波破碎岩体,分离的岩块在抛掷过程中相互碰撞、挤压,岩块继续破碎。因此,在某种程度上,逐孔延时起爆能够减小岩块的抛掷距离,并能充分利用岩块动能进行二次破碎,很好地改善了破碎质量,使得爆堆集中、块度均匀。

为了达到降低地表振动的目的,现场电子雷管的延时设置主要依据地震波叠加作用原理,通过设置孔间延时使爆破地震波主振段相互错开,将最大段装药量控制在一个炮孔的药量范围内,此时爆破振动的强度近似为单孔振动的峰值,进而降低爆破地震效应。美国学者 Fish. B 基于两个半周期地震波的叠加来降低爆破振动的振幅,用于控制爆破振动对周围的建筑的影响,给出合理的延期间隔时间为 8 ~ 25ms,炮孔孔间延时可按照此范围进行取值。

关于段间延时时间设置,参考张奇教授在研究井巷爆破微差延时时间的确定时从物理原理及微差爆破基本原理推导得出相邻两圈炮孔微差时间的计算公式。

$$T = \frac{L}{C} \tag{3-9}$$

式中:T——相邻两圈炮孔微差时间(s);

L——炮孔深度(m);

C——岩石的爆破抛掷速度(m/s)。

由于先爆炮孔受夹制作用较大,岩石爆破抛掷速度较小,后爆炮孔岩石抛掷速度较大,所以段间延时时间呈逐渐减小趋势。根据式(3-9)计算得出不同炮孔深度及不同抛掷速度条件下的段间微差延时时间,计算结果见表3-10。

段间延时时间计算结果   表3-10

炮孔深度(m)	抛掷速度(m/s)	段间延时(ms)
2.0	15	133
	20	100
	25	80
2.5	15	167
	20	125
	25	100

续上表

炮孔深度（m）	抛掷速度（m/s）	段间延时（ms）
3.0	15	200
	20	150
	25	120

3.4.5 施工爆破对长城存在影响的隧道区间范围

根据萨道夫斯基经验公式可知，爆破影响范围 R 主要受允许振动速度 v、单响炸药量 Q 以及围岩条件的影响。

考虑到长城古建筑的重要性，安全允许质点速度取 0.2cm/s，并取 70% 作为预警值、80% 作为报警值，则预警值为 0.14cm/s、报警值为 0.16cm/s。

最大单响炸药量 Q 主要由掏槽爆破决定，当采用斜孔掏槽时，最大单响炸药量可按式（3-10）计算。

$$Q = qV \tag{3-10}$$

式中：q——掏槽爆破岩石单位体积炸药量（kg/m^3），Ⅱ～Ⅲ级围岩中取 $1.0 \sim 1.5\text{kg/m}^3$，本段主要为Ⅱ级围岩，取 1.5kg/m^3；

V——掏槽槽腔体积（m^3），根据工期要求，本段循环进尺为 $2 \sim 3\text{m}$，掏槽槽腔体积为 $13 \sim 20\text{m}^3$。

计算得：最大单响炸药量 Q 为 $20 \sim 30\text{kg}$，取平均值 25kg。

根据萨道夫斯基经验公式，爆破影响范围 R 为：

$$R = \left(\frac{K}{v}\right)^{\frac{1}{\alpha}} \cdot Q^{\frac{1}{3}} \tag{3-11}$$

采用公式计算得到爆破影响范围 R 为 292m，即以长城为圆心，影响范围 R 为半径，可得出施工爆破对八达岭长城存在影响的隧道区间范围为 DK66+764～DK67+616，区间长度 852m；施工爆破对水关长城存在影响的隧道区间范围为 DK63+409～DK63+958，区间长度 549m。影响的隧道区间范围如图 3-11 所示。

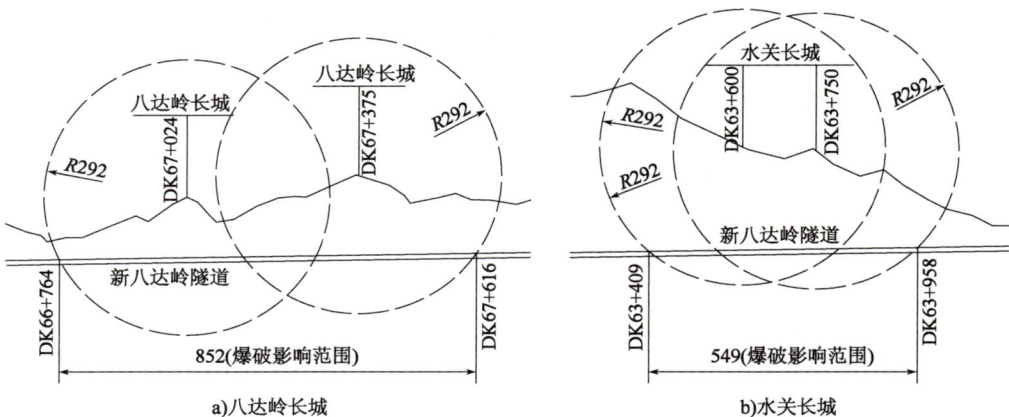

图 3-11　隧道爆破施工对长城存在影响的隧道区间范围（尺寸单位：m）

3.4.6 控制爆破方案设计

（1）控制爆破原则

按照"短进尺、分部开挖"原则，根据爆心距控制一次爆破规模和单响药量，以达到减小爆破振动速度的目的。

（2）掏槽爆破减振设计

掏槽爆破在整个断面爆破中产生的振动强度最大，因此控制掏槽爆破振动强度是确保长城安全的关键。为减小掏槽的爆破振动强度采取的主要技术措施为：多布眼，采用多段别电子雷管爆破。

（3）爆破方案设计

采用台阶法爆破施工。以 DK67＋030 里程为例，该处已位于八达岭长城下面，爆心距为124.1m。上半断面爆破设计参数见表3-11，爆破孔布置如图3-12 所示。

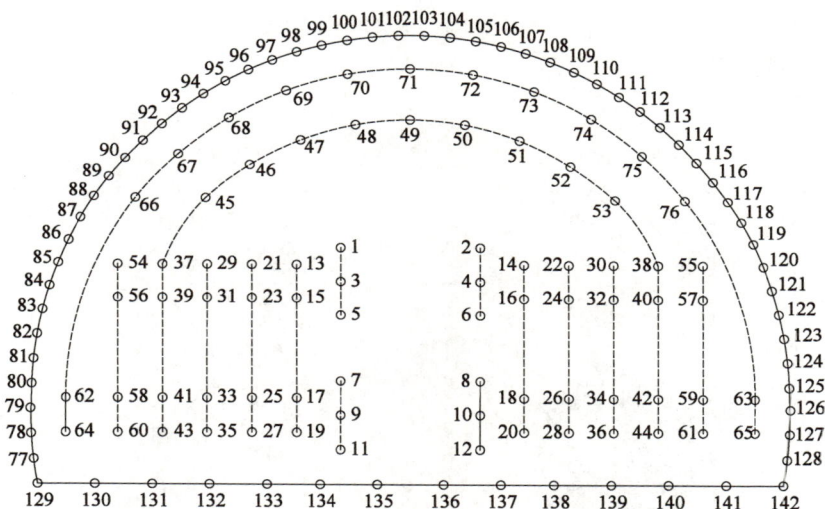

图 3-12　DK67＋030 里程上半断面爆破孔布置示意图

DK67＋030 里程上半断面爆破设计参数表　　表 3-11

项目名称	炮　眼		炮眼编号	延时区间（ms）	孔间延期（ms）	药卷直径（mm）	单孔装药量（kg）
	数量（个）	深度（m）					
掏槽孔	12	3.0	1～12	0～220	20	φ32	1.6
扩槽孔	8	2.8	13～20	240～380	20	φ32	1.2
辅助孔	56	2.6	21～76	400～1500	20	φ32	1.2
周边孔	52	2.6	77～128	1520～1877	7	φ32	0.8
底边孔	14	3.0	129～142	1897～2157	20	φ32	1.8
合计	142						

爆破设计时,掏槽孔单孔装药量为 1.6kg,两边两个掏槽孔延时时间设置间隔较大,这样就可以达到首先起爆时松动岩体的作用,并且增加了后续起爆的掏槽炮孔自由度,更加有益于掏槽效果。周边孔爆破设计时充分考虑光面爆破成型效果,孔间延时时间设置值较小。底边孔、周边孔底角孔起爆时夹制作用较小,不会产生较大的爆破振动强度。

3.4.7　控制爆破效果监测及评价

（1）测振仪器

爆破振动监测仪器型号较多,现场采用成都中科测控有限公司生产的 TC-4850 爆破测振仪,如图 3-13 所示。每台测振仪有三个通道可以配置 3 个单向速度传感器或 1 个三分量速度传感器或 1 个三分量加速度传感器。该仪器自带液晶显示屏,现场直接设置各种采集参数,能即时显示波形、峰值和频率。具有 16 位 A/D 分辨率,采用自适应量程。通过 USB 接口与 PC 电脑进行数据通信,运用专用软件进行处理分析及成果输出等。振动监测仪器及传感器均应经过检定,各传感器主要参数见表 3-12。

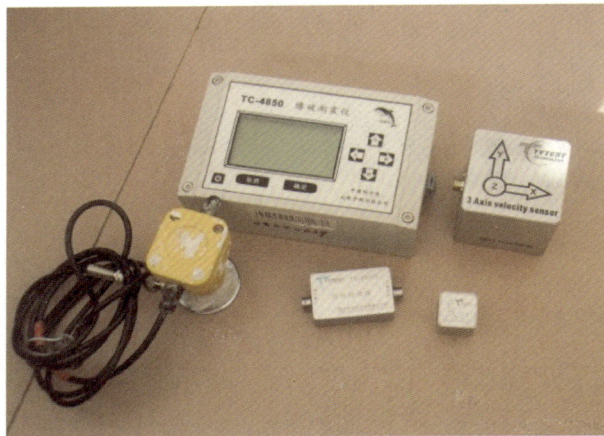

图 3-13　TC-4850 爆破测振仪

各类型传感器主要参数表　　　　　　　　　　　　　　　　　表 3-12

序号	传感器类型	传感器编号	振动方向	灵　敏　度	备　注
1	单向速度传感器	081008	铅直	27.9V/m/s	测定竖向振动速度
2		081009		28.9V/m/s	
3		081010		29.1V/m/s	
4		081013		29.2V/m/s	
5		081032		28.8V/m/s	
6		081036		28.0V/m/s	

序号	传感器类型	传感器编号	振动方向	灵　敏　度	备　注
7			X	26.480V/m/s	
8		TT0317856	Y	27.780V/m/s	
9			Z	21.510V/m/s	
10			X	26.620V/m/s	
11		TT0317858	Y	27.116V/m/s	
12			Z	22.067V/m/s	
13			X	26.930V/m/s	
14	三分量速度传感器	TT0317914	Y	27.777V/m/s	测定三分量振动速度
15			Z	21.550V/m/s	
16			X	26.537V/m/s	
17		TT0317852	Y	27.546V/m/s	
18			Z	21.495V/m/s	
19			X	26.263V/m/s	
20		TT0317889	Y	27.776V/m/s	
21			Z	22.200V/m/s	
22	三分量加速度传感器	TT13-0016 TT13-0017 TT13-0018	X/Y/Z	0.33V/g	测定三分量加速度

（2）传感器安装方法

每台 TC-4850 爆破测振仪有三个通道，可同时记录三个测点的单向爆破振动或一个测点的三分量振动。当用于测量竖向振动速度时，可连接三个竖向速度传感器；用于测量三矢量振动速度时，可连接一个三分量速度传感器或一个三分量加速度传感器。

传感器与测点表面应紧密连接，用熟石膏将传感器黏结在地表或侧壁，熟石膏固化后黏结在建筑物或基岩表面，以便形成整体振动，保证测试结果正确。在传感器安装时，应清除地表松散物体，测量地表平整度。单向振动速度传感器保持铅直，三矢量振动传感器的 Z 向铅直，X 向指向爆源为水平径向，则 Y 向为水平切向。为保护传感器免遭损坏，每个传感器应用铁罩或橡胶罩保护。

（3）数据监测及分析

对振动速度和振动频率进行监测，监测结果如图 3-14、图 3-15 所示。

从监测结果来看，在爆破进尺、炮眼布置、炮眼装药量等爆破参数不变的情况下，将非电雷管换成电子雷管，X 方向振动速度峰值为 0.11cm/s，Y 方向振动速度峰值 0.10cm/s，Z 方向振动速度峰值为 0.09cm/s。X 方向主频为 49.5Hz、主频带为 9.8～100.5Hz，Y 方向主频为 39.8Hz、主频带为 8.5～120.5Hz，Z 方向主频为 49.5Hz、主频带为 10.8～120.5Hz。三个方向振动速度峰值均在安全控制允许值 0.2cm/s 以下。主振频带较宽，说明爆破振动能量在频域范围上分布均匀、广泛。

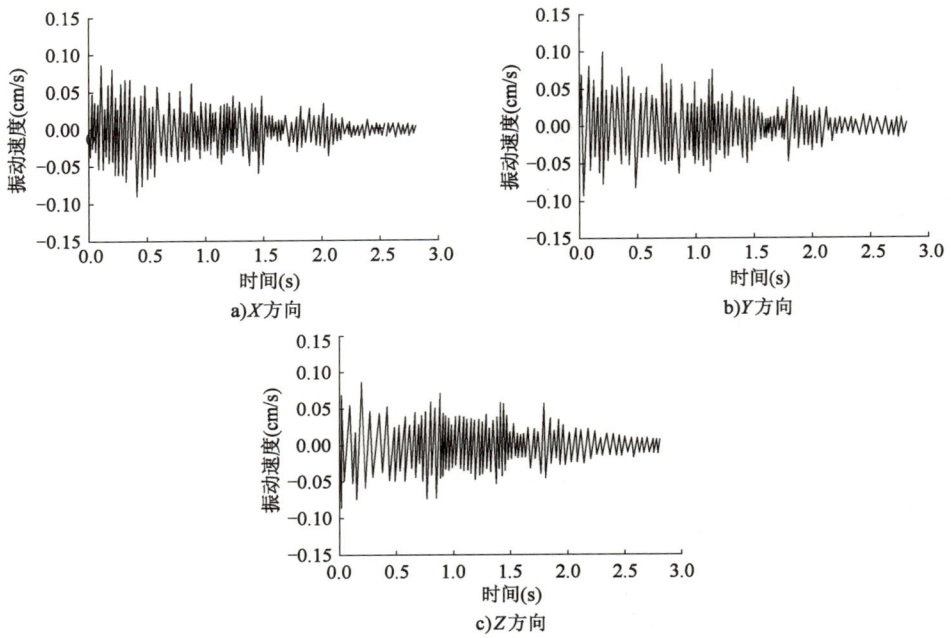

a)X方向　　　　　b)Y方向

c)Z方向

图 3-14　隧道爆破施工时八达岭长城振动波形图

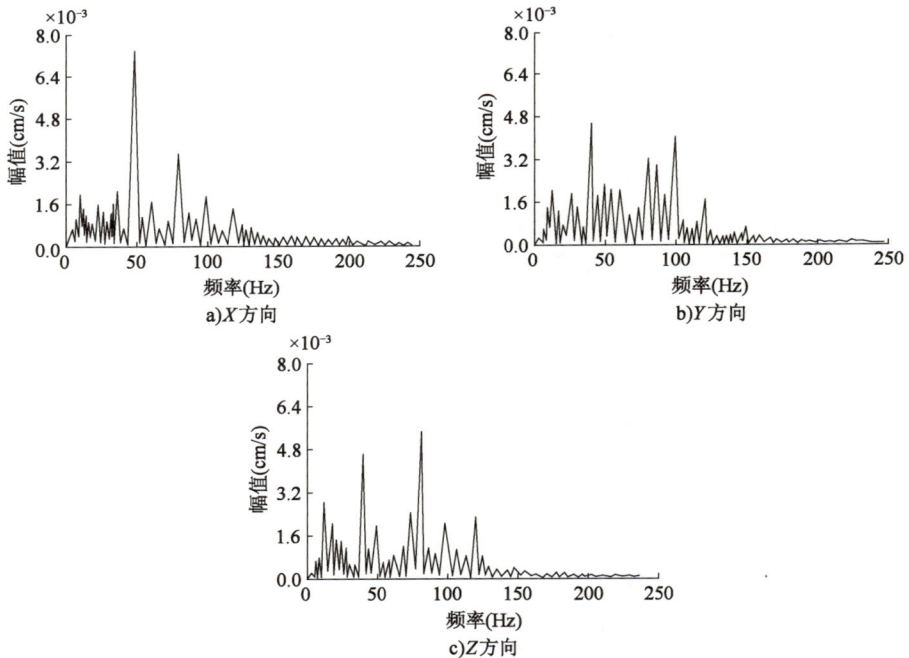

a)X方向　　　　　b)Y方向

c)Z方向

图 3-15　隧道爆破施工时八达岭长城振动频谱图

通过采取控制爆破技术,新八达岭隧道安全顺利地完成了下穿长城段的施工。爆破施工期间,长城得到了充分的保护。

3.5　下穿京张铁路青龙桥车站段施工技术

3.5.1　隧道下车青龙桥车站基本情况

军都山属燕山山脉,处于燕山山脉和太行山山脉的接合部位,东以古北口与燕山相邻,西界为居庸关同太行山相对峙,如图3-16所示。军都山是北京市的主要山脉,西起关沟,东到昌平、延庆、怀柔、密云等区内,北接冀北中部山地,南临北京小平原,面积约7000km²,约占全市面积的43%。军都山大致呈东西向延伸,长约100km,宽约数10km,是北京至张家口的必经之路。著名的万里长城在北京的主要部位都在军都山系中。

图3-16　军都山地形图

詹天佑修建京张铁路时需要经过军都山,当时没有修建长达10km以上隧道的能力。为了解决南口镇与八达岭之间约600m的高差(图3-17),创造性地提出了"人"字形铁路线(图3-18),即北上火车到了南口以后,就用两个火车头,一个前面拉,一个后面推,火车向东北方向前进;进入了"人"字形铁路线路的道岔后(青龙桥车站),就倒过来,原先推的火车头改成拉,原先拉的火车头改成推,使火车向西北前进,这样一来,火车上山爬坡就容易多了。

青龙桥车站位于北京市延庆区,1907年7月开始修建,1908年9月建成通车。车站建站之初主站房按三等站样式建造,主体长19.69m、宽15.62m、高4.10m。站房正中央上方设置站名匾,站匾长2.7m、宽1.2m,距离地面约6.2m,青龙桥火车站名称由时任铁路局长关宪钧以白底黑字题写。如图3-19所示。

为了纪念詹天佑对我国铁路建设事业作出的重大贡献,1922年,在青龙桥车站竖立了詹天佑铜像(图3-20)。1982年5月20日,中华人民共和国铁道部、北京铁路局和中国铁道学会在詹天佑铜像旁修建了詹天佑夫妇墓地,并将詹天佑先生及夫人谭菊珍女士骨灰移葬于此。

45

图 3-17　南口镇至八达岭高差示意图

图 3-18　人字形铁路线示意图

图 3-19　青龙桥车站

图 3-20　詹天佑铜像

　　新八达岭隧道 DK66+380～DK66+460 段(长度 80m)下穿既有京张铁路青龙桥车站站场(图 3-21),其中 DK66+400～DK66+440 段覆土厚度为 4～6m。隧道下穿站场段共有 3 条既有站线,其中站线 1 为运营线(图 3-22),站线 2 和站线 3 暂未使用。

图 3-21　下穿京张铁路青龙桥车站位置

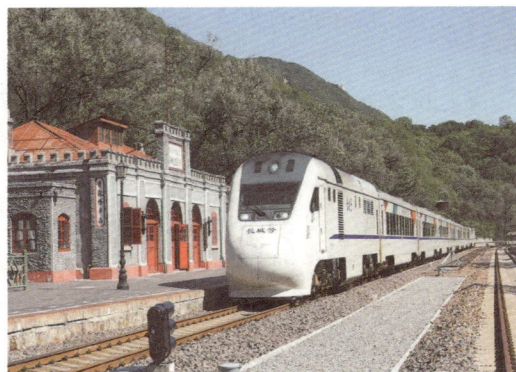

图 3-22　青龙桥车站运营

京张铁路青龙桥车站每周二、周三、周四接发北京市郊铁路 S2 线(又称城铁 S2 线)9 趟、长途客车 3 趟,共计 12 趟。每周五、周六、周日、周一接发 S2 线 14 趟、长途客车 3 趟,共计17 趟。

3.5.2　国内研究现状

国内一些学者对新建隧道穿越既有车站进行了相应的研究。陈彬科运用 Midas GTS 有限元分析软件研究了新建地铁下穿既有轨道车站沉降变形控制,研究结果表明,交叉中隔墙(CRD)法比台阶法在控制沉降变形方面更有优势。李文峰等以苏州拟建 8 号线地铁隧道下穿既有 1 号线华池街站和地下连续墙围护结构为例,提出采用水平人工冷冻加固洞门附近土体,采用极限平衡理论推导了洞门土体稳定性的计算公式,分析了土体稳定性的影响因素,研究结果表明,加固后的土体稳定性系数更高。杜江涛等基于苏州地铁某新建线路下穿既有车站工程,采用数值分析软件对下穿施工方案风险进行研究并分析了下穿施工对既有结构变形的影响,研究结果表明,采用冻结法加固能有效降低隧道开挖风险并降低隧道施工对既有结构的影响。朱春杰研究了新建隧道分别采用北京市地区比较常用的 3 种矿山法下穿施工对既有车站暗挖段结构沉降变形的影响,研究结果表明,交叉中隔墙(CRD)法在控制既有结构沉降方面效果最好。李磊通过理论分析、数值模拟以及现场监测试验,对既有隧道车站影响下新建隧道开挖引起的地表沉降进行了分析,发现既有隧道刚度和施工支护情况对地表沉降有较大影响。谢彤彤以北京地铁 15 号线大直径盾构下穿既有 13 号线望京西站站房工程为研究对象,通过使用有限元分析软件,对盾构穿越带来的既有车站结构和轨道结构的影响和变形规律进行研究,研究结果表明,正常施工情况下,采用严格的监测和轨道防护措施能够保证既有地铁的安全运营。王子甲以南水北调北京段西四环暗涵下穿北京地铁 1 号线五棵松车站为研究对象,对双线浅埋暗挖法小净距暗涵穿越地下车站的影响进行了研究,研究结果表明,车站正下方土体开挖是引起既有车站结构沉降的主要原因,采取大范围注浆加固是控制车站结构沉降的主要措施。宋文杰等依托北京新建地铁 7 号线下穿既有地铁 10 号线双井站的实际工程背景,根据实际工程参数对下穿隧道模型进行简化,并应用有限差分软件 FLAC 3D 对既有车站结构在新建穿越隧道开挖下的力学性能进行研究与分析,研究结果表明,既有车站与新建穿越隧道间隔土层 5m 时车站结构的监测点的沉降值最小且此时车站结构与周围土体的沉降差值也较小。高玄涛以成都地铁某换乘站后建车站基坑开挖及区间近距离下穿既有地铁车站工程为背景,采用三维有限元方法分析研究后建车站基坑开挖及区间下穿对既有车站的叠加影响效应,研究发现后建车站支撑结构采用刚度较大的混凝土支撑,能有效控制既有车站的水平变形。房居旺以杭州地铁 7 号线建设三路站—耕文路站区间盾构下穿 2 号线既有建设三路站为背景,采用数值模拟研究分析既有车站结构和盾构隧道的变形趋势及最大沉降区域的分布概况,提出盾构隧道下穿既有车站控制措施。龙喜安以佛山市城市轨道交通 3 号线大墩站—东平站区间下穿广佛城际铁路东平新城站为背景,采用 Midas GTS NX 分析既有车站地下连续墙的变形,计算结果表明隧道下穿过程中,地下连续墙变形均小于 30mm,与监测数据接近。张社荣等通过数值模拟手段对新建隧道下穿既有营运车站的施工方案进行比选,确定双线先后开挖方案为最优方案,并结合实际监测结果,验证了当前施工方案的适用性。王明均等基于有限差分法计算程序 FLAC 3D 模拟既有地铁车站下穿隧道三台阶法、CRD 法、侧壁导洞法不同施工开挖过程对上部既有地铁车站影响研究,研究表明下穿段隧道采用侧壁导洞施工方法,对上部已有地铁车站隧道结构变形起到较好的控制效果。宋南涛以深圳市轨道交通 11 号线下穿既有 5 号线宝华站工程为实例,通过理论分析、数值计算及现场监测,证明了在复合地层中采用"矿山法初期支护 + 盾构拼管片"工法的合理性。李本以石家庄地铁 6 号线区间盾构隧道下穿 3 号线槐安桥换乘车站为实际工程背景,采用 FLAC 3D 软件对地铁区间隧道下穿既有地铁车站变形机理进行了数值模拟计算,提出底板加厚、周边加固、板凳桩加固和桩 + 袖阀管注浆加固四种控制变形技术措施方案。

3.5.3 工程地质及水文地质

京张高铁下穿青龙桥车站段隧道洞身主要穿越强～弱风化斑状二长花岗岩、岩脉以及岩性接触带。斑状二长花岗岩岩质坚硬,块状结构,主要发育 3～4 组节理,岩体总体较完整～较破碎,但岩脉接触带、局部节理密集带、差异风化带、蚀变带、DK66 + 380～DK66 + 460 断层破碎带,以及断层影响带的岩体破碎,为 V 级围岩,地下水位较高,施工中易发生塌方冒顶和突涌水。

F_1 断层与隧道洞身在既有京张铁路青龙桥站下相交于 DK66 + 380～DK66 + 460,与线路交角 77°,断裂产状为 124°∠70°,为一压扭性断裂,断面陡峭,上盘、下盘均为斑状二长花岗岩,破碎带内为压碎岩。新八达岭隧道下穿京张铁路青龙桥车站段工程地质如图 3-23 所示。

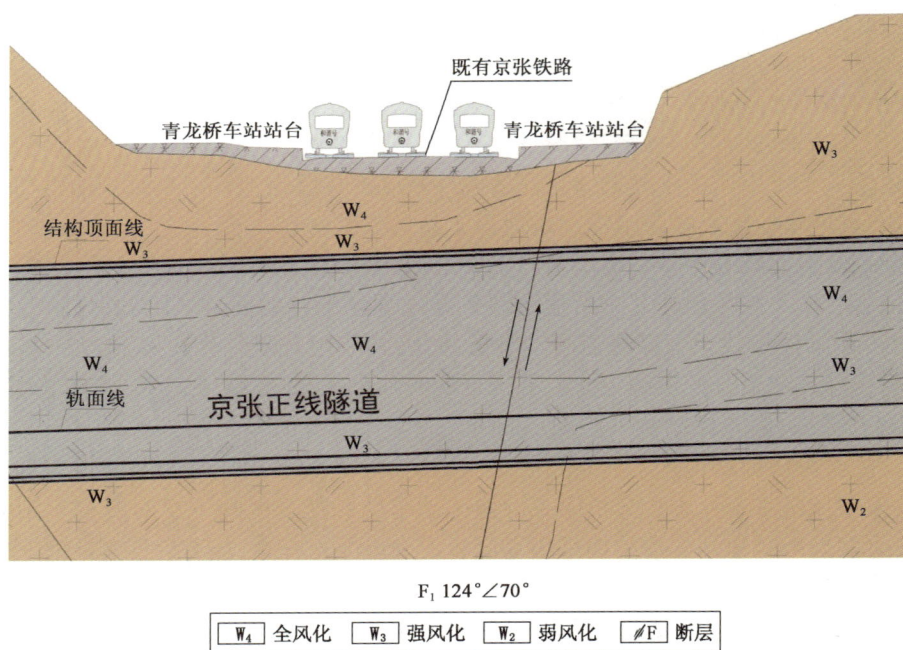

图 3-23 新八达岭隧道下穿京张铁路青龙桥车站段工程地质示意图

3.5.4 下穿青龙桥车站加固设计

1)总体技术方案

为确保隧道施工期间青龙桥车站运营安全,采取"地表注浆加固改良地层、地表扣轨加固

既有轨道线路、洞内超前大管棚支护、洞内机械法开挖"等综合技术方案,该技术方案主要如下:

(1)通过地表加固软弱破碎围岩,提高地层的稳定性,减小隧道开挖期间地表下沉。

(2)通过扣轨加固既有铁路轨道,确保铁路运营安全。

(3)通过洞内超前大管棚支护,减少隧道开挖过程中地层扰动,避免局部掉块坍塌风险。

隧道开挖期间,结合铁路运输条件,采取站线 1 和站线 3 的倒边运营。

2)地表注浆加固

地表注浆采用 DDD(地表—定位—动态)信息化注浆技术。DDD 信息化注浆技术是北京瑞威铁道工程技术有限公司依托宝兰客专石鼓山隧道研究发明的一种新型注浆技术,与传统注浆技术相比,该技术具有以下三个特点。

①地表实施。通过地表对隧道进行垂直注浆加固,不占用隧道掌子面,实现了地表注浆与洞内开挖的平行作业,减少了工序间的窝工,加快了施工进度。

②定位加固。注浆时,采用 TSS 刚性袖阀管或塑性袖阀管,可以对隧道区域任何薄弱部位实现针对性分段注浆。同时,在注浆完成后隧道开挖过程中,可以根据掌子面注浆加固效果,对局部薄弱区域实施补强注浆,进一步消除注浆盲区,保证隧道开挖安全。

③动态控制。通过地质取芯分析,针对不同水量、不同介质、不同位置,采取针对性的注浆设计和注浆施工,并结合注浆过程控制和注浆效果检查评定情况,采取动态加强,提高注浆质量。

DDD 信息化注浆技术无论是在进度、安全、质量方面,还是在经济方面,均具有绝对优势,已在国内大量推广应用,取得了良好的社会效益和经济效果。据统计,当隧道埋深≤50m 时,钻孔及注浆费用明显低于洞内费用;当埋深为 50~100m 时,费用基本相当。采用该注浆技术,隧道月开挖进度可以达到 50~80m。DDD 信息化注浆技术国内应用情况统计见表 3-13。

DDD 信息化注浆技术国内应用情况统计表　　表 3-13

序号	时间(年)	应用项目名称	序号	时间(年)	应用项目名称
1	2015	宝兰客专石鼓山隧道	10	2017	蒙华铁路*五原隧道
2	2015	京沈客专扣莫明洞	11	2017	蒙华铁路小南塬隧道
3	2015	京沈客专辽西隧道	12	2017	蒙华铁路麻科义隧道
4	2015	沪昆高铁麻拉寨隧道	13	2017	银西高铁上阁村隧道
5	2016	昌九客专吴家铺隧道	14	2017	哈牡客专爱民隧道
6	2016	南龙客专森宝隧道	15	2017	中俄原油管道二线呼玛河隧道
7	2016	南龙客专林邦隧道	16	2017	蒙华铁路万荣隧道
8	2016	京沈客专红山隧道	17	2017	哈牡客专虎峰岭隧道
9	2016	北京市西上六电力隧道	18	2017	成贵高铁铁盔山隧道

注:*现已更名为浩吉铁路。

(1)注浆设计

根据隧道下穿段地质情况并结合青龙桥车站铁路的线路特点,隧道纵向加固范围为铁路轨道范围,即纵向加固长度为11.1m。横向加固范围为隧道开挖面及轮廓线外4m,即横向加固宽度为22.56m。竖向加固范围为地表以下2m至拱顶以下4m,两侧由地表以下2m至铁路轨面位置,即加固深度为 13.0m。注浆孔布设间距为 1.5m×1.5m,梅花形布置。下穿青龙桥车站段注浆设计如图 3-24 所示。

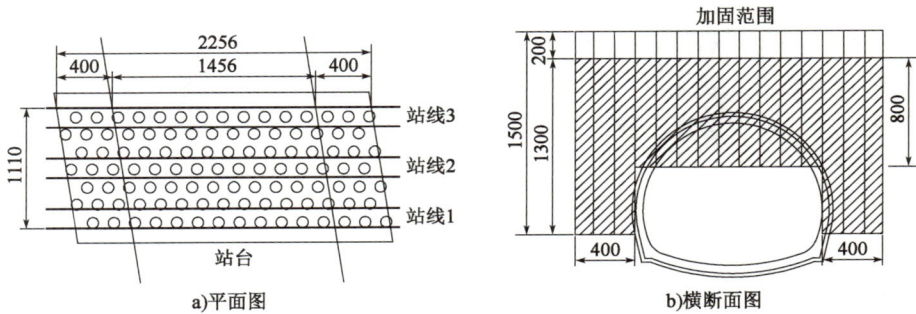

图 3-24　下穿青龙桥车站段注浆设计示意图(尺寸单位:cm)

(2)DDD 信息化注浆施工工艺流程

DDD 信息化注浆施工工艺流程如图 3-25 所示。

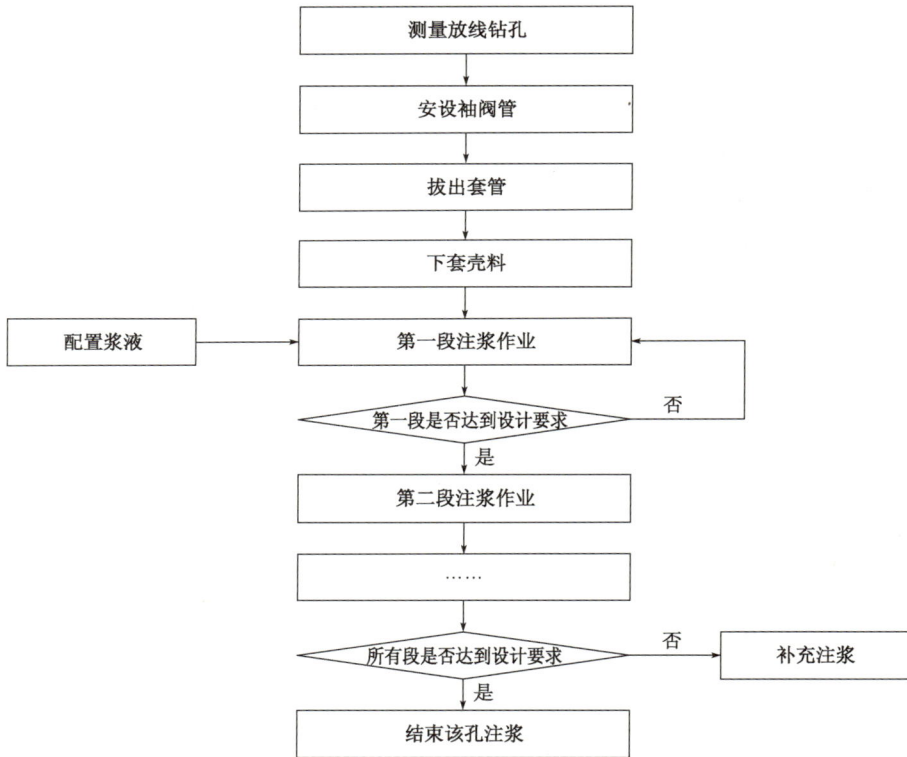

图 3-25　DDD 信息化注浆施工工艺流程图

(3)钻孔及注浆管安设

钻孔穿越地段为道砟、破碎地层等,成孔难度大,为保证注浆管能够按照设计深度安设到位,保证注浆效果及施工质量,钻孔采用 YGL-50 型地质钻机跟管钻进,防止塌孔。钻孔到位后,退出内钻杆,安设注浆管后,再拔出外套管,完成注浆管安设作业。套管跟进钻孔施工工艺钻具规格配套见表3-14。刚性袖阀管采用 ϕ50mm 无缝钢管加工,塑性袖阀管采用 ϕ50mm 的 PVC 管。

套管跟进钻孔施工工艺钻具规格配套表　　　　表 3-14

名称	套管外径(mm)	套管内径(mm)	内钻杆直径(mm)	注浆管外径(mm)	注浆管内径(mm)
尺寸	108	88	76	50	40

（4）注浆材料

根据地质情况,通过现场注浆试验,注浆材料主要采用普通水泥单液浆、硫铝酸盐水泥单液浆、水泥—水玻璃双液浆。浆液配合比参数见表3-15。

注浆材料浆液配合比参数表　　　　表 3-15

序号	注浆材料名称	浆液配合比参数
1	套壳料	水泥:膨润土:水 = 2:1:3
2	普通水泥单液浆	水灰比 W:C = 0.8:1
3	硫铝酸盐水泥单液浆	水灰比 W:C = 1:1
4	水泥—水玻璃双液浆	水灰比 W:C = 0.6:1~0.8:1;水泥—水玻璃体积比 C:S = 1:1

（5）注浆参数

注浆参数见表3-16。

注　浆　参　数　表　　　　表 3-16

序号	参　数　名　称	参　数　值
1	扩散半径(m)	0.7~1.2
2	注浆终压(MPa)	0.3~0.5
3	注浆速度(L/min)	10~50
4	后退式分段注浆长度(cm)	100

（6）注浆施工

注浆时利用水囊式止浆塞孔内止浆,从而保证浆液有效扩散,并可根据不同地段的地层情况,灵活调整注浆参数,提高注浆效果。浆液和注浆管共同作用,提高地层稳定性和开挖面稳定性,有效控制结构变形,提高施工效率。开挖过程中也可根据开挖情况,对局部软弱区域及时进行跟踪补充注浆。注浆施工自 2018 年 4 月 13 日开始,至 5 月 13 日结束,历时 30d,共完成注浆孔 105 个。

（7）施工注意事项

①进场前应对注浆区域进行硬隔离防护。施工硬隔离连接采用夹板螺栓连接单侧钢轨,钢绞线斜拉加固。火车到达施工现场前 10min 应提供现场防护通知,施工钻孔及注浆作业应暂停,待火车出站后再进行正常施工,确保施工作业人员和行车的安全。

②在铁路轨道面施工前应铺设防水布,将轨道道砟遮盖,防止钻孔排渣及注浆使用的水泥浆污染道砟及钢轨。

③钻机就位前应采用绝缘方木对钻机和钢轨进行隔离，防止钻机和钢轨直接接触。

④钻孔时应在动力风中增加适量水雾进行降尘，防止钻孔粉尘污染环境。

⑤袖阀管安装完成后，及时灌注套壳料，减小钻孔扰动导致地面及轨道下沉。为了实现精细化准确控制注浆压力，现场采用人工控制和自动控制双重方式，即在注浆泵出浆口安装压力表，人工观察控制。另外在输浆管孔口处安装压力稳压阀，设置控制压力为0.5MPa。当注浆压力达到或超过0.5MPa时，稳压阀自动打开泄压，浆液回流，避免压力瞬间上升引起结构隆起。

⑥钻孔及注浆过程中应对地面及轨道进行实时监测，有效控制钻孔、注浆过程中地面及轨道的下沉或隆起。

现场钻孔注浆作业如图3-26所示。

a)钻孔作业   b)注浆作业

c)注浆过程实时监测   d)注浆完成后恢复如初

图3-26　现场钻孔注浆作业

（8）注浆效果检查评定

注浆完成后，通过对钻孔和注浆数据进行分析，查找注浆薄弱区域，钻设检查孔，采取孔内成像方法进行注浆效果检查评定。检查孔数量不少于设计注浆孔总数量的5%。

现场共布设检查孔6个，检查孔孔径为80mm。采用潜孔钻风动成孔，钻孔完成后未出现塌孔、出水现象。检查孔孔内成像显示孔壁较光滑、有明显浆脉，成孔性好。检查孔孔内成像效果如图3-27所示。

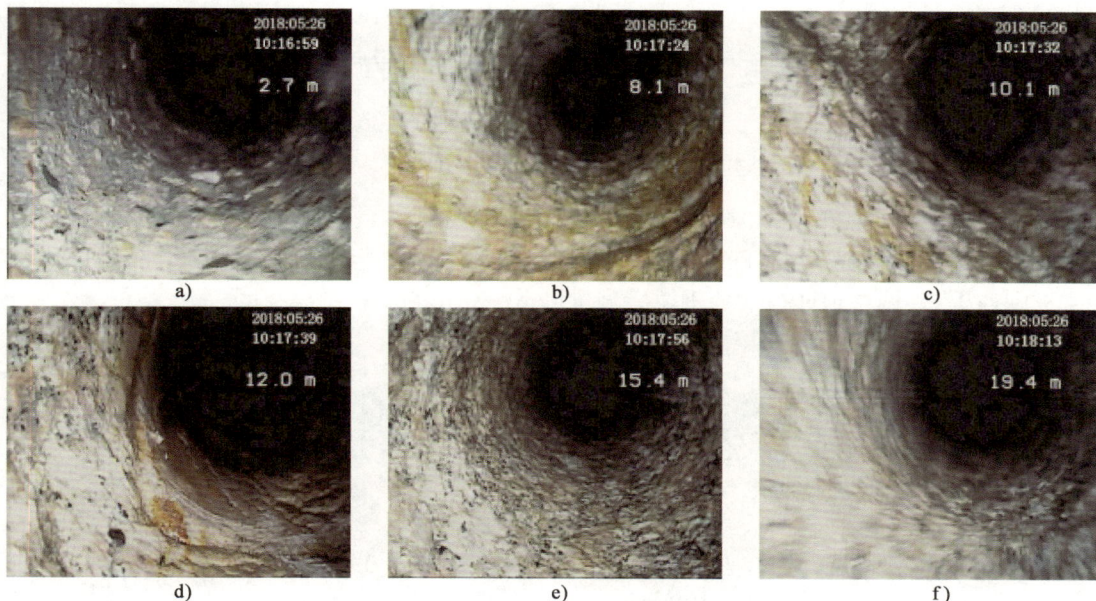

图 3-27　检查孔孔内成像效果

（9）钻孔注浆施工过程监控量测

钻孔注浆施工过程中对周边的地面及轨道进行了实时监控量测。监控量测表明，施工期间地面最大沉降值为 2.2mm，80% 的监测点监测的沉降值都在 1mm 以内，达到了预期的控制标准。

3）扣轨加固

利用列车天窗时间对施工影响范围内的线路进行加固，加固采用吊轨加固体系，扣轨组合方式为 3-5-3 扣，扣轨采用 50kg/m 钢轨。

扣轨施工应先待线路加固工程施作完毕后，方可在铁路相关部门的同意及配合下进行开挖作业，线路加固作业均应在慢行时间内进行。加固段轨枕全部应换成长木枕，并在轨底增设垫板，以加固轨面。设计限速为 45km/h，加固范围为 75m。组装形式按 3-5-3 扣设吊轨。钢轨接头需错开 1m 以上，两端伸出隧道拱墙以外不小于 1.5 倍隧道高度，且伸出路基稳定边坡以外不小于 5m。吊轨与其下的枕木用 I22-U 形螺栓连接在一起，钢轨用 50kg/m 轨。线路扣轨加固平面如图 3-28 所示，线路 3-5-3 扣轨、枕木连接设计如图 3-29 所示。

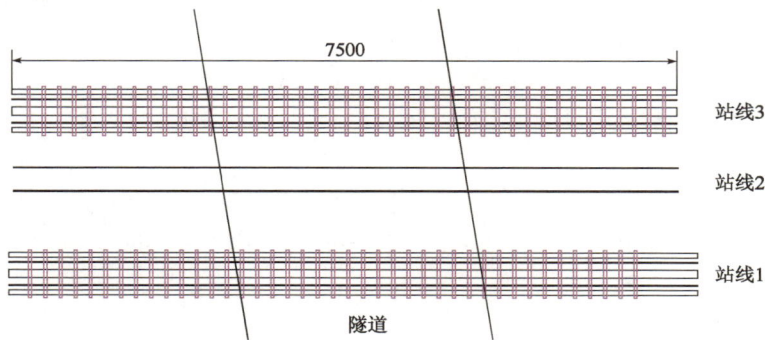

图 3-28　线路扣轨加固平面示意图（尺寸单位：cm）

53

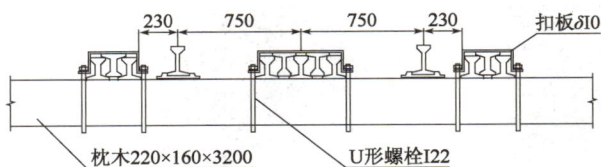

图3-29 线路3-5-3扣轨、枕木联结设计示意图(尺寸单位:mm)

扣轨加固作业流程为:施工准备→施工防护→开挖作业→清理轨底→轨底铺设垫板→安装木质、长枕木→回填道砟→安装钢轨→测量调平→施工验收→结束。

现场扣轨加固施工及加固效果如图3-30所示。

a)现场扣轨加固施工　　　　　　　　　　b)扣轨加固效果

图3-30 京张铁路青龙桥车站扣轨加固

隧道施工过程中对铁路线加强巡视和监测,根据监测结果及时对沉降区段采取补充道砟并振捣密实的措施,调整由地面沉降带来的钢轨轨面沉降差,从而保证列车行车安全。

4)洞内超前大管棚

新八达岭隧道下穿青龙桥车站范围内采用φ159mm超前大管棚支护。

管棚采用直径159mm、壁厚6mm的热轧无缝钢管加工制作,每节长度4~6m,每节管棚管之间采用螺纹连接,同一断面内接头数量不超过总管棚数量的50%。管棚共施作两个循环,每循环设计管棚45根、长12m,管棚搭接段长度不应小于3m。

管棚前端加工成尖状。管棚管溢浆孔布孔间距为每15cm布设2个溢浆孔,孔径10~16mm,呈梅花形布置。管棚尾部长度1.5m范围内不设溢浆孔。

管棚环向间距40cm(中对中),管棚轴线与衬砌外缘夹角为1°~3°。

管棚注浆采用普通硅酸盐水泥单液浆,浆液配合比W:C=0.6:1~0.8:1,注浆压力0.5~2.0MPa。注浆结束后用M10水泥砂浆充填钢管,以增加管棚强度。

施工工艺流程:施工准备→导向墙放样掏槽→架设钢架→安装导向管→导向墙模板安装→浇筑导向墙混凝土→钻孔→清孔→验孔→大管棚安装→注浆→封孔。

现场管棚施工如图3-31所示。

5)三台阶四步法开挖

采用三台阶四步法开挖工法进行施工,如图3-32所示。

a)管棚导向管　　　　　　　　　　　　b)管棚注浆

图3-31　新八达岭隧道下穿青龙桥车站段洞内超前大管棚施工现场

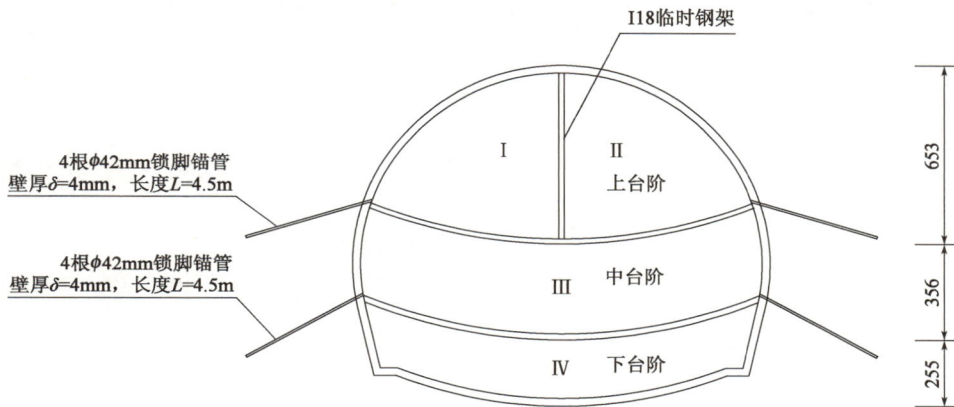

图3-32　三台阶四步法开挖工法示意图(尺寸单位:cm)

Ⅰ～Ⅳ-开挖分部

（1）第一步

①利用上一循环架立的钢架施作隧道超前支护。

②弱爆破分部开挖Ⅰ部。每循环进尺1~2m,掌子面喷5cm厚混凝土封闭。

③施作Ⅱ部导坑周边初期支护。初喷4cm厚混凝土,架设钢架(钢筋网),施作锁脚锚管。

④导坑底部及侧面安装I18工字钢,底部喷20cm厚混凝土,施作Ⅰ部临时仰拱。

⑤复喷至设计厚度后施作系统锚杆。

（2）第二步

①滞后Ⅰ部3~5m距离,弱爆破开挖Ⅱ部。

②施作Ⅱ部导坑周边初期支护。初喷4cm厚混凝土,架设钢架(钢筋网),施作锁脚锚管。

③导坑底部及侧面安装I18工字钢,底部喷20cm厚混凝土,施作Ⅱ部临时仰拱。

④复喷至设计厚度后施作系统锚杆。

（3）第三步

①滞后Ⅱ部3~5m距离,弱爆破开挖Ⅲ部。

②导坑周边部分初喷 4cm 厚混凝土,架设钢架(钢筋网),施作锁脚锚管。

③导坑底部喷 10cm 厚混凝土,施作Ⅲ部临时仰拱。

④复喷至设计厚度后施作系统锚杆。

(4)第四步

①滞后Ⅲ部 10~15m 距离,弱爆破放坡开挖Ⅳ部。

②隧底及周边部分喷射 4cm 厚混凝土,埋设中心排水管,间距 30m 设置 1 处检查井(深埋中心排水管在仰拱初期支护下方埋设)。

③架设仰拱钢架,与周边初期支护钢架连接,复喷混凝土至设计厚度,施作系统锚杆。

④仰拱下方、排水管两侧采用 C20 混凝土回填密实。

6)相邻段落控制爆破

新八达岭隧道下穿青龙桥车站两端相邻段落 DK66+340~DK66+380、DK66+460~DK66+500 段为Ⅳ级围岩,采取小导管超前支护,采用三台阶法施工。为减小对青龙桥车站的影响,对这两段采用电子雷管减振控制爆破技术。上台阶爆破设计如图 3-33 所示,爆破设计参数见表 3-17。

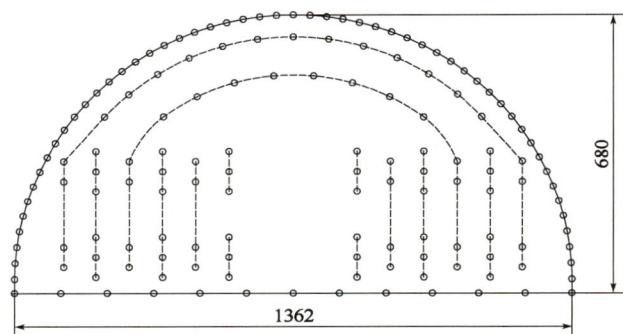

图 3-33 台阶法开挖上台阶控制爆破设计图(尺寸单位:cm)

台阶法开挖上台阶控制爆破设计参数表　　　　　　　　　　　　　　　　表 3-17

项目名称	炮眼		雷管数量 (个)	延期时间 (ms)	药卷直径 (mm)	装药系数	单孔装药量 (kg)	总药量 (kg)
	数量(个)	深度(m)						
掏槽孔	12	2.4	12	0~110	φ32	0.8	1.92	23.04
辅助孔	69	2.0	69	120~800	φ32	0.6	1.2	82.8
底边孔	13	2.0	13	810~930	φ32	0.6	1.2	15.6
周边孔	53	2.0	53	940~1460	φ32	0.2	0.4	21.2
合计	147		147					142.64

3.5.5　沉降量数值模拟计算

1)计算参数

采用数值模拟计算下穿段施工引起的沉降量。各种地层材料计算参数见表 3-18。

各种地层材料计算参数表   表 3-18

材 料 名 称	天然密度（kg/m³）	变形模量（GPa）	泊松比	黏聚力（kPa）	内摩擦角（°）
碎石道床	2200	0.05	0.2	0	40
砂卵石冲积物	2000	0.03	0.4	0	30
全~强风化斑状二长花岗岩	2000	1.0	0.35	0.05	20
弱风化斑状二长花岗岩	2500	20	0.25	1.5	50

2）计算荷载的施加

模型计算荷载主要包括岩土体自重和既有京张铁路的列车荷载。列车荷载采用静载等效法计算，根据现行《铁路路基设计规范》（TB 10001），一级重型铁路列车和轨道荷载换算土柱高度及分布宽度分别为 3.0m 和 3.7m。土柱重度按 $20kN/m^3$ 计算。

3）本构模型

（1）单元类型。计算过程采用岩土与隧道有限元分析软件 MIDAS GTS NX 进行，计算时假定围岩为连续介质，围岩采用实体单元模拟，既有京张铁路路基、新八达岭隧道结构等采用板单元模拟。

（2）边界条件。本计算在模型底部施加竖向固定位移约束，模型四周约束为各面的法向位移约束，地表为自由面。

（3）破坏准则。围岩在开挖过程中考虑其塑性变形，采用莫尔—库仑准则，而既有京张铁路路基、新八达岭隧道结构采用线弹性本构关系。

4）计算工况

按三台阶法施工进行模拟计算，各步序工况见表 3-19。

各步序计算工况表   表 3-19

步 序	步 序 说 明
工况 1	新八达岭隧道施工前，既有京张铁路及地层的初始状态
工况 2	隧道开挖Ⅰ部，并施作拱顶初期支护和临时仰拱
工况 3	隧道开挖Ⅱ部，并施作两侧边墙初期支护和临时仰拱
工况 4	隧道开挖Ⅲ部，并施作仰拱

（1）工况 1：新八达岭隧道开挖前的初始工况，指新八达岭隧道开挖施工前既有京张铁路轨道、路基及周围岩土层在自重作用下的初始状态。

（2）工况 2：隧道开挖Ⅰ部，并施作拱顶初期支护和临时仰拱。

（3）工况 3：隧道开挖Ⅱ部，并施作两侧边墙初期支护和临时仰拱。

（4）工况 4：隧道开挖Ⅲ部，并施作仰拱。

5）计算结果与分析

隧道全部开挖完成后的围岩变形云图、剖面图和铁路路基沉降变形如图 3-34～图 3-36 所示。

从以上图中可以看出：隧道开挖完成后，最大沉降变形发生在拱顶，为 79.699mm，既有铁路路基沉降变形量

图 3-34 隧道开挖完成后围岩变形云图

最大为16.017mm。

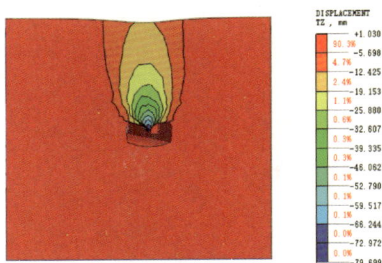

图3-35 隧道开挖完成后围岩变形剖面图

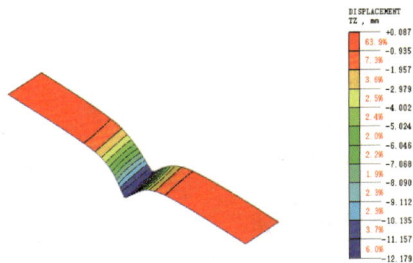

图3-36 隧道开挖完成后铁路路基沉降变形

通过建立地层—结构模型,利用MIDAS GTS NX软件模拟新八达岭隧道下穿既有京张铁路段开挖过程,分析隧道开挖对既有京张铁路的影响,计算了新八达岭隧道施工过程4种工况下围岩及既有京张铁路路基的变形,各工况围岩及铁路路基沉降变形见表3-20。

各工况围岩及铁路路基沉降变形 表3-20

步　序	步序说明	路基沉降(mm)
工况1	新八达岭隧道施工前,既有京张铁路及地层的初始状态	0
工况2	隧道开挖Ⅰ部,并施作拱顶初期支护和临时仰拱	15.047
工况3	隧道开挖Ⅱ部,并施作两侧边墙初期支护和临时仰拱	15.690
工况4	隧道开挖Ⅲ部,并施作仰拱	16.017

3.5.6　监控量测变形控制基准

根据《铁路线路修理规则》中对线路几何形变控制要求,取轨道的沉降控制值为5mm,路基单日沉降控制值为5mm/d,路基累计沉降变形控制值为30mm。将控制值的70%作为预警值,80%作为报警值,下穿青龙桥车站段变形控制基准值见表3-21。

下穿青龙桥车站段变形控制基准值 表3-21

监测项目	预　警　值	报　警　值	控　制　值
轨道累计沉降量(mm)	3.5	4.0	5.0
路基单日沉降速率(mm/d)	3.5	4.0	5.0
路基累计沉降量(mm)	21	24	30

3.5.7　小结

新八达岭隧道下穿青龙桥车站段开挖完成后,既有铁路路基沉降变形的理论值与实测值对比结果如图3-37所示。图中横轴为铁路路基走向,其中隧道开挖范围为159.1~173.9m,开挖跨度为14.8m,中心位置为166.5m。

从理论计算和实际监测结果对比来看:

(1)理论值与实测值相比偏小,数值模拟得到的开挖Ⅰ部、Ⅱ部和Ⅲ部引起的路基最大沉降量分别为15.047mm、15.690mm和16.017mm。

（2）根据铁路路基沉降曲线图，隧道开挖引起的路基沉降范围为隧道轴线两侧各约 17m，路基最大沉降位于隧道拱顶上方。

（3）实测隧道开挖引起的路基累计最大沉降量为 47.24mm，略超过路基累计沉降控制值 30mm。隧道施工过程中，应通过控制循环进尺和施工速度来控制路基的沉降，并根据路基的沉降监测结果，及时补充道砟，恢复轨道沉降变形，从而控制轨道的沉降，确保轨道满足平顺性要求。

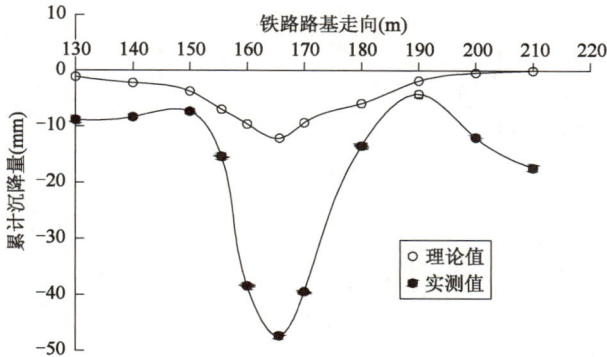

图 3-37　新八达岭隧道下穿青龙桥车站段开挖后铁路路基沉降曲线

3.6　新增 3 号斜井技术方案研究

新八达岭隧道进口及斜井工区均位于八达岭—十三陵风景区的核心区域，受重大节假日、重大会议和重大活动等因素影响，停止炸药供应，以及受重度雾霾停工的影响，与指导性施工组织相比，隧道有效施工时间有所减少。同时，隧道进口与斜井工区之间洞身穿越九仙庙、四桥子和八达岭侵入岩体，小型断裂、侵入接触带、节理密集带发育，部分地段发育岩脉群，岩体差异风化明显，岩体均一性差，实际开挖揭示围岩与原设计相比有一定的差异，围岩级别变化频繁，导致隧道施工工法、工序、工艺等频繁调整，从而对隧道的施工措施、工程安全及进度影响较大，按照已施工段落地质变化情况，通过对剩余工程进行梳理和分析，该段贯通时间将滞后指导性施工组织达 5 个月以上。

2017 年 5 月 10 日、5 月 25 日，建设单位先后两次组织召开"新八达岭隧道进口至 1 号斜井围岩工程地质条件专家论证会""京张高铁新八达岭隧道进口至 1 号斜井新增工作面专家论证会"。根据专家论证会意见，为满足总体工期目标要求，在新八达岭隧道进口至 1 号斜井之间新增 3 号斜井。

在重大风景区增设洞外斜井工程，目前还没有类似案例可以借鉴，该如何把控工程与环境之间的矛盾，需要解决哪些环保技术问题，以及新增工作面的施工组织方案和解决工期滞后的预案措施等都需要深入研究。

3.6.1　施工图阶段施工组织设计

新八达岭隧道采用钻爆法施工，隧道设置进口、出口及两座斜井，共计 4 个施工工区。斜井工区向两侧施工，施工进度指标见表 3-22，各工区承担任务见表 3-23。新八达岭隧道施工图阶段平面布置如图 3-38 所示,施工组织设计如图 3-39 所示,土建总工期为 31 个月,其中进口至 1 号斜井间工期富余 4.8 个月。

新八达岭隧道施工进度指标表 表 3-22

项 目 名 称		进度指标(m/月)					
		Ⅱ级围岩	Ⅲ级围岩	Ⅳ级围岩	Ⅴ级围岩	超前帷幕注浆	
						Ⅳ级围岩	Ⅴ级围岩
进口、出口工区正洞	开挖及初期支护	150	100~120	75	40~50	40	30
	二次衬砌	120	120	80	40		
辅助坑道施工正洞	开挖及初期支护	120	100	70	40	40	20
	二次衬砌	120	120	80	40		
辅助坑道		250	180	130	80		

各工区承担施工任务表 表 3-23

工 区	承担正洞长度(m)
进口工区	3040
出口工区	1970
1 号斜井工区	3600
2 号斜井工区	3400

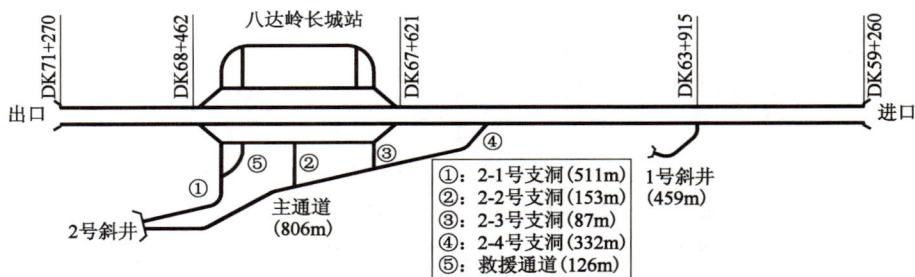

图 3-38 新八达岭隧道平面布置图(施工图阶段)

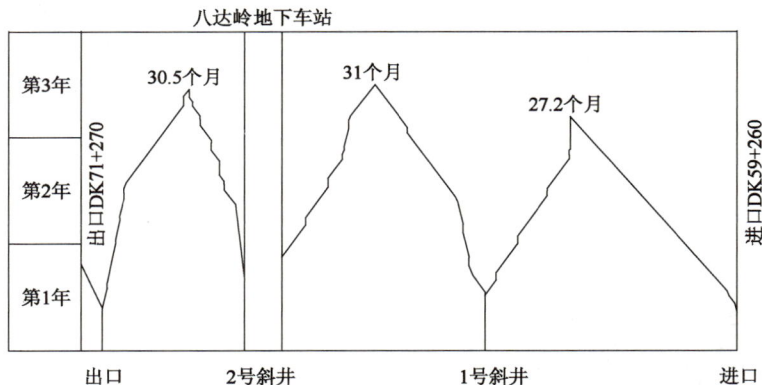

图 3-39 新八达岭隧道施工组织设计示意图(施工图阶段)

3.6.2　施工进展情况及分析

截至 2017 年 7 月 25 日,隧道进口施工至里程 DK60 + 117,累计完成开挖 857m;1 号斜井小里程方向施工至 DK63 + 500,累计完成开挖 415m。进口至 1 号斜井区间剩余 3383m。

已施工段落围岩变化情况见表 3-24,施工完成情况及进度指标统计见表 3-25,2017 年施工进度统计见表 3-26,工期滞后情况分析见表 3-27。

已施工段落围岩变化统计表(截至 2017 年 7 月 25 日)　　　　表 3-24

工　区	围岩级别	Ⅱ级	Ⅲ级	Ⅳ级	Ⅴ级	合计
进口正洞	原设计围岩长度(m)	647	130	40	40	857
	实际揭示围岩长度(m)	237	540	20	60	857
	变化比例(%)			50.2		
1 号斜井小里程正洞	原设计围岩长度(m)	380	35	0	0	415
	实际揭示围岩长度(m)	220	138	20	37	415
	变化比例(%)			38.6		

施工完成情况及进度指标统计表　　　　表 3-25

工　区	开始时间(年-月-日)	施工天数(d)	施工进度(m)	施工进度平均日指标(m/d)	施工进度平均月指标(m/月)
进口正洞	2016 – 6 – 17	404	857	2.12	63.6
1 号斜井正洞小里程	2016 – 11 – 12	256	415	1.62	48.6

2017 年施工进度统计表　　　　表 3-26

工　区	1 月	2 月	3 月	4 月	5 月	6 月	7 月	平均
进口正洞(m/月)	102	41	115	118	28.5	83	26	73
1 号斜井正洞小里程(m/月)	46	64	66	70	8.8	22	118	56

工期滞后情况分析表　　　　表 3-27

工　区	设计长度(m)	施工组织进度(m)	实际进度(m)	与指导性施工组织对比	与实施性施工组织对比
进口正洞	2450	1024	857	滞后 190d	滞后 47d
1 号斜井正洞小里程	2205	755	415	滞后 150d	滞后 84d

3.6.3　工期滞后原因分析

新八达岭隧道进口与 1 号斜井之间工期滞后主要受外部环境、地质变化和征地拆迁等三个因素影响。

1)外部环境影响

受外部环境影响累计停工 75d。

(1)2016 年 11 月—2017 年 1 月,北京市空气重污染红/橙色预警导致累计停工 27d。

(2)重大节假日、重大会议及重大活动期间停止炸药供应,导致累计停工 32d。

（3）北京市暴雨蓝色预警，要求进口施工人员全部撤离，停工16d。其中2016年停工9d，2017年停工7d。

2）地质变化影响

围岩变化频繁导致工法、工序频繁转换，施工工效大幅度降低，因围岩变化引起的工期滞后累计31d。

（1）进口工区正洞：累计完成设计Ⅱ级围岩长度647m，实际围岩变更长度419m，变更比例为64.8%。Ⅱ级变Ⅲ级围岩长度369m，比原计划多施工18d；Ⅱ级变Ⅳ级围岩长度40m，比原计划多施工7d；Ⅱ级变Ⅴ级围岩长度10m，比原计划多施工6d。围岩变化引起工期滞后累计31d。

（2）1号斜井正洞小里程：累计完成设计Ⅱ级围岩长度380m，实际围岩变更长度160m，变更比例为42.1%。Ⅱ级变Ⅲ级围岩长度103m，比原计划多施工6d；Ⅱ级变Ⅳ级围岩长度20m，比原计划多施工4d；Ⅱ级变Ⅴ级围岩长度37m，比原计划多施工18d。围岩变化引起工期滞后累计28d。

3）征地拆迁影响

受征地拆迁影响，进口工区进场滞后原计划30d，1号斜井进场滞后原计划45d。

3.6.4 地质再认识

新八达岭隧道自2009年5月全线定测起，进行了多次工程地质工作。勘察设计阶段主要采用地质调绘、勘探等手段对隧道区域进行地质勘察工作，完成了本段及周边工程地质及水文地质调绘，以及7个勘探孔，并对进口段进行了0.7km高密度电法物探测试。

隧道施工开始以来，随着隧道围岩的逐步揭示，以及对该地区岩石条件认识的逐步加深，进一步对该地区地质条件进行了深入调查，重新对现场进行了详细深入的工程地质调绘，采用影像资料进行遥感判释，并充分利用前期勘探资料，根据地形特征，有针对性地补充了物探工作。同时，根据地形特征，补充进行隧道洞身连续电导率（EH4）探测。

地质再认识主要包括以下工作：

（1）对区域地质资料进行深入分析，区分不同构造体的岩性差异、构造差异。

（2）在充分利用前期勘探资料的基础上，补充工程地质调绘，补充物探工作。

（3）充分利用开挖段落掌子面素描、超前地质预报等资料，对围岩可能变化情况进行对比分析，预测剩余段隧道围岩变化情况。

（4）综合洞外工程地质调绘、勘探、物探成果，结合开挖洞内掌子面情况等，综合分析评价隧道区域围岩特征，重新划分围岩级别。

1）工程地质特征

（1）地形地貌

根据调查，本区中低山可分为三种地表形态。

①DK59+260~DK61+300段：线路穿越山岭，局部沿山脊线行走，地表植被发育，多以灌木为主。

②DK61+300~DK62+600段：线路大角度穿越山脊及沟谷，山体宽度、高度及延伸长度受限，但基岩出露，形成陡峰，岩体张性节理发育，岩体多呈巨块状，节理贯通性好，裂隙间存在

充填物。

③DK62+600~DK63+915段:地表缓慢下降,山脊绵长,山体浑厚,植被发育,地表基本无基岩出露。

(2)区域构造

线路位于八达岭侵入杂岩体的九仙庙岩体、四桥子岩体、八达岭岩体内。

九仙庙岩体以石英二长岩为主,形成于燕山晚期第一次活动期,为燕山晚期大规模岩浆侵入活动的前奏,近东西向展布,与东岭台组火山岩呈侵入接触关系,可见火山岩呈"悬浮体"残留于石英二长岩之上,被八达岭花岗岩体、四桥子花岗岩体侵入,形成早于两岩体。岩脉不发育。岩体中存留有火山岩、沉积岩残留体。岩石呈浅灰色,略显红色,似斑状结构。斑晶以两种长石和黑云母为主,含量约40%。基质为细粒近等粒结构,以石英、长石为主。

四桥子岩体以偏碱性花岗岩为主,为燕山晚期最后一个阶段岩浆侵入活动的产物,它的出现也是整个燕山旋回岩浆岩活动结束的标志,近北北东向展布,切断八达岭岩体花岗岩岩脉群,岩脉不发育。岩石结构较细、致密坚硬,抗风化能力强,形成小的高凸山峰或山脊。岩石为中细粒等粒结构,块状构造,矿物组成以石英、碱性长石、斜长石为主,少有黑云母。

八达岭岩体为一略微由北向南上侵的中型岩株,形成于燕山晚期第一次花岗岩活动期,为燕山旋回活动最强的时期。八达岭岩体以花岗岩为主,岩体表现为似斑状结构,以长石斑晶为特征。八达岭岩体形成之后,在某个地质时期,阶段性的处于张性应力环境,出现了数条近似南北走向的张裂,使得后期不同类型的岩脉侵入,形成岩脉群,尤其以岩体东部最为发育(龙潭沟—山神庙,1号斜井向小里程),含脉率高达60%,岩脉走向北北西,一般东倾,倾角60°~80°,脉带宽2~5m,最宽可达60m,长数百米至数公里不等,相互平行排列,受北北西向张性构造控制。岩脉岩石致密坚硬,抗风化能力强,多凸出地表,呈明显正地形。岩脉主要岩性为花岗斑岩、石英长石斑岩,少量流纹斑岩、细晶岩。

(3)地层岩性

线路穿越区主要为九仙庙石英二长岩、四桥子花岗岩、八达岭花岗岩以及八达岭岩体内的岩脉。岩体完整性受构造作用轻微,岩体较完整~较破碎,节理面可见锈斑。根据岩石室内试验,岩石为硬质岩,强度高。

(4)不良地质与特殊岩土

采用EH4连续电导率进行隧道洞身探测,通过探测资料分析,可见部分段落为低阻异常带,电阻值低于800Ω。结合地质调查及影像判释,综合分析为风化严重带或断层。

2)水文地质特征

地下水类型为基岩裂隙水,主要受大气降水补给,随地形起伏较大。由于该区域岩体各类裂隙较发育,连通性相对较好,地下水类型主要表现潜水型基岩裂隙水。受构造运动的影响,岩体中岩脉、断裂构造带发育,岩体较为破碎,均使得地表水较容易下渗。由于岩石的风化差异及岩脉的作用,地下水的运动及赋存不具规律性,一般沟谷内易富集。

3)已施工段落地质特征

隧道进口至1号斜井之间,正洞施工1043m,原设计Ⅱ级围岩段落长度793m,变更围岩级别的段落长度447m,变更比例为56.3%。其中Ⅱ级变更为Ⅲ级围岩长度397m,占变更总长度的88.8%;Ⅱ级变更为Ⅳ级围岩长度40m,变更为Ⅴ级围岩长度10m。通过对已施工段落掌子

面围岩状态分析,具有以下特点:

(1)掌子面围岩完整性变化较快。在开挖上一循环时,掌子面围岩为硬质岩,岩体呈大块状,结构面基本无充填,有少量滴水或线状出水。下一循环开挖时,突然出现一节理密集带,岩体呈碎块状,节理多数闭合,块体间牢固咬合,毛洞基本能自稳,但掉块严重。

(2)掌子面为节理密集带或风化严重带,宽度2~4m不等,走向、倾角不一,与线路大角度相交时10~20m消失,与线路小角度相交时延伸较长,但有时节理密集带会尖灭。

(3)开挖段落局部受小型构造影响,岩体风化严重,构造节理面发育,可见断层泥及断层角砾。

4)未开挖段隧道围岩评价

依据以上地质调查、勘探、物探资料,结合已开挖段的围岩特征,对未开挖段的隧道围岩进行评价,并重新划分围岩级别。

(1)隧道围岩评价

根据不同地貌、地层岩性、地质构造单元,将隧道区域划分为三个不同区段。

DK60+015~DK61+300段:位于九仙庙岩体内,岩性为石英二长岩,偶有火山岩、沉积岩残留体,岩性成分复杂,在侵入岩形成过程中,与捕房体、残留体间界线清楚,具有明显的冷凝边,导致形成碎裂状节理密集带。捕房体、残留体在后期物理风化作用下,也存在软化现象。通过隧道进口段进行超前地质预报(TSP)分析也能反映以上岩性状态。岩体纵波波速值高,大部分段落多反射界面,界面杂乱,局部界面密集。

DK61+300~DK62+600段:位于四桥子岩体内,岩性以偏碱性中细粒花岗岩为主,少有岩脉,岩性较单一。该区域地表基岩出露较好,发育张性节理,贯通性好,节理平直,可见锈斑,充填泥质。广泛发育2组节理,产状J_1为60°~80°∠88°、J_2为150°∠60°~70°,间距一般大于0.5m,局部存在节理J_3为260°∠35°、J_4为346°∠20°。J_1节理走向与线路走向近平行,J_2节理走向垂直于线路走向,两节理组都为陡倾节理。J_1节理会在隧道左边墙形成不利结构面。部分存在J_3、J_4时,与J_1节理一起,会形成不稳定块体,影响隧道稳定。

DK62+600~DK63+657段:位于八达岭岩体东部,岩性以二长花岗岩为主,受张性应力影响,在岩脉侵入时,部分小型断裂被保留。该区域存在小型断裂构造。

(2)隧道围岩分级

根据区域资料、现场勘察资料、补充调绘、补充物探等分析及测试结果,结合现场施工过程中围岩实际揭示情况,按照铁路隧道围岩分级标准,重新对该段围岩级别进行划分,围岩分级结果见表3-28、表3-29。

DK60+117~DK63+500段围岩分级表 表3-28

里程桩号	长度(m)	围岩级别	备注
DK60+117~DK60+220	103	Ⅲ	
DK60+220~DK60+320	100	Ⅳ	地形异常
DK60+320~DK60+840	520	Ⅲ	
DK60+840~DK60+920	80	Ⅳ	电阻低值、地形异常
DK60+920~DK61+100	180	Ⅲ	

续上表

里 程 桩 号	长度（m）	围岩级别	备　　注
DK61 + 100 ~ DK61 + 185	85	Ⅳ	电阻低值、地形异常
DK61 + 185 ~ DK61 + 280	95	Ⅴ	电阻低值、地形异常
DK61 + 280 ~ DK61 + 400	120	Ⅳ	电阻低值、地形异常
DK61 + 400 ~ DK61 + 600	200	Ⅲ	
DK61 + 600 ~ DK61 + 840	240	Ⅱ	
DK61 + 840 ~ DK61 + 920	80	Ⅲ	
DK61 + 920 ~ DK62 + 100	180	Ⅱ	
DK62 + 100 ~ DK62 + 200	100	Ⅳ	地形异常
DK62 + 200 ~ DK62 + 280	80	Ⅱ	
DK62 + 280 ~ DK62 + 360	80	Ⅲ	
DK62 + 360 ~ DK62 + 440	80	Ⅳ	电阻低值、地形异常
DK62 + 440 ~ DK62 + 540	100	Ⅲ	
DK62 + 540 ~ DK63 + 060	520	Ⅱ	
DK63 + 060 ~ DK63 + 165	105	Ⅲ	
DK63 + 165 ~ DK63 + 210	45	Ⅳ	电阻低值、地形异常
DK63 + 210 ~ DK63 + 320	110	Ⅴ	电阻低值、地形异常
DK63 + 320 ~ DK63 + 370	50	Ⅳ	电阻低值、地形异常
DK63 + 370 ~ DK63 + 460	90	Ⅲ	
DK63 + 460 ~ DK63 + 500	40	Ⅱ	

DK60 + 117 ~ DK63 + 500 段围岩调整统计表　　　　表 3-29

围 岩 级 别	原 设 计		调 整 后	
	长度（m）	所占比例（%）	长度（m）	所占比例（%）
Ⅱ级	3143	92.9	1060	31.3
Ⅲ级	240	7.1	1458	43.1
Ⅳ级			660	19.5
Ⅴ级			205	6.1
合计	3383	100	3383	100

3.6.5　施工组织方案研究

关键时间节点要求：以 2019 年 2 月 19 日铺轨工期为主线，倒排工期，隧道贯通节点时间为 2018 年 8 月 31 日，二次衬砌完成时间为 2018 年 9 月 31 日。

根据 2017 年 5 月 10 日建设单位组织召开的"新八达岭隧道进口至 1 号斜井围岩工程地质条件专家论证会"意见，结合剩余地段 DK60 + 117 ~ DK63 + 500 调整后的围岩分级，对该段施工组织进行梳理和研究。

通过施工组织分析，围岩调整后 1 号斜井与进口之间理论开挖贯通时间为 2019 年 2 月 1

日,对照指导性施工组织要求隧道 2018 年 8 月 31 日贯通,工期滞后约 5 个月(150d),为保证总工期目标,需要研究新增斜井方案、洞内设置平行导坑方案。

1)新增 3 号斜井方案

根据现场调查,在昌平区居庸关四桥子村上方沟浅埋地段有条件增加辅助坑道,交通条件、场地条件较好。新增 3 号斜井平面位置如图 3-40 所示。

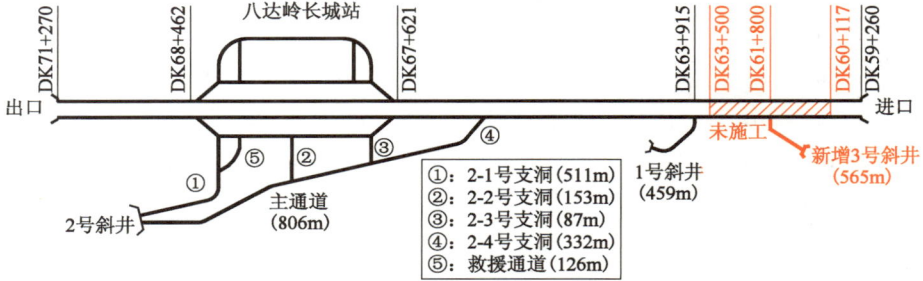

图 3-40　新增 3 号斜井平面位置示意图

新增 3 号斜井与正线交点里程为 DK61+800,位于线路左侧,平面交角为 90°,斜井综合坡度为 4.23% ,斜井平面投影长度 565m。斜井设置一处曲线,曲线参数分别为:路线偏转角 54°49′23″、圆曲线半径 100m、切线长 51.86m、总长度 95.68m。斜井与隧道采用斜交单联式、无轨运输双车道衬砌断面,斜井洞口设置拉槽接入道路。洞口段明洞衬砌施工完成后,尽快回填恢复地表植被,顶部回填土层厚度不小于 2m。

新增 3 号斜井仅作为施工期间运输通道,正洞施工完成后对斜井洞口及井底采取永久封堵。斜井施工前必须做好洞口四周的防排水工作,严禁洪水进入隧道,确保施工安全。

新增 3 号斜井围岩级别为:Ⅲ级围岩 420m、Ⅳ级围岩 80m、Ⅴ级围岩 65m。

(1)新增斜井施工组织

新增斜井施工准备按 1 个月考虑,最迟 2017 年 10 月 1 日进洞施工,2018 年 2 月 1 日进入正洞施工,贯通时间 2018 年 8 月 20 日,满足指导性施工组织要求。

(2)新增 3 号斜井与景区关系

新增 3 号斜井与风景名胜区位置关系如图 3-41 所示。

根据八达岭—十三陵风景名胜区总体规划,新增斜井位于核心景区,斜井距离八达岭长城保护范围最近距离大于 3.3km。

2)新增不贯通平行导坑方案

为满足指导性施工组织要求,在进口端和 1 号斜井小里程端各设置一处洞内平行导坑。新增不贯通平行导坑方案如图 3-42 所示。

进口端平行导坑起点里程 DK60+315,终点里程 DK61+405,长度 1090m,平行导坑累计施工正洞长度 445m。1 号斜井小里程端平行导坑起点里程 DK63+316,终点里程 DK62+200,长度 1116m,平行导坑施工正洞长度 618m。

增设两处平行导坑总长 2206m,最迟开工日期为 2017 年 10 月 1 日,理论贯通时间为 2018 年 8 月 15 日,可满足指导性施工组织时间节点要求。

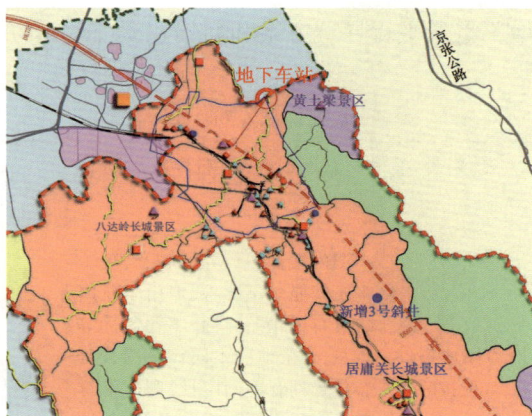

图 3-41　新增 3 号斜井与风景名胜区位置关系图

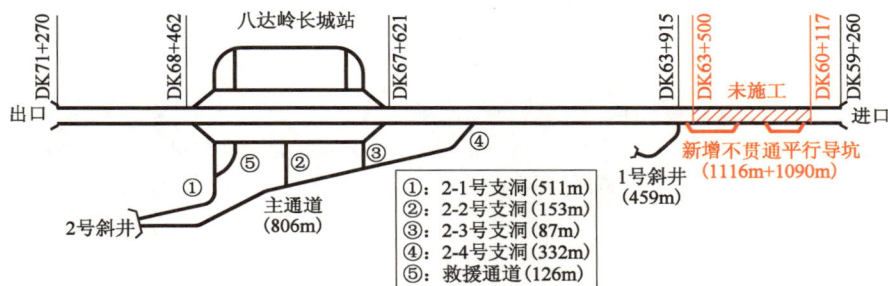

图 3-42　新增不贯通平行导坑方案平面位置示意图

3）新增贯通平行导坑方案

为满足指导性施工组织要求,研究在进口端和 1 号斜井小里程端剩余地段设置洞内贯通平行导坑方案。新增贯通平行导坑方案如图 3-43 所示。

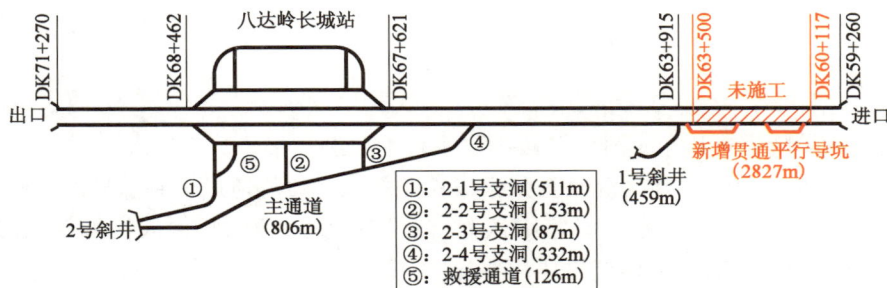

图 3-43　新增贯通平行导坑方案平面位置示意图

进口端平行导坑起点里程 DK60+315,1 号斜井小里程端平行导坑起点里程 DK63+316,总长 2827m。平行导坑最迟开工日期为 2017 年 11 月 1 日,理论贯通时间为 2018 年 8 月 25日,可满足指导性施工组织时间节点要求。

67

4）三种方案对比分析

对新增斜井方案、新增不贯通平行导坑方案和新增贯通平行导坑方案等进行优缺点对比分析，分析结果见表3-30。

三种方案优缺点对比分析

表3-30

方案名称	新增斜井方案	新增不贯通平行导坑方案	新增贯通平行导坑方案
工期影响	新增斜井较短、周边场地条件较好，交通条件便利，如能按时进场施工，工期可控	洞内设置平行导坑较长，理论上工期能满足要求，但由于花岗岩具有风化差异性、不均匀性等特点，剩余地段不同等级围岩分布位置具有不确定性，利用平行导坑施工正洞时机难以把握，另外长大距离的平行导坑施工相互干扰较大，施工效率会有所降低，存在一定工期风险	洞内设置平行导坑长，理论上工期能满足要求，但由于花岗岩具有风化差异性、不均匀性等特点，剩余地段不同等级围岩分布位置具有不确定性，利用平行导坑施工正洞时机难以把握，另外长大距离的平行导坑施工相互干扰较大，施工效率会有所降低，存在一定工期风险
环境影响	新增斜井位于风景名胜核心区，周边环境较好，经前期与生态环境部门沟通，增加斜井不需要报批补充环评文件	隧道出渣数量增加约9万 m^3，对环境影响较小	隧道出渣数量增加约7万 m^3，对环境影响较小
文物影响	新增斜井位于北京市文物保护一类建控地带，需向北京市文物局、国家文物局报审方案	不受影响	
工程投资	投资较省	投资较大	投资大

3.6.6 新增3号斜井设置

1）相关依据

（1）新八达岭隧道进口至1号斜井段围岩工程地质勘察报告。

（2）2017年5月10日"新建北京至张家口铁路新八达岭隧道进口到1号斜井段围岩工程地质条件专家论证会"专家意见。专家组认为：该段隧道小型断裂、侵入接触带、节理密集带发育，部分地段发育岩脉群，岩体差异风化明显，岩体均一性差，导致隧道施工工法、工序、工艺的频繁调整，对隧道施工措施、安全及进度影响较大，对剩余地段围岩进行调整是必要的。建设单位根据施工段落地质预测情况和地质条件论证会专家会意见，组织设计及施工单位对剩余工程进行了梳理和分析，并对未施工段落进行了工期预测，该段贯通时间将滞后指导性施工组织6个月以上，且新八达岭隧道进口及1号斜井工区均位于八达岭—十三陵风景区的核心区，受重大节假日和重度雾霾停工、重大会议和活动期间停止供应炸药等因素影响，隧道有效施工时间短。考虑上述因素,建设单位专题会研究认为,在进口与1号斜井之间增加工作面是必要的,要求设计及施工单位制定进口与1号斜井之间新增工作面方案。

(3)京张高铁新八达岭隧道进口至1号斜井间施工组织预案研究。

(4)2017年5月25日"京张高铁新八达岭隧道进口至1号斜井新增工作面专家论证会"专家意见。专家组认为:为满足总体工期目标,新八达岭隧道进口至1号斜井之间新增工作面是必要的,推荐采用新增斜井方案。

(5)2017年7月31日中国铁路总公司工程设计鉴定中心、工程管理中心《关于新建北京至张家口铁路新八达岭隧道新增辅助坑道方案研讨会纪要》(鉴桥隧函〔2017〕96号)。中国铁路总公司鉴定中心、工管中心在北京组织召开了京张高铁新八达岭隧道新增辅助坑道方案研讨会,经综合分析,建议增加斜井。斜井断面应考虑双车道运输、行人、通风及管线铺设要求,综合坡度不宜大于10%,宜与正线正交。

(6)2017年8月8日《关于新八达岭隧道进口与1号斜井间增加斜井的变更设计四方会审纪要》(JZSG-3标隧变纪〔2017〕81号)。

2)新增斜井方案

新增3号斜井设置参数见表3-31。

新八达岭隧道新增3号斜井设置参数表　　　　表3-31

斜井编号	与正洞相交里程	接口处与正洞相交角度(°)	综合坡度(%)	平面长度(m)	运输形式	地质条件
3号斜井	DK61+800	88	9	565	双车道无轨运输	Ⅲ级围岩420m,Ⅳ级围岩80m,Ⅴ级围岩65m

3)施工组织调整

斜井施工完成后向正洞大小里程方向施工,大、小里程分别施工至DK62+300、DK61+300实现与正洞的贯通。正洞贯通后,后续隧道施工由1号斜井进行物流组织,新增3号斜井后总工期应满足施工组织要求。

3.7 迂回绕行技术方案研究与应用

新八达岭隧道围岩变化频繁,差异风化明显,施工安全风险高,施工工序转换频繁,施工难度大。隧道位于长城景区内,白天不能出渣,晚上不能爆破,工效降低。北京地区受雾霾及重大活动影响等政府要求必须停工,景区内禁止大车通行及节假日堵车停工,环水保要求停工等外部环境影响,三年累计停工218d,工效降低约30%。

八达岭长城站车站两端为各163m的大跨过渡段,采用单洞隧道暗挖设计,最大开挖跨度32.7m,理论开挖断面面积494.4m^2,现场实际开挖面积509.98m^2,是目前世界上开挖跨度最宽、断面面积最大的地下暗挖交通隧道,最大断面位于Ⅴ级围岩,施工难度大,安全风险高。

八达岭长城站地下建筑面积39852m²,是目前世界上规模最大的暗挖地下车站。车站内设计各类洞室共78个,断面形式多达88种,交叉节点密集,结构复杂,同时复杂洞室群交贯面多,站内不同洞室交贯面共有63个,洞群效应明显,施工安全风险高。

综合以上因素,新八达岭隧道以及八达岭地下车站的修建,施工组织困难,工期压力巨大,因此,适时研究迂回绕行技术,并不断调整施工组织,对解决该工程的工期问题具有十分重要的意义。

3.7.1 新增平行导坑迂回绕行强风化花岗岩地段

新八达岭隧道1号斜井、2号斜井与正洞相交里程分别为DK63+915、DK67+500,该区段全长3585m。该段于DK64+100~DK64+350处浅埋下穿石佛寺村庄,洞顶覆土厚度为12~40m,围岩为V级强风化花岗岩;于DK66+400~DK66+440下穿京张铁路青龙桥车站站场,洞顶覆土厚度为4~6.8m,围岩为V级全~强风化花岗岩;于DK67+025、DK67+370两处下穿八达岭长城。以上均为重要的环境敏感点,需要进行精密控制爆破,施工进度有明显降低。同时,2号斜井前期因涉及征地等因素造成进度较批复的施工组织明显滞后;1号斜井洞口林地征伐困难,且因环境问题无法爆破,并受洞口养殖场阻工等影响,进度明显滞后。根据1号斜井、2号斜井开挖情况来看,地质情况较原设计复杂,围岩变化频繁,风化差异显著,地质不确定因素多,对施工进度影响明显,尤其是1号斜井进入正洞后向大里程方向施工下穿石佛寺村庄、进村道路及景区游览公路,隧道埋深浅,地质条件差,地下水发育,地表沉降控制要求高,受外部环境干扰较大,势必会进一步影响整体施工进度。按照指导性施工组织设计,1号斜井与2号斜井之间为该隧道工期的控制线路,无任何富余工期,一旦工期滞后,将造成全隧总工期目标难以实现。因此,在1号斜井井身增设长度为506m的平行导坑,迂回绕行地表村庄对应洞内的V级强风化花岗岩地段,以解决工期问题,如图3-44所示。

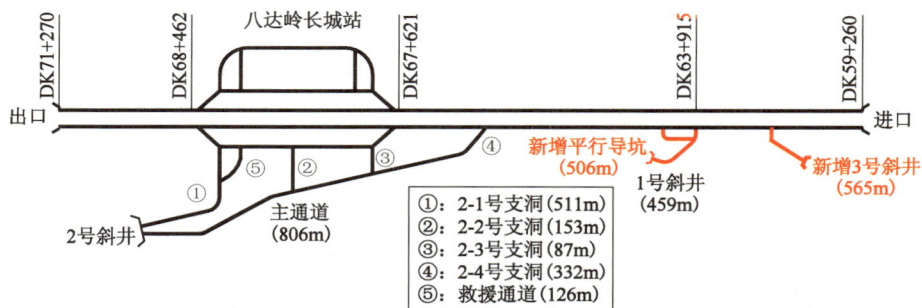

图3-44 新八达岭隧道1号斜井新增平行导坑平面布置示意图

3.7.2 新增平行导坑绕行车站大跨隧道

新八达岭隧道2号斜井1号分通道与正洞交口里程为DK68+290,出口里程为DK71+270,该区段全长2980m。该段于DK68+290~DK68+448处为八达长城站大里程端大跨过渡段,围岩为IV级、V级强风化花岗岩,需要进行预应力长锚杆等措施施工,工序繁杂、施工精度要求极高,进度有明显减慢。2 号斜井前期由于涉及征地困难等因素造成进度较批复的施工组织明显滞后;出口工区由于征地拆迁原因,工期滞后 112d,严重影响了施工进度。同时,根据 2 号斜井开挖揭示围岩情况来看,地质较原设计复杂,围岩变化频繁,纵向和横向差异显著,不确定因素多,对施工进度影响明显。尤其是 2 号斜井 1 号分通道进入正洞后向大里程方向为超大跨度过渡段隧道,该段穿越断层破碎带及其影响带,岩体破碎,围岩稳定性差,地下水较发育,且施工工序需要烦琐转化,因此,势必会进一步影响整体施工进度。按照指导性施工组织,2 号斜井 1 号分通道和出口工区之间为该隧道的工期控制线路,无富余工期可利用,一旦工期滞后,将造成隧道总工期目标难以实现。因此,对 2 号斜井工区所有辅助坑道进行全面梳理、优化、调整,解决 2 号斜井与出口之间,以及八达岭地下车站的工期问题。辅助坑道调整方案如图 3-45 所示。

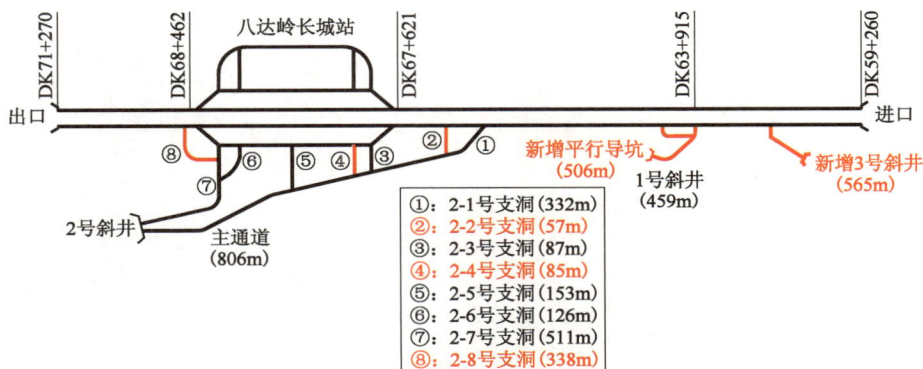

图 3-45　新八达岭隧道 2 号斜井工区辅助坑道调整方案平面布置示意图

3.7.3　新增相向平行导坑绕行地表浅埋段

新八达岭隧道 1 号斜井与正洞相交里程为 DK63 +915,2 号斜井 4 号分通道与正洞相交里程为 DK67 +500,1 号斜井与 2 号斜井之间正洞长度 3585m,设计 Ⅱ 级围岩 2660m、Ⅲ 级岩 445m、Ⅳ 级围岩 180m、Ⅴ 级围岩 300m。隧道在 DK66 +400 ～ DK66 +440 穿越京张铁路青龙桥车站,埋深 4 ~6.8m。由于新八达岭隧道穿越九仙庙、四桥子和八达岭侵入岩体,小型断裂、侵入接触带、节理密集带发育,部分地段发育岩脉群,岩体差异风化明显,岩体均一性差,实际开挖揭示围岩级别频繁变化,对隧道施工措施、安全及进度影响较大,按照已施工段落围岩变化率51%来看,隧道综合进度指标明显降低,影响了总体施工进度。同时,隧道地处北京市昌平区和延庆区,整个隧道位于长城景区,受暴雨、雾霾、重大节假日炸药供应、混凝土禁止运输供应不及时等环境影响,有效施工时间缩短。1 号与 2 号斜井之间正洞段落长,围岩存在一定的不确定性,存在着很大的工期风险。因此,在 1 号斜井与 2 号斜井之间新增了相向平行导坑(894m,908m),增加工作面,以解决隧道工期问题。新增平行导坑方案如图 3-46所示。

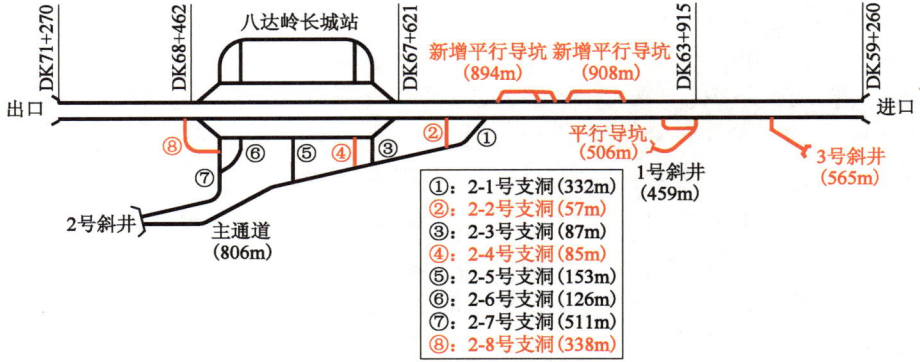

图 3-46　新八达岭隧道 1 号与 2 号斜井间新增平行导坑平面布置示意图

第4章

正盘台隧道

正盘台隧道是京张高铁及崇礼铁路支线上最长的隧道,全长 12974m,为Ⅰ级高风险隧道和全线重难点控制性工程。

正盘台隧道具有"地质多变、涌水量大、抽水艰难、通风复杂"四个显著特点。隧道通过侏罗系上统张家口组多期喷发火山碎屑岩,岩层在各期有间断,造成正常岩体中分布透镜状软弱夹层,地层相变大,岩性均匀性差,软弱面夹层分布呈无规律性和不确定性。隧道施工期间,最多时一个月内围岩软弱变化 26 次,变化率接近 90%,这给现场施工工艺、工法的调整带来了巨大的挑战。隧道日均涌水量达到 14 万 m³/d,1 号斜井、2 号斜井工区均发生过淹井灾害,这给正常的隧道施工带来了巨大的风险和工程难度。隧道总工期为 28 个月,开工后受各种不利因素影响,第一年仅完成开挖 2254m,在剩余的一年多时间内,需要完成开挖 10km 以上,这在中国铁路隧道修建史上还是首次。面对异常紧张的工期压力,新增平行导坑 5180m、泄水横洞 1100m、各处支洞 1764m,累计长度 8044m。施工高峰期,共有 38 个作业面平行施工,实现了"长隧短打",形成了"洞中有洞"的施工组织格局。

正盘台隧道 2016 年 9 月开工建设,2018 年 11 月 11 日顺利贯通历时 2 年 2 个月,创造我国铁路隧道建设史上"10km 以上隧道最快修建纪录",被称为"北京冬奥会网红隧道"。建成的正盘台隧道如图 4-1 所示。

图 4-1　正盘台隧道洞口

4.1　工程概况

正盘台隧道位于河北省张家口市境内,进口位于张家口市宣化区小白阳村东北侧,出口位于赤城县鹰窝沟内。隧道采用单洞双线形式,进口里程为 DK30＋425,出口里程为 DK43＋399,全长 12974m。隧道为单面上坡,坡度 30‰。

正盘台隧道共设置 4 座斜井。1 号斜井长度 667m,综合纵坡 5.66% ,与正洞相交于 DK32 +550;2 号斜井长度 896m,综合纵坡 11.88% ,与正洞相交于 DK35 +300;3 号斜井长度 1420m,综合纵坡 9.34% ,与正洞相交于 DK38 +200;4 号斜井长度 585m,综合纵坡 7.13% ,与正洞相交于 DK40 +500。斜井均采用无轨运输双车道断面,其中 1 号斜井、4 号斜井为永久性救援通道。辅助坑道平面布置如图 4-2 所示。

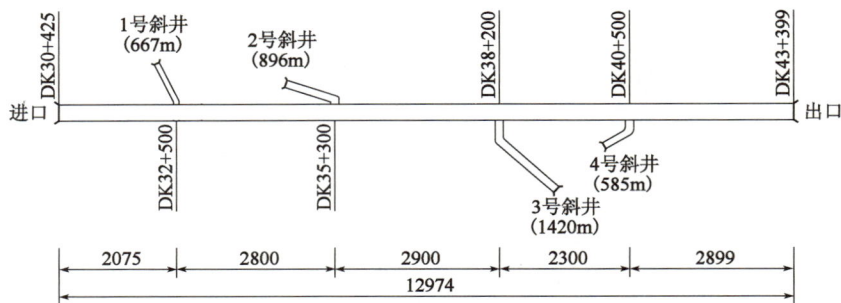

图 4-2　正盘台隧道辅助坑道平面布置示意图(尺寸单位:m)

4.2　工程地质及水文地质

正盘台隧道穿越阴山山脉坝上高原区,隧道区域地形起伏大,山势陡峭,山体处大部分可见基岩出露,地表植被发育,地面高程为 1047 ~ 1888m,最大高差 841m。

4.2.1　气象特征

隧道区域属寒温带半干旱性气候,冬季受强大的蒙古高气压控制,漫长寒冷干燥。正盘台隧道区域主要气象特征参数见表 4-1。

正盘台隧道区域主要气象特征参数表　　　　　　　　　　　　　　　　表 4-1

序号	项目名称	参数值		序号	项目名称	参数值	
		进口(宣化区)	出口(赤城县)			进口(宣化区)	出口(赤城县)
1	年平均气温(℃)	8.5	4.2	6	年平均蒸发量(mm)	1856.3	1365.6
2	最冷月平均气温(℃)	-9.6	-14.1	7	平均风速(m/s)	2.7	1.7
3	极端最高气温(℃)	39.6	38.3	8	最大风速(m/s)	23.0	14.0
4	极端最低气温(℃)	-25.8	-35.8	9	最大冻结深度(cm)	129	193
5	年平均降雨量(mm)	333.7	472.2				

4.2.2　地震区划

根据现行《中国地震动参数区划图》(GB 18306)划分,隧道区域地震基本烈度为 7 度,地震动峰值加速度为 0.1g。

4.2.3　工程地质

（1）地层岩性

根据地质调绘及现场勘探揭示,隧道区域地层岩性主要为:第四系全新统冲洪积层（Q_4^{pl+al}）漂石土、粗角砾土;第四系上更新统冲洪积层（Q_3^{pl+al}）砂质黄土、粗角砾土、细角砾土;侏罗系上统张家口组（J_3z）喷出岩,为一套酸性及中偏碱性的火山喷出岩,主要岩性有粗面岩、流纹岩、凝灰质砾岩及粗面安山岩;燕山早期（γ_5^2）花岗岩,强～弱风化状态;太古界桑干群化家营组（Arh）花岗质混合岩,强～弱风化状态。正盘台隧道按由上至下顺序主要特征见表4-2。正盘台隧道工程地质纵剖面如图4-3所示。

正盘台隧道地层主要特征表

表4-2

序号	地　层	符　号	主　要　特　征
1	第四系全新统冲洪积层、第四系上更新统冲洪积层	Q_4^{pl+al}、Q_3^{pl+al}	（1）粗角砾土:稍密,稍湿,母岩成分为砂岩,一般粒径20～60mm,约占60%,最大100mm,棱角状,充填粉土; （2）砂质黄土:稍密,稍湿,手搓具有砂感,偶见虫孔及姜石; （3）粗砂:稍密,稍湿,矿物成分主要为石英、长石; （4）粉质黏土:灰黑色、棕褐色,硬塑,土质不均匀,含少量粉细砂; （5）粗圆砾土:杂色,中密,稍湿～潮湿,呈圆棱状
2	中生界侏罗系上统喷出岩	J_3z	（1）强风化侏罗系喷出岩:为一套酸性及中偏碱性的火山喷出岩,主要岩性有粗面岩、流纹岩、凝灰质砾岩及粗面安山岩,深灰色,主要成分为长石、斜长石,斑状、流纹或凝灰结构,块状构造,节理发育,岩体呈层状; （2）弱风化侏罗系喷出岩:为一套酸性及中偏碱性的火山喷出岩,主要岩性有粗面岩、流纹岩、凝灰质砾岩及粗面安山岩,灰褐色,主要成分为长石、斜长石,斑状、流纹或凝灰结构,块状构造; （3）弱风化侏罗系喷出岩:主要为凝灰质砾岩,胶结物为凝灰质,砾石为岩屑,分选性差
3	燕山早期花岗岩	γ_5^2	（1）强风化花岗岩:浅灰色,中、细粒结构,似斑状构造,质地坚硬,节理发育,切割成层状; （2）弱风化花岗岩:浅灰色,中、细粒结构,似斑状构造,质地坚硬,节理较发育
4	太古界桑干群化家营组混合岩	Arh	（1）全风化花岗质混合岩:褐黄色,结构已破坏,岩芯呈砂土状,手捻易碎; （2）强风化花岗质混合岩:灰褐色,片麻状结构,质地坚硬,节理发育; （3）弱风化花岗质混合岩:灰褐色,片麻状结构,质地坚硬,节理较发育

（2）地质构造

根据区域地质资料及地质调绘,隧道区域受北部区域外东西向崇礼—赤城断裂影响,使本区产生多次褶皱,形成北西向的倒转背、向斜;受地应力影响,产生一系列的张性及压性节理,但后期构造活动减弱,未形成深大断裂。

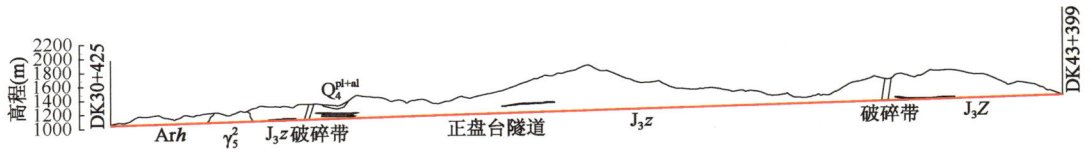

图 4-3　正盘台隧道工程地质纵剖面图

Q_4^{pl+al}-第四系全新统冲洪积层;J_3z-中生界侏罗系上统喷出岩;γ_5^2-燕山早期花岗岩;Arh-太古界桑干群化家营组混合岩

4.2.4　水文地质

正盘台隧道小里程端洞顶以上的多个冲沟有泉水发育,隧道左侧山体坡脚也有泉水出露,水质良好。勘察期间发现 2 处泉眼。1 号泉眼位于后坝口村东侧山坡上,DK32 + 200 右侧 130m 处,隧道底板高程为 1101m,泉眼高程为 1215m,为前坝口村村民饮水泉,常年有水,为自流状态,水量较大。2 号泉眼位于后坝口村北侧山坡上,DK32 + 800 左侧 290m 处,隧道底板高程为 1118m,泉眼高程为 1211m,为自流状态,水量较大,水质较好。

正盘台隧道受各类风化及地质作用的影响,节理裂隙发育,地下水赋存于节理裂隙中,水量较大,尤其是沟谷、破碎带及岩性接触带。综合分析预测隧道正常涌水量为 37211m³/d,最大涌水量为 74422m³/d。正盘台隧道各段涌水量计算结果见表 4-3。

正盘台隧道各段涌水量计算结果表　　　　　　　　　　表 4-3

里程桩号	长度 (m)	正常涌水量 (m³/d)	最大涌水量 (m³/d)	富水程度	计算方法
DK30 + 425 ~ DK31 + 172	747	950	1899	中等富水	大气降水入渗法
DK31 + 172 ~ DK31 + 400	228	961	1923	强富水	古德曼经验公式法
DK31 + 400 ~ DK31 + 500	100	128	256	中等富水	大气降水入渗法
DK31 + 500 ~ DK31 + 600	100	565	1129	强富水	古德曼经验公式法
DK31 + 600 ~ DK31 + 950	350	448	896	中等富水	大气降水入渗法
DK31 + 950 ~ DK32 + 100	150	394	789	强富水	古德曼经验公式法
DK32 + 100 ~ DK33 + 300	1200	1536	3071	中等富水	大气降水入渗法
DK33 + 300 ~ DK33 + 600	300	789	1577	强富水	古德曼经验公式法
DK33 + 600 ~ DK34 + 800	1200	1536	3071	中等富水	大气降水入渗法
DK34 + 800 ~ DK35 + 500	700	5372	10745	强富水	古德曼经验公式法
DK35 + 500 ~ DK37 + 300	1800	2303	4607	中等富水	大气降水入渗法
DK37 + 300 ~ DK40 + 500	3200	16580	33160	强富水	古德曼经验公式法
DK40 + 500 ~ DK43 + 399	2899	5650	11300	中等富水	大气降水入渗法
合计	12974	37211	74422		

综合分析:1 号斜井正常涌水量为 2030m³/d,最大涌水量为 5855m³/d;2 号斜井正常涌水量为 2719m³/d,最大涌水量为 7842m³/d;3 号斜井正常涌水量为 2642m³/d,最大涌水量为 7587m³/d;4 号斜井正常涌水量为 2642m³/d,最大涌水量为 7587m³/d。

4.2.5　不良地质及特殊岩土

（1）不良地质

正盘台隧道出口端岩石风化较为强烈，形成块状或碎块状岩体，局部岩块较为突出，处于临空状态，山体地形较陡，岩体结构稳定性较差，可能发生岩块坠落。花岗岩地层存在差异风化现象。侏罗系火山喷出岩为多期喷发，洞身夹有软弱层，多为夹层及透镜体形式出现，分布不均匀，软弱层较破碎，岩性较软，工程性质较差，易产生大变形，会导致产生掉块，甚至塌方、冒顶等危险。DK36+700～DK37+100段落埋深较大，可能存在岩爆风险。

（2）特殊岩土

正盘台隧道通过范围内的特殊岩土为砂质黄土。砂质黄土层主要位于隧道浅埋段。新黄土呈褐黄色或浅黄色，直立性较好，含钙质结核，夹角砾薄层或透镜体，具有Ⅱ级自重湿陷性，湿陷性厚度为13m。

4.3　斜井工区突水淹井处理技术

4.3.1　1号斜井突水淹井灾害

2017年7月1日，1号斜井开挖至里程XJ1DK0+039，掌子面围岩为花岗质混合岩，弱风化，节理裂隙发育，岩体破碎，围岩稳定性差。掌子面发生线状、股状流水，出水量约150m³/h，造成左边墙出现坍塌，坍体纵向长度约3.5m，高度约3.3m，横向宽度约3m，坍塌总体积约40m³。

2017年7月9日，1号斜井开挖至里程XJ1DK0+033，掌子面出现涌水涌渣，坍塌范围拱顶以上约2.6m，横向宽度约2m，纵向长度约3m，坍塌总体积约15m³。涌渣均为碎块状，直径约10cm，总量约100m³，最大涌水量约420m³/h。

2017年7月27日，1号斜井开挖时右侧距中线1m处出现少量涌渣，并伴有出水，随即水量突然加大，流量为800～1000m³/h，涌渣量同时增大，掌子面作业人员及设备立即撤离，起用备用抽水泵及排水管道。由于水量增加较大，抽排水能力小于出水量，导致淹井长度逐步增加，最高水位淹至XJ1DK0+253处。7月28日，抽排水能力与出水量平衡，增加水泵后水面开始下降。8月4日洞内积水抽排完毕。根据现场溜坍体测量，涌渣量约800m³，溜坍至里程XJ1DK0+055处，溜渣长度约22m。经现场实测，正常涌水量为1.8万m³/d，折合为750m³/h。1号斜井XJ1DK0+033里程突水涌渣情况如图4-4所示。

4.3.2　2号斜井工区正洞突水淹井灾害

2017年9月17日，2号斜井工区正洞大里程方向开挖至DK35+382，掌子面围岩为侏罗系上统粗面岩，弱风化，节理裂隙较发育，掌子面及拱顶有多处股状出水点，岩体整体较完整。开挖后揭示，拱顶以下1m、宽度约7m范围内出现裂隙渗水，水量逐渐陡增至560m³/h，如图4-5所示。掌子面停止出渣，加大抽排水力度。

2017年10月12日，2号斜井工区正洞大里程方向开挖至DK35+407，掌子面围岩为侏罗系上统粗面岩，弱风化，节理裂隙较发育，岩体整体较破碎，局部较完整，稳定性较差，掌子面及拱顶有多处股状出水点,水量较大,采用Ⅳ级围岩加强初期支护。凌晨5时22分,掌子面突然出现涌水,最大涌水量约7500m³/h,导致2号斜井正洞已开挖段落和斜井井身420m长度短时间内被全部淹没,现场情况如图4-6所示。

a)掌子面突水   b)掌子面涌渣

图4-4　1号斜井 XJ1DK0+033 里程突水涌渣情况

a)掌子面突水   b)掌子面涌渣

图4-5　2号斜井工区正洞 DK35+382 里程突水涌渣情况

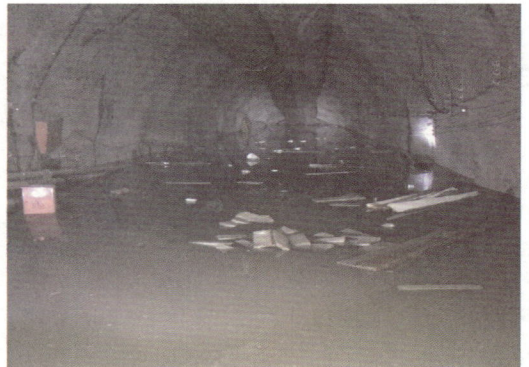

a)正洞淹井   b)斜井淹井

图4-6　2号斜井工区正洞 DK35+407 里程突水淹井情况

2017 年 11 月 20 日，经过 38d 的抽排水作业，2 号斜井工区水位降低至斜井井底，累计抽排水量约 420 万 m³。经现场实地踏勘，2 号斜井正洞大里程方向掌子面 DK35 +407 处左侧出水，涌水量约为 2800m³/h，水量基本稳定。正洞 DK35 +407 掌子面突水溃口如图 4-7 所示，2 号斜井工区洞外排水如图 4-8 所示。

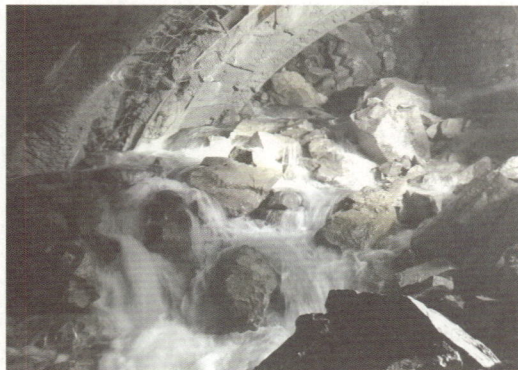

图 4-7　正洞 DK35 +407 掌子面突水溃口　　　　　图 4-8　2 号斜井工区洞外排水

4.3.3　1 号斜井突水涌渣处理

1）总体处理方案

针对 1 号斜井 XJ1DK0 +033 掌子面突水涌渣，在完成抽排水后，采用"正面封堵，两侧迂回"的综合处理方案，即封闭掌子面，并分别于 1 号斜井井身左、右两侧设置 1-1 支洞、1-2 支洞，迂回至正洞施工。

（1）1 号斜井剩余 XJ1DK0 + 000 ~ XJ1DK0 +033 段不再施工，对掌子面进行封堵。于 XJ1DK0 +055 ~ XJ1DK0 +060 设置长度 5m 的封堵墙，封堵墙预留 ϕ108mm 泄水管及 ϕ300mm 混凝土泵送管，封堵墙施工完毕后，对掌子面附近空隙进行泵送混凝土回填。封堵墙设计如图 4-9 所示，采取引排水后施作的封堵墙如图 4-10 所示。

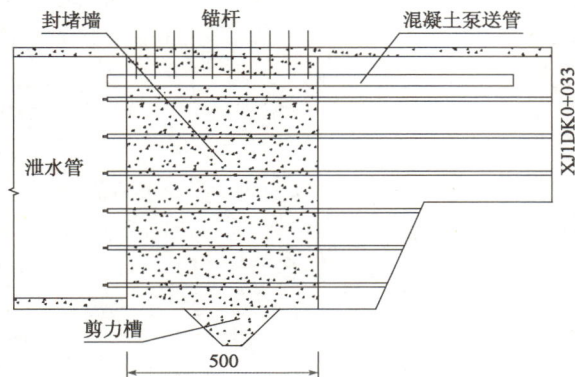

图 4-9　1 号斜井井底封堵墙设计示意图(尺寸单位：mm)　　　图 4-10　采取引排水后施作的封堵墙

（2）于 1 号斜井 XJ1DK0 +070 处井身左侧设置 1-1 支洞，与线路左线相交于 DK32 +657 处，平面交角为 60°，与 1 号斜井平面交角为 90°，平面投影长度 169m，采用无轨运输双车道斜井衬砌断面。1-1 支洞井身仍将穿越岩性接触破碎带,该段井身采用超前预注浆等措施封堵地下水后通过。

(3)于 1 号斜井 XJ1DK0 + 150 处井身右侧设置 1 – 2 支洞,与正线线路左线相交于 DK32 + 395 处,平面交角为 90°,与 1 号斜井平面交角为 90°,平面投影长度 200m,采用无轨运输双车道斜井衬砌断面。

1 号斜井井底两侧迂回支洞平面设计如图 4-11 所示。

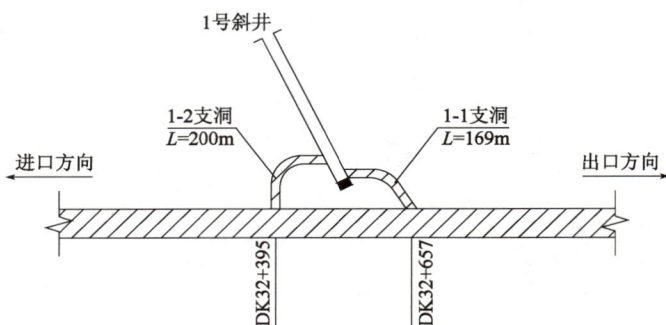

图 4-11　1 号斜井井底两侧迂回支洞平面设计示意图

2)全断面帷幕注浆

1-1 支洞通过富水岩性接触破碎带时,采取全断面帷幕注浆措施。

(1)注浆设计

全断面帷幕注浆每循环纵向加固长度 30m,环向加固范围为掌子面前方及隧道开挖轮廓线外 5m。注浆设计参数见表 4-4,注浆设计如图 4-12 所示。

全断面帷幕注浆设计参数表　　　　　　　　表 4-4

序号	参　数　名　称		参　数　值	备　注
1	纵向加固长度(m)		30	含止浆墙
2	加固范围(m)		掌子面前方及隧道开挖轮廓线外 5m	
3	浆液扩散半径(m)		2	
4	注浆速度(L/min)		5 ~ 90	
5	注浆终压(MPa)		3 ~ 6	施工时可适当调整
6	终孔间距(m)		≤3	
7	钻孔数量(个)	注浆孔	46	出水重点区域、塌孔区域采取信息化补孔
		管棚孔	20	
		检查孔	3	
		泄水孔	4	
		合计	73	

(2)注浆材料

注浆材料采用普通水泥单液浆、普通水泥-水玻璃双液浆,以普通水泥单液浆为主、普通水泥-水玻璃双液浆为辅。普通水泥单液浆水灰比为 0.6∶1 ~ 1∶1;双液浆配合比:水灰比为 1∶1,

水泥、水玻璃体积比为1:1。

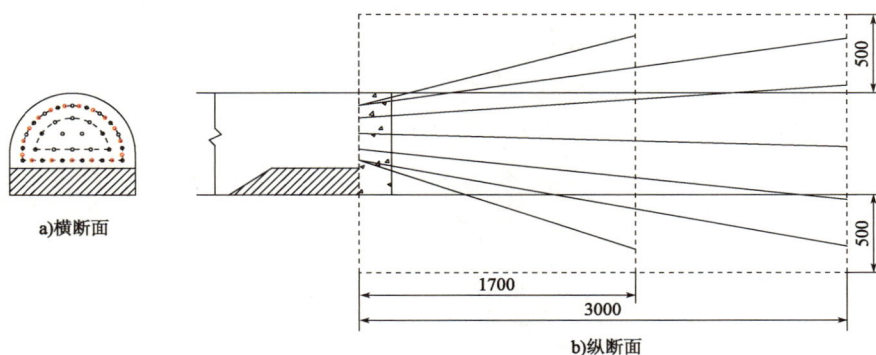

图4-12　全断面帷幕注浆设计示意图(尺寸单位:cm)

(3)主要机械设备

主要机械设备配置见表4-5。

主要机械设备配置表　　　　　　　　　　　　表4-5

序号	机械设备名称	型　号	数量	单位	备　注
1	履带式钻机	KR-2	1	台	
2	空气压缩机	英格索兰825E	1	台	最大排气量20m³/min,最大气压2MPa
3	双液注浆泵	KBY系列	2	台	最大流量100L/min,最大压力7MPa
4	自搅拌储浆桶	—	2	个	储存水泥浆
5	清水桶	自制	2	个	容量≥100L
6	混合器	T型	2	个	与注浆泵配套购置
7	高压注浆管	$\phi25mm$	200	m	与注浆泵配套购置
8	防震压力表	16MPa	5	个	—
9	孔内成像仪		1	台	—

(4)注浆工艺

①采用超前探孔、注浆孔、检查孔"三孔合一"原则,以减少钻孔数量。

②采用钻杆后退式及前进式分段注浆工艺。

③施工中对水量大的区域和塌孔区域采取信息化补孔,实施加强注浆。

④根据发散-约束型注浆原则,按"由外向内、由上向下、间隔跳孔"的顺序进行注浆施工。

⑤所有注浆孔钻设到设计深度后,下入竹纤锚杆,进行最后一次注浆,以增加加固范围内地层的稳定性和抗变形能力。

(5)注浆施工

2017年10月15日开始实施全断面帷幕注浆。在排水降压条件下,现场实测水压力为0.9MPa。

当现场无法测试水压力时,也可以通过采用超前钻孔的水流量进行水压力计算。

$$Q = 3600S \cdot v \qquad (4-1)$$

$$S = \frac{1}{4}\pi D^2 \qquad (4-2)$$

$$v = \mu \sqrt{\frac{2P}{\rho}} \qquad (4\text{-}3)$$

式中：Q——流量（m^3/h）；

    S——钻孔过水面积（m^2）；

    v——流速（m/s）；

    D——钻孔过水直径（m）；

    μ——流量系数，取 $0.6 \sim 0.65$，一般取 0.6；

    P——水压力（Pa）；

    ρ——流体重度（N/m^3），水取 $10000N/m^3$。

由以上公式可推导出：

$$P = 1.737 \times 10^{-3} \cdot \frac{Q^2}{D^4} \qquad (4\text{-}4)$$

当采用超前钻孔直径为 $90mm$ 时，水压力取 MPa 为单位，上式可简化为：

$$Q = 137.4\sqrt{2P} \qquad (4\text{-}5)$$

$$P = 2.65 \times 10^{-5} \cdot Q^2 \qquad (4\text{-}6)$$

式中：Q——流量（m^3/h）；

    P——水压力（MPa）。

现场共进行了两个循环帷幕注浆施工。2018 年 1 月 6 日成功地通过了突水涌渣破碎带，累计完成开挖 44.6m。钻孔注浆施工现场如图 4-13 所示。

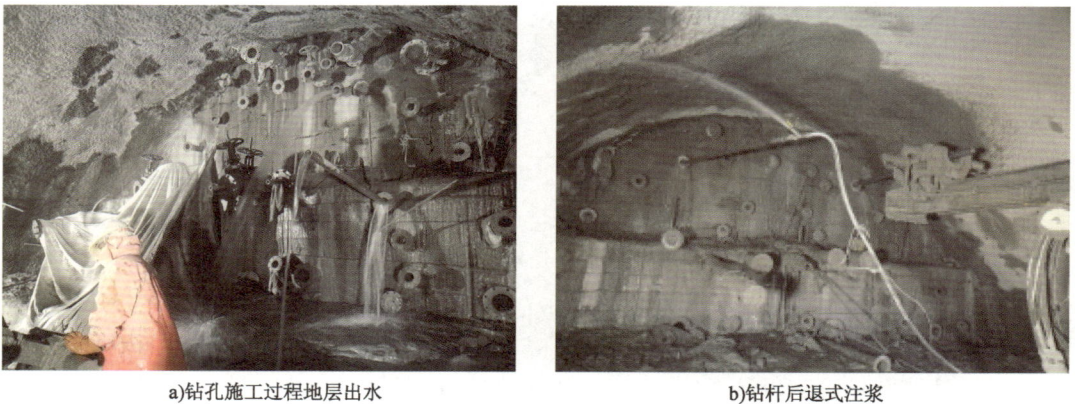

a)钻孔施工过程地层出水　　　　　　　　　　　b)钻杆后退式注浆

图 4-13　1 号斜井钻孔注浆施工现场

（6）注浆效果检查评价

每循环按设计注浆孔总数量的 3% 布设检查孔，检查孔总数量不少于 3 个。检查孔应布置在注浆过程中发现的薄弱环节。检查孔采用孔内成像探测，检查孔出水量应小于 2L/（m·min）。

①注浆量分析

注浆按 A、B、C、D 四序孔进行，根据地层注浆量分布情况可以对注浆效果进行判断。以第二个循环为例，对各序孔注浆量分析如下：

A 序孔平均延米注浆量为 0.78m³，B 序孔平均延米注浆量为 0.60m³，C 序孔平均延米注浆量为 0.50m³，D 序孔平均延米注浆量为 0.15m³。在前期 A、B 序孔施工过程中，由于地层比较软弱破碎，局部存在明显出水，地层吸浆量较大。其中 A11 孔吸浆量最大，为 62m³。随着注浆的进行，注浆量呈明显递减趋势，出水量逐渐变小，说明地层逐渐填充密实，流水孔隙被封堵。各序孔平均注浆量呈递减趋势，如图 4-14 所示。

②孔内成像法

注浆施工完成后，根据施工情况对出水量大、地层较差的区域布设检查孔进行孔内成像法检查注浆效果。孔内成像检测仪如图 4-15 所示。

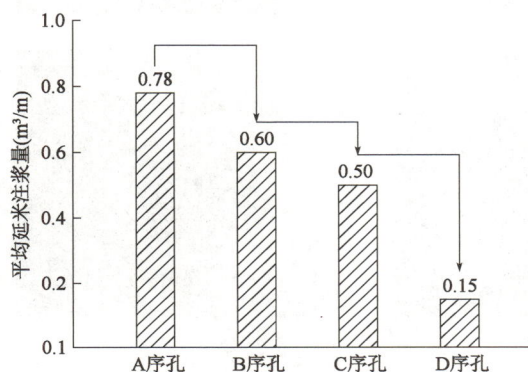

图 4-14　各序孔平均注浆量递减趋势示意图

图 4-15　孔内成像检测仪

从检查孔出水情况来看，J1、J2 检查孔无出水，J3 检查孔有少量出水，如图 4-16 所示。J3 检查孔孔内成像效果如图 4-17 所示。从孔内成像效果来看，检查孔孔壁光滑，无塌孔现象，孔壁可见浆液填充饱满，因此可以判断该段注浆加固效果良好。

图 4-16　J3 检查孔出水

（7）小结

通过全断面帷幕注浆，把涌渣体有效地加固成一个整体，同时填充了破碎围岩裂隙，阻断了裂隙通道。从注浆后开挖情况来看（图 4-18），掌子面湿润，裂隙处能见到浆液填充，只有局部沿裂隙渗滴水,总涌水量约40m³/d,总体来说注浆效果良好。采取注浆加固堵水措施后,确保了施工安全,有效地减小了斜井抽排水压力。

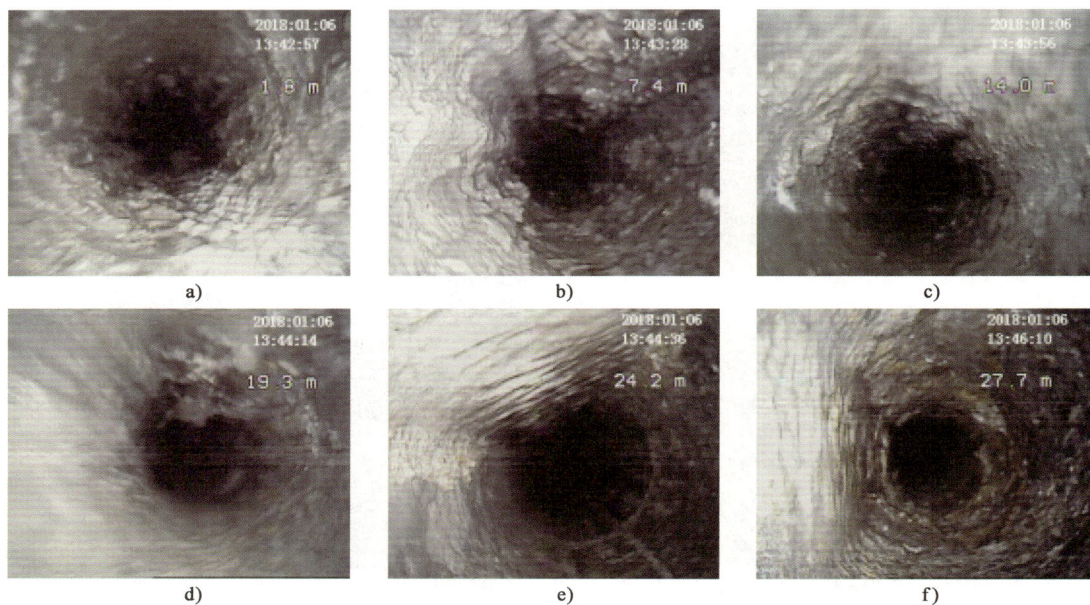

图4-17 J3检查孔孔内成像效果

图4-18 1号斜井注浆后开挖现场

4.4 出口堆积体处理技术

正盘台隧道出口洞口明暗交界里程为 DK43 + 369,设置明洞长 30m。隧道洞口地处东西走向的阴坡山脚处,山坡较陡,自然坡度为45°~50°,线位走向与山脊走向接近。隧道洞顶及隧道左侧覆盖层较薄,其中 DK43 + 358 ~ DK43 + 369 段覆盖层厚度仅为4m 左右。受强大的蒙古高气压控制,隧道区域冬季漫长且寒冷干燥。

隧道出口及出口洞身段设计地质为第四系粗角砾土、侏罗纪粗面岩,主要发育 3 组节理,中间无填充物,岩体较破碎。上台阶开挖后实际揭示地层为松散碎石土,开挖 16.2m 后地表出现开裂,洞内掌子面发生溜坍,如图 4-19 所示。

图 4-19　隧道出口掌子面开挖溜坍

监控量测表明:地表沉降量大,最大沉降点为 DK43+358,累计沉降量为 107.2mm,最大沉降速率为 50.6mm/d。洞内最大拱顶沉降点为 DK43+364,累计沉降量为 23.8mm,最大沉降速率为 4.6mm/d;最大水平收敛点为 DK43+359,累计水平收敛值为 9.5mm,最大收敛速率为 3.2mm/d。随后立即停止施工,开展补充地质勘察工作。

通过加密地质探孔,对隧道出口洞口段围岩进行了详细勘测,查明隧道出口端坡积碎石土厚度变化较大,级配差,呈松散状态,自稳能力差,隧道开挖极易发生溜坍、冒顶等灾害。基岩面纵、横向坡度大,边仰坡经过人工扰动后易发生失稳变形。隧道出口工程地质纵断面如图 4-20 所示。

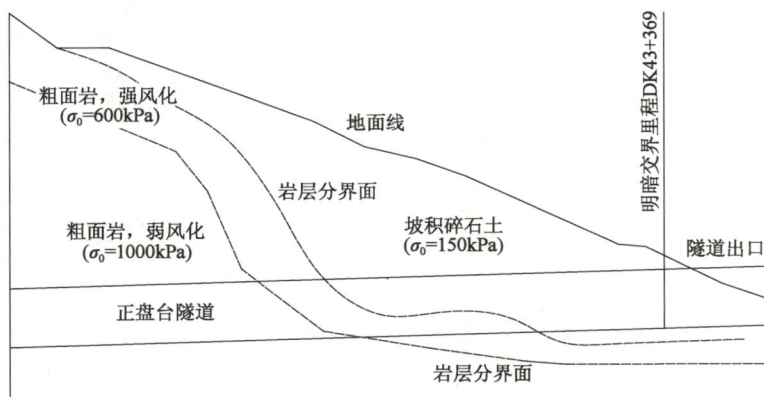

图 4-20　隧道出口工程地质纵断面图

4.4.1　总体处理技术方案

针对隧道出口堆积体,采取以下总体处理技术方案:

(1)明洞采用桩拱法。靠暗洞两侧明洞段设置 ϕ1.5m C40 钻孔灌注桩,纵向间距 2m。在钻孔灌注桩桩顶设置 C40 钢筋混凝土冠梁,冠梁尺寸为 1.5m(宽)×1.0m(高)。在冠梁上设置 35cm 厚 C40 混凝土护拱,纵向长度 10m,并施作 L 形挡土墙。

（2）在明洞护拱段线路右侧边坡上斜向布设 ϕ32mm 涨壳式锚杆,理论设计长度 15m,同时应满足长度嵌入弱风化基岩不小于 5m。锚杆间距为 1.2m×1.2m,预应力为 120kN。

（3）对线路右侧边坡采用锚索框架梁防护,横梁间距 2.5m,纵梁间距 4m,横纵梁均采用 2 根 I32a 型钢拼接。锚索采用 3 根 ϕ15.2mm 钢绞线,设置于框架梁节点处。

（4）洞口段 30m 基底采用 ϕ108mm 钢管桩注浆加固,钢管桩间距为 2m×2m,梅花形布置。

（5）暗洞段 45m 采用跟管钻设钢管桩进行地表注浆加固,加固范围为隧道中线两侧各 15m。其中线路右侧隧道洞身以外范围布设 ϕ108mm 钢管桩,壁厚 6mm,长度嵌入弱风化基岩不小于 1m;其余部位布设 ϕ76mm 钢花管,壁厚 6mm,长度至衬砌开挖外轮廓 50cm 或嵌入强风化基岩不小于 1m。

4.4.2　明洞段桩拱法施工技术

1）桩拱法设计

明洞段采用桩拱法施工,设计如图 4-21 所示。

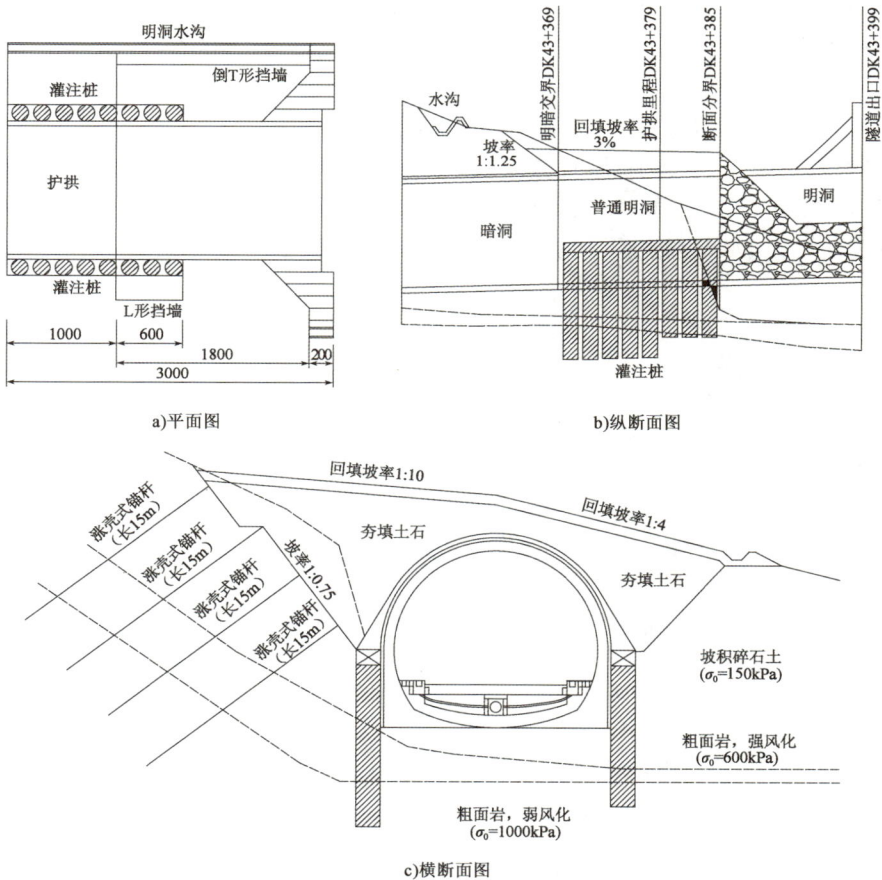

图 4-21　隧道出口明洞段桩拱法设计示意图(尺寸单位:cm)

2）桩拱法施工

（1）钻孔

平整场地，测量定位。开挖泥浆池，选择和备足性能良好的膨润土，制浆量为2倍桩的混凝土体积，泥浆密度根据钻进不同地层及时进行调整。埋设护筒。为防止由于冲击振动导致邻孔孔壁坍塌或影响邻孔已浇筑混凝土的强度，应待邻孔混凝土强度达到2.5MPa后方可开钻。

（2）清孔

钻孔至设计高程，经对孔径、孔深、孔位、垂直度进行检查确认合格后，继续钻孔至基岩以下2m停止钻孔，进行清孔。

清孔应达到以下标准：孔内排出或抽出的泥浆手摸无2~3mm颗粒，泥浆密度不大于1.1，含砂率小于2%，黏度17~20s，严禁采用加深钻孔深度方法代替清孔。

（3）安装钢筋笼

钢筋笼下放时应缓慢均匀，根据下笼深度随时调整钢筋笼入孔垂直度，避免钢筋笼倾斜及摆动，注意不要碰撞孔壁，防止坍孔，并防止将泥土杂物带入孔内。

（4）混凝土灌注

桩基混凝土采用罐车运输配合导管灌注。灌注时应紧凑连续进行，严禁中途停工。由于耐久性混凝土粉煤灰掺量较大，粉煤灰可能上浮堆积在桩头，加灌高度应考虑该因素。为确保桩顶质量，桩顶设计标高以上应加灌80cm以上高度，灌注结束后应将此段混凝土清除。

（5）护拱施工

灌注桩全部完成后进行冠梁及护拱施工。施作冠梁时，应注意埋设护拱拱脚预埋钢板，以方便护拱施工。冠梁施工完成，待混凝土强度达到8MPa后脱模养护，同时开始护拱施工。

护拱采用I18型钢加工，在钢加工厂集中加工后应进行试拼，以确保拱架可以正确安装。护拱施工时，应先固定工字钢，每两榀拱架之间使用φ22mm连接筋焊接牢固，防止拱架倾覆。连接筋间距不应大于1.0m，交错布置。拱架安装完成后，在拱架内外侧安装模板，拱顶部分预留浇筑口。拼装模型要保证定位准确、线条圆顺、拼装紧密，在拼接缝间使用双面胶粘贴，防止漏浆。模板下支撑采用钢管支架，钢管支架水平布置，间距1.0m×1.2m，层距1.2m。钢管支架立杆下垫枕木，支架必须稳固，不能松动。

以上准备工作完成后开始浇筑混凝土，混凝土强度达到8MPa后脱模养护，同时及时回填土反压边坡。

3）小结

正盘台隧道出口采用桩拱法施工，取得了良好的效果。

（1）桩拱法与放坡明挖法相比，主要优点在于对地表的影响较小。结合该工程，通过计算，明挖法施工需要开挖土体范围为59.3m，桩拱法需要开挖土体范围为34.8m，桩拱法比明挖法减少土体开挖量41.4%，从而有效地解决了施工场地狭窄问题，在保护植被方面也起到了一定的作用。但桩拱法也有不足之处：桩拱法土建造价较明挖法要高，同时施工工序复杂，工期长。因此若在施工场地开阔和对周围环境要求不高的情况下，宜优先采用放坡明挖法施工。

（2）桩拱法与暗挖法相比，其优点在于该工法可适用于多种不同的地质条件，土建造价相对较低，施工快捷、工艺简单、技术成熟、施工安全、工期短、施工质量容易保证。其劣势为仅适应于浅埋地段。

（3）桩拱法是一种半明挖半暗挖的进洞方式，主要适用于埋深较浅、施工场地狭窄、对周围环境和地表变形控制有一定要求的工程。

4.4.3　堆积体地表注浆加固技术

正盘台隧道出口洞口段为坡积碎石土堆积体，开挖过程中极易发生溜坍，造成地表塌陷，无法正常开挖，同时也会对以后隧道运营安全造成隐患。为了保证隧道正常开挖和堆积体稳定，对隧道洞口浅埋段碎石土堆积体及隧道洞身周边进行地表垂直注浆加固。注浆加固段处于山体坡脚位置，岩体松散破碎，碎石土堆积体没有填充物，钻孔注浆施工存在以下难点：

（1）对于松散碎石土堆积体，使用裸钻钻孔容易发生坍孔卡钻现象，从而使钻孔完成后难以下入袖阀管，因此需要采用套管成孔。

（2）地层注浆量大，浆液扩散范围控制困难，加固效果控制难度高。

（3）山体坡度较大，场地平整过程中采用"之"字形台阶法，分成上、中、下三个台阶进行钻孔和注浆施工，场地狭小，难以按正常的钻孔、注浆平行施工顺序进行，严重制约施工进度，容易造成窝工，影响工期。

1）注浆设计

注浆纵向加固范围为 DK43+353～DK43+308，长度为45m。横向加固范围为隧道中线左、右两侧各15m。竖向加固深度为地表至弱风化基岩1m。注浆孔采取梅花形布置，孔间距为3.0m。注浆设计如图4-22所示。

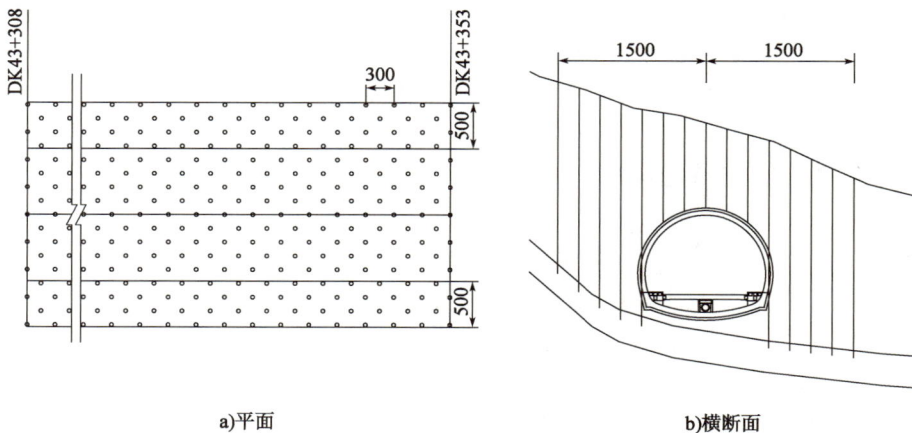

a)平面　　　　　　　　　　　　　　b)横断面

图4-22　隧道出口堆积体注浆加固设计示意图(尺寸单位:cm)

2）注浆材料

注浆材料采用普通水泥单液浆为主,普通水泥—水玻璃双液浆为辅。普通水泥单液浆水灰比为 0.6:1~1:1;双液浆配合比:水灰比为 1:1,水泥与水玻璃体积比为 1:1。

3）注浆工艺

钻孔采取跟管成孔,成孔后安装 $\phi76mm$ 刚性袖阀管(壁厚 6mm)。钻孔深度根据实际地面标高和设计钻孔孔底标高计算,钻孔深度误差应控制在 20cm 以内。

采用刚性袖阀管后退式分段注浆工艺,注浆终压为 3~4MPa。

注浆过程中应随时观察注浆压力及注浆泵排浆量变化,分析注浆情况,防止堵管、跑浆、漏浆,并做好记录以便分析注浆效果。

4）注浆结束标准

单孔注浆量达到单孔设计注浆量的 1.0~1.2 倍或单孔注浆压力达到设计注浆压力并稳定 10min 钟后结束注浆。

5）注浆施工

地表注浆自 2017 年 6 月 2 日开始,至 7 月 26 日完成,历时 54d,共完成注浆孔 195 个。

6）特殊问题处理

针对现场存在的问题,主要采取如下措施。

(1)施工场地问题及解决对策

存在问题:为减少土石方开挖,施工场地分成上、中、下三个台阶,施工过程中采取双"之"字形,分成五个工作面作业,场地狭小,影响正常施工步序、施工效率和施工工期。山坡坡体施工,道路完善困难,导致注浆材料难以直接卸入料棚,影响注浆连续作业。台阶间道路陡峭,行人和运料十分困难。

解决对策:结合场地条件,先施工上台阶钻孔,然后组织机械设备对中、下台阶钻孔,待上、中、下台阶完成注浆施工后,再对台阶之间的边坡进行平整施工。及时维修道路,保证水泥供应。协调挖机倒运材料。地表钻孔注浆施工场地如图 4-23 所示。

a)　　　　　　　　　　　　　　　b)

图 4-23　地表钻孔注浆施工场地

（2）钻孔困难问题及解决对策

①存在问题：采用套管跟进工艺施工，由于使用的 KR803 钻机没有卷扬机，从而导致钻进过程中套管安装费工费时。采用正螺纹钻杆和正螺纹套管同心钻孔效率低下。采用反螺纹套管，钻机过程中由于地层坍孔，导致大块碎石挤压套管，造成退套管过程中难以拆卸，螺纹损坏严重。部分地层不均匀，存在较大的孤石，造成成孔过程中钻孔垂直度控制困难。

②解决对策：通过钢丝绳、卡环、钻机动力头组合施工，替代卷扬机的作用（图 4-24），实现省工省时省力的效果，现场钻孔每台钻机配备 3 名工人。采用反丝偏心钻具，效率明显提高。制作简易套管安置架，保证套管在装卸过程及存放过程中不与碎石渣土接触，并在每次卸开后及安装前使用钢丝刷刷净、机油清洗（不可用纯黄油等有黏性的养护品涂刷）。每台钻机配备靠尺，随钻随观察，对钻孔速度进行控制，不宜冒进，遇到较大孤石时匀速钻进，防止钻头偏移。

a)   b)

图 4-24　改装简易钢丝绳替代卷扬机施工

（3）注浆过程异常问题及解决对策

①存在问题：由于地层松散破碎、碎石间没有充填物，从而导致套壳料难以灌满。袖阀管加工精度不高，造成安装过程中发生不同心现象，且有弯折，部分孔下入止浆塞时无法下到孔底。单个孔注浆完成洗孔时经常发生不返水情况，即使洗孔能够完成，经过实时监控，部分孔内有浆液回流现象。注浆过程中发现浆液从距离注浆孔较远处的坡脚窜出（图 4-25）。地层松散，注浆量较大，注浆过程中时常没有压力，控制浆液扩散范围难度大。

②解决对策：采用 PVC 管灌注套壳料的方式进行灌浆封孔，当确定套壳料无法灌满后，可不再灌注套壳料，直接采取定量注浆方式进行注浆封孔。提高袖阀管加工质量，安装前严格检查和控制刚性袖阀管焊接质量。设置安检员，实时测量孔内水位，对不返浆的注浆孔采取定量多遍注浆工艺。对于没有压力的注浆孔，采用定量、多次注浆工艺，从而使浆液在地层中层层堆积，控制扩散范围，逐层充填。重点对隧道中心线附近注浆孔进行多遍注浆，确保隧道开挖时拱部的稳定。

图 4-25　注浆过程中坡脚处漏浆

7）隧道开挖

地表注浆完成后进行隧道开挖,开挖表明掌子面揭露的堆积体被浆液充分填充,达到了良好的加固效果,保证了施工安全和堆积体的稳定性,如图 4-26、图 4-27 所示。

图 4-26　掌子面注浆加固效果

图 4-27　注浆后掌子面开挖效果

4.5　施工期辅助导坑调整

正盘台隧道前期因征地拆迁、国家重大活动、地质条件复杂等多种因素影响,同时受到 1号斜井、2 号斜井涌水淹井灾害的困扰,工期严重滞后,为此制订了多开工作面等确保工期的技术措施。2018 年 9 月 16 日,正盘台隧道 1 号—3 号斜井间 5180m 的平行导坑贯通,提前探明了地质条件,并增开了正洞工作面,解决了施工的抽排水和通风等技术难题,为正洞按期贯通奠定了坚实基础。

4.5.1　施工图辅助坑道布置

正盘台隧道采用单洞双线形式,进口里程为 DK30＋425,出口里程为 DK43＋399,全长12974m。隧道为单面上坡,坡度为 30‰。施工图阶段隧道共设置 4 座斜井,如图 4-28 所示。

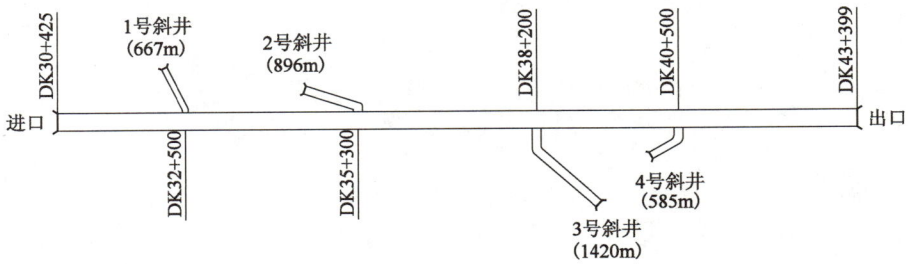

图 4-28　正盘台隧道施工图阶段辅助坑道平面布置示意图

4.5.2　优化辅助坑道布置

结合工程施工中存在的实际问题,对辅助坑道进行了较大范围的优化,以满足隧道施工及运营期的排水需要,解决工期压力。

(1)1 号—3 号斜井间线路右侧增设贯通平行导坑,长度 5180m。

(2)在隧道进口端增设泄水横洞,长度 1100m,泄水横洞通过 1 号斜井与增设的平行导坑顺接连通。

(3)1 号斜井增设右支洞,长度 309m。

(4)3 号斜井在 XJ3DK0+690 里程处设置"Y"形支洞。小里程方向增设 3-1 支洞,长度 1196m;大里程方向增设 3-2 支洞,长度 502m;3-1 支洞段增设 3-3 支洞,长度 66m。

优化后辅助坑道设计如图 4-29 所示。

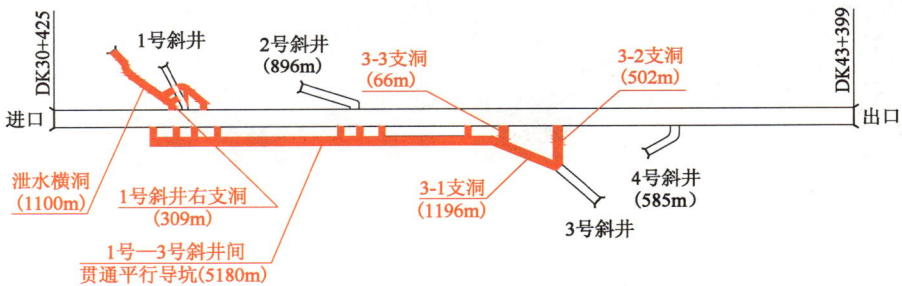

图 4-29　正盘台隧道优化后辅助坑道平面布置示意图

4.5.3　效果评价

正盘台隧道辅助坑道优化后,充分发挥了超前探明地质、增加正洞工作面的作用,同时彻底解决了隧道施工期和运营期的排水难题,为保证隧道按期贯通起到了决定性作用,对类似工程具有重要的参考借鉴价值。

(1)超前探明地质

平行导坑超前施工,充分探明前方地质条件,正洞施工时提前采取相应措施,确保了正洞的安全快速掘进。

（2）施工期和运营期排水

平行导坑超前施工，提前揭示和释放基岩裂隙水，降低了区域水位高程，起到了分水降压作用，消除了突水突泥风险，为正洞施工创造了有利条件。运营期间，平行导坑及泄水横洞作为永久性泄水通道，消除了运营期隧道正洞水害风险。

（3）增加正洞工作面

利用平行导坑超前增开正洞工作面，实现"长隧短打"。在原正洞10个工作面的基础上，利用平行导坑增开了9个工作面，高峰期全隧道正洞多达19个工作面。其中利用平行导坑增开的工作面共完成正洞开挖2517m，平行导坑一年"贡献率"高达48.6%，极大地缓解了工期压力。隧道正洞于2018年11月11日贯通，比实施性施工组织提前了140d，充分保证了隧道工期目标，创造了国内外特长铁路隧道建设的奇迹。

注：平行导坑、横洞、斜井是解决隧道施工工期的一项重要措施，此处首次提出辅助导坑"贡献率"的概念。"贡献率"是评价辅助导坑作用的一项重要指标，它是指通过辅助导坑施工正洞长度与辅助导坑长度的比值。对国内长大隧道经行不完全统计，一般隧道增设平行导坑"贡献率"仅为20%～30%，正盘台隧道平行导坑一年"贡献率"高达约50%，这在我国铁路特长隧道修建史上还是首次。

4.6　反坡抽排水技术

正盘台隧道涌水量大，每座斜井都有其各自不同的施工组织要求，特别是1号斜井、2号斜井相继发生涌水淹井灾害后，为保证隧道工期，对各座斜井反坡抽排水作业提出了更高的要求，必须具备足够强大的抽排水能力，确保施工期间斜井的万无一失，不能再发生涌水淹井灾害。因此，通过对隧道泄水横洞和各座斜井反坡抽排水技术方案进行研究，制定了"利用坑道、多措并举、以排为主、工期优先"的隧道防排水施工原则，构建了正盘台特长富水隧道"多型式、立体式、多径路"排水通道体系。

（1）隧道进口端增设泄水横洞。

（2）1号斜井采用一级泵站抽排水。泵站分别设置在左、右支洞井底，泄水洞未贯通前由斜井布设排水管路将水抽排出洞外，泄水横洞贯通后由泄水横洞将水直接排出洞外。

（3）2号斜井采用一级泵站抽排水。在正洞小里程端DK35+222～DK35+134段设置水仓，长度88m，泵站设置在水仓处，通过斜井井身布设排水管路将水排出洞外。

（4）3号斜井采用三级泵站抽排水。分别在XJ3DK0+890、XJ3ZDK0+643、XJ3ZDK0+43处设置3个中继泵站，通过斜井井身布设管路将水排出洞外。

（5）4号斜井采用一级泵站抽排水。在斜井井底设置泵站，通过斜井井身布设管路将水排出洞外。

（6）出口反坡排水，紧跟开挖面设置移动水箱和掌子面设置临时积水井直接将水抽排至洞外。

（7）在隧道进口、1号斜井、2号斜井、3号斜井、4号斜井、出口6个工区洞口分别设置了三级沉淀池，沉淀池长5m、宽4m、深4m，洞内抽排水经沉淀净化达标后排放。

4.6.1 国内研究现状

随着我国铁路建设的快速发展,长大隧道日益增多,长大隧道一般都具有"地质复杂、水量丰富、工期紧张"等工程特点,施工过程中涌水淹井灾害时有发生,且运营期间因隧道自身排水系统能力不足而导致隧道底部病害的问题也日益突显。因此,如何解决隧道施工期和运营期的排水问题就显得十分重要。

目前,国内学者对隧道抽排水方案进行了诸多研究。陈宇等以蒙华铁路中条山隧道为工程背景,基于伯努利方程,结合工程中的两种排水系统布置形式,推导了排水能力计算公式,为同类隧道排水系统的设计和优化提供了借鉴。要美芬等以厦深铁路梁山隧道为例,提出了带状深风化富水陡倾软弱构造环境中集成排水系统的技术措施和实施方法。贾元霞结合乌鞘岭隧道建设特点,给出了辅助坑道排水系统和正洞排水系统的衔接设计和洞内水沟水量平衡、洞外排水系统保温等工程处理措施。郑孝福通过分析涌水规律、排水规律,介绍了几种辅助坑道施工条件下的强制排水方法。陈建国介绍了某长大隧道斜井进入平行导坑施工时发生的特大涌水淹井情况,拟定采用分阶段抽排水技术,同时给出了水源补给和抽排水端水头差变化的理论计算分析,为后续处理创造了良好条件。高文涛等分析了渝湘高速公路鹰嘴岩隧道涌水原因,提出利用静水压力反坡排水处理岩溶涌水的新技术,以解决涌水对隧道施工的影响。孙振以长距离隧道反坡施工为工程背景,运用理论分析、最优化方法和现场试验等手段,提出了设置一、二级储水仓的总体排水方案,并介绍了竖井辅助排水系统。张怡兴分析了高速公路隧道渗漏水原因,经过地质分析和水力学计算,提出采用泄水洞的方法对渗漏水水源进行引排的解决方案。

4.6.2 进口顺坡排抽水设计

隧道进口施工长度1193m,坡度为3‰上坡,设计正常涌水量为2646m³/d(110m³/h),最大涌水量为5292m³/d(221m³/h)。

(1)抽排水方案

在仰拱端头设置集水井,利用污水泵将水抽排至隧道两侧排水沟,顺流排出隧道。

(2)抽水设备配置

仰拱处地势落差仅为2m,正洞为顺坡排水,对水泵扬程无特殊要求,抽水设备配置见表4-6。

隧道进口抽水设备配置表 表4-6

序号	设备名称	规格型号	扬程(m)	流量(m³/h)	功率(kW)	数量(台)	备 注
1	污水泵	WQ-50-30-15/3	15	30	3	2	用1备1
2	污水泵	WQ-80-25-24/3	12	100	7.5	3	用2备1

抽水能力计算:$1 \times 30 + 2 \times 100 = 230$(m³/h)$> 221$m³/h。抽水能力满足最大涌水量要求。

(3)排水管配置

进口为顺坡排水,直接利用排水沟排水,未设排水管。

（4）电力配置

配备1台800kVA变压器,1台500kW发电机作为应急电源,进洞电缆采用70mm²铜芯电缆。隧道进口泵站电力设备配置见表4-7。

隧道进口泵站电力设备配置表

表4-7

序　号	设 备 名 称	规 格 型 号	单　位	数　量	备　注
1	变压器	800kVA	台	1	—
2	发电机	500kW	台	1	应急电源

用电量计算:$2 \times 3 + 3 \times 7.5 = 28.5(kW) < 800kVA$。电力配置满足用电量要求。

4.6.3　1号斜井反坡抽排水设计

1）第一阶段抽排水方案(斜井施工阶段)

1号斜井施工过程中多次发生突水涌渣,经设计变更,调整为左、右支洞施工。前期施工过程中最大涌水量约为2000m³/h,由于前方处于裂隙密集富水发育带,涌水量按前期最大涌水量的1.5倍即3000m³/h考虑,并按该涌水量进行抽排水设备的选型及配置。

（1）抽排水方案

1号斜井第一阶段抽排水布置如图4-30所示。

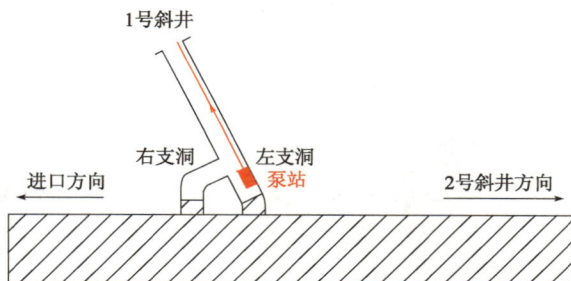

图4-30　1号斜井第一阶段抽排水布置示意图

1号斜井第一阶段采用井底一级抽排水方式。未设置泵站前,开挖面采用移动水箱安设水泵直接将水抽排至洞外,移动水箱长9m、宽1.5m、高1.5m。1号斜井左支洞施工至1PDDK0+150里程处设置泵站,泵站长6m、宽5m、深3m,泵站四周及底板采用20cm厚C30混凝土结构。井身渗流水通过两侧水沟及横向截水沟流至泵站,截水沟沿斜井每20m设置1道;掌子面采用移动水箱安设水泵直接将水抽排至泵站,由泵站抽排至洞外。

（2）抽水设备配置

水泵扬程采用管道垂直高度差和管道沿程水头损失计算,不考虑管道局部水头损失,计算公式为:

$$H = I \cdot L + i \cdot L \tag{4-7}$$

式中:H——水泵扬程(m);

I——管道坡度(m/m);

i——管道水头损失(mm/mm);

L——管道长度(m)。

经查表,排水管水流速度为3m/s时,管道水头损失为29.6mm。1号斜井长667m,坡度为5.66%。计算水泵扬程为:

$$H = (667 \times 5.66\% + 667 \times 29.6/1000) = 57.49$$

取$H = 58$m。

1号斜井第一阶段抽水设备配置见表4-8。

表4-8

1号斜井第一阶段抽水设备配置表

序号	设备名称	规格型号	扬程(m)	流量(m³/h)	功率(kW)	数量(台)	备 注
1	多级离心泵	MD280-43×4	172	280	200	6	用4备2
2	多级离心泵	MD280-43×2	86	280	110	6	用4备2
3	抽水机	BSS80-270A	92	200	75	6	用4备2

抽水能力计算:$4 \times 280 + 4 \times 280 + 4 \times 200 = 3040(m³/h) > 3000 m³/h$。抽水能力满足设计要求。

(3)排水管配置

管道排水量按式(4-2)计算。

$$Q = 3600 \times \frac{1}{4}\pi D^2 \times v \tag{4-8}$$

式中:Q——管道排水量(m³/h);

D——管道直径(m);

v——管道内水流速度(m/s)。

采用$\phi 300$mm的排水管,管道内水流速度按3m/s,计算可得管道排水量为:$Q_{300} = 763$m³/h。

1号斜井第一阶段排水管配置见表4-9。$\phi 150$mm高压风管和$\phi 100$mm高压水管作为应急排水管。

表4-9

1号斜井第一阶段排水管配置表

材料名称	排水管数量(趟)	每趟排水管长度(m)	抽排水管总长度(m)
$\phi 300$mm钢管	6	767	4602

排水能力计算:$6 \times 763 = 4578(m³/h) > 3000 m³/h$。排水能力满足设计要求。

(4)排水管托架配置

由于直径300mm排水管重量较大,需要采用[12槽钢加工托架。托架高1.6m、宽0.6m,横梁间距0.4m,采用膨胀螺栓安装。稳管钢丝绳沿隧道每200m布设两根,每根钢丝绳长6m。

1号斜井第一阶段排水管托架配置见表4-10。

表4-10

1号斜井第一阶段排水管托架配置表

序号	材料	单位	单件数量	件数	合计数量	备 注
1	[12槽钢	t	0.084	117	9.83	每个托架用[12槽钢7m,根据实际出水量逐步配备

序号	材　料	单位	单件数量	件数	合计数量	备　注
2	钢丝绳	m	12	4	48	根据实际出水量逐步配备
3	膨胀螺栓	套	6	117	702	每个托架用膨胀螺栓6套,根据实际出水量逐步配备

（5）电力设备配置

有功功率、无功功率、视在功率分别按下列公式计算。

$$P_j = K_x \cdot P_s \tag{4-9}$$

$$Q_j = P_j \cdot \tan\phi \tag{4-10}$$

$$S_j = \frac{P_j}{\cos\phi} \tag{4-11}$$

式中：P_s——设备总功率（kW）；

$\quad\quad P_j$——有功功率（kW），是一组设备额定功率之和；

$\quad\quad Q_j$——无功功率（kW）；

$\quad\quad S_j$——视在功率（kW）；

$\quad\quad K_x$——需要系数,一般取 $0.75 \sim 0.85$；

$\quad\tan\phi$——功率因数角的正切值；

$\quad\cos\phi$——功率因数值。

采用水泵时：$\quad\quad\quad\quad K_x = 0.80, \tan\phi = 0.75, \cos\phi = 0.8$

根据设备配置,总功率：$P_s = 4 \times 200 + 4 \times 110 + 4 \times 75 = 1540\text{kW}$

计算得：$\quad\quad\quad\quad P_j = 1232\text{kW}, Q_j = 924\text{kW}, S_j = 1540\text{kW}$

根据以上负荷,1号斜井第一阶段抽排水时最少需要1540kVA容量。考虑后期施工用电,1号斜井第一阶段泵站电力设备配置见表4-11。进洞电缆采用95mm²的10V高压铜芯电缆,抽水机采用120mm²的铜芯电缆。

1号斜井第一阶段泵站电力设备配置表 表4-11

序号	设备名称	规格型号	单　位	数　量
1	变压器	1250kVA	台	1
2	变压器	1000kVA	台	1
3	发电机	800kW	台	2

（6）劳动力配置

1号斜井第一阶段劳动力配置见表4-12。

1号斜井第一阶段泵站劳动力配置表 表4-12

序号	工　种	数量（人）	备　注
1	固定泵站抽水工	9	3班制
2	临时泵站抽水工	12	3班制
3	修理工+电工	6	3班制

序号	工 种	数量(人)	备 注
4	管道工	6	每个工作面管道工6人
5	专职安全员	2	每个工作面2人
6	焊工	4	
7	合计	39	

2)第二阶段抽排水方案(斜井进入正洞后抽排水)

1号斜井进入正洞后,共设置4个工作面,分别为 ZD1-1、ZD1-2、ZD1-3、ZD1-4,施工组织安排如图4-31所示。

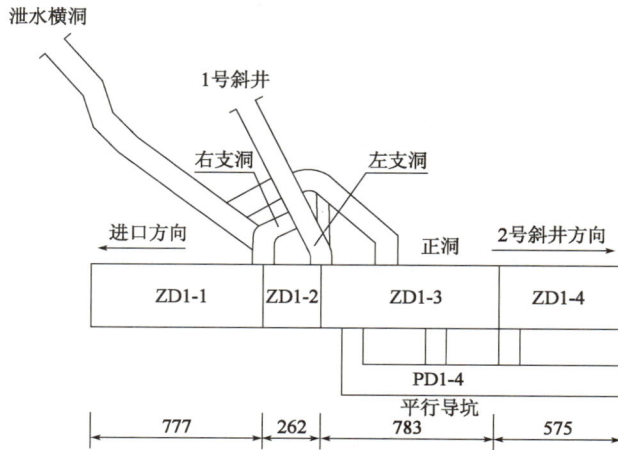

图4-31　1号斜井进入正洞后施工组织安排示意图(尺寸单位:m)

ZD1-1、ZD1-2工作面由右支洞组织施工。ZD1-1工作面施工任务777m,根据工程地质和水文地质情况,该段涌水量较小。ZD1-2工作面施工任务262m,根据1号斜井施工情况判断,该段涌水量较大。

ZD1-3、ZD1-4工作面由左支洞组织施工。ZD1-3工作面施工任务783m,左支洞到底后组织施工。ZD1-4工作面施工任务575m,左支洞到底后先施工平行导坑 PD1-4 段,然后通过平行导坑拐入正洞施工 ZD1-4。

(1)抽排水方案

1号斜井第二阶段抽排水布置如图4-32所示。

1号斜井第二阶段在右支洞井底位置设置泵站,泵站长6m、宽5m、深3m,泵站四周和底板采用20cm厚C30混凝土结构。

ZD1-1工作面反坡抽排水,掌子面设置临时集水井,边墙布设一道φ219mm排水管。随着开挖进行,集水井逐步前移,将水抽排至右支洞泵站,再由泵站将水抽排至洞外。

ZD1-2工作面顺坡排水。当涌水量较大时设置集水井,通过水泵将水抽排至右支洞泵站,再由泵站将水抽排至洞外。

ZD1-3、ZD1-4工作面顺坡排水,直接将水抽排至左支洞泵站,再由泵站将水抽排至洞外。

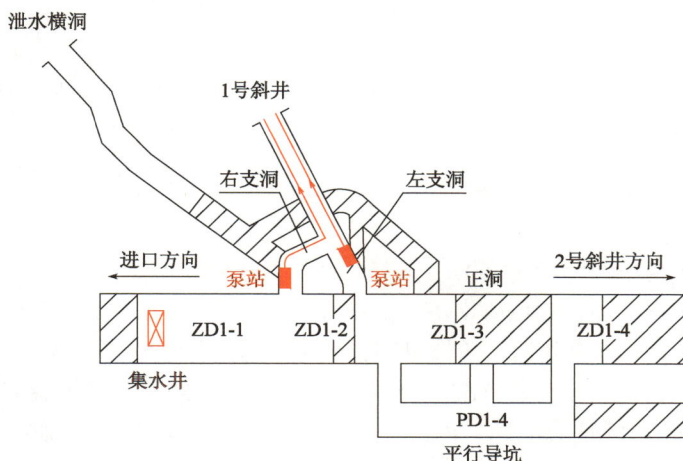

图4-32　1号斜井第二阶段抽排水布置示意图

（2）抽水设备配置

抽水泵站设置在斜井内，水泵扬程取58m。

1号斜井承担隧道正洞施工任务，最大涌水量按5000m³/h计算，储备系数取1.5，总抽排水能力不应小于7500m³/h。

1号斜井第二阶段抽水设备配置见表4-13。

1号斜井第二阶段抽水设备配置表　　　　　表4-13

序号	设备名称	规格型号	扬程(m)	流量(m³/h)	功率(kW)	数量(台)	备　注
1	双吸离心泵	300S-90A 12SH-6A	78	756	250	3	用2备1
2	多级离心泵	D280-43×5	190	335	250	8	用5备3
3	多级离心泵	MD280-43×4	172	280	200	13	用9备4
4	多级离心泵	MD280-43×2	86	280	110	6	用4备2
5	多级离心泵	BSS80-270A	92	200	75	6	用4备2

抽水能力计算：$2 \times 756 + 5 \times 335 + 9 \times 280 + 4 \times 280 + 4 \times 200 = 7627（m^3/h）> 7500 m^3/h$。抽水能力满足设计要求。

（3）排水管配置

1号斜井第二阶段排水管配置见表4-14。采用 $\phi150mm$ 高压风管和 $\phi100mm$ 高压水管作为应急排水管。

1号斜井第二阶段排水管配置表　　　　　表4-14

材料名称	排水管数量(趟)	每趟排水管长度(m)	抽排水管长度(m)
$\phi300mm$ 钢管	10	767	7670

排水能力计算：$10 \times 763 = 7630（m^3/h）> 7500 m^3/h$。排水能力满足设计要求。

（4）排水管托架配置

1号斜井第二阶段排水管托架标配置见表4-15。

1号斜井第二阶段排水管托架配置表   表4-15

序号	材料名称	单位	单件数量	件数	合计数量	备　注
1	〔12槽钢	t	0.084	167	14.03	每个托架用〔12槽钢7m,根据实际出水量逐步配备
2	钢丝绳	m	12	5	60	根据实际出水量逐步配备
3	膨胀螺栓	套	6	278	1668	每个托架用膨胀螺栓6套,根据实际出水量逐步配备

（5）电力配置

根据设备配置,总功率：$P_s = 2 \times 250 + 5 \times 250 + 9 \times 200 + 4 \times 110 + 4 \times 75 = 4290kW$

计算得：
$$P_j = 3432kW, Q_j = 2574kW, S_j = 4290kW$$

根据以上负荷计算,1号斜井第二阶段抽排水时最少需要4290kVA容量。考虑后期施工用电,1号斜井第二阶段泵站电力设备配置见表4-16。进洞电缆采用一趟70mm²的高压铜芯电缆,抽水机采用120mm²的铜芯电缆。洞内变电站设置在XJ1DK0+100处。

1号斜井第二阶段泵站电力设备配置表   表4-16

序号	设备名称	规格型号	单位	数量
1	变压器	1250kVA	台	1
2	变压器	1000kVA	台	4
3	发电机	800kW	台	6

3）第三阶段抽排水方案（泄水横洞贯通后抽排水）

1号斜井泄水横洞共设2个作业面,分别为XSD1-1（洞口工作面）、XSD1-2（1号斜井工作面）。1号斜井泄水横洞完成后,立即转换排水系统,1号斜井各工作面排水均由泄水横洞排出,形成正常抽排水系统。

（1）抽排水方案

泄水横洞贯通后,1号斜井第三阶段抽排水布置如图4-33所示。

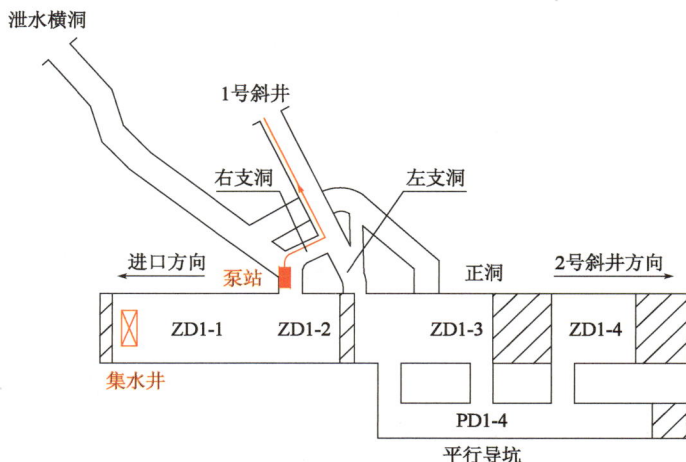

图4-33　1号斜井第三阶段抽排水布置示意图

ZD1-1工作面反坡排水,掌子面设置临时集水井,边墙布置一趟φ219mm排水管。随着开挖进行,集水井逐步前移,将水抽排至右支洞泵站,再由泵站将水抽排至泄水横洞排至洞外。

ZD1-2 工作面顺坡排水，掌子面设置集水井，通过水泵将水抽排至右支洞泵站，再由泵站将水抽排至泄水横洞排至洞外。

ZD1-3 工作面顺坡排水，通过边墙水沟顺坡排放至联络通道经泄水横洞排至洞外。

ZD1-4 工作面顺坡排水，通过平行导坑顺坡排放至联络信道经泄水横洞排至洞外。

（2）抽水设备配置

抽水泵站设置在斜井内，水抽排至泄水横洞，高程相差不大，因此对水泵扬程要求不高。

1 号斜井承担隧道正洞施工任务，考虑到泄水横洞贯通，剩余反坡施工最大涌水量按 $4000\text{m}^3/\text{h}$ 计算，储备系数取 1.5，总抽排水能力不应小于 $6000\text{m}^3/\text{h}$。

1 号斜井第三阶段抽水设备配置见表4-17。

1 号斜井第三阶段抽水设备配置表　　　　表 4-17

序号	设备名称	规格型号	扬程(m)	流量(m^3/h)	功率(kW)	数量(台)	备　注
1	双吸离心泵	300S-90A 12SH-6A	78	756	250	3	用2备1
2	多级离心泵	D280-43×5	190	335	250	8	用5备3
3	多级离心泵	MD280-43×4	172	280	200	13	用9备4
4	多级离心泵	MD280-43×2	86	280	110	3	用2备1

排水能力计算：$2\times756+5\times335+9\times280+2\times280=6267(\text{m}^3/\text{h})>6000\text{m}^3/\text{h}$。抽水能力满足设计要求。

（3）排水管配置

1 号斜井第三阶段排水管配置见表4-18。$\phi150\text{mm}$ 高压风管和 $\phi100\text{mm}$ 高压水管作为应急排水管。

1 号斜井第三阶段排水管配置表　　　　表 4-18

材料名称	排水管数量(趟)	每趟排水管长度(m)	抽排水管长度(m)
$\phi300\text{mm}$ 钢管	8	100	800

排水能力计算：$8\times763=6104(\text{m}^3/\text{h})>6000\text{m}^3/\text{h}$。排水能力满足设计要求。

（4）排水管托架配置

1 号斜井第三阶段排水管托架配置见表4-19。

1 号斜井第三阶段排水管托架配置表　　　　表 4-19

序号	材料名称	单位	单件数量	件数	合计数量	备　注
1	[12 槽钢	t	0.084	15	1.3	每个托架用[12 槽钢7m，根据实际出水量逐步配备
2	钢丝绳	m	12	4	48	根据实际出水量逐步配备
3	膨胀螺栓	套	6	15	90	每个托架用膨胀螺栓6套，根据实际出水量逐步配备

（5）电力配置

根据设备配置，总功率：$P_s=2\times250+5\times250+9\times200+2\times110=3770\text{kW}$

计算得：$\qquad P_j=3016\text{kW}，Q_j=2262\text{kW}，S_j=3770\text{kW}$

根据以上负荷计算，1 号斜井第三阶段抽排水时最少需要 3770kVA 容量。考虑后期施工用电,1号斜井第三阶段泵站电力设备配置见表4-20。进洞电缆采用一趟70mm^{2}的高压铜芯电缆,抽水机采用120mm^{2}的铜芯电缆。洞内变电站设置在2PDDK0+150处。

1号斜井第三阶段泵站电力设备配置表   表4-20

序 号	设备名称	规格型号	单 位	数 量
1	电力变压器	1250kVA	台	1
2	电力变压器	1000kVA	台	3
3	发电机	800kW	台	5

4)第四阶段抽排水(1号斜井与进口贯通后排水)

1号斜井与进口贯通后,1号斜井大里程方向施工抽排水通过泄水横洞排出洞外,小里程顺坡排水由进口排出洞外。

4.6.4 2号斜井抽排水设计

1)第一阶段抽排水方案(斜井施工阶段)

2号斜井处于裂隙密集富水发育带,施工期间最大涌水量根据地质情况并结合现场实际涌水按1400m^3/h考虑,储备系数取1.5,总抽排水能力不应小于2100m^3/h。

(1)抽排水方案

2号斜井第一阶段抽排水布置如图4-34所示。在斜井掌子面采用移动水箱(长9m、宽1.5m、高1.5m)安设水泵将水直接抽排至洞外。

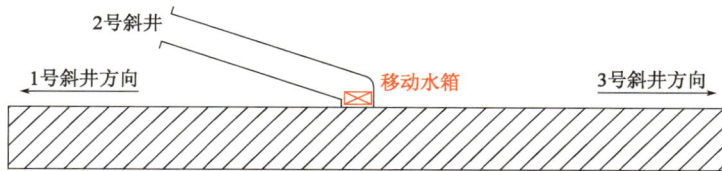

图4-34   2号斜井第一阶段抽排水布置示意图

(2)抽设备配置

2号斜井长896m,坡度为10.88%。计算水泵扬程为:

$$H = 896 \times 10.88\% + 896 \times 29.6/1000 = 124\text{m}$$

2号斜井第一阶段抽水设备配置见表4-21。

2号斜井第一阶段抽水设备配置表   表4-21

序号	设备名称	规格型号	扬程(m)	流量(m^3/h)	功率(kW)	数量(台)	备 注
1	多级离心泵	MD280-43×5	190	335	250	9	用6备3
2	多级离心泵	MD280-43×4	172	280	200	2	用1备1

抽水能力计算:$6 \times 335 + 1 \times 280 = 2290(\text{m}^3/\text{h}) > 2100\text{m}^3/\text{h}$。抽排水能力满足设计要求。

(3)排水管配置

2号斜井第一阶段排水管配置见表4-22。采用$\phi150$mm高压风管和$\phi100$mm高压水管作为应急排水管。

2号斜井第一阶段排水管配置表 表4-22

材料名称	排水管数量(趟)	每趟排水管长度(m)	抽排水管长度(m)
φ300mm 钢管	3	896	2688

排水能力计算:$3 \times 763 = 2289(\mathrm{m^3/h}) > 2100\mathrm{m^3/h}$。排水能力满足设计要求。

(4)排水管托架配置

2号斜井第一阶段排水管托架配置见表4-23。

2号斜井第一阶段排水管托架配置表 表4-23

序号	材料名称	单位	单件数量	件数	合计数量	备注
1	[12 槽钢	t	0.084	149	12.5	每个托架用[12 槽钢7m,根据实际出水量逐步配备
2	钢丝绳	m	6	9	54	根据实际出水量逐步配备
3	膨胀螺栓	套	6	149	894	每个托架用膨胀螺栓6套,根据实际出水量逐步配备

(5)电力配置

根据设备配置,总功率: $P_s = 6 \times 250 + 1 \times 200 = 1700\mathrm{kW}$

计算得: $P_j = 1360\mathrm{kW}, Q_j = 1020\mathrm{kW}, S_j = 1700\mathrm{kW}$

根据以上负荷计算,2号斜井第一阶段抽排水时最少需要1700kVA容量。考虑后期施工用电,2号斜井第一阶段泵站电力设备配置见表4-24。进洞电缆采用一趟70mm²的高压铜芯电缆,抽水机采用120mm²的铜芯电缆。

2号斜井第一阶段泵站电力设备配置表 表4-24

序号	设备名称	规格型号	单位	数量
1	变压器	2000kVA	台	1
2	发电机	800kW	台	3

2)第二阶段抽排水方案(斜井进入正洞后抽排水)

2号斜井正洞涌水量大,预测最大涌水量为7000m³/h,因此在正洞内设置储存量大的水仓十分必要。在水仓处设置泵站,储备系数取1.5,总抽排水能力不应小于10500m³/h。

(1)抽排水方案

2号斜井正洞共设置3个工作面,分别为ZD2-1、ZD2-2、ZD2-3。采用平行导坑超前开辟工作面辅助正洞施工。2号斜井第二阶段抽排水布置如图4-35所示。

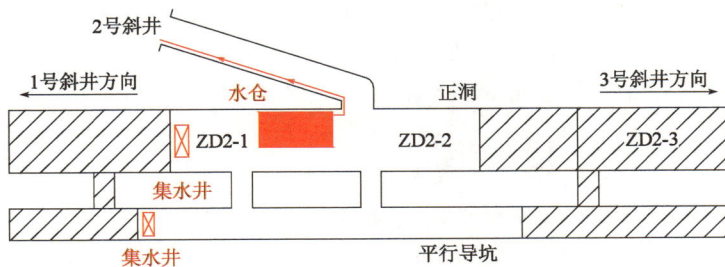

图4-35　2号斜井第二阶段抽排水布置示意图

正洞和平行导坑大里程方向顺坡排水,通过边墙预留排水沟将水引排至水仓。正洞和平行导坑小里程方向反坡排水,掌子面设置积水井,反坡将水抽排至水仓,通过水仓再将水抽排至洞外。

2 号斜井工区利用正洞 DK35 + 281.4 ~ DK35 + 193.4 段隧底空间设置水仓,如图 4-36、图 4-37 所示。水仓沿线路方向长度 88m,水仓采用 8 个独立水仓纵向设置,水仓之间采用 1m 厚 C35 钢筋混凝土隔墙分离,每个独立水仓存水量为 136m³,总储水量 1088m³。同时进一步提高设备配置,加强抽排能力。当正洞及平导大里程掌子面发生涌水后,保证涌水经过水仓时可及时排出洞外,避免影响小里程掌子面施工。

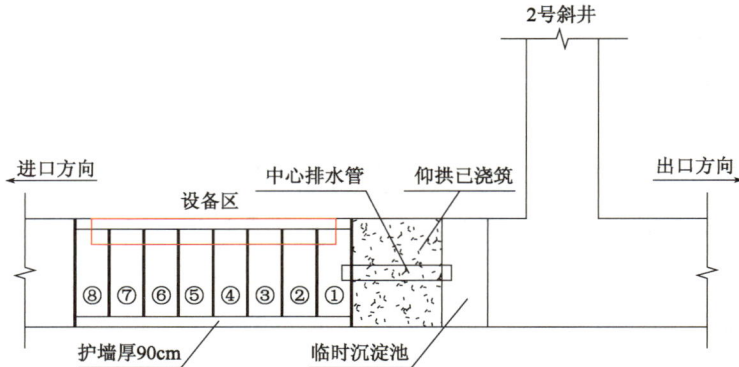

图 4-36 2 号斜井工区储水仓平面设计示意图

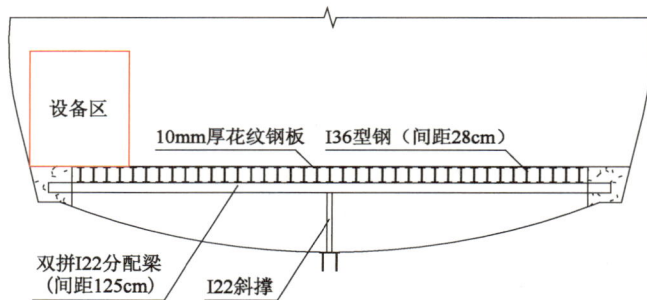

图 4-37 2 号斜井工区储水仓横断面设计示意图

设备区配置不同功率的抽排水设备,并进行合理级配,当 2 号斜井工区大里程方向正洞及平导掌子面发生涌水后,根据涌水量大小可分级自动启动抽排设备,保证涌水经过水仓时可及时排出洞外,避免影响小里程掌子面正常施工。

建成后的 2 号斜井井底大型抽排水泵站如图 4-38 所示。

(2)抽水设备配置

2 号斜井第二阶段抽水设备配置见表 4-25。

2 号斜井第二阶段抽水设备配置表   表 4-25

序号	设备名称	规格型号	扬程(m)	流量(m³/h)	功率(kW)	数量(台)	备　注
1	双吸泵	COS300-700A	150	2000	1250	2	水仓用,根据实际出水量逐步配备

序号	设备名称	规格型号	扬程(m)	流量(m³/h)	功率(kW)	数量(台)	备　　注
2	多级离心泵	MD450-60×3	180	450	355	3	水仓用,用2备1
3	多级离心泵	D280-43×5	190	335	250	16	水仓用,用11备5
4	多级离心泵	MD280-43×4	172	280	200	11	水仓用,用7备4
5	多级离心泵	MD280-43×4	172	280	200	11	ZD2-1工作面用,用7备4
6	潜水泵	WQ200-30	30	200	37	12	ZD2-1工作面用,用6备6

图4-38　2号斜井井底大型抽排水泵站

正洞水仓抽水能力计算:$2×2000+2×450+11×335+7×280=10545(m^3/h)>10500m^3/h$。抽水能力满足设计要求。

(3)排水管配置

2号斜井第二阶段排水管配置见表4-26。$\phi150mm$高压风管和$\phi100mm$高压水管作为应急排水管。

2号斜井第二阶段排水管配置表　　表4-26

材料名称	排水管数量(趟)	每趟排水管长度(m)	抽排水管长度(m)
φ300mm钢管	14	896	12544

排水能力计算:$14×763=10682(m^3/h)>10500m^3/h$。排水能力满足设计要求。

(4)排水管托架配置

2号斜井第二阶段排水管托架配置见表4-27。

2号斜井第二阶段排水管托架配置表　　表4-27

序号	材料名称	单位	单件数量	件数	合计数量	备　　注
1	[12槽钢	t	0.084	299	25.12	每个托架用[12槽钢7m,根据实际出水量逐步配备
2	钢丝绳	m	6	10	60	根据实际出水量逐步配备
3	膨胀螺栓	套	6	1794	10764	每个托架用膨胀螺栓6套,根据实际出水量逐步配备

（5）电力配置

根据设备配置，总功率：

$$P_s = 2 \times 1250 + 2 \times 355 + 11 \times 250 + 7 \times 200 + 4 \times 200 + 6 \times 37 = 5882\text{kW}$$

计算得：

$$P_j = 4706\text{kW}, Q_j = 3530\text{kW}, S_j = 5882\text{kW}$$

根据以上负荷计算，2 号斜井第二阶段抽排水时最少需要 5882kVA 容量。考虑后期施工用电，2 号斜井第二阶段泵站电力设备配置见表4-28。进洞电缆采用两趟 70mm^2 的高压铜芯电缆，抽水机采用 120mm^2 的铜芯电缆。

2 号斜井第二阶段泵站电力设备配置表 表4-28

序号	设备名称	规格型号	单位	数量	备注
1	变压器	1000kVA	台	6	10kV 升压站
2	变压器	2000kVA	台	2	洞内泵站
3	变压器	1000kVA	台	3	洞内泵站
4	发电机	800kW	台	6	10kV 升压站
5	发电机	800kW	台	1	洞内泵站备用应急电源

3）第三阶段抽排水方案（斜井进入正洞后小里程长距离反坡抽排水）

2 号斜井正洞和平行导坑小里程方向均为反坡施工，根据工程地质及水文地质资料，最大涌水量按照 $1000\text{m}^3/\text{h}$ 考虑，储备系数取 1.5，总抽排水能力不应小于 $1500\text{m}^3/\text{h}$。

（1）抽排水方案

现场施工时，在掌子面设置临时集水坑，随着开挖集水坑逐步前移，反坡将水抽排至水仓，通过水仓再将水抽排至洞外。2 号斜井第三阶段抽排水布置如图4-39 所示。

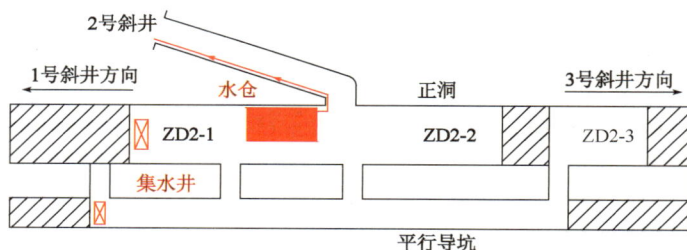

图 4-39　2 号斜井第三阶段抽排水布置示意图

（2）抽水设备配置

正洞及平行导坑掌子面至水仓段坡度为3‰，扬程不大。

2 号斜井第三阶段抽排水设备配置见表4-29。

2 号斜井第三阶段抽排水设备配置表 表4-29

序号	设备名称	规格型号	扬程(m)	流量(m³/h)	功率(kW)	数量(台)	备注
1	多级离心泵	MD280-43×4	172	280	200	6	正洞掌子面用
2	多级离心泵	MD280-43×4	172	280	200	9	平行导坑掌子面用，用6备3

抽水能力计算：$6 \times 280 = 1680 (\text{m}^3/\text{h}) > 1500\text{m}^3/\text{h}$。抽水能力满足设计要求。

（3）排水管配置

2号斜井第三阶段排水管配置见表4-30。$\phi150mm$高压风管和$\phi100mm$高压水管作为应急排水管。

2号斜井第三阶段排水管配置表　　　　　　　　　　表4-30

序号	材 料 名 称	排水管数量（趟）	每趟排水管长度（m）	抽排水管长度（m）	备　　注
1	$\phi300mm$钢管	2	1400	2800	正洞采用
2	$\phi300mm$钢管	2	1400	2800	平行导坑采用

排水能力计算：$2\times763=1526(m^3/h)>1500m^3/h$。排水能力满足设计要求。

（4）排水管托架配置

2号斜井第三阶段排水管托架配置见表4-31。

2号斜井第三阶段排水管托架配置表　　　　　　　　　表4-31

序号	材料名称	单位	单件数量	件数	合计数量	备　　注
1	〔12槽钢	t	0.084	466	39.14	每个托架用〔12槽钢7m，根据实际出水量逐步配备
2	钢丝绳	m	6	14	84	根据实际出水量逐步配备
3	膨胀螺栓	套	6	2796	16776	每个托架用膨胀螺栓6套，根据实际出水量逐步配备

（5）电力配置

根据设备配置，正洞和平行导坑总功率均为：$P_s=6\times200=1200kW$

计算得：　　　　　　　　$P_j=960kW，Q_j=720kW，S_j=1200kW$

根据以上负荷计算，2号斜井第三阶段正洞和平行导坑小里程抽排水时最少都需要1200kVA容量。考虑后期施工用电，2号斜井第三阶段泵站电力设备配置见表4-32。进洞电缆采用两趟$70mm^2$的高压铜芯电缆，抽水机采用$120mm^2$的铜芯电缆。

2号斜井第三阶段泵站电力设备配置表　　　　　　　　表4-32

序号	设 备 名 称	规 格 型 号	单位	数量	备　　注
1	变压器	2000kVA	台	2	正洞和平行导坑各1台
2	发电机	800kW	台	2	备用应急电源

4）第四阶段抽排水方案（2号斜井与1号斜井贯通后排水）

2号斜井与1号斜井贯通后各工作均为顺坡排水，由泄水横洞将水排至洞外。

4.6.5　3号斜井抽排水设计

3号斜井按$5000m^3/h$涌水量进行抽排水设备配置。采用三级泵站设置，在XJ3DK0+890、XJ3ZDK0+643、XJ3ZDK0+043处设置三个中继泵站。用电按$3000m^3/h$抽排水能力独立配置，超过时部分工作面停工进行强制抽排水。

3号斜井在XJ3DK0+690里程处设置"Y"形支洞。左侧为3-1支洞，长1196m；右侧设置3-2支洞，长度502m，和正洞相交于DK38+500里程。在3-1支洞前方分岔设置3-3支洞，长度66m，和正洞相交于DK37+760。3号斜井承担隧道正线工程量为1441m。设计正常涌水量为$4435m^3/d（185m^3/h）$，最大涌水量为$12735m^3/d（530m^3/h）$。但现场实际涌水量远大于设计涌水量,2017 年 6 月—7 月,斜井涌水量逐渐增加,最大涌水量达到 37045m³/d。3 号斜井工区施工组织安排如图 4-40 所示。

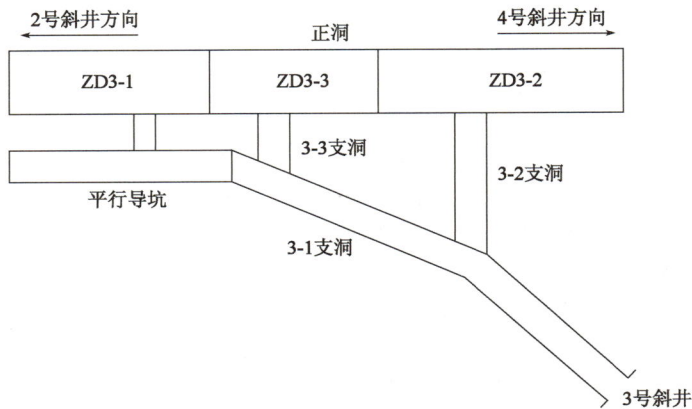

图 4-40 3 号斜井工区施工组织安排示意图

1)第一阶段抽排水方案

3 号斜井第一阶段抽排水方案包括 3 号斜井、3-1 支洞、3-2 支洞,以及正洞大里程方向抽排水。

(1)抽排水方案

3 号斜井第一阶段抽排水布置如图 4-41 所示。

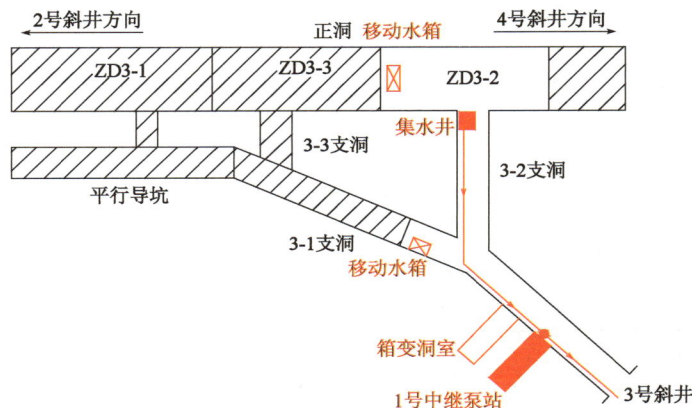

图 4-41 3 号斜井第一阶段抽排水布置示意图

斜井前期施工,紧跟掌子面采用多个移动水箱(长 9m、宽 1.5m、高 1.5m)进行抽排水。开挖至 XJ3DK0+890 里程处(距离洞口 548m),设置 1 号中继泵站(一级),按 5000m³/h 涌水量进行抽排水设备配置。

1 号中继泵站洞室长 15m、宽 7m、高 5.5m、深 3m,总容量为 315m³。洞室采用锚网喷支护。砂浆锚杆直径 22mm,长 3m,间距 1.2m×1.2m;钢筋网片为单层,钢筋直径 8mm,网格间距 20cm×25cm;喷射 C25 混凝土,厚度 10cm。当围岩较差时,采用 I14 型钢钢架支护,间距 1m/榀;喷射 C25 混凝土,厚度 20cm。集水井四周及底板采用 20cm 厚 C20 钢筋混凝土围护,中间设 20cm 厚 C20 钢筋混凝土隔墙一道。井口采用钢制围栏防护,围栏上张贴反光标识并悬挂声光报警装置进行危险提示。同时,设置集装箱值班室,并配备微型消防站。箱变洞室设置在 XJ3DK0 +870 处,洞室的长 15m、宽 7m、高 5.5m。洞室采用锚网喷支护,支护方式与中继泵站相同。泵站建好后,3 号斜井内的渗流水通过两侧水沟和横向截水沟漫流至 1 号中继泵站后抽排至洞外。

3-1 支洞掌子面涌水在 2 号中继泵站未建立之前,采用移动水箱反坡抽排至 1 号中继泵站,通过 1 号中继泵站抽排至洞外。

3-2 支洞和 3-2 支洞所承担正洞的涌水,通过移动水箱和 3-2 支洞井底集水井反坡抽排至 1 号中继泵站,通过 1 号中继泵站抽排至洞外。集水井长 6m、宽 5m、深 2m,总容量为 60m³,四周及底板采用 C30 混凝土铺砌,厚度 20cm。

（2）抽水设备配置

3 号斜井 1 号中继泵站处斜井长 548m,坡度 9.34%。计算水泵扬程为:
$$H = (548 \times 9.34\% + 548 \times 29.6/1000) = 67.4m$$

3 号斜井 1 号中继泵站抽水设备配置见表 4-33。

3 号斜井 1 号中继泵站抽水设备配置表　　　　表4-33

设备名称	规格型号	扬程(m)	流量(m³/h)	功率(kW)	数量(台)	备　注
双吸泵	COS150-605A	105	583	250	15	用10备5

抽水能力计算:$10 \times 583 = 5830$(m³/h)> 5000m³/h。抽排水能力满足设计要求。现场施工中,当涌水量小于 500m³/h 时选用小型水泵代替,涌水量≥500m³/h 时启用 1 号中继泵站。

（3）排水管配置

采用直径 300mm 和直径 200mm 的排水管,管道内水流速度按 3m/s,分别计算得管道排水量为:
$$Q_{300} = 763m^3/h、Q_{200} = 339m^3/h$$

3 号斜井第一阶段排水管配置见表 4-34。采用 ϕ150mm 高压风管和 ϕ100mm 高压水管作为应急排水管。

3 号斜井第一阶段排水管配置表　　　　表4-34

序号	材料名称	抽排水管长度(m)			备　注
		斜井	正洞	合计	
1	ϕ300mm 钢管	15200	2610	17810	8 趟
2	ϕ200mm 钢管	1900	870	2770	1 趟

排水能力计算:$8 \times 763 + 1 \times 339 = 6443$(m³/h)$> 5000$m³/h。排水能力满足设计要求。

（4）排水管托架配置

3 号斜井第一阶段排水管托架配置见表 4-35。

3 号斜井第一阶段排水管托架配置表　　　　表4-35

序号	材料名称	单位	单件数量	件数	合计数量	备　注
1	[12 槽钢	t	0.084	780	65.52	每个托架用[12 槽钢 7m,根据实际出水量逐步配备
2	钢丝绳	m	12	24	288	根据实际出水量逐步配备
3	膨胀螺栓	套	6	780	4680	每个托架用膨胀螺栓 6 套,根据实际出水量逐步配备

（5）电力配置

根据设备配置，总功率：　　　　　$P_s = 10 \times 250 = 2500kW$

计算得：　　　　　　　　　$P_j = 2000kW, Q_j = 1500kW, S_j = 2500kW$

根据以上负荷计算，3 号斜井 1 号中继泵站抽排水时最少都需要 2500kVA 容量。考虑后期施工用电，3 号斜井 1 号中继泵站电力设备配置见表 4-36。进洞电缆选用 95mm² 铜芯电缆，抽水机选用 120mm² 铜芯电缆。

3 号斜井 1 号中继泵站电力设备配置表　　　　　　表 4-36

序号	设备名称	规格型号	单位	数量	备　　注
1	变压器	1000kVA	台	3	
2	发电机	800kW	台	3	备用应急电源

2）第二阶段抽排水方案（3-1 支洞、3-3 支洞及承担的正洞排水）

3 号斜井 3-1 支洞施工至 XJ3ZDK0 +643 里程处设置 2 号中继泵站（二级，距离 1 号中继泵站 785m）。结合现场实际涌水量情况，以及剩余地段的涌水量判断，按 3000m³/h 涌水量进行抽排水设备配置。

（1）抽排水方案

3 号斜井第二阶段抽排水方案包括 3-1 支洞、3-3 支洞，以及正洞 ZD3-2、ZD3-3 的抽排水。3 号斜井第二阶段抽排水布置如图 4-42 所示。

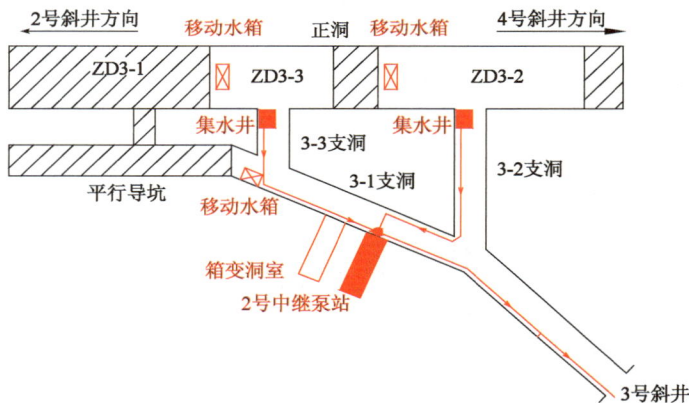

图 4-42　3 号斜井第二阶段抽排水布置示意图

3 号斜井第二阶段采用二级排水，紧跟掌子面通过多个移动水箱（长 9m、宽 1.5m、高 1.5m）进行抽排水，开挖至 XJ3ZDK0 +643 里程处设 2 号泵站。2 号泵站建好后，1 号中继泵站弃用，2 号泵站采用高扬程水泵，直接将水抽排至洞外。2 号中继泵站洞室净空尺寸、支护方式、值班室及消防设施配置同 1 号中继泵站。箱变洞室设置在 XJ3DK0 +655 处，洞室净空尺寸、支护方式及消防设施配置同 1 号中继泵站箱变洞室。

3-3 支洞及 3-3 支洞所承担正洞的涌水，通过移动水箱和 3-3 支洞井底集水井（长 6m、宽 5m、深 2m）反坡抽排至 2 号中继泵站，经 2 号中继泵站将水抽排至洞外。

2 号中继泵站下游的 3-1 支洞的涌水在 3 号中继泵站未建立之前采用移动水箱反坡抽排

至 2 号中继泵站,经 2 号中继泵站将水抽排至洞外。

（2）抽水设备配置

3 号斜井 2 号中继泵站处斜井总长度 643 + 690 = 1333（m）,坡度 9.34%。计算水泵扬程为:

$$H = （1333 \times 9.34\% + 1333 \times 29.6/1000）= 164m$$

3 号斜井 2 号中继泵站抽水设备配置见表 4-37。

3 号斜井 2 号中继泵站抽水设备配置表　　表 4-37

设备名称	规格型号	扬程（m）	流量（m³/h）	功率（kW）	数量（台）	备　注
多级离心泵	MD280-43×5	190	335	250	15	用10备5

抽水能力计算:10 × 335 = 3350（m³/h）> 3000m³/h。抽水能力满足设计要求。

（3）排水管配置

3 号斜井第二阶段排水管配置见表 4-38。采用 ϕ150mm 高压风管和 ϕ100mm 高压水管作为应急排水管。

3 号斜井第二阶段排水管配置表　　表 4-38

材料名称	抽排水管长度（m）			备　注
	斜井	正洞	合计	
ϕ300mm 钢管	8820	3610	12430	5 趟

排水能力计算:5 × 763 = 3815（m³/h）> 3000m³/h。排水能力满足设计要求。

（4）排水管托架配置

3 号斜井第二阶段排水管托架配置见表 4-39。

3 号斜井第二阶段排水管托架配置表　　表 4-39

序号	材料名称	单位	单件数量	件数	合计数量	备　注
1	［12 槽钢	t	0.084	535	44.94	每个托架用［12 槽钢 7m,根据实际出水量逐步配备
2	钢丝绳	m	12	10	120	根据实际出水量逐步配备
3	膨胀螺栓	套	6	535	3210	每个托架用膨胀螺栓 6 套,根据实际出水量逐步配备

（5）电力配置

根据设备配置,总功率:　　$P_s = 10 \times 250 = 2500kW$

计算得:　　$P_j = 2000kW, Q_j = 1500kW, S_j = 2500kW$

根据以上负荷计算,3 号斜井 2 号中继泵站抽排水时最少都需要 2500kVA 容量。考虑后期施工用电,3 号斜井 2 号中继泵站电力设备配置见表 4-40。进洞电缆选用 95mm² 铜芯电缆,抽水机选用 120mm² 铜芯电缆。

3 号斜井 2 号中继泵站电力设备配置表　　表 4-40

序号	设备名称	规格型号	单位	数量	备　注
1	变压器	1000kVA	台	3	
2	发电机	800kW	台	3	备用应急电源

3）第三阶段抽排水方案（平行导坑,以及 3 号斜井承担的正洞抽排水）

3 号斜井 3-1 支洞施工至 XJ3ZDK0 +043 里程处设置 3 号中继泵站(三级,距离 2 号中继泵站 600m)。根据现场实际涌水量,并结合剩余地段的地质分析,按 3000m³/h 的涌水量进行抽排水设备配置。

（1）抽排水方案

3 号斜井第三阶段抽排水方案包括平行导坑,以及 3 号斜井承担的正洞抽排水。3 号斜井第三阶段抽排水布置如图 4-43 所示。

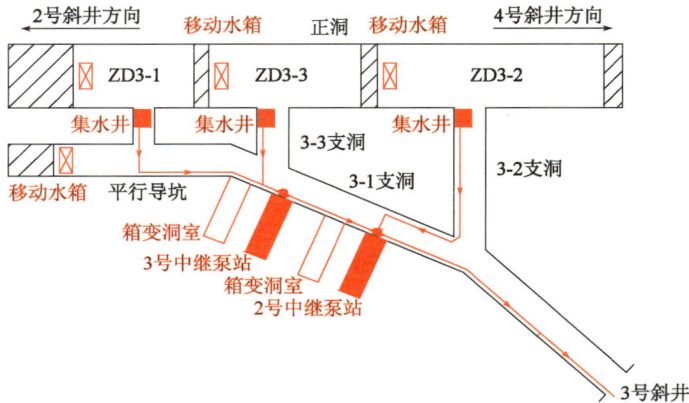

图 4-43 3 号斜井第三阶段抽排水布置示意图

3 号斜井 3-1 支洞开挖至 XJ3ZDK0 +043 里程处设 3 号中继泵站。3 号中继泵站洞室净空尺寸、支护方式、值班室及消防设施配置同 1 号中继泵站。箱变洞室设置在 XJ3DK0 +055 处,洞室净空尺寸、支护方式及消防设施配置同 1 号中继泵站箱变洞室。

3 号中继泵站建好后,2 号、3 号中继泵站之间的 3-1 支洞内的涌水通过两侧水沟和横向截水沟漫流至 3 号中继泵站,经 3 号中继泵站将水抽排至 2 号中继泵站,再经 2 号中继泵站将水抽排至洞外。

3 号中继泵站下游平行导坑的抽排水采用移动水箱反坡抽排至 3 号中继泵站,经 3 号中继泵站将水抽排至 2 号中继泵站,再经 2 号中继泵站将水抽排至洞外。

3 号斜井承担正洞的抽排水通过移动水箱和各支洞井底集水井(长 6m、宽 5m、深 2m)反坡抽排至 3 号中继泵站,经 3 号中继泵站将水抽排至 2 号中继泵站,再经 2 号中继泵站将水抽排至洞外。

（2）抽水设备配置

3 号中继泵站距离 2 号中继泵站斜井长 600m,坡度 7.13%。计算水泵扬程为:

$$H = \left(600 \times 7.13\% + 600 \times \frac{29.6}{1000}\right) = 60.5m$$

H 取 61m。

3 号中继泵站抽水设备配置见表 4-41。

3 号斜井 3 号中继泵站抽水设备配置表 　　表 4-41

设备名称	规格型号	扬程(m)	流量(m³/h)	功率(kW)	数量(台)	备　注
双吸泵	COS150-605A	105	583	250	6	用 6 备 3

抽水能力计算:$6 \times 583 = 3498(m^3/h) > 3000m^3/h$。抽水能力满足设计要求。

（3）排水管配置

3 号斜井第三阶段排水管配置见表 4-42。$\phi150mm$ 高压风管和 $\phi100mm$ 高压水管作为应急排水管。

3 号斜井第三阶段排水管配置表 　　表 4-42

材料名称	抽排水管长度(m)			备　注
	斜井	正洞	合计	
$\phi300mm$ 钢管	5750	1550	7300	5 趟

排水能力计算:$5 \times 763 = 3815(m^3/h) > 3000m^3/h$。排水能力满足设计要求。

（4）排水管托架配置

3 号斜井第三阶段排水管托架配置见表 4-43。

3 号斜井第三阶段排水管托架配置表 　　表 4-43

序号	材料名称	单位	单件数量	件数	合计数量	备　注
1	[12 槽钢	t	0.084	440	37.0	每个支架用[12 槽钢 7m,根据实际出水量逐步配备
2	钢丝绳	m	12	8	96	根据实际出水量逐步配备
3	膨胀螺栓	套	6	440	2640	每个支架用膨胀螺栓 6 套,根据实际出水量逐步配备

（5）电力配置

根据设备配置,总功率:　　　　　$P_s = 6 \times 250 = 1500kW$

计算得:　　　　　$P_j = 1200kW, Q_j = 900kW, S_j = 1500kW$

根据以上负荷计算,3 号斜井第三阶段最少需要 1500kVA 容量。考虑后期施工用电,3 号斜井第三阶段电力设备配置见表 4-44。进洞电缆选用 $70mm^2$ 铜芯电缆,抽水机选用 $120mm^2$ 铜芯电缆。

3 号斜井第三阶段电力设备配置表 　　表 4-44

序号	设备名称	规格型号	单　位	数　量	备　注
1	变压器	800kVA	台	2	
2	发电机	800kW	台	2	备用应急电源

4）第四阶段抽排水方案（3 号斜井、2 号斜井、1 号斜井及进口贯通后排水）

3 号斜井、2 号斜井、1 号斜井及进口贯通后,各工作面均为顺坡排水,水经泄水横洞排至洞外。

4.6.6　4 号斜井反坡抽排水设计

4 号斜井长 585m,为 7.13% 下坡,设计正常涌水量 2642m³/d（110m³/h）,最大涌水量 7587m³/d（316m³/h）。4 号斜井承担隧道正洞工程量 2081m,设计正常涌水量 6635m³/d

$(276m^3/h)$，最大涌水量 $13270m^3/d(553m^3/h)$。

（1）抽排水方案

综合 4 号斜井和 4 号斜井承担正洞的施工任务，4 号斜井泵站抽排水能力按照最大涌水量 $5000m^3/h$ 配置设备。

4 号斜井井底设置集水井，集水井长 15m、宽 4m、深 3m，总容量 $180m^3$，四周及底板采用 20cm 厚 C20 钢筋混凝土围护，中间设 20cm 厚 C20 钢筋混凝土隔墙 2 道。

4 号斜井正洞顺坡采用潜水泵（扬程 30m、流量 $50m^3/h$、功率 3kW）抽至正洞水沟自流到集水井。反坡排水采用功率为 15kW 的潜水泵将水沿 $\phi159mm$ 排水管抽排至集水井，再由集水井将水抽排至洞外。

（2）抽水设备配置

计算水泵扬程为：

$$H = 585 \times 7.13\% + 585 \times \frac{29.6}{1000} = 59m$$

4 号斜井抽水设备配置见表 4-45。

4 号斜井抽水设备配置表　　　　表 4-45

设备名称	规格型号	扬程(m)	流量(m^3/h)	功率(kW)	数量(台)	备注
双吸泵	300S-90A	78	756	250	11	用 7 备 4

抽水能力计算：$7 \times 756 = 5292(m^3/h) > 5000m^3/h$。抽水能力满足设计要求。

（3）排水管配置

4 号斜井排水管配置见表 4-46。$\phi150mm$ 高压风管和 $\phi100mm$ 高压水管作为应急排水管。

4 号斜井排水管配置表　　　　表 4-46

材料名称	抽排水管长度(m)			备注
	斜井	正洞	合计	
$\phi300mm$ 钢管	4680	12800	17480	8 趟

排水能力计算：$8 \times 763 = 6104(m^3/h) > 5000m^3/h$。排水能力满足设计要求。

（4）排水管托架配置

4 号斜井排水管托架配置见表 4-47。

4 号斜井排水管托架材料表　　　　表 4-47

序号	材料名称	单位	单件数量	件数	合计数量	备注
1	[12 槽钢	t	0.084	730	61.3	每个托架用[12 槽钢 7m，根据实际出水量逐步配备
2	钢丝绳	m	12	20	240	根据实际出水量逐步配备
3	膨胀螺栓	套	6	730	4380	每个托架用膨胀螺栓 6 套，根据实际出水量逐步配备

（5）电力配置

根据设备配置，总功率：$P_s = 7 \times 250 = 1820kW$

计算得：$P_j = 1456kW$，$Q_j = 1092kW$，$S_j = 1820kW$

根据以上负荷计算，4 号斜井最少需要 1820kVA 容量。考虑后期施工用电，4 号斜井电力设备配置见表4-48。进洞电缆选用70mm²铜芯电缆,抽水机选用120mm²铜芯电缆。

4 号斜井电力设备配置表 表 4-48

序号	设 备 名 称	规 格 型 号	单 位	数 量	备 注
1	变压器	1000kVA	台	2	
2	发电机	800kW	台	3	备用应急电源

4.6.7 出口反坡抽排水设计

隧道出口承担正洞1591m,设计正常涌水量3091m³/d(129m³/h),最大涌水量6182m³/d(258m³/h),泵站排水能力按最大涌水量500m³/h配置设备。

(1)抽排水方案

隧道出口正洞抽排水采用移动水箱进行,移动水箱长9m、宽3m、高1.5m,总容量40.5m³。

(2)抽水设备配置

隧道出口坡度为3‰,计算水泵扬程为:

$$H = 1591 \times 3\% + 1591 \times 29.6/1000 = 95\text{m}$$

隧道出口抽水设备配置见表4-49。

隧道出口抽水设备配置表 表 4-49

设 备 名 称	规 格 型 号	扬程(m)	流量(m³/h)	功率(kW)	数量(台)	备 注
多级离心泵	矿用耐磨型	97	166	75	4	用3备1

抽水能力计算:3×166=498(m³/h)≈500m³/h。抽水能力满足设计要求。

(3)排水管配置

隧道出口排水管配置见表4-50。ϕ150mm高压风管和ϕ100mm高压水管作为应急排水管。

隧道出口排水管配置表 表 4-50

材 料 名 称	排水管数量(趟)	每趟排水管长度(m)	抽排水管长度(m)
ϕ300mm 钢管	1	1591	1591

排水能力计算:1×763=763(m³/h)>500m³/h。排水能力满足设计要求。

(4)排水管托架配置

隧道出口排水管托架配置见表4-51。

隧道出口排水管托架材料表 表 4-51

序号	材 料 名 称	单位	单件数量	件数	合计数量	备 注
1	[12 槽钢	t	0.084	265	23	每个托架用[12 槽钢7m,根据实际出水量逐步配备
2	钢丝绳	m	12	8	96	根据实际出水量逐步配备
3	膨胀螺栓	套	6	265	1590	每个托架用膨胀螺栓6套,根据实际出水量逐步配备

(5)电力配置

根据设备配置,总功率:

$$P_s = 3 \times 75 = 225\text{kW}$$

计算得：
$$P_{\mathrm{j}} = 180\mathrm{kW}, \quad Q_{\mathrm{j}} = 135\mathrm{kW}, \quad S_{\mathrm{j}} = 225\mathrm{kW}$$

根据以上负荷计算，隧道出口最少需要 225kVA 容量。考虑后期施工用电，隧道出口电力设备配置见表 4-52。进洞电缆选用 $70\mathrm{mm}^2$ 铜芯电缆，抽水机选用 $120\mathrm{mm}^2$ 铜芯电缆。

隧道出口电力设备配置表　　　　　　　表 4-52

序号	设备名称	规格型号	单　位	数　量	备　注
1	变压器	400kVA	台	1	
2	发电机	300kW	台	1	备用应急电源

4.6.8　抽排水管理

（1）日常记录

建立抽水机运转台账，包括每台抽水机运转的开始时间和结束时间，以及每天抽水量。通过对每天记录的数据进行对比分析，及时动态调整施工现场抽水机的使用数量和运转时间，从而提高抽排水效率，降低抽排水成本。

（2）及时动态调整抽排水设备配置和配套

以施工图为基础，结合超前地质预报成果，并根据现场实际抽排水情况，及时动态调整抽排水设备配置，避免涌水量较小时设备投入过多造成资源浪费，或者涌水量突然增大时抽排水设备不足导致淹井灾害。抽排水设备配置和各种设备之间的配套，应以满足现场抽排水需要为原则。

（3）抽排水量统计

在排水管道出水口位置安装电磁流量计，统计抽排水量。每天设专人定时记录流量计数据，并填写记录。电磁流量计如图 4-44 所示。

（4）耗电量统计

对抽排水电力设备架设专用电线路，安装 DTS606 型三相四线电子式电能表，统计抽排水时耗电量。每天由专人定时与流量计同步记录电能表数据，并填写记录。电能表如图 4-45 所示。

图 4-44　现场采用的电磁流量计

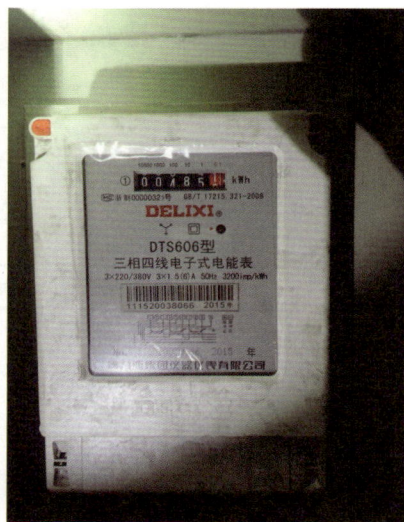

图 4-45　现场采用的电能表

(5)数据对比分析

每天的流量计数据记录时间和电能表数据记录时间应统一,以便对抽排水量和耗电量进行准确的对比分析。

4.7　反坡开挖瞬时涌水量预测技术

正盘台隧道1号斜井、2号斜井施工过程中发生了涌水淹井灾害,为此,加强了各斜井的抽排水能力,以确保施工中不再发生涌水淹井灾害。

反坡隧道施工中,当每循环爆破开挖后的瞬时涌水量很大,一旦超过配置水泵的剩余抽排水能力,就会导致反坡隧道发生淹井灾害,从而严重影响着隧道的施工安全和工程进度。因此,在提高反坡隧道抽排水能力的基础上,研究正盘台隧道反坡施工中每循环开挖时可能产生的瞬时涌水量十分重要。通过对瞬时涌水量进行预测预报,如果抽排水能力不能满足要求时,应果断采取超前注浆堵水措施,或缩短循环开挖进尺以减少爆破开挖后的瞬时涌水量,或者进一步加大抽排水能力的配备,避免淹井灾害的发生。

4.7.1　国内外研究现状

20世纪80年代,随着技术水平的发展和施工要求的提高,我国开始对隧道涌水量预测进行系统研究。20世纪90年代,隧道涌水量预测技术取得了长足的进步,从基于定性分析逐步发展到定量评价。依据不同的预测方法和模型,研究人员提出了种类繁多且复杂的计算模型和计算公式,例如在计算渗透系数时,根据不同适用范围和约束条件,在《供水水文地质手册》中就列举了100多个计算公式,因此,如何选择合适的公式十分关键。

隧道涌水量常用的预测方法主要有大气降水入渗法、地下水径流模数法、水均衡法、比拟法、解析法(水动力学法)、软件数值计算法,以及随机性数学模型法等。大气降水入渗法适用于埋深较浅的隧道,该方法可以从宏观上概括隧道的涌水情况,但由于未考虑含水层厚度、渗透系数等,计算结果与实际有着较大的出入。其他方法因适用环境不同,计算结果也各不相同,由于地质条件的复杂多变,计算结果存在着较大的误差和错误,因此,实际工作中需要采用多种方法进行综合计算。某勘测设计院在小相岭公路隧道中采用了比拟法、评分法、地下水径流模数法、大气降水入渗法、古德曼公式、裘布依公式、铁路经验法7种方法进行隧道涌水量预测。对比验证结果表明:采用地下水径流模数计算的涌水量偏小,其他方法计算的涌水量相互接近。近年来,随着计算机科学的发展,一些学者开始转向数值模拟计算方向,如刘佳等分别采用数值计算软件对隧道涌水量进行了数值计算。

目前,国内外学者对隧道涌水量预测研究主要集中在整个隧道或分段涌水量,尚未见到对单次开挖长度的瞬时涌水量进行预测研究。

4.7.2　隧道涌水量预测方法

隧道涌水预测方法主要有以下几种。

(1)大岛洋志法

计算公式如下:

$$Q_{\max} = \frac{2\pi mK(H - r)L}{\ln\dfrac{4(H - r)}{d}} \qquad (4\text{-}12)$$

式中：$Q_{\max}$——预测隧道通过含水体可能最大涌水量（m^3/d）；

K——岩体渗透系数（m/d）；

H——含水层原始静水位至隧道底板的垂直距离（m）；

L——隧道通过含水层的长度（m）；

r——隧道洞身横断面等价圆半径（m）；

d——隧道洞身横断面等价圆直径（m），$d = 2r$；

m——转换系数，一般取 0.86。

（2）古德曼法

计算公式如下：

$$Q_{\max} = \frac{2\pi KH_0}{\ln\dfrac{4H_0}{d}} \qquad (4\text{-}13)$$

式中：$Q_{\max}$——预测隧道通过含水体可能最大涌水量（m^3/d）；

K——岩体渗透系数（m/d）；

H_0——含水层原始静水位至隧道洞身横截面等效圆中心的距离（m）；

d——隧道洞身横断面等价圆直径（m）。

（3）铁路经验公式法

计算公式如下：

$$Q_{\max} = 0.0255 + 1.9224KH \qquad (4\text{-}14)$$

式中：$Q_{\max}$——预测隧道通过含水体可能最大涌水量（m^3/d）；

K——岩体渗透系数（m/d）；

H——含水层原始静水位至隧道底板的垂直距离（m）。

（4）佐藤邦明非稳定流法

计算公式如下：

$$Q_{\max} = \frac{2\pi mKH_0}{\ln\left[\tan\dfrac{\pi(2H_0 - r)}{4h_0} \cdot \cot\dfrac{\pi r}{4h_c}\right]} \qquad (4\text{-}15)$$

式中：$Q_{\max}$——预测隧道通过含水体可能最大涌水量（m^3/d）；

K——岩体渗透系数（m/d）；

H_0——含水层原始静水位至隧道洞身横截面等效圆中心的距离（m）；

h_c——含水体厚度（m）；

h_0——隧道底板至下伏隔水层的距离（m）；

r——隧道洞身横断面等价圆半径（m）。

（5）水文地质比拟法

采用式（4-16）~式（4-18）计算：

$$Q = Q' \frac{F \cdot s}{F' \cdot s'} \tag{4-16}$$

$$F = B \cdot L \tag{4-17}$$

$$F' = B' \cdot L' \tag{4-18}$$

式中：Q、Q'——新建、既有隧道通过含水体地段的正常涌水量或最大涌水量（m^3/d）；

F、F'——新建、既有隧道通过含水体地质的面积（m^2）；

s、s'——新建、既有隧道通过含水体中自静止水位计起的水位降深（m）；

B、B'——新建、既有隧道洞身横断面周长（m）；

L、L'——新建、既有隧道通过含水体长度（m）。

4.7.3　隧道开挖瞬时涌水量预测

1）2号斜井工区

（1）渗透系数反算

2号斜井工区正洞掌子面开挖到DK35+407里程，一次开挖长度3m，开挖后发生涌水，现场监测前5h平均涌水量为5400m^3/h。该处地下水头高度为34.04m，隧道正洞等效圆半径为6m。采用上述涌水量计算公式，可以反算得到岩体渗透系数K，计算结果见表4-53。

2号斜井工区DK35+407里程岩体渗透系数K反算结果　　　　表4-53

计 算 方 法	岩体渗透系数（m/d）	备　注
大岛洋志法	638	
古德曼法	491	最小
铁路经验公式法	661	
佐藤邦明非稳定流法	796	最大

从以上计算结果可以看出，采用古德曼法反算的渗透系数最小，佐藤邦明非稳定流法反算的渗透系数最大，大岛洋志法和铁路经验公式法反算的渗透系数值相当。

（2）瞬时涌水量预测

2号斜井工区平行导坑开挖到2PDDK0+020里程，岩体与对应正洞基本一致，可能发生涌水。采用反算得到的岩体渗透系数（表4-53），结合该处地下水头高度为34.04m，隧道平行导坑等效圆半径为3.5m，预测得到开挖时瞬时涌水量。预测结果见表4-54。

2号斜井工区2PDDK0+020里程开挖瞬时涌水量预测结果　　　　表4-54

计 算 方 法	岩体渗透系数（m/d）	水头高度（m）	预测涌水量（m^3/h）		
			单次开挖长度3.0m	单次开挖长度1.5m	单次开挖长度1.0m
大岛洋志法	638	34.04	4603	2301	1534
古德曼法	491	34.04	4423	2211	1474
铁路经验公式法	661	34.04	5407	2703	1802
佐藤邦明非稳定流法	796	34.04	4197	2099	1399
水文地质比拟法	—	34.04	3133	1566	1101

从预测结果来看,采用水文地质比拟法预测的涌水量最小,采用铁路经验法预测的涌水量最大。根据2号斜井设计抽排水能力,按剩余抽排水能力2000m³/h考虑,单次开挖长度为1.5m、3.0m时,开挖爆破后瞬时涌水量将超过抽排水能力,可能会造成瞬时涌水淹井风险。而采用单次开挖长度为1.0m时,开挖爆破后瞬时涌水量不会超过抽排水能力,因此,可以采取带水作业施工。

实际施工中,采用单次开挖长度为1.0m的爆破进尺,实测爆破后瞬时最大涌水量为1220m³/h。预报结果有效地指导了带水作业施工。

2)1号斜井工区

(1)渗透系数反算

1号斜井平行导坑开挖到1PDDK0+143里程,监测水头高度为14.59m,实测爆破瞬间涌水量为1162m³/h。现场核查出水点位于掌子面1m范围。采用上述涌水量计算公式,可以反算得到岩体渗透系数K。计算结果见表4-55。

1号斜井工区1PDDK0+143里程岩体渗透系数K反算结果　　　表4-55

计 算 方 法	岩体渗透系数(m/d)	备　注
大岛洋志法	860	
古德曼法	645	最小
铁路经验公式法	995	最大
佐藤邦明非稳定流法	983	

(2)瞬时涌水量预测

根据1PDDK0+143反算的岩体渗透系数,计算平行导坑继续掘进时单次开挖长度1.5m时的瞬时涌水量。计算结果见表4-56。

1号斜井工区1PDDK0+143里程向前继续施工时涌水量预测结果　　　表4-56

计 算 方 法	岩体渗透系数(m/d)	水头高度(m)	单次开挖长度1.5m时预测涌水量(m³/h)
大岛洋志法	860	14.59	1744
古德曼法	645	14.59	1743
铁路经验公式法	995	14.59	1744
佐藤邦明非稳定流法	983	14.59	1743
水文地质比拟法	—	14.59	1743

从预测结果来看,各计算方法预测的涌水量十分接近,具有很高的一致性。根据1号斜井设计抽排水能力,按剩余抽排水能力2000m³/h考虑,平行导坑向前继续开挖时,可采取单次开挖长度为1.5m的爆破进尺,实施带水作业。

实际施工中,在通过200m的强富水地段,采取了单次开挖长度为1.5m的爆破进尺,实施带水作业,实测爆破后瞬时最大涌水量为1285m³/h,比计算值小约26%。预报结果有效地指导了带水作业施工。

4.7.4　小结

(1)采用大岛洋志法、古德曼法、铁路经验公式法和佐藤邦明非稳定流法等计算公式反算得到的岩体渗透系数K不完全一致,采用铁路经验法反算得到的岩体渗透系数值预测隧道瞬时涌水量偏于安全。

（2）结合正盘台隧道工程经验，如计算的瞬时涌水量超过设计剩余的抽排水能力时，可采用缩短单次开挖长度、降低单次开挖高度，或采取超前预注浆堵水等方法，以减少单次开挖时的瞬时涌水量，规避爆破开挖后涌水淹井风险。

（3）采用瞬时涌水量计算方法评估隧道单次开挖引起涌水淹井风险的可能性时，应充分对比设计的剩余抽排水能力，注意预留一定的安全系数。

（4）在铁路隧道强富水地段，首次采用多种方法对铁路隧道单次开挖瞬时涌水量进行了较为准确的预测。结合正盘台隧道辅助坑道（平行导坑和1号斜井）近260m的强富水段落，进行了约190个单次开挖循环工作面带水作业涌水量预测的工程实践，根据反算得到的岩体渗透系数 K，采用水动力学计算及水文地质比拟法预测单次开挖瞬时涌水量，且采取针对性的带水作业工程措施，为施工提供了较强的指导性，既保证了施工安全，又节约了工期，可为类似工程提供参考。

4.8　施工通风技术

正盘台隧道工作面多，施工组织复杂，通风条件恶劣。为解决隧道通风环境，提升隧道施工效率，在2号斜井、3号斜井工区增加了地表通风竖井，并系统地研究了各工作面通风技术。正盘台隧道通风竖井位置如图4-46所示。

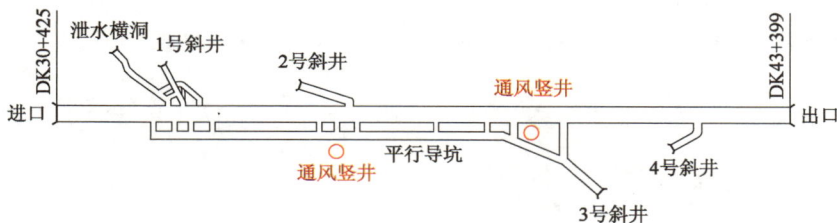

图4-46　正盘台隧道通风竖井位置示意图

4.8.1　施工通风标准

根据现行《高速铁路隧道工程施工技术规程》（Q/CR 9604）规定，隧道施工作业环境应达到以下标准：

（1）隧道中氧气含量按体积百分含量计不得小于20%。

（2）粉尘最高容许浓度，每立方米空气中含有10%以上游离二氧化硅的粉尘为2mg；每立方米空气中含有10%以下游离二氧化硅的粉尘浓度为4mg。

（3）有害气体最高允许浓度：

①一氧化碳最高容许浓度为30mg/m³。在特殊情况下，施工人员必须进入工作面时，浓度可为100mg/m³，但工作时间不得超过30min。

②二氧化碳按体积百分含量计不得大于0.5%。

③氮氧化物（换算成 NO_2）为5mg/m³以下。

（4）隧道内气温不得大于28℃。

（5）隧道内噪声不得大于90dB。

(6)通风的风速:全断面开挖不应小于0.15m/s,分部开挖的坑道内不应小于0.25m/s,但均不应大于6m/s。

4.8.2 施工通风设计原则

1)施工通风风量计算原则

隧道开挖时工作面的通风量应根据下列要求分别计算,取其中最大值。

(1)按洞内同时工作的最多人数计算,每人每分钟供给3.0m³的新鲜空气。

(2)按爆破15min内将工作面的有害气体排除或冲淡至容许浓度计算。每千克炸药爆破后,可产生折合成40L的一氧化碳气体。

(3)洞内使用柴油机械时,可按每千瓦每分钟3.0m³风量计算。

(4)风管的百米漏风率平均值不能超过1%。

(5)工作面附近的最小风速不得低于0.15m/s,最大风速不得超过6m/s。

2)通风系统的设计和布置原则

(1)风管直径根据管内风速来确定,在断面允许的情况下尽量选用大直径风管。

(2)为了防止污风循环,洞口压入式通风机距洞口的距离不小于30m。

(3)吊挂风管要做到平、直、紧、稳、顺。

(4)增大每节风管长度,减少风管接头,减少风量损失。

(5)除用作回风的横通道外,其他不用的横通道应及时封闭。

(6)风管末端距离工作面的距离 L 与隧道断面面积 S 应满足 $L \geqslant (4 \sim 5)\sqrt{S}$,应严格按通风设计要求布设。

(7)由于通风量大,风管直径小,风管要有足够的承压能力,防止风管吹爆。

4.8.3 辅助坑道断面及建筑限界

正盘台隧道斜井与正洞均采用斜交单联式连接,采用无轨运输双车道衬砌断面。斜井内净空根据运输要求,结合机械设备、管线布置、人行道、安全间隙等方面考虑,同时兼顾大型挖机及三臂凿岩台车通行条件,车辆空间尺寸为 600cm×400cm(宽×高)。斜井净宽750cm、净高620cm。斜井建筑限界及衬砌内轮廓如图4-47、图4-48所示。

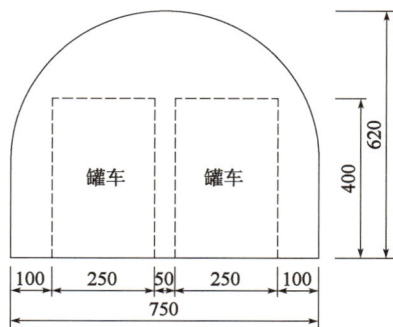

图4-47 正盘台隧道斜井建筑限界及衬砌内轮廓示意图(尺寸单位:cm)

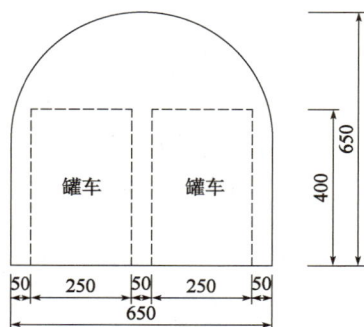

图4-48 正盘台隧道平行导坑和泄水横洞建筑限界及衬砌内轮廓示意图(尺寸单位:cm)

正盘台隧道平行导坑和泄水横洞采用无轨运输双车道断面,净宽 650cm、净高 650cm。平行导坑和泄水横洞建筑限界及衬砌内净空如图 4-49 所示。

4.8.4　施工通风方式选择

结合隧道工程特点,各工区通风方式选择如下:

(1)进口工区:采用压入式通风。

(2)1 号斜井工区:采用压入式通风。

(3)2 号斜井工区:竖井贯通前采用压入式通风,竖井贯通后采用斜井立体巷道式通风。

(4)3 号斜井工区:Y 形支洞分三个支洞,共计有 6 个正洞工作面和 1 个平行导坑工作面施工。竖井贯通前采用压入式通风,竖井贯通后采用斜井立体巷道式通风。

(5)4 号斜井工区:采用压入式通风。

(6)出口工区:采用压入式通风。

各工区最长压入式通风长度及局部风机通风长度设计见表 4-57。

各工区压入式通风长度及局部风机通风长度设计表　　表 4-57

序号	工　区	压入式通风长度(m)										
		正洞各阶段						平行导坑各阶段			斜井	泄水横洞
		1	2	3	4	5	6	1	2	3		
1	进口工区	1717										
2	1 号斜井工区	1373	1320	2007	2133			1400	2170		634	460
3	2 号斜井工区	2540	2071	2314				1528	379	2205	896	
4	3 号斜井工区	700	650	550	500	1250	1300	750			3500	
5	4 号斜井工区	2100	2150								600	
6	出口工区	1400										

注:实际通风长度根据现场开挖进度和施工组织安排进行调整。

4.8.5　各工作面需风量计算

隧道施工作业面所需通风量应根据隧道内同时工作的最多人数所需要的通风量、一次起爆炸药量所产生的有害气体降低到允许浓度所需要的通风量、隧道内同时作业的内燃机械产生的有害气体稀释到允许浓度所需要的通风量,并取其中的最大值作为隧道施工作业面的需风量,最后按最低风速进行验算。

1)需风量计算参数

正盘台隧道各工作面需风量计算相关参数见表 4-58。

正盘台隧道各工作面需风量计算相关参数表　　表 4-58

序号	项　目　名　称		参　数　值
1	开挖面积(m²)	正洞	137
		平行导坑、泄水横洞	43
		斜井	47

序号	项目名称		参数值
2	一次爆破炸药量(kg)	正洞	300
		平行导坑、泄水横洞	118
		斜井	115
3	洞内最多作业人数(人)	正洞	100
		平行导坑、泄水横洞、斜井	45
4	通风换气长度(m)		120
5	内燃机械设备功率(kW)	装载机	162
		出渣汽车	215
		挖掘机	130
6	百米漏风率平均值		0.01
7	爆破排烟时间(min)		15
8	摩擦阻力系数	风管	0.0033
		模筑混凝土	0.0038
		喷射混凝土	0.0055

2)需风量计算结果

(1)按洞内同时作业最多人数

按洞内同时作业最多人数计算需风量,计算公式如下:

$$Q_人 = q_人 \cdot n \tag{4-19}$$

式中：$Q_人$——洞内同时作业最多人数需风量(m^3/min)；

$q_人$——工作面每一作业人员的需风量[$m^3/(min \cdot 人)$],取3；

n——工作面同时作业的最多人数(人)。

经计算,正洞工作面需风量为300m^3/min,斜井、平行导坑和泄水横洞工作面需风量为135m^3/min。

(2)按开挖面爆破排烟

按开挖面爆破排烟计算需风量,计算公式如下:

$$Q_0 = \frac{7.8}{t} \sqrt[3]{A(S \cdot L)^2} \tag{4-20}$$

式中：Q_0——开挖面爆破排烟需风量(m^3/min)；

A——同时爆破炸药量(kg)；

t——通风时间(min)；

L——通风换气长度(m)；

S——隧道断面面积(m^2)。

隧道内通风换气长度按120m计算,通风时间取15min,该时间为爆破人员允许进入工作面检查爆破效果的最短通风时间。经计算,正洞工作面需风量为1917m^3/min,斜井开挖面需风量为673m^3/min,平行导坑和泄水横洞开挖面需风量为690m^3/min。

（3）按内燃机械设备总功率

按内燃机械设备总功率计算需风量，计算公式如下：

$$Q_内 = H_内 \cdot q_内 \cdot a_内 \qquad (4\text{-}21)$$

式中：$Q_内$——内燃机械设备总功率需风量（m³/min）；

　　　$H_内$——内燃机械总功率（kW）；

　　　$q_内$——内燃机械单位功率供风量[m³/(min·kW)]，取 3；

　　　$a_内$——内燃机效率。

经计算，正洞工作面需风量为 1939m³/min，斜井、平行导坑和泄水横洞工作面需风量为 1131m³/min。

（4）按最低风速（排尘最低风速）

按最低风速（排尘最低风速）计算需风量，计算公式如下：

$$Q_风 = S \cdot v \qquad (4\text{-}22)$$

式中：$Q_风$——最低风速（排尘最低风速）需风量（m³/min）；

　　　S——隧道最大开挖断面积（m²）；

　　　v——隧道内允许最小风速（m/s），取 0.15。

经计算，正洞工作面需风量为 1098m³/min，斜井工作面需风量为 369m³/min，平行导坑和泄水横洞工作面需风量为 378m³/min。

统计以上计算结果，各种条件下隧道工作面需风量见表 4-59。

各种条件下隧道工作面需风量计算表

表 4-59

序号	计 算 条 件	隧道工作面需风量（m³/min）			
		正洞	斜井	平行导坑	泄水横洞
1	按洞内同时作业最多人数	300	135	135	135
2	按开挖面爆破排烟	1917	673	690	690
3	按内燃机械设备总功率	1939	1131	1131	1131
4	按最低风速（排尘最低风速）	1098	369	378	378
5	综合条件	1939	1131	1131	1131

综合以上计算结果：正洞按内燃机械作业需风量为控制风量，工作面需风量为 1939m³/min；斜井、平行导坑和泄水横洞按内燃机械作业需风量为控制风量，工作面需风量为 1131m³/min。

4.8.6　风机提供的风量计算

压入式通风机提供的风量，计算公式如下：

$$Q_f = \frac{Q_内}{(1-\beta)^{\frac{L}{100}}} \qquad (4\text{-}23)$$

式中：Q_f——压入通风机提供的风量（m³/min）；

　　　$Q_内$——内燃机械设备总功率需风量（m³/min）；

　　　β——风管平均百米漏风率；

125

L——风管长度(m)。

根据各工区最长压入式通风长度,结合各工作面需风量,可以计算出各工区工作面压入式轴流风机的供风量,计算结果见表4-60。

正盘台隧道各工区工作面轴流风机供风量计算表 表4-60

序号	工 区	轴流风机提供的风量(m³/min)									斜井	泄水洞
		正洞各阶段						平行导坑各阶段				
		1	2	3	4	5	6	1	2	3		
1	进口工区	2304										
2	1号斜井工区	2226	2214	2372				1302	1407		1205	1185
3	2号斜井工区	2503	2388	2447				1319	1175	1412	1238	
4	3号斜井工区	2022	2023	2033	2031	2306	2313	1220			1372	
5	4号斜井工区	2390	2399								1199	
6	出口工区	2224										

4.8.7 通风竖井直径确定

正盘台隧道2号、3号斜井工区工作面多,通风难度大,因此,增加了施工期间通风竖井。通风竖井应满足的通风要求见表4-61。

通风竖井应满足的通风要求 表4-61

施 工 区 段	竖井进风量(m³/min)	竖井深度(m)	竖井使用时长(d)
2号斜井工区	7458	192	240
3号斜井工区	7677	302	210

根据类似工程经验,通风竖井直径可以按照竖井开挖费用和通风动力费用的总和来确定,按式(4-24)计算。

$$A = \frac{8\lambda \cdot \rho \cdot L}{\pi^2 D^5 \cdot \eta_1 \cdot \eta_2 \cdot 1000} \cdot t \cdot Q^3 \cdot e +$$
$$(2357.5D^4 - 21266D^3 + 70498D^2 - 98678D + 52769) \cdot L \qquad (4\text{-}24)$$

式中:A——竖井开挖费用和通风动力费用的总和(元);

λ——沿程阻力系数;

ρ——空气密度(kg/m³);

L——竖井深度(m);

D——竖井直径(m);

η_1——风机效率,取0.60;

η_2——电机效率,取0.93;

t——通风时间(min);

Q——竖井进风量(m³/s);

e——电费单价(元/度)。

为了使竖井开挖费用和通风动力费用总和最少,可以对关系式(4-25)求一阶导数,并令其

为零,得到如下方程:

$$\frac{40\lambda \cdot \rho \cdot L}{\pi^2 D^6 \cdot \eta_1 \cdot \eta_2 \cdot 1000} \cdot t \cdot Q^3 \cdot e + (9430D^3 - 63798D^2 + 140996D - 98678) \cdot L = 0$$

$$(4\text{-}25)$$

采用拉弦法解该方程,从而得到通风竖井的最佳直径。经计算,2 号斜井工区通风竖井最佳直径为 2.919m,3 号斜井工区通风竖井最佳直径为 2.997m。因此,通风竖井直径可取 3.0m。正盘台隧道通风竖井如图 4-49 所示。

a)   b)

图 4-49　正盘台隧道通风竖井

4.8.8　风管直径选择

风管选型原则为在断面允许的情况下尽量选取大直径风管。考虑到运输设备影响,进口工区选择 $\phi1800$mm 的风管,1 号斜井工区选择 $\phi1800$mm、$\phi2000$mm 的风管,2 号斜井工区选择直径 $\phi1600$mm、$\phi1800$mm、$\phi2000$mm 的风管,3 号斜井工区选择 $\phi1200$mm、$\phi1800$mm、$\phi2000$mm 的风管,4 号斜井工区斜井选择 $\phi1800$mm 的风管,出口工区选择 $\phi1800$mm 的风管。

4.8.9　轴流风机选择

轴流风机按照困难阶段进行选择,然后兼顾通风过程中其他各阶段,通风管路的阻力与风机风量的关系式为:

$$P = \frac{400\lambda \cdot \rho}{\pi^2 d^5} \cdot \frac{(1-\beta)^{\frac{2L}{100}} - 1}{\ln(1-\beta)} \cdot Q_F^2 \qquad (4\text{-}26)$$

式中:P——风管阻力(Pa);

λ——沿程阻力系数;

ρ——空气密度(kg/m^3);

d——风管直径(m);

β——风管平均百米漏风率;

L——风管长度(m);

Q_F——风机工作点风量(m^3/s)。

（1）进口工区

压入式通风长度为 1717m，风机选用 SDF(p)-No16（2×110kW，叶片角度 +3°）型风机，风机与风管匹配结果如图 4-50 所示，风机风量为 2899m³/min > 2304m³/min，静压为 3588Pa，满足要求。

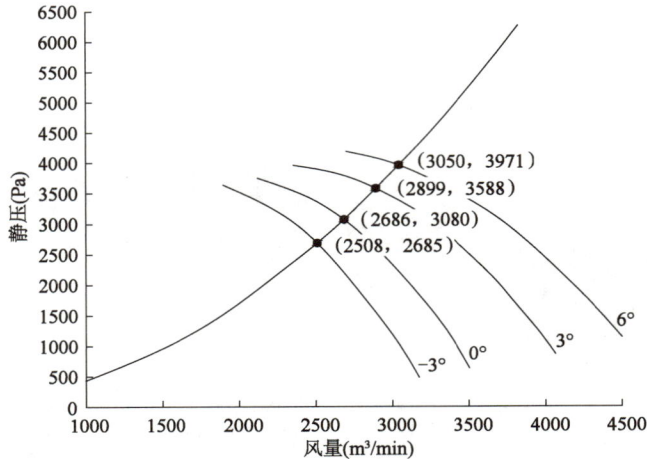

图 4-50　进口工区风机与风管匹配结果

（2）1 号斜井工区

1 斜井工区新增平行导坑施工前，正洞 ZD1-1 工作面压入式通风长度为 1514m，ZD1-2 工作面压入式通风长度 2083m。选用直径 1.8m 的风管，SDF(p)-No16 型风机（2×110kW，叶片角度 +3°），风机与风管匹配结果如图 4-51 所示。风机工况点风量为 2997m³/min，静压为 3461Pa，满足要求。

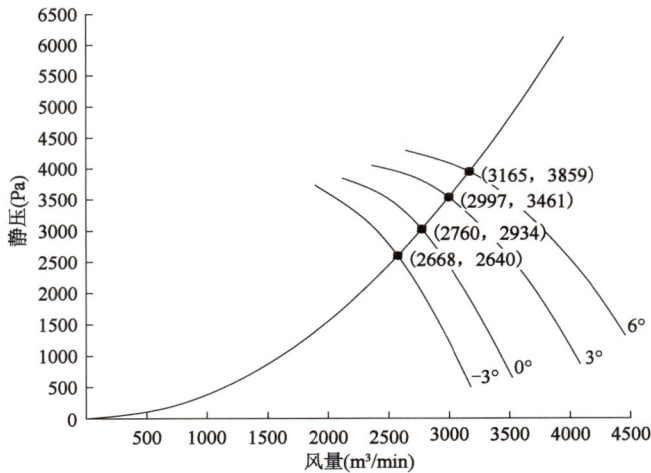

图 4-51　1 号斜井工区新增平行导坑施工前风机与风管匹配结果

1 号斜井增加平行导坑施工后，根据施工组织安排，斜井口风机给正洞 ZD1-2 工作面、平行导坑 PD1-1 工作面和斜井左支洞工作面同时供风。ZD1-2 工作面压入式通风长度为

1320m,PD1-1 工作面压入式通风长度为 1400m,斜井左支洞工作面压入式通风长度为 803m。选用 2×AVH180 型风机(2×500kW,叶片角度 +60°),风机与风管匹配结果如图 4-52 所示。风管风阻为 0.49084N·S^2/m^8,风机风压为 6334Pa。ZD1-2 工作面风管出风口风量为 2805m^3/min>1939m^3/min,PD1-1 工作面风管出风口风量为 1774m^3/min>1131m^3/min,斜井左支洞工作面风管出风口风量为 1674m^3/min>1131m^3/min,满足要求。

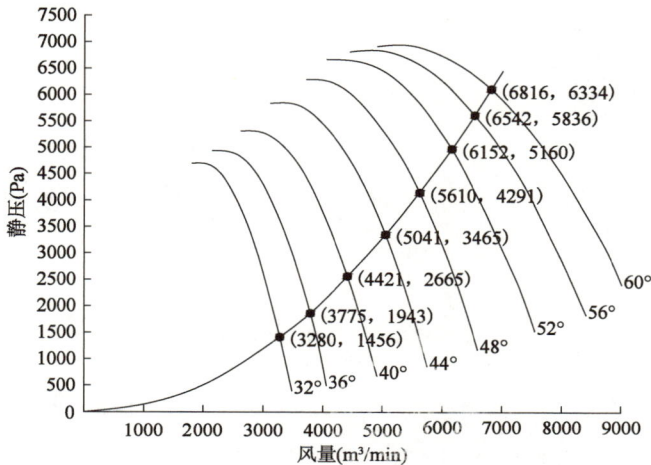

图 4-52 1 号斜井工区新增平行导坑施工后风机与风管匹配结果(右侧工作面)

1 号斜井正洞 ZD1-1 工作面压入式通风长度为 1373m,泄水横洞 XSD1-2 工作面压入式通风长度为 1244m,SC 工作面压入式通风长度为 1334m。ZD1-1、XSD1-2、SC 工作面在斜井内只能共享一路 ϕ2000mm 的风管,泄水横洞和右支洞交叉口分成两路 ϕ2000mm 的风管分别往 XSD1-2 工作面和 SC 工作面送风。选用 2×AVH180 型风机(2×500kW,叶片角度 +60°),风机与风管匹配结果如图 4-53 所示。风管风阻为 0.51694N·S^2/m^8,风机风压为 6450Pa。ZD1-1 工作面风管出风口风量为 2882m^3/min>1939m^3/min,XSD1-2 工作面风管出风口风量为 1928m^3/min>1131m^3/min,SC 工作面风管出风口风量为 1247m^3/min>1131m^3/min,满足要求。

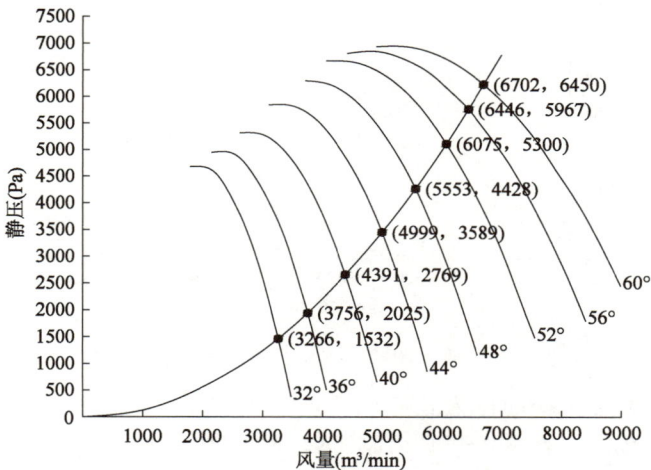

图 4-53 1 号斜井工区新增平行导坑施工后风机与风管匹配结果(左侧工作面)

京张高铁重难点隧道修建关键技术

泄水横洞 XSD1-1 工作面压入式通风长度为 460m,选用 $\phi 1800mm$ 的风管,选用 SDF(p)-No16 风机(2×110kW,叶片角度 +3°),风机与风管匹配结果如图 4-54 所示。风机风量为 3899m³/min>1195m³/min,静压为 2291Pa,满足要求。

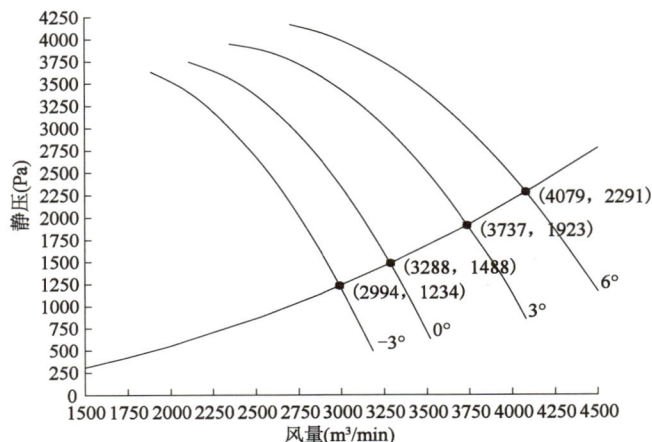

图 4-54　1 号斜井工区新增平行导坑施工后风机与风管匹配结果(泄水横洞工作面)

泄水横洞贯通后,在泄水横洞口安装三台 SDF(p)-No16 型风机(2×110kW,叶片角度 +6°),分别向 SC 工作面、ZD1-1 工作面、PD1-1 工作面送风,风机与风管匹配结果如图 4-55 所示。风机风压为 3563Pa,ZD1-1 工作面风管出风口风量为 3745m³/min>1939m³/min,PD1-1 工作面风管出风口风量为 3745m³/min>1131m³/min,SC 工作面风管出风口风量为 3695m³/min>1131m³/min,满足要求。

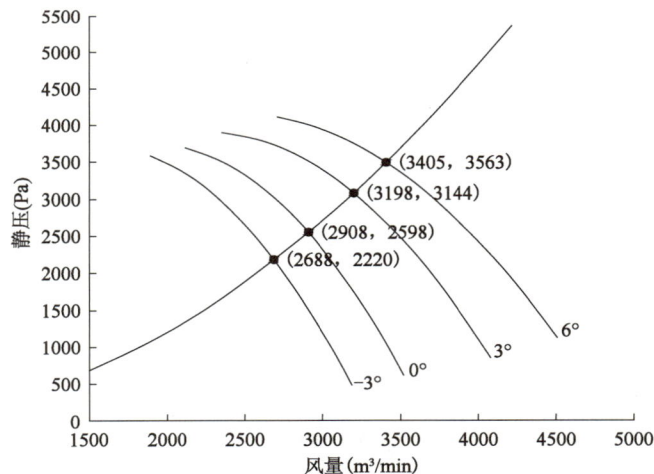

图 4-55　1 号斜井工区泄水横洞贯通后风机与风管匹配结果(右侧工作面)

1 号斜井正洞 ZD1-2 工作面压入式通风长度为 1320m,ZD1-3 工作面压入式通风长度为 2007m,选用 2×AVH180 型风机,风机与风管匹配结果如图 4-56 所示。风机风压为 7198Pa,ZD1-2 工作面风管出风口风量为 5356m³/min>1939m³/min,ZD1-3 工作面风管出风口风量为

$5024\text{m}^3/\text{min} > 1939\text{m}^3/\text{min}$，满足要求。

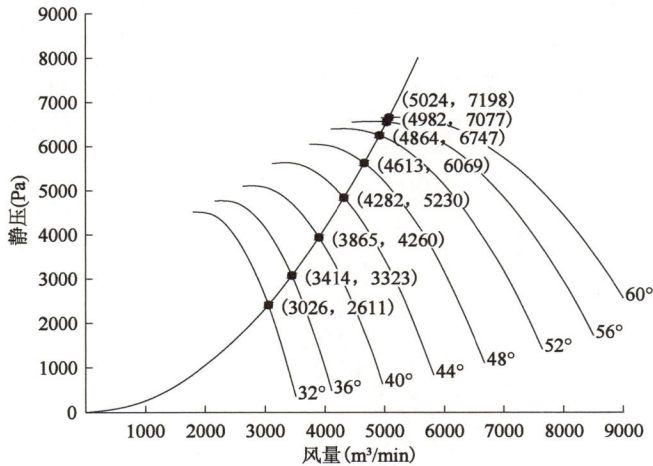

图 4-56 1 号斜井工区新增泄水横洞贯通后风机与风管匹配结果（左侧工作面）

（3）2 号斜井工区

2 号斜井新增平行导坑施工前，2 号斜井工区正洞 ZD2-1 工作面压入式通风长度为 2230m，选用 ϕ1800mm 的风管，选用 SDF（p）-No16 风机（2×110kW，叶片角度 +6°），风机与风管匹配结果如图 4-57 所示。风机工况点风量为 $2811\text{m}^3/\text{min} > 2547\text{m}^3/\text{min}$，静压为 4143Pa，满足要求。

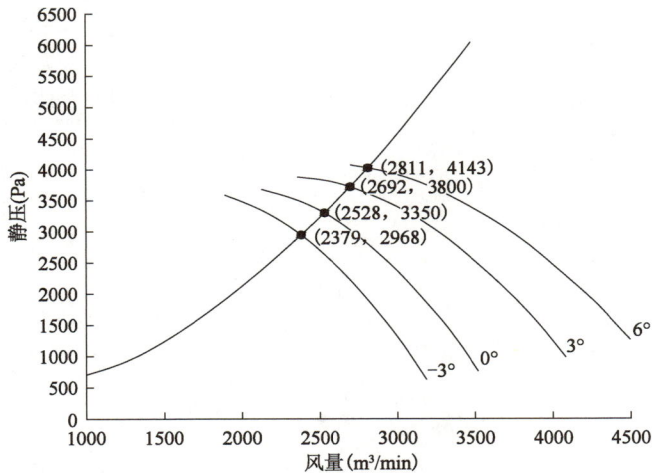

图 4-57 2 号斜井工区新增平行导坑前风机与风管匹配结果（右侧工作面）

2 号斜井正洞 ZD2-2 工作面压入式通风长度 3011m。选用 ϕ2000mm 的风管，选用 SDF（p）-No16 风机（2×110kW，叶片角度 +6°），风机与风管匹配结果如图 4-58 所示。风机工况点风量为 $3158\text{m}^3/\text{min} > 2432\text{m}^3/\text{min}$，静压为 3866Pa，满足要求。

2 号斜井新增平行导坑施工后，正洞 ZD2-1 工作面压入式通风长度为 2540m，平行导坑 PD2-1 工作面压入式通风长度为 1528m。由于 2 号斜井增开作业面多，风管布置数量和尺寸受斜井断面限制,ZD2-1 工作面和 PD2-1 工作面在斜井内只能共享一路 ϕ2000mm 的风管,正洞和斜井交叉口分成一路 ϕ1800mm 的风管和一路 ϕ1600mm 的风管分别往 ZD2-1 工作面和 PD2-1 工作面送风。选用 2×AVH160 型风机(2×200kW,叶片角度+60°),风机与风管匹配结果如图 4-59 所示。风机风压为 4547Pa,ZD2-1 工作面风管出风口风量为 2404m³/min > 1939m³/min,PD2-1 工作面风管出风口风量为 1409m³/min > 1131m³/min,满足要求。

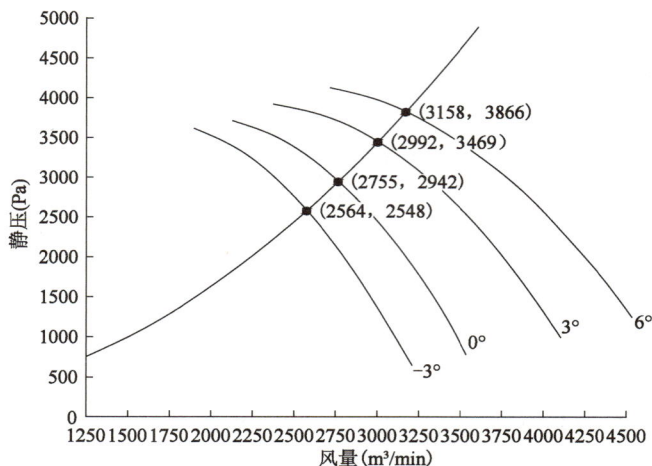

图 4-58　2 号斜井工区新增平行导坑前风机与风管匹配结果(左侧工作面)

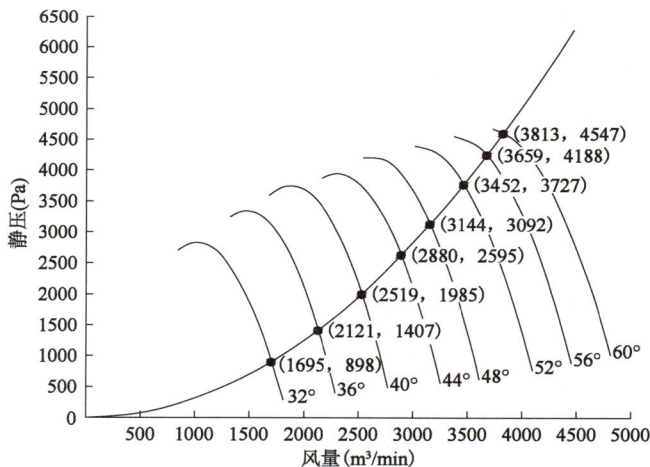

图 4-59　2 号斜井工区新增平行导坑后风机与风管匹配结果(右侧工作面)

　　2 号斜井正洞 ZD2-2 工作面压入式通风长度为 2071m,平行导坑 PD2-3 工作面压入式通风长度为 2205m。由于 2 号斜井增开作业面多,风管布置数量和尺寸受斜井断面限制,ZD2-2 工作面和 PD2-3 工作面在斜井内只能共享一路 ϕ2000mm 的风管,正洞和斜井交叉口分成一路 ϕ1800mm 的风管和一路 ϕ1600mm 的风管分别往 ZD2-2 工作面和 PD2-3 工作面送风。选用 2×AVH160 型风机(2×200kW,叶片角度+60°),风机与风管匹配结果如图 4-60 所示。风机风压为 4151Pa,ZD2-2 工作面风管出风口风量为 2539m³/min > 1939m³/min,PD2-3 工作面风

管出风口风量为 $1517m^3/min > 1131m^3/min$,满足要求。

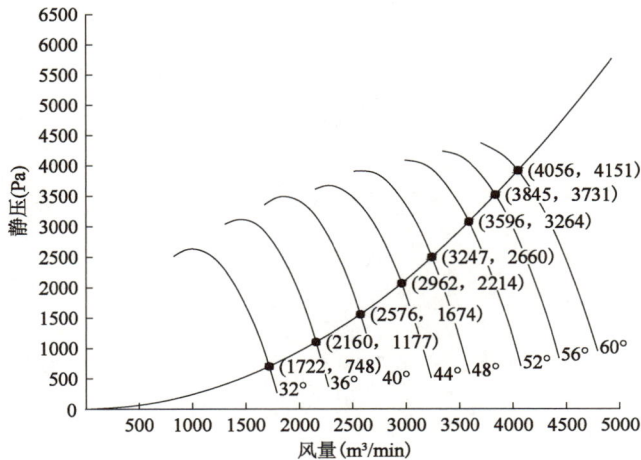

图4-60　2号斜井工区新增平行导坑后风机与风管匹配结果(左侧工作面)

　　2号斜井通风最困难时期为 ZD2-1、ZD2-2、ZD2-3 和 PD2-1、PD2-3 五个正洞工作面同时施工,ZD2-1 和 ZD2-2 工作面分别通过斜井井口的 $2 \times AVH160$ 型风机($2 \times 200kW$,叶片角度 $+60°$)送风,PD2-1、PD2-3 工作面和 ZD2-3 工作面由竖井送风,竖井长度 192m,此阶段开始采用斜井立体巷道式通风。

　　2号斜井平导 PD2-1 工作面局部风机通风长度为 1528m,选用 $\phi1800mm$ 的风管,局部风机选用 SDF(p)-No11.5 型风机($2 \times 75kW$,叶片角度 $+3°$),风机与风管匹配结果如图 4-61 所示。风机工况点风量为 $2295m^3/min > 1131m^3/min$,静压为 2187Pa,满足要求。

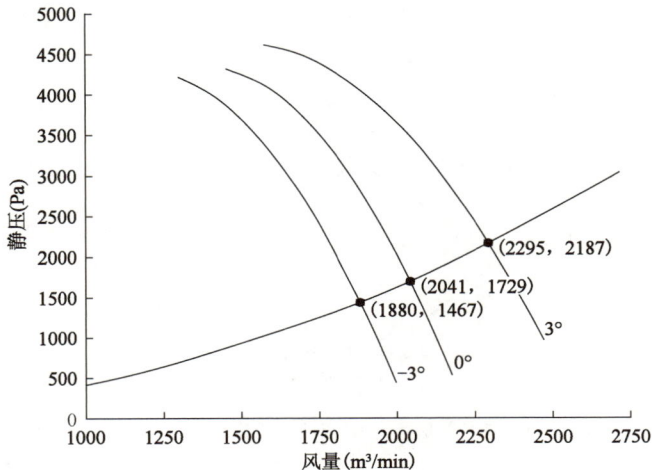

图4-61　2号斜井工区最困难时期5个工作面通风风机与风管匹配结果(PD2-1 工作面)

　　2号斜井平导 PD2-2 工作面局部风机通风长度为 379m,PD2-3 工作面局部风机通风长度为 2205m。PD2-2、PD2-3 工作面选用 $\phi1800mm$ 的风管,局部风机选用 SDF(p)-No11.5 型风机($2 \times 75kW$,叶片角度 $+3°$),风机与风管匹配结果如图 4-62 所示。风机工况点风量为

$2235 \text{m}^3/\text{min} > 1131 \text{m}^3/\text{min}$，静压为 2545Pa，两个工作面不同时进行出渣作业的情况下满足要求。

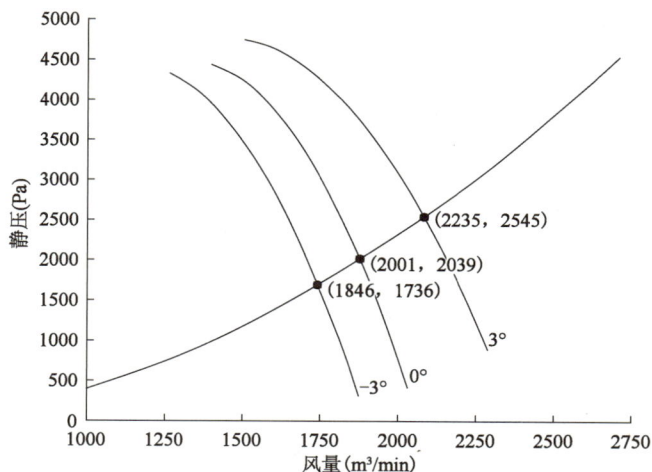

图 4-62　2 号斜井工区最困难时期 5 个工作面通风风机与风管匹配结果（PD2-2、PD2-3 工作面）

2 号斜井正洞 ZD2-3 工作面局部风机通风长度为 2314m，风管选用 φ2000mm 的风管，局部风机选用 SDF(p)-No16 型风机（2×110kW，叶片角度 +6°），风机与风管匹配结果如图 4-63 所示。风机工况点风量为 $3413 \text{m}^3/\text{min} > 2413 \text{m}^3/\text{min}$，静压为 3552Pa，满足要求。

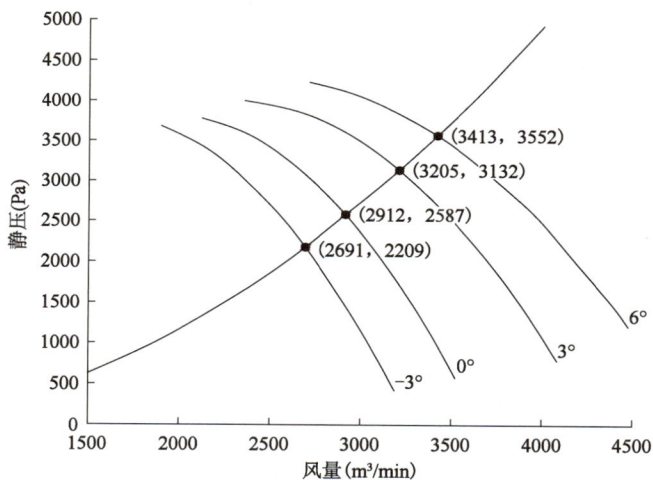

图 4-63　2 号斜井工区最困难时期 5 个工作面通风风机与风管匹配结果（ZD2-3 工作面）

（4）3 号斜井工区

3 号斜井新增平行导坑施工前，正洞 ZD3-5 工作面压入式通风长度为 2205m，选用 φ1800mm 的风管，选用 SDF(p)-No16 型风机（2×110kW，叶片角度 +6°），风机与风管匹配结果如图 4-64 所示。风机工况点风量为 $2821 \text{m}^3/\text{min} > 2306 \text{m}^3/\text{min}$，静压为 4138Pa，满足要求。

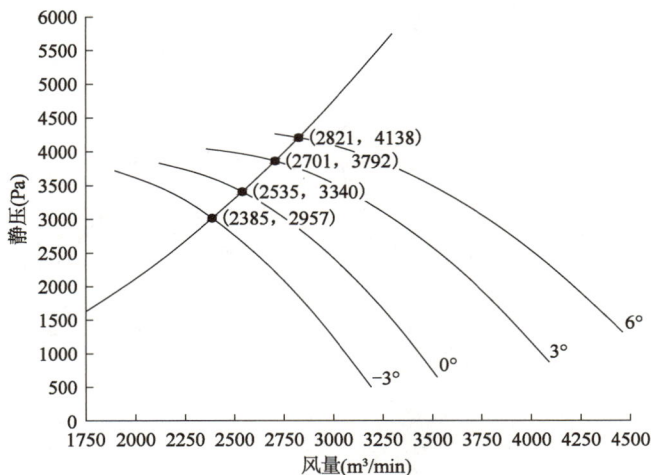

图 4-64　3 号斜井工区新增平行导坑前风机与风管匹配结果（左侧工作面）

3 号斜井正洞 ZD3-6 工作面压入式通风长度 2242m。选用 ϕ1800mm 的风管,选用 SDF（p）-No16 型风机,风机与风管匹配结果如图 4-65 所示。风机工况点风量为 2806m³/min ＞ 2313m³/min,静压为 4146Pa,满足要求。

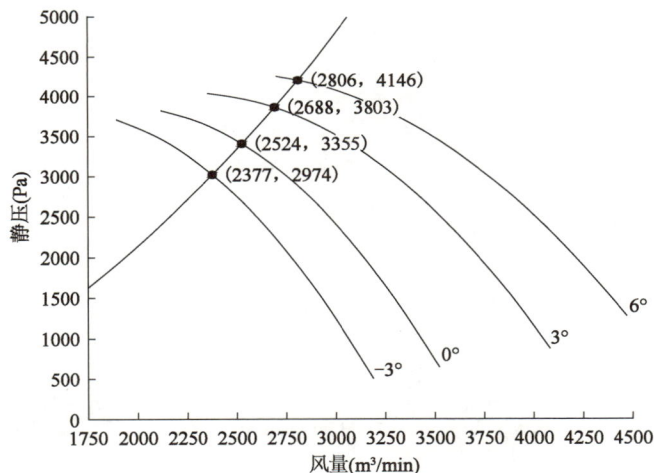

图 4-65　3 号斜井工区新增平行导坑前风机与风管匹配结果（右侧工作面）

3 号斜井新增平行导坑施工后,3-1 支洞和 3-3 支洞工作面压入式通风长度单口为 2000m,选用一路 ϕ2000mm 的风管,在 3-1 支洞和 3-2 支洞交叉口连接 ϕ1800mm 的风管分别往两工作面送风。选用 SDF（p）-No16 型风机,风机与风管匹配结果如图 4-66 所示。风机风压为 4370Pa,3-1 支洞工作面风管出风口风量为 1790m³/min ＞1131m³/min,3-3 支洞工作面风管出风口风量为 1790m³/min ＞1131m³/min,满足要求。

3 号斜井 3-2 支洞进正洞,ZD3-5 工作面压入式通风长度为 1250m,ZD3-6 工作面压入式通风长度为 1300m。选用 ϕ2000mm 的风管,选用 SDF（p）-No18 型风机,风机与风管匹配结果如图 4-67 所示。静压为 4159Pa,ZD3-5 工作面风管出风口风量为 2095m³/min ＞1939m³/min,

135

ZD3-6 工作面风管出风口风量为 1943 m³/min > 1939m³/min，满足要求。

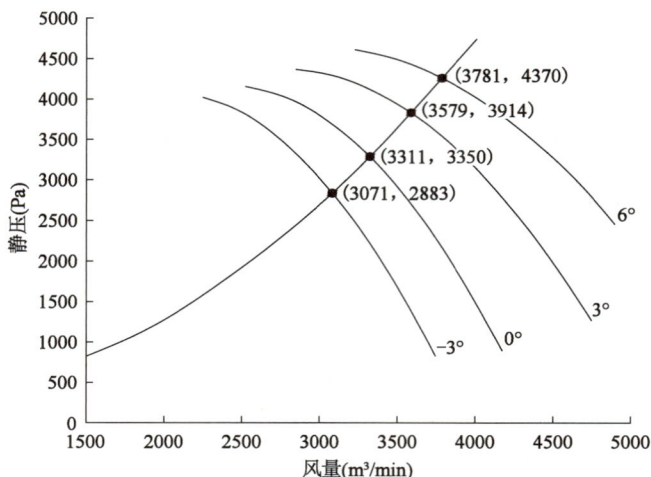

图 4-66　3 号斜井工区新增平行导坑后风机与风管匹配结果（左侧工作面）

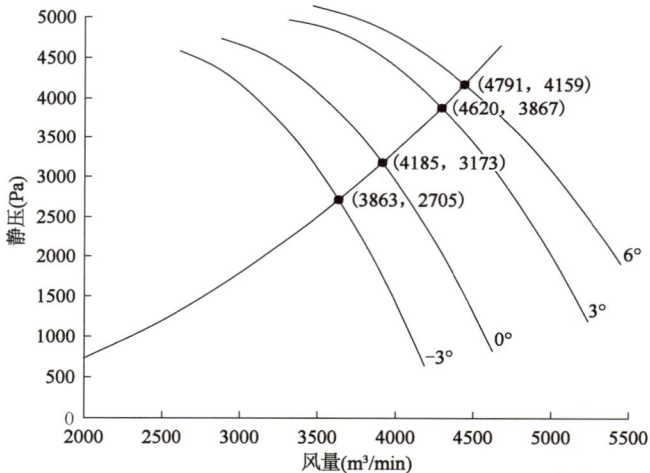

图 4-67　3 号斜井工区新增平行导坑后风机与风管匹配结果（右侧工作面）

通风最困难时期为 ZD3-3、ZD3-4、ZD3-5、ZD3-6 和 PD3-1 五个工作面同时施工，ZD3-3、ZD3-4、PD3-1 三个工作面通过通风竖井送风，通风竖井长度 302m。从该阶段开始采用斜井立体巷道式通风。ZD3-3 工作面局部风机通风长度为 550m，ZD3-4 工作面局部风机通风长度为 500m。ZD3-3 和 ZD3-4 工作面在联络通道内共享一路 φ2000mm 的风管，在 3-3 支洞和 3-1 支洞交叉口分成两路 φ1800mm 的风管分别往正洞大小里程送风。局部风机选用 SDF(p)-No16 型风机，风机与风管匹配结果如图 4-68 所示。风机风压为 1695Pa，ZD3-3 工作面风管出风口风量为 2036m³/min > 1939m³/min，ZD3-4 工作面风管出风口风量为 2080m³/min > 1939m³/min，满足要求。

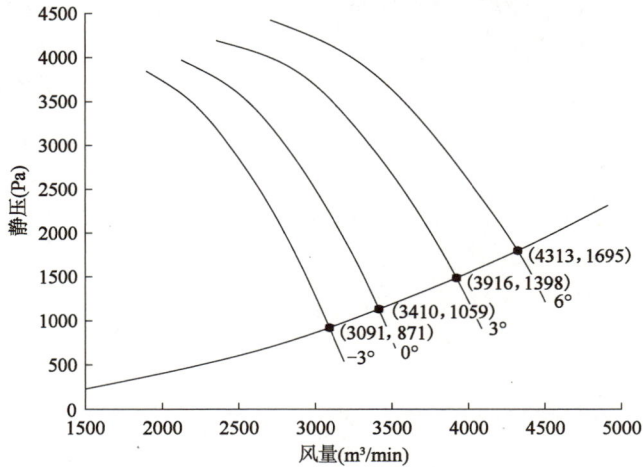

图 4-68　3 号斜井工区最困难时期 5 个工作面通风风机与风管匹配结果（ZD3-3、ZD3-4 工作面）

　　3-1 支洞进入平行导坑和正洞，ZD3-1 工作面局部风机通风长度为 700m，ZD3-2 工作面局部风机通风长度为 650m，PD3-1 工作面局部风机通风长度为 750m。ZD3-1 和 ZD3-2 工作面在联络通道内共享一路 φ2000mm 的风管，在 3-1 支洞和 3-3 支洞交叉口分成两路 φ1800mm 的风管分别往 ZD3-1 工作面和 ZD3-2 工作面送风。局部风机选用 SDF(p)-No16 型风机，风机与风管匹配结果如图 4-69 所示。风机风压为 1854Pa，ZD3-1 工作面风管出风口风量为 2077m³/min > 1939m³/min，ZD3-2 工作面风管出风口风量为 2000m³/min > 1939m³/min，满足要求。

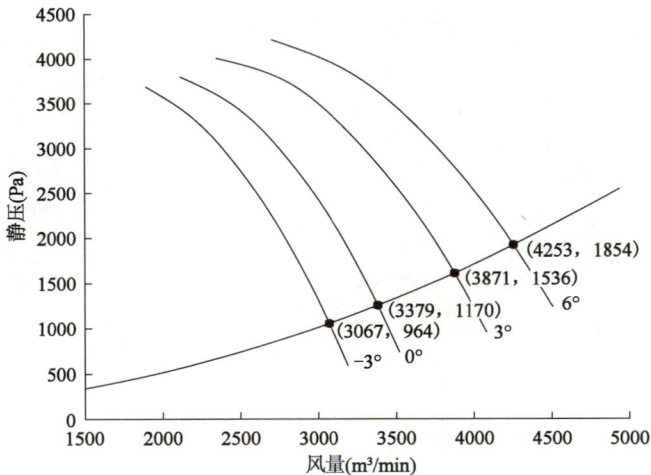

图 4-69　3 号斜井工区最困难时期 5 个工作面通风风机与风管匹配结果（ZD3-1、ZD3-2 工作面）

　　(5)4 号斜井工区

　　4 号斜井工区 ZD4-1 工作面压入式通风长度为 2100m，选用 SDF(p)-No16 型风机，风机与风管匹配结果如图 4-70 所示。风机工况点风量为 2875m³/min > 2390m³/min，静压为 4106Pa，满足要求。

　　4 号斜井工区 ZD4-2 工作面压入式通风长度为 2150m，选用 SDF(p)-No16 风机，风机与风管匹配结果如图 4-71 所示。风机工况点风量为 $2857m^3/min > 2399m^3/min$，静压为 4116Pa，满足要求。

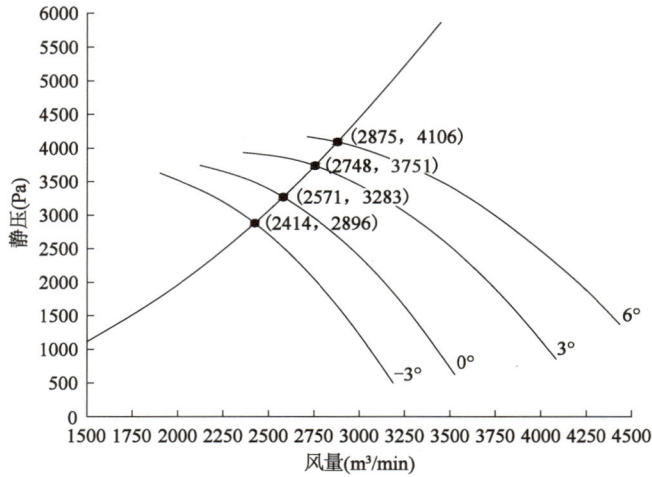

图 4-70　4 号斜井工区风机与风管匹配结果（左侧工作面）

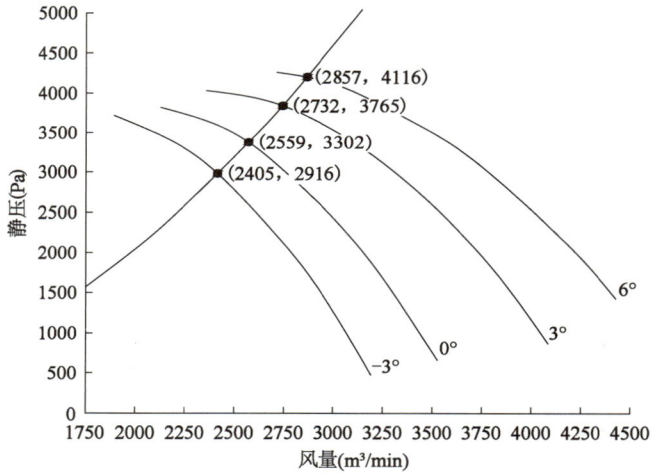

图 4-71　4 号斜井工区风机与风管匹配结果（右侧工作面）

（6）出口工区

出口工区压入式通风长度为 1400m，选用 SDF（p）-No16 风机，风机与风管匹配结果如图 4-72 所示。风机工况点风量为 $3259m^3/min > 2224m^3/min$，静压为 3753Pa，满足要求。

4.8.10　通风系统布置

1）进口工区

进口工区通风系统布置如图 4-73 所示。

2）1 号斜井工区

1 号斜井工区施工通风共分为六个阶段。

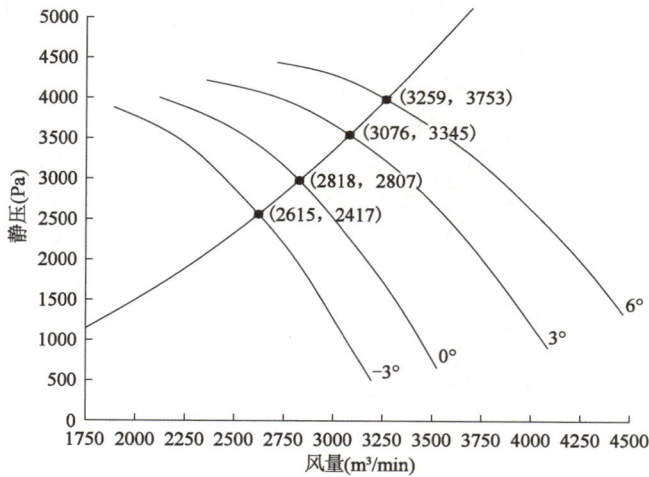

图 4-72　出口工区风机与风管匹配结果

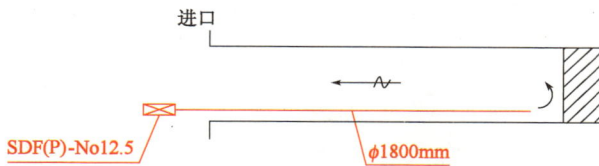

图 4-73　进口工区通风系统布置示意图

（1）第一阶段：斜井施工阶段通风系统布置如图 4-74 所示。

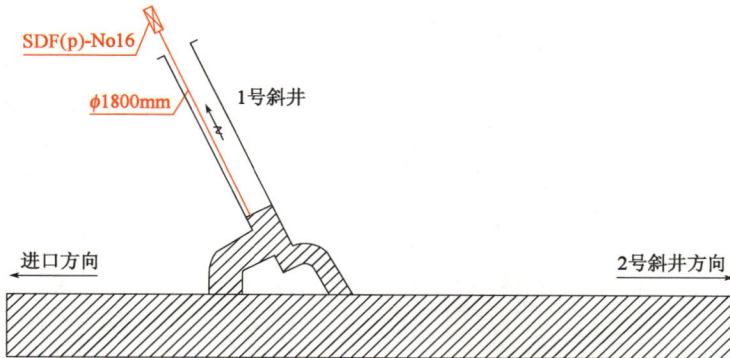

图 4-74　1 号斜井工区第一阶段通风系统布置示意图

（2）第二阶段：斜井进入正洞施工，正洞 ZD1-1 工作面、XSD1-2 工作面和 SC 工作面在斜井内只能共享一路 φ2000mm 的风管，选用 2 × AVH180 型风机送风。在右支洞与泄水横洞交叉口分为三路 φ2000mm 的风管分别往 ZD1-1 工作面、XSD1-2 工作面和 SC 工作面送风。ZD1-2 工作面、左支洞工作面和 PD1-1 工作面在斜井内只能共享一路 φ2000mm 的风管，选用 2 × AVH180 型风机送风。在右支洞与左支洞交叉口分为两路 φ2000mm 的风管分别往（ZD1-2 正洞工作面、PD1-1 工作面）和左支洞工作面送风，在正洞与平行导坑交叉口处分为两路

$\phi2000\text{mm}$ 的风管,分别为 ZD1-2 工作面、PD1-1 工作面送风,XSD1-1 工作面,选用 SDF(p)-No16 型风机配 $\phi1800\text{mm}$ 的风管送风。在左右支洞交叉口处安装一台 SSF12.5 型射流风机,达到引流及加快局部回风速度的效果。1 号斜井第二阶段通风系统布置如图 4-75 所示。

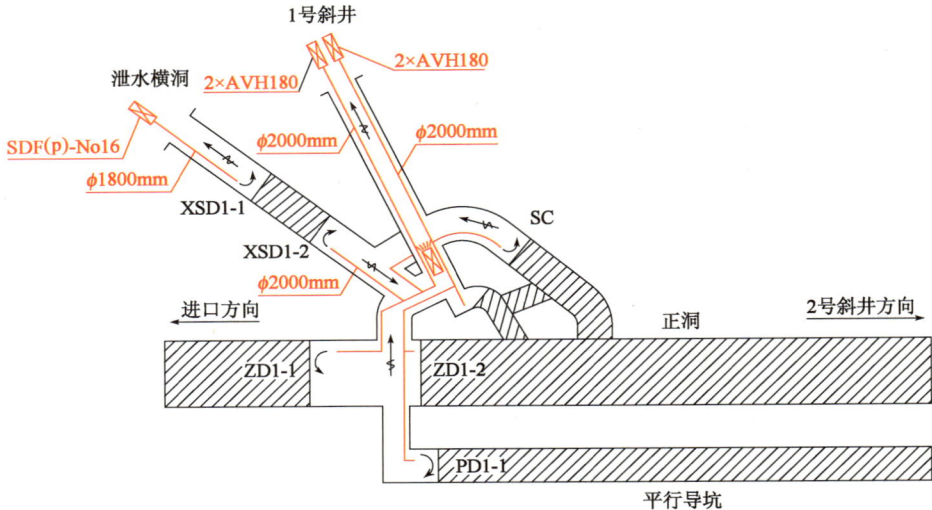

图 4-75　1 号斜井第二阶段通风系统布置示意图

(3)第三阶段:泄水横洞贯通后,斜井口两台 2×AVH180 型风机继续为正洞 ZD1-2 工作面和左支洞工作面送风。在泄水横洞口安装 3 台 SDF(p)-No16 型风机,$\phi2000\text{mm}$ 的风管分别为 SC 工作面,ZD1-1 工作面、PD1-1 工作面送风,射流风机位置不变。1 号斜井工区第三阶段通风系统布置如图 4-76 所示。

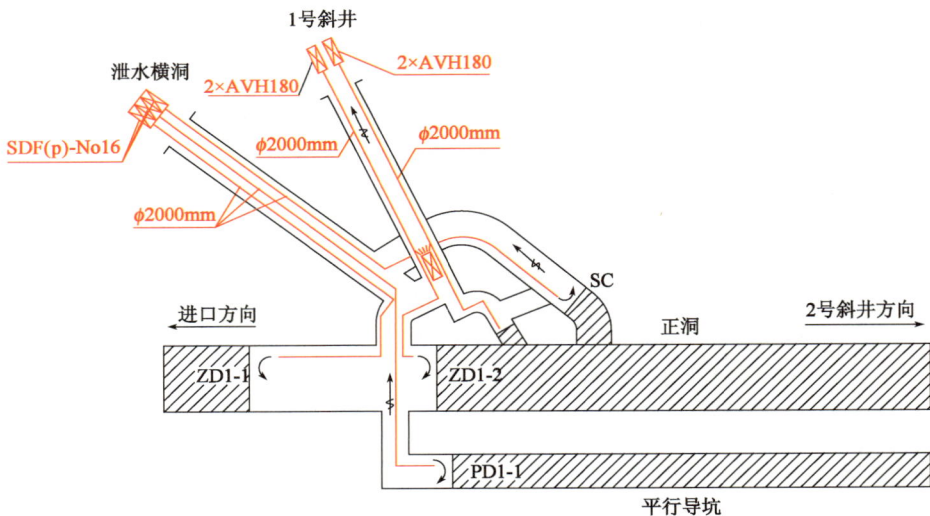

图 4-76　1 号斜井工区第三阶段通风系统布置示意图

(4)第四阶段:1 号斜井 ZD1-1 工作面与进口工区贯通后,增开平行导坑 PD1-2 工作面。PD1-2 工作面、正洞 ZD1-2 工作面由 1 号斜井口两台 2×AVH180 型风机匹配 $\phi2000\text{mm}$ 的风管为两个工作面。泄水洞口风机减少为 2 台,分别供 PD1-1 工作面和 SC 工作面通风。射流风机位置不变。1 号斜井工区第四阶段通风系统布置如图 4-77 所示。

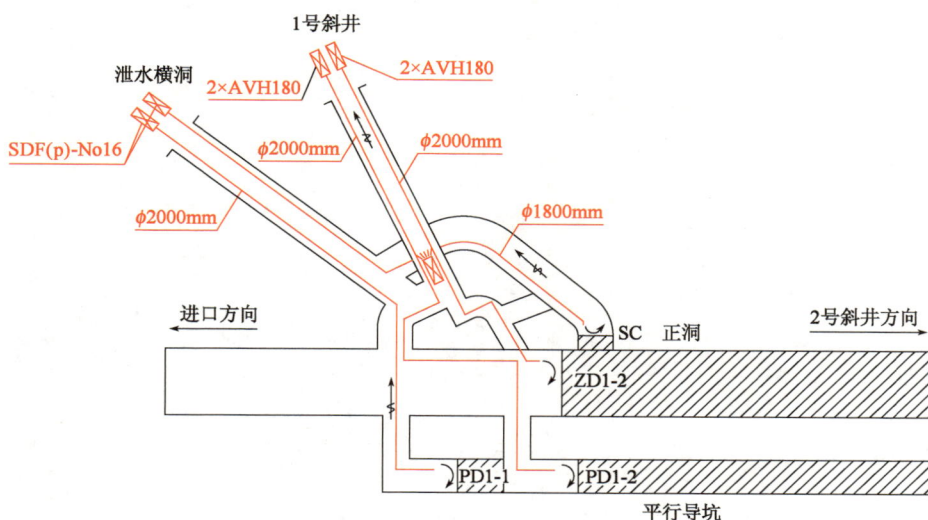

图 4-77 1 号斜井工区第四阶段通风系统布置示意图

(5)第五阶段:1 号斜井平行导坑 PD1-1 工作面完成开挖,增开正洞 ZD1-3 工作面。由斜井口 2 × AVH180 型风机为 ZD1-3 工作面送风。其余各工作面维持上阶段原有的通风系统,射流风机位置不变。1 号斜井工区第五阶段通风系统布置如图 4-78 所示。

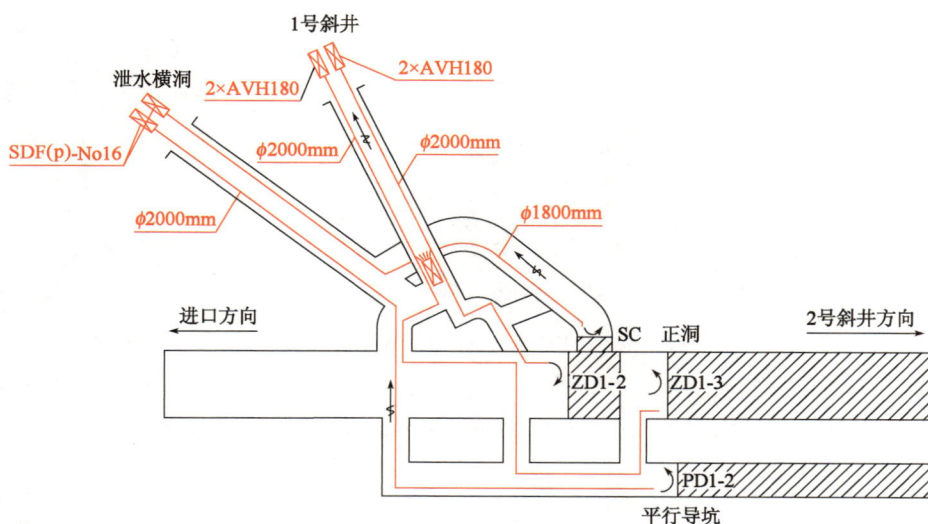

图 4-78 1 号斜井工区第五阶段通风系统布置示意图

(6)第六阶段:1 号斜井 SC 工作面贯通,正洞增开 ZD1-4 工作面贯通。斜井口 2 台 2 × AVH180 型风机分别为正洞 ZD1-2 工作面和 ZD1-3 工作面送风。泄水洞口两台 SDF(p)-No16 型风机分别为 PD1-2 平导工作面和 ZD1-4 正洞工作面送风,在平导中增加 1 台射流风机。1

号斜井工区第六阶段通风系统布置如图 4-79 所示。

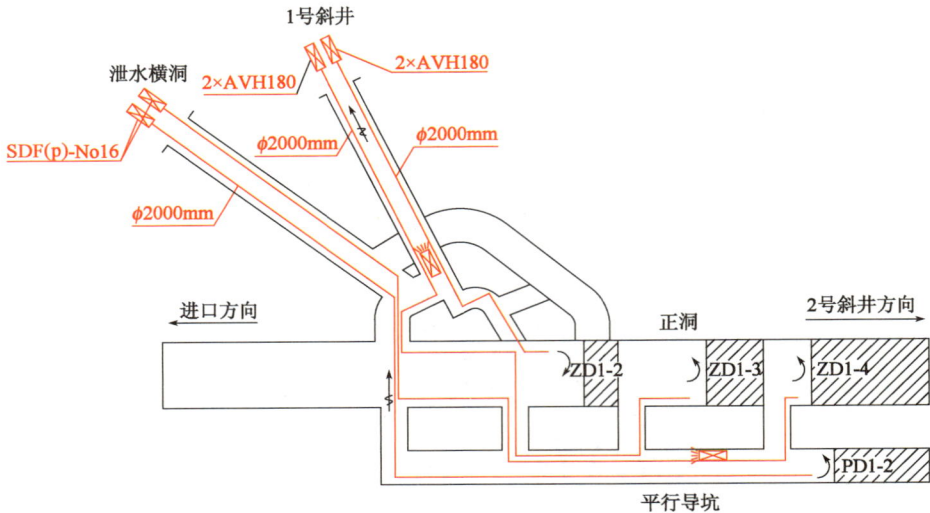

图 4-79　1 号斜井工区第六阶段通风系统布置示意图

3）2 号斜井工区

2 号斜井工区通风竖井贯通前采用压入式通风,竖井贯通后采用斜井立体巷道式通风。2 号斜进工区施工通风共分为六个阶段。

（1）第一阶段:斜井施工阶段。选用 SDF(p)-No16 型风机配 $\phi1800mm$ 的风管。2 号斜井工区第一阶段通风系统布置如图 4-80 所示。

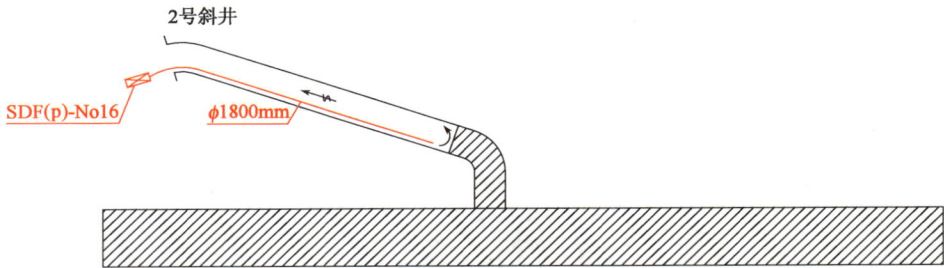

图 4-80　2 号斜井工区第一阶段通风系统布置示意图

（2）第二阶段:正洞施工阶段。小里程方向选用 SDF(p)-No16 型风机配 $\phi1800mm$ 的风管,大里程方向选用 SDF(p)-No16 型风机配 $\phi2000mm$ 的风管。2 号斜井工区第二阶段通风系统布置如图 4-81 所示。

（3）第三阶段:增加平行导坑工作面,该阶段通风竖井开始施工。正洞 ZD2-1 工作面和平行导坑 PD2-1 工作面选用 $2\times$ AVH-160 型风机配 $\phi2000mm$ 的风管,ZD2-1 工作面和 PD2-1 工作面在斜井内只能共享一路风管,正洞和 2 号横通道交叉口分成一路 $\phi1800mm$ 的风管和一路 $\phi1600mm$ 的风管分别往 ZD2-1 工作面和 PD2-1 工作面送风。正洞 ZD2-2 工作面和平行导坑 PD2-3 工作面选用 $2\times$ AVH160 型风机配 $\phi2000mm$ 的风管,ZD2-2 工作面和 PD2-3 工作面在斜井内只能共享一路风管,正洞和 3 号横通道交叉口分成 2 路 $\phi1800mm$ 和 1 路直径 $\phi1600mm$

的风管分别往 ZD2-2 工作面和 PD2-3 工作面送风,在斜井井底安装 1 台 SSF12.5 型射流风机,达到引流及加快局部回风速度的效果。2 号斜井工区第三阶段通风系统布置如图 4-82 所示。

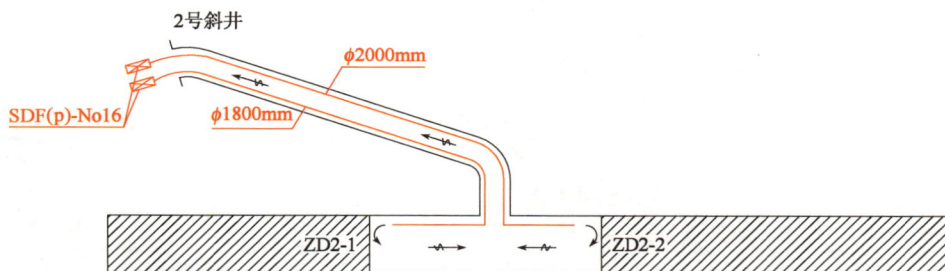

图 4-81　2 号斜井工区第二阶段通风系统布置示意图

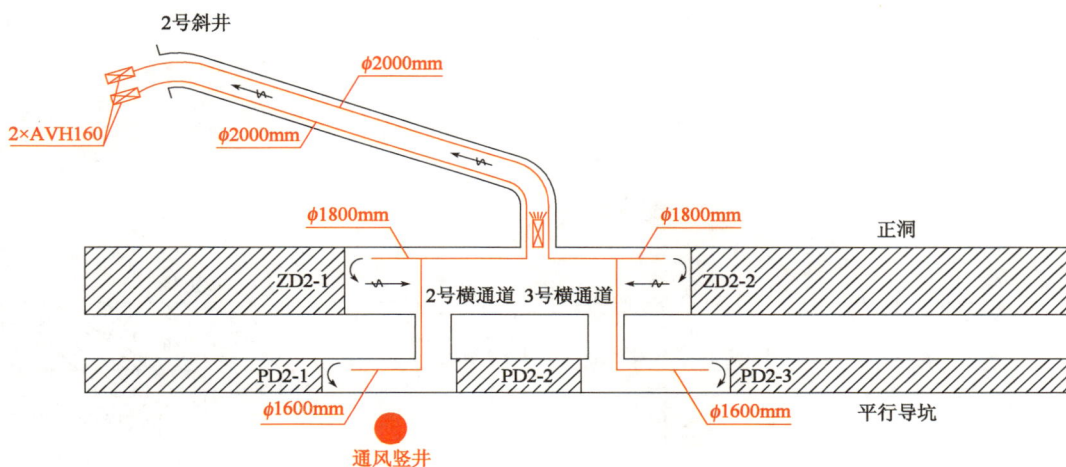

图 4-82　2 号斜井工区第三阶段通风系统布置示意图

(4)第四阶段:通风竖井贯通,采用斜井立体巷道式通风。正洞 ZD2-1 和 ZD2-2 工作面维持上阶段原有的通风系统,平行导坑 PD2-1 工作面和正洞 ZD2-1 工作面不再共享一路风管,平行导坑 PD2-3 工作面和正洞 ZD2-2 工作面不再共享一路风管。平行导坑 PD2-1、PD2-1、PD2-3 工作面由竖井供风,形成斜井立体巷道式通风。平行导坑 PD2-1 工作面局部风机采用 SDF(p)-No11.5 型风机匹配 φ1800mm 的风管送风;平行导坑 PD2-2、PD2-3 工作面局部风机采用 SDF(p)-No11.5 型风机匹配 φ1800mm 的风管送风,射流风机位置不变。2 号斜井工区第四阶段通风系统布置如图 4-83 所示。

(5)第五阶段:平行导坑 PD2-2 工作面贯通,增开正洞 ZD2-3 工作面。平行导坑 PD2-1、PD2-3 工作面,正洞 ZD2-1 和 ZD2-2 工作面维持上阶段原有通风系统,能满足同时出渣运输的要求。正洞 ZD2-3 工作面局部风机采用 SDF(p)-No16 型风机匹配 φ2000mm 的风管送风,在平行导坑 PD2-3 中增加 2 台射流风机。2 号斜井工区第五阶段通风系统布置如图 4-84 所示。

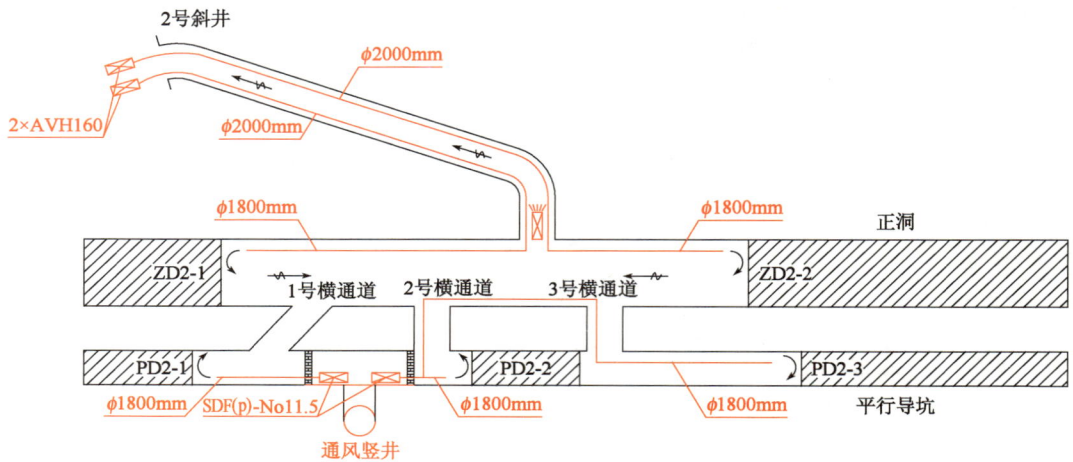

图4-83 2号斜井工区第四阶段通风系统布置示意图

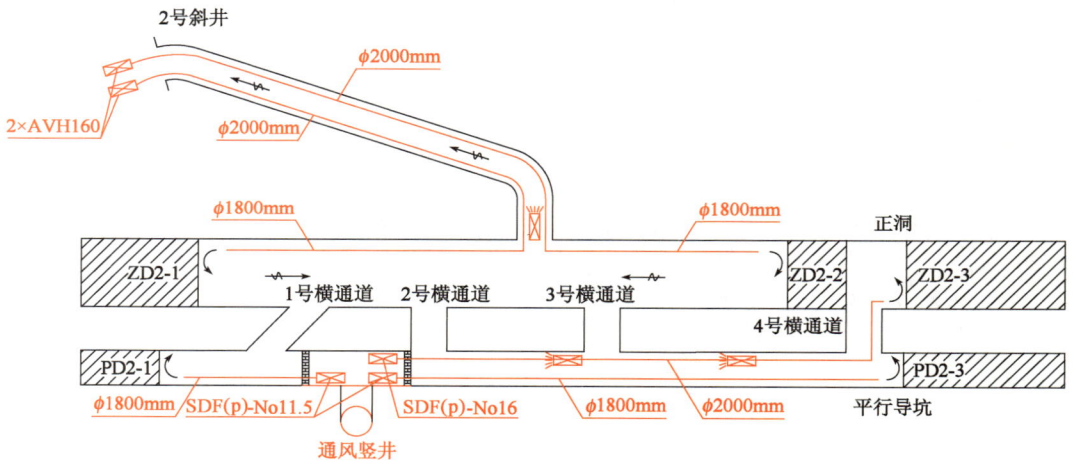

图4-84 2号斜井工区第五阶段通风系统布置示意图

（6）第六阶段：平行导坑PD2-1工作面贯通，增开正洞ZD2-0工作面。正洞ZD2-1、ZD2-2和ZD2-3工作面和平行导坑PD2-3平导工作面维持上阶段原有通风系统，由原PD2-1通风系统为ZD2-0正洞工作面送风。能满足同时出渣运输的要求，在PD2-1中增加2台射流风机。2号斜井工区第六阶段通风系统布置如图4-85所示。

4）3号斜井工区

3号斜井工区竖井贯通前采用压入式通风，竖井贯通后采用斜井立体巷道式通风。3号斜井工区施工通风共分为五个阶段。

（1）第一阶段：斜井施工阶段选用SDF(p)-No16型风机配φ1800mm的风管。3号斜井工区第一阶段通风系统布置如图4-86所示。

（2）第二阶段：3号斜井3-1支洞和3-2支洞施工期间。3-1支洞工作面选用SDF(p)-No16型风机配φ2000mm的风管；3-2支洞工作面选用SDF(p)-No18型风机配φ2000mm的风

管,能满足两个工作面同时出渣运输的要求。3 号斜井工区第二阶段通风系统布置如图 4-87
所示。

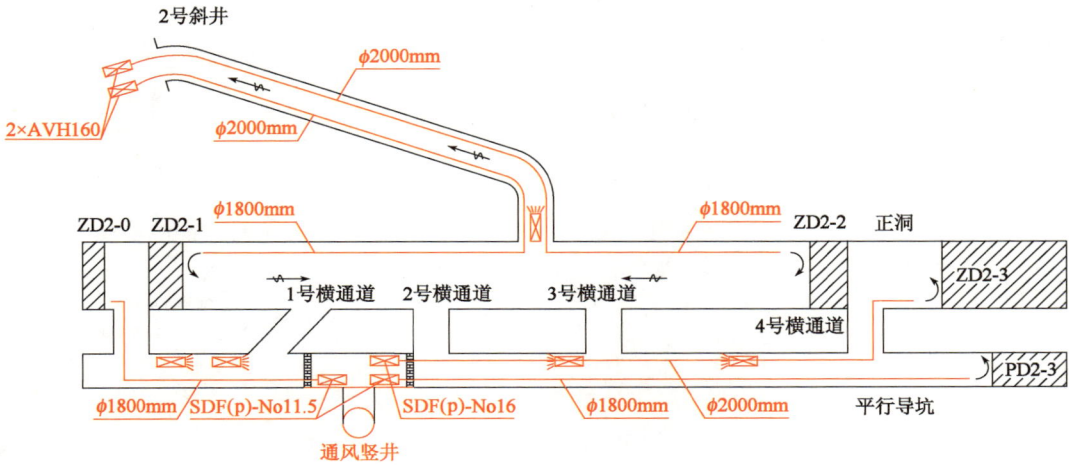

图 4-85　2 号斜井工区第六阶段通风系统布置示意图

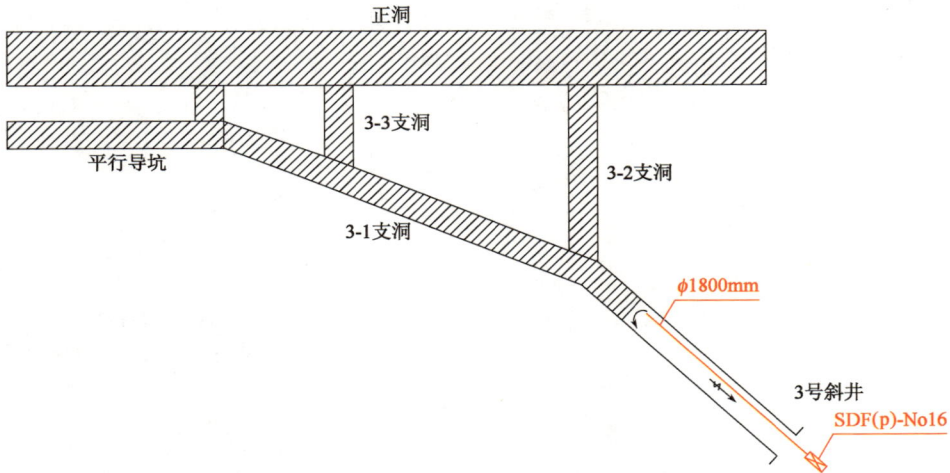

图 4-86　3 号斜井工区第一阶段通风系统布置示意图

　　(3)第三阶段:3 号斜井增加 3-3 支洞,通风竖井开始施工。3-1 支洞和 3-3 支洞工作面洞
口共享一路 φ2000mm 的风管,在 3-1 支洞和 3-2 支洞交叉口分为两路 φ1800mm 的风管分别往
两个工作面送风。3-2 支洞进入正洞施工。两个正洞工作面共享一路 φ2000mm 的风管,在 3-
1 支洞和 3-2 支洞交叉口分为两路 φ2000mm 的风管分别往 ZD3-5、ZD3-6 个两工作面送风,在
3-1 支洞与 3-3 支洞交叉口处、3-1 支洞与 3-2 支洞交叉口处分别安装 1 台 SSF12.5 型(55kW)
射流风机,达到引流及加快局部回风速度的效果。3 号斜井工区第三阶段通风系统布置如
图 4-88所示。

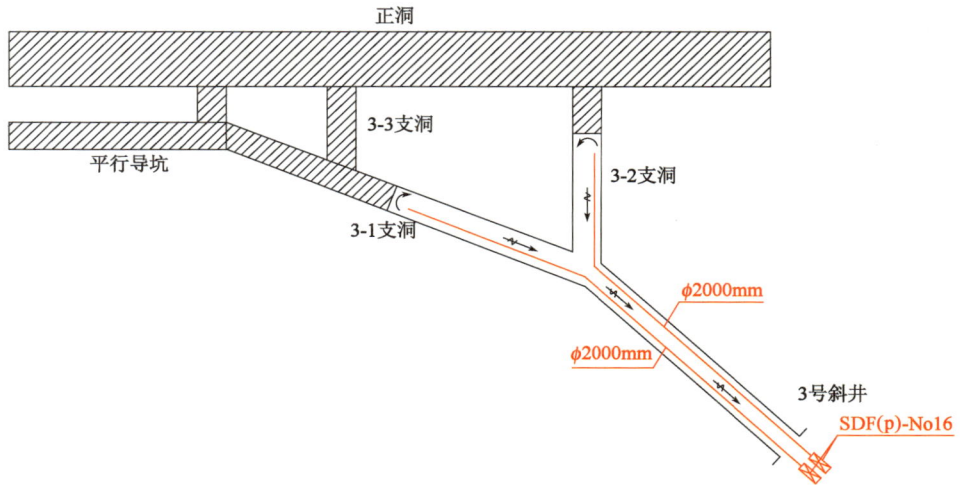

图 4-87　3 号斜井工区第二阶段通风系统布置示意图

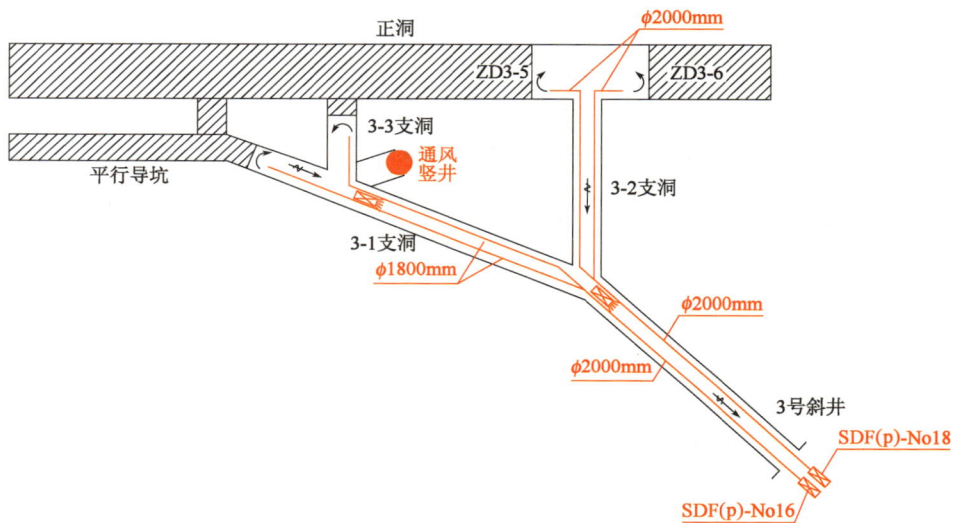

图 4-88　3 号斜井工区第三阶段通风系统布置示意图

　　(4)第四阶段:3 号斜井 3-3 支洞进入正洞施工,通风竖井投入使用,该阶段采用斜井立体巷道式通风。3-2 支洞的正洞工作面采用 SDF(p)-No16 型风机、SDF(p)-No18 型风机配 $\phi2000mm$ 的风管分别向正洞 ZD3-5、ZD3-6 工作面送风,能满足两个作业面同时出渣运输的要求。3-3 支洞正洞工作面局部采用 SDF(p)-No16 型风机配 $\phi2000mm$ 的风管送风,正洞 ZD3-3 和 ZD3-4 正洞工作面在联络通道内共享一路 $\phi2000mm$ 的风管,在 3-3 支洞和 3-1 支洞交叉口分成两路 $\phi1800mm$ 的风管分别往正洞大小里程送风,形成斜井立体巷道式通风。3-1 支洞工作面采用 SDF(p)-No16 型风机配 $\phi2000mm$ 的风管送风,能满足两个作业面同时出渣运输的要求,射流风机位置不变。3 号斜井工区第四阶段通风系统布置如图 4-89 所示。

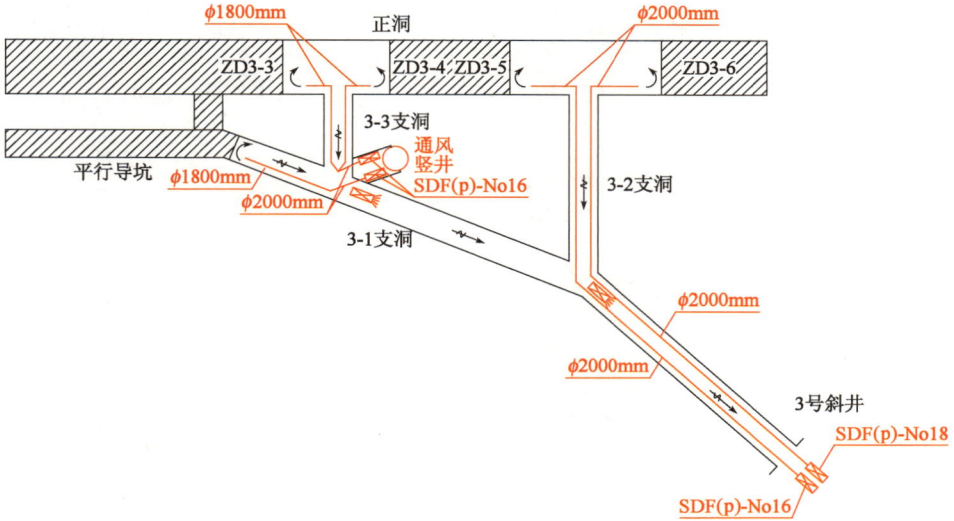

图4-89　3号斜井工区第四阶段通风系统布置示意图

（5）第五阶段：3号斜井3-1支洞进入正洞和平行导坑施工，正洞ZD3-6工作面贯通。3-2支洞正洞ZD3-5工作面和3-3支洞正洞ZD3-3、ZD3-4工作面维持上阶段通风系统，均能够满足三个作业面同时出渣运输要求。3-1支洞工作面局部风机采用SDF（p）-No16型风机配ϕ1800mm和ϕ2000mm的风管送风，在联络通道内共享一路ϕ2000mm的风管，在3-1支洞和3-3支洞交叉口分成两路ϕ1800mm的风管分别往正洞ZD3-1工作面和ZD3-2工作面送风，能满足两个作业面同时出渣运输要求。平行导坑PD3-1工作面局部风机采用SDF（p）-No11型风机配ϕ1200mm的风管送风，在平导与3-1支洞交叉口处增加1台射流风机。3号斜井工区第五阶段通风系统布置如图4-90所示。

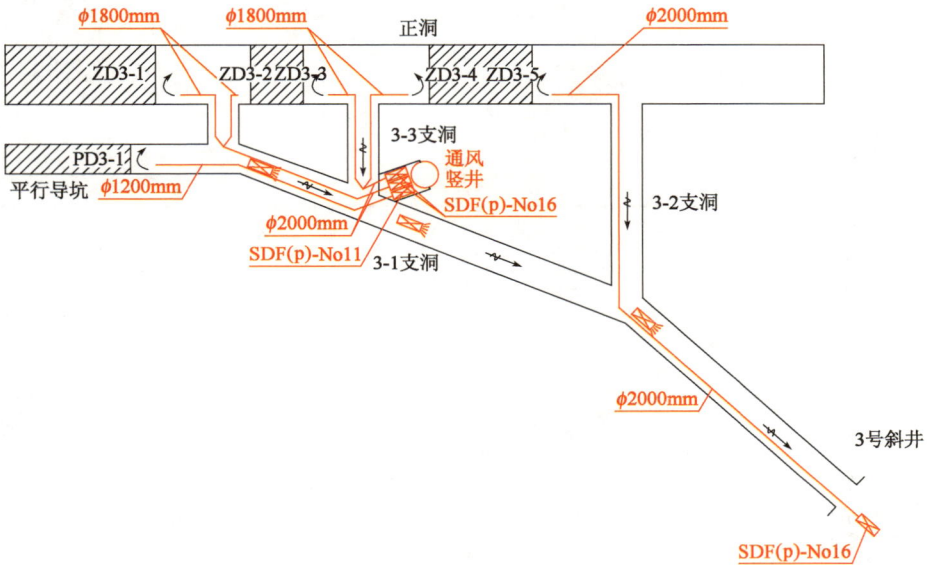

图4-90　3号斜井工区第五阶段通风系统布置示意图

5）4 号斜井工区

4 号斜井工区小里程正洞工作面压入式通风长度为 2100m，大里程正洞工作面压入式通风长度为 2150m，两个工作面均选用 SDF（p）-No16 型风机配 ϕ1800mm 的风管。4 号斜井工区通风系统布置如图 4-91 所示。

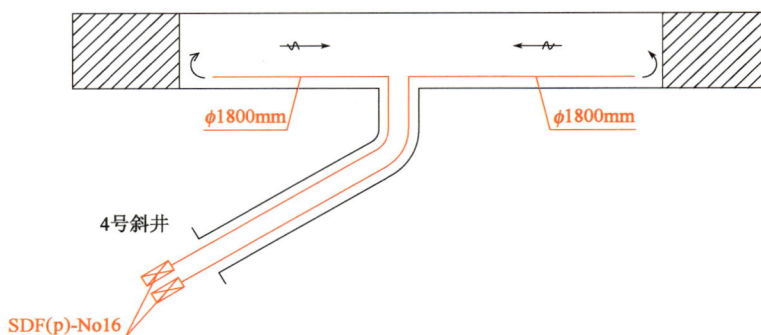

图 4-91　4 号斜井工区通风系统布置示意图

6）出口工区

出口工区通风长度为 1400m，选用 SDF（p）-No16 型风机配 ϕ1800mm 的风管。出口工区通风系统布置如图 4-92 所示。

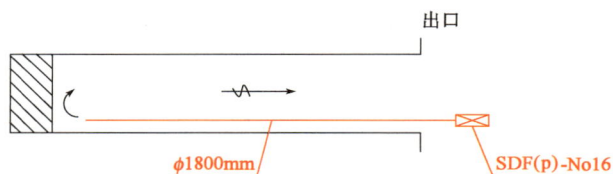

图 4-92　出口工区通风系统布置示意图

4.8.11　主要通风设备配置

主要通风设备配置见表 4-62。

主要通风设备配置表　　　　　　　　　　　　　　　　表 4-62

序号	设 备 名 称	型　　　号	单　位	数　　量	功率（kW）
1	轴流风机	SDF（p）-No11	台	1	2×55
2	轴流风机	SDF（p）-No11.5	台	2	2×75
3	轴流风机	SDF（p）-No16	台	11	2×110
4	轴流风机	SDF（p）-No18	台	1	2×200
5	轴流风机	2×AVH160（60°）	台	2	2×200
6	轴流风机	2×AVH180（60°）	台	2	2×500
7	射流风机	SSF12.5	台	10	55
8	升降车		辆	4	
9	风管	ϕ2000mm	m	15800	

序号	设备名称	型号	单位	数量	功率(kW)
10	风管	ϕ1800mm	m	23500	
11	风管	ϕ1600mm	m	1500	
12	风管	ϕ1200mm	m	1200	

注:未考虑备用风机。

第5章

东花园隧道

东花园隧道是京张高铁线上的明挖隧道,全长4970m,为全线重难点控制性工程。该隧道也是目前我国国内最长的明挖铁路隧道。

东花园隧道近临官厅水库、康西草原、野鸭湖国家湿地公园,地下水补给性强。隧道通过第四系复合地层,地层具有较强的透水性。受周边重要环境影响,隧道设计为"V"字形线路形式。隧道采用明挖法建成后进行回填,拱顶最大填土厚度8.1m,因而隧道建成后将长年位于水位线以下。建设中的东花园隧道如图5-1所示。

图 5-1　建设中的东花园隧道

东花园隧道建设过程中,研发了降水施工自动预警控制系统,形成了富水深基坑明挖隧道施工工法,保证了隧道施工安全。同时,首次在铁路隧道中大规模采用速凝橡胶沥青喷涂防水材料,研制了自动喷涂机器人,不仅提高了施工效率,还提升了隧道结构防排水质量。

东花园隧道2016年8月开工建设,2018年7月19日顺利贯通,历时2年。东花园隧道贯通如图5-2所示,东花园隧道洞口如图5-3所示。

图 5-2 东花园隧道贯通

图 5-3 东花园隧道洞口

5.1 工程概况

东花园隧道位于河北省张家口市怀来县东花园镇,进口位于清水河村西北,出口位于东花园四村西北,进口里程为 DK82+770,出口里程 DK87+740,全长 4970m,双线隧道,最大埋深 8.1m。隧道右侧距离官厅水库最近距离为 1.7km,水库水面与基坑底部最大水头高差约 11m。隧道与京包铁路相交叉。东花园隧道平面位置如图 5-4 所示。

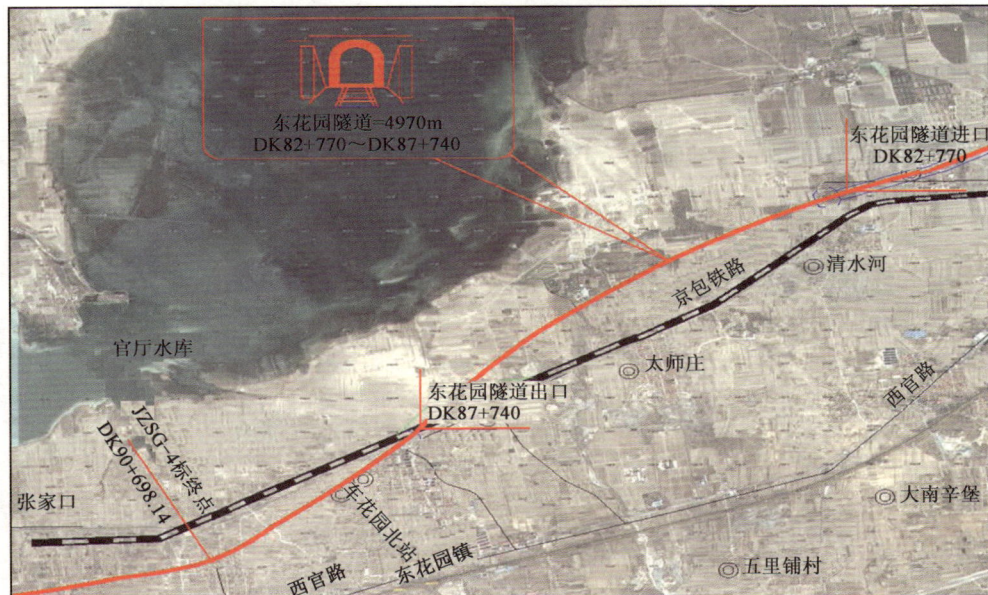

图 5-4 东花园隧道平面位置示意图

东花园隧道原设计为路基段,因周边环境要求,设计调整为"V"字坡隧道,曲线设置见表 5-1,坡度设置见表 5-2。

东花园隧道曲线设置表　　　　　　表 5-1

序号	里　　程	长度(m)	曲线半径(m)
1	DK82 + 770 ~ DK83 + 776.71	1006.71	∞
2	DK83 + 776.71 ~ DK84 + 987.93	1211.22	11000
3	DK84 + 987.93 ~ DK87 + 740	2752.07	∞

东花园隧道坡度设置表　　　　　　表 5-2

序号	里　　程	长度(m)	坡度(‰)
1	DK82 + 770 ~ DK83 + 450	680	− 25
2	DK83 + 450 ~ DK85 + 100	1650	− 3
3	DK85 + 100 ~ DK87 + 000	1900	3
4	DK87 + 000 ~ DK87 + 740	740	25

东花园隧道进口左线内轨顶面高程 485.287m，出口左线内轨顶面高程 487.537m，采用放坡明挖法施工，最大开挖深度 21.69m，最大开挖宽度 68.94m。

5.2　工程地质及水文地质

东花园隧道位于怀来盆地，地势平坦、开阔，线路两侧多为耕地，地表植被发育。

5.2.1　气象特征

隧道区域属寒温带半干旱性气候区，冬季受强大的蒙古高气压控制，漫长寒冷干燥，夏季多雷雨，春秋多风沙。东花园隧道区域主要气象特征参数见表 5-3。

东花园隧道区域主要气象特征参数表　　　　　　表 5-3

序号	项 目 名 称	参 数 值	序号	项 目 名 称	参 数 值
1	年平均气温(℃)	10.5	6	年平均蒸发量(mm)	2191.8
2	最冷月平均气温(℃)	− 6.7	7	平均相对湿度(%)	50
3	极端最高气温(℃)	40.3	8	平均风速(m/s)	2.6
4	极端最低气温(℃)	− 21.7	9	最大风速(m/s)	24.0
5	年平均降雨量(mm)	363.2	10	最大冻结深度(cm)	99.0

5.2.2　地震区划

根据现行《中国地震动参数区划图》(GB 18306)划分，隧道区域地震基本烈度为 8 度，地震动峰值加速度为 0.2g，地震动反应谱特征周期为 0.25s。

5.2.3　工程地质

(1)地层岩性

根据地质调绘及现场勘探揭示，隧道区域地层岩性主要为第四系全新统冲洪积层（Q_4^{al+pl}）粉土、黏性土、砂类土及碎石土，以及第四系上更统湖积层（Q_3^l）粉土、粉质黏土、砂类土。东花园隧道地层主要特征见表5-4,东花园隧道工程地质纵剖面如图5-5所示。

东花园隧道地层主要特征表　　　　　　　　　　　表5-4

序号	地 层	符 号	主 要 特 征
1	第四系上更新统人工填土	Q_4^{ml}	(1)素填土:黄褐色、灰褐色,松散～稍密,稍湿,主要由粉土组成,含植物根系或零星碎石,表层0～0.4m含植物根系,层厚0.9～1.4m; (2)杂填土:黄褐色、杂色,松散～中密,稍湿,主要由粉土、中细砂组成,包含少量砖块等建筑垃圾,层厚0.8～2.1m
2	第四系全新统洪坡积	Q_4^{al+pl}	(1)粉土:黄褐色、灰褐色、灰黄色,稍密～密实,潮湿～饱和,刀切面稍显光滑或呈粗糙状,可见铁锰结核和氧化铁,手搓不成条,土质较均匀,局部夹粉质黏土夹层,偶见姜石; (2)粉质黏土:黄褐色,软塑～硬塑,刀切面光滑、平整,可见铁锰结核和氧化铁,土质较均匀,黏性较强,偶含姜石,局部夹粉土微薄层或含少量腐殖质及灰黑斑点; (3)粉砂:黄褐色,稍密～饱和,潮湿～饱和,主要矿物成分为长石、石英、云母; (4)细砂:黄褐色、褐灰色,稍密,潮湿～饱和,主要矿物成分为长石、石英、云母。级配差,分选性一般; (5)细角砾土:灰黄色,杂色,中密～密实,稍湿～饱和,母岩成分主要为砂岩、花岗岩,呈尖棱状、亚棱状,一般粒径为5～30mm,最大粒径为40mm,充填少量中粗砂和粉质黏土; (6)粗角砾土:黄褐色,中密～密实,稍湿,碎石含量约占55%,一般粒径1～3cm,最大为5cm,余为细砂约占30%和10%的黏性土充填; (7)细圆砾土:杂色,稍密～密实,潮湿～饱和,母岩成份主要为砂岩、花岗岩,呈圆棱状,一般粒径为2～20mm,最大粒径为40mm,充填少量细砂和粉质黏土; (8)粗圆砾土:杂色,稍密～中密,稍湿～饱和,母岩成分主要为砂岩,花岗岩,呈圆棱状,一般粒径在10～40mm,最大粒径为65mm,充填少量细砂和粉质黏土,含量约为15%
3	第四系上更新统人工填土	Q_3^1	(1)粉质黏土:深灰色,硬塑,刀切面光滑、平整,可见铁锰结核和氧化铁,土质较均匀,黏性较强,含姜石约5%,局部夹粉质微薄层; (2)粉土:深灰色,中密,饱和,砂质含量较高,刀切面稍显光滑或呈粗糙状,可见铁锰结核和氧化铁,手搓不成条,土质均匀,局部夹粉质黏土夹层,偶见姜石; (3)粉砂:黄褐色,中密～密实,饱和,主要矿物成分为长石、石英、云母; (4)细砂:黄褐色,密实,饱和,主要矿物成分为长石、石英、云母。级配差,分选性一般

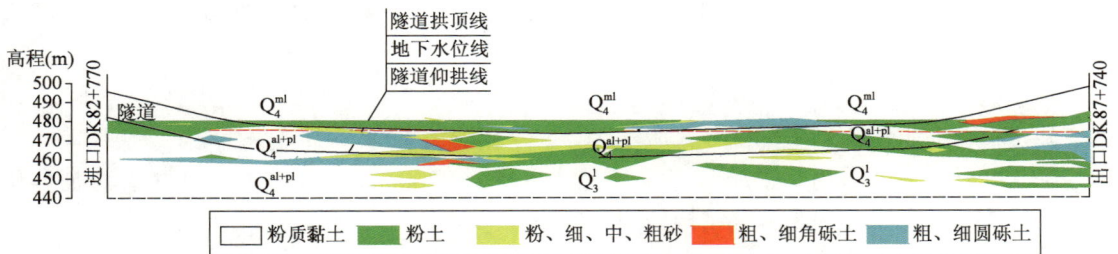

图5-5　东花园隧道工程地质纵剖面图

153

（2）地质构造

据区域地质资料及地质调绘,线路经过区地质构造不发育。

5.2.4　水文地质

（1）地表水类型及特征

勘察期间未见地表水。

（2）地下水类型及特征

地下水类型为孔隙水,主要赋存于第四系洪坡积层中,受大气降水补给,水位及水量随季节变化较大,沿洪坡积层中的孔隙渗流或排泄。勘察期间,地下水位埋深约 3.0～10.0m,地下水年变幅较大。渗透系数:粉质黏土 0.1m/d、粉土 1.0m/d、粉砂 5m/d、细砂 10m/d、中砂 20m/d、粗砂 50m/d、圆砾土 100m/d。

（3）地下水侵蚀性

按照现行《铁路混凝土结构耐久性设计规范》（TB 10005）判定,地下水对普通混凝土结构不具侵蚀性。

（4）隧道涌水量

综合预测隧道正常涌水量为 236162m³/d（9840m³/h）,最大涌水量为 354243m³/d（14760m³/h）。

5.2.5　隧道与官厅水库关系

东花园隧道位于官厅水库的东南侧约 1.7km,勘察期间隧址区内地下水水位 470.97～482.13m,且主要集中在 474.0～476.0 之间,地下水水位较官厅水库水位高,因此东花园隧址区属于官厅水库的补给区。官厅水库百年设计洪水位为 480.92m,洪水时地下水可能改变其渗流方向,抬高隧道区域地下水水位 2～4m,对东花园隧道的抗浮设计与施工产生影响。

5.3　降水施工自动控制技术

东花园隧道近临官厅水库,与水库有一定的水力联系,隧道采用明挖法施工,降水技术是保证隧道安全施工的关键。

5.3.1　降水试验

1）降水试验井布置

东花园隧道 DK86+816 里程距离官厅水库最近,因此,在该位置隧道两侧布置试验井进行降水试验。

降水试验井共布置 12 口,其中左、右侧各 6 口。观测井共布置 20 口,其中左、右侧各 10 口。降水试验井群平面布置如图 5-6 所示。

降水井和观测井采用钢管加工,设计深度 35m,孔径 700mm,井管直径 400mm。过滤器位置为 23～32m。降水井和观测井结构如图 5-7 所示。

2）试验性降水

降水设备为深井潜水泵,采用发电机组发电。试验过程中应保持出水量稳定,使水位不断下降。采用非稳定流试验方法进行观测。

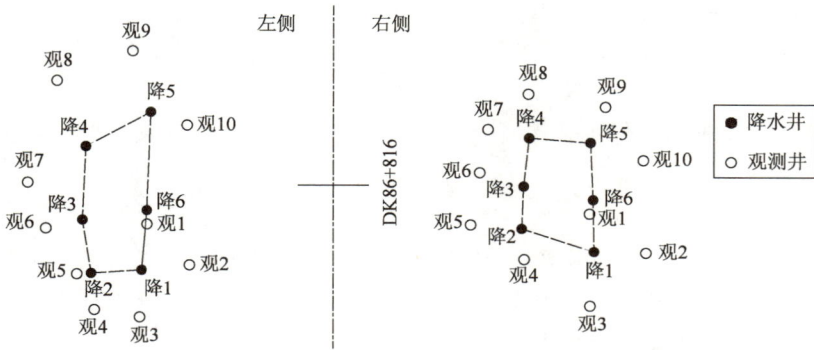

图 5-6　降水试验井群平面布置示意图

地质状况					降水井结构	观测井结构
地质年代	岩石名称	深度（m）	厚度（m）	地质剖面		
Q_4^{al+pl}	粉土	8.5	8.5			
Q_4^{al+pl}	粉质黏土	15	6.5			
Q_4^{al+pl}	细砂	16.5	1.5			
Q_4^{al+pl}	粉土	23.5	7			
Q_3^l	粉质黏土	38.5	15			

图 5-7　降水井和观测井结构示意图(尺寸单位:mm)

洗井结束后,进行试验性降水,其降深逐渐增大,达到最大降深后的持续时间不应少于2h,以确定最大降深、降水时间等试验参数。

试验性降水过程中,观测降水井水位和涌水量变化情况,检查、分析降水井的成井效果,检查降水设备是否正常。

试验结束后应及时测量降水井深度,确定降水井井底沉淀量,并及时加以解决。

3)水位观测

(1)静水位观测

试验性降水结束后、正式降水前,应观测静止水位。每30min观测1次,2h内变幅不大于2cm,且无持续上升或下降趋势,视为稳定。取最后四个测点的水位平均值作为静止水位值。降水试验井和观测井静水位见表5-5。

降水试验井和观测井静水位统计表　　　　　表5-5

降水井试验井和观测井编号		静水位(m)	降水井试验井和观测井编号		静水位(m)
左侧降水井	降1	3.74	右侧降水井	降1	2.80
	降2	4.21		降2	2.86
	降3	3.69		降3	3.22
	降4	3.62		降4	2.62
	降5	3.66		降5	2.90
	降6	3.79		降6	2.92
左侧观测井	观1	3.31	右侧观测井	观1	2.66
	观2	3.54		观2	2.12
	观3	3.81		观3	2.40
	观4	4.00		观4	3.13
	观5	3.42		观5	2.99
	观6	4.31		观6	2.87
	观7	3.31		观7	2.36
	观8	3.64		观8	2.62
	观9	2.95		观9	2.62
	观10	2.67		观10	2.56

注:静水位是指降水井和观测井孔内水位与孔口的距离。

(2)动水位观测

降水试验时对降水井水位进行观测,前期每10min观测一次,以后若两次观测值之差基本稳定在10cm以内时每间隔30min观测一次,当观测值之差在5cm以内时每间隔1h观测一次,直到水位稳定。

(3)恢复水位观测

降水试验结束后应进行恢复水位观测,前期每10min观测一次,以后若两次观测值之差基本稳定在10cm以内时每间隔30min观测一次,当观测值之差在5cm以内时每间隔1h观测一次,直到水位稳定,并与降水前静水位进行比较。

4）涌水量观测

降水试验时对降水井涌水量进行观测，前期每 10min 观测一次，以后若两次观测值之差基本稳定在 10m³/d 以内时每间隔 30min 观测一次，当观测值之差在 5m³/d 以内时每间隔 1h 观测一次，直到涌水量稳定。

5）降水试验稳定标准和精度要求

降水试验稳定标准：水位和涌水量同时趋于稳定，降水井水位波动值不超过水位降低值的 1%。

地下水位观测精度：在同一组降水试验中，应采用同一种工具和方法测量地下水位变化。降水井水位测读精度为 2cm，观测井水位测读精度为 1cm。停止降水后水位自然恢复，此时水位观测尤为重要，水位稳定标准为 2h 内水位变化幅度不大于 2cm。

6）降水试验过程

当第一口井完成后对其洗井，作为降水试验前的试验性降水，检查水泵和电路情况，确定抽排出井底淤泥后预估的降水深度和时间。试验性降水时间为 2016 年 7 月 2 日 7：10—15：33，历时约 8.5h。

降水试验自 2016 年 7 月 2 日开始，到 7 月 14 日结束，历时 12d。现场降水试验如图 5-8 所示。

a)降水试验采用的潜水泵　　　　b)降水试验采用的集水坑

c)降水试验井群布置　　　　d)降水试验现场测试

图 5-8　现场降水试验

7)降水试验数据分析

(1)单井降水

统计降水试验数据,绘制单井降水过程中水位变化曲线。以右侧 1 号降水井为例,降水过程水位变化曲线如图 5-9 所示。

从降水试验水位变化曲线来看:①降水过程中水位变化较慢,斜率较小;回水过程中水位变化较快,斜率绝对值较大。②当水位高程回升到与官厅水库水面高程大致相近时,水位上升缓慢。因此,可得判定试验段与官厅水库存在着水力联系。

(2)多井降水

统计降水试验数据,绘制多井降水过程中水位恢复变化曲线,如图 5-10、图 5-11 所示。

从多井降水时水位恢复变化曲线来看:①曲线形态大致相同,接近指数分布,且曲线趋于平缓的开始点水位高程接近官厅水库水位高程;②左侧水位恢复曲线有很大的离散性,说明左侧

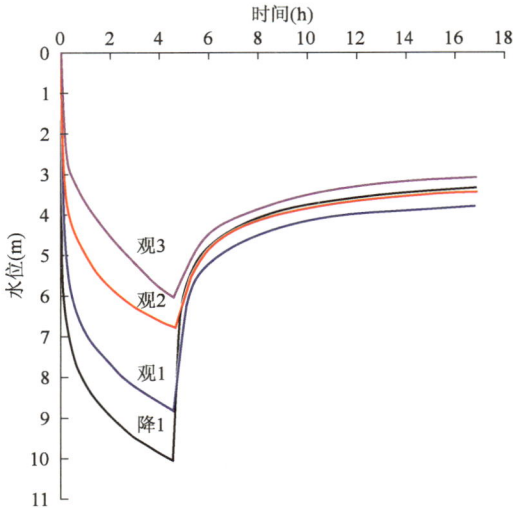

图 5-9　右侧 1 号降水井及观测井水位变化曲线

水系复杂,其中降 1、降 2、降 3 曲线形态接近,降 4、降 5、降 6 曲线形态接近。前 3 眼井降水结束后水位恢复变化斜率绝对值较后 3 眼井要大,说明前 3 眼井水位低、周围水系压差大。

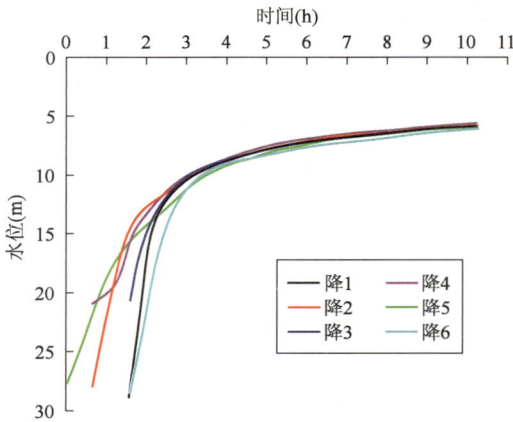

图 5-10　右侧多井降水水位恢复变化曲线

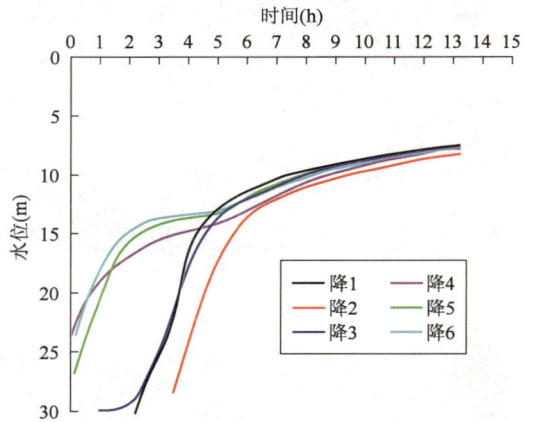

图 5-11　左侧多井降水水位恢复变化曲线

8)降水参数计算

根据降水试验数据,可计算出降水参数,从而确定降水方案。

(1)影响半径

降水影响半径计算公式如下:

$$R = 2S_\mathrm{d} \sqrt{kH} \tag{5-1}$$

式中:R——降水影响半径(m);

　　　H——承压水和潜水含水层的厚度(m);

k——含水层渗透系数（m/d）；

　S_d——降水时的水位降深（m），当$S_d < 10$m 时取$S_d = 10$m。

采用地质勘察报告数据计算得降水影响半径为 330.7m，现场降水试验监测影响半径为 340m，两者基本一致，相差不大。

（2）涌水量

根据《建筑基坑支护技术规程》（JGJ 120—2012），并参考东花园隧道地勘资料，将明挖隧道基坑降水按潜水完整井计算基坑总涌水量，计算公式为：

$$Q = \pi k \frac{(2H - S_d) \cdot S_d}{\ln\left(1 + \dfrac{R}{r_0}\right)} \tag{5-2}$$

式中：Q——基坑总涌水量（m³/d）；

　k——含水层渗透系数（m/d）；

　H——承压水和潜水含水层的厚度（m）；

　S_d——降水时的水位降深（m），当$S_d < 10$m 时取$S_d = 10$m；

　R——降水影响半径（m）；

　r_0——基坑等效半径（m），$r_0 = \sqrt{\dfrac{A}{\pi}}$，$A$ 为基坑面积（m²）。

采取试验数据计算得涌水量为 354182m³/d，这与采用大气降水入渗法对隧道涌水量预测的最大涌水量 354243m³/d 相差不大。

（3）管井数量

根据现行《建筑基坑支护技术规程》（JGJ 120），参考《工程降水设计施工与基坑渗流理论》，可采用管井的单井出水能力计算得出管井数量，计算公式为：

$$n = 1.1\frac{Q}{q_0} \tag{5-3}$$

$$q_0 = 120\pi r_s \cdot l \cdot \sqrt[3]{k} \tag{5-4}$$

式中：n——管井数量（眼）；

　Q——基坑总涌水量（m³/d）；

　q_0——管井的单井出水能力（m³/d）；

　r_s——过滤器外缘的半径（m）；

　l——过滤器进水部分长度（m）；

　k——含水层渗透系数（m/d）。

根据该工程地质勘察报告，并结合抽水试验数据，可计算得：$q_0 = 108.4$m³/d，$n = 2970$ 眼。

9）小结

通过降水试验，可以得到如下结论：

（1）东花园隧道可以取得良好的降水效果，能够保证隧道明挖的施工安全。

（2）东花园隧道所处位置地下水与官厅水库存在着水力联系，地下水丰富。

（3）试验得到该工程降水影响半径为 340m，该值与理论计算得到的降水影响半径 330.7m 相比，二者基本一致，相差不大。

（4）采取群井降水计算得到涌水量为 354182m³/d，该值与采用大气降水入渗法理论计算得到的涌水量 354243m³/d 相比，两者相差不大，均属于大量涌水。

（5）通过现场降水试验，并结合计算机模拟降水效果，降水群井宜采用梅花形布置，与正方形布井方式相比，这样不但可以增加降水井的漏斗效果，还在一定程度上形成了"降水帷幕"，如图 5-12 所示。

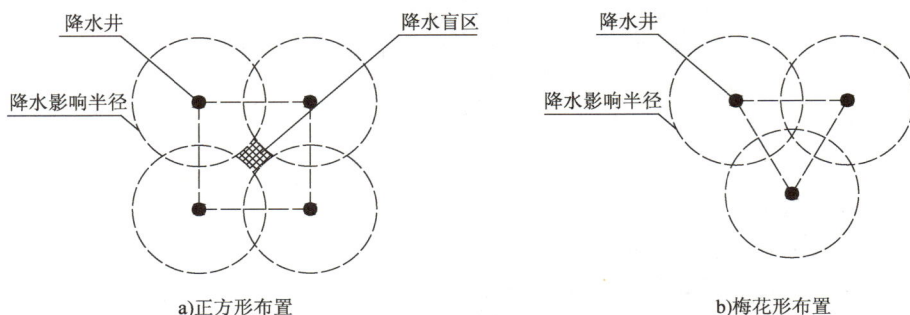

图 5-12　不同布置方式下群井降水井漏斗效果示意图

5.3.2　降水设计

根据降水试验取得的数据，降水井纵向布置间距宜为 6m，每个断面设置 4 眼降水井，分别位于隧道两侧开口线外侧和一级边坡平台两侧。降水井井底深度应超过仰拱底以下 6m。隧道两侧共布置降水井 2967 眼，降水井横断面布置如图 5-13 所示。

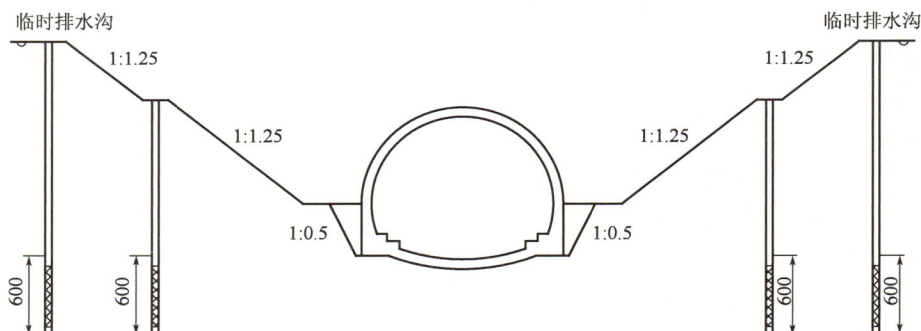

图 5-13　降水井横断面布置示意图(尺寸单位:cm)

降水井井孔直径为 700mm。采用无砂混凝土管，直径为 400mm，每节管长 1m。无砂混凝土管外包一层 30～40 目滤网或土工布。降水井井壁与无砂混凝土管之间采用滤料填充形成滤水层。滤料采用直径 3～15mm 的粗砂与碎石按 1:1 的比例拌和均匀。施工过程中应防止粉质黏土进入管井，影响降水效果。

降水井结构设计如图 5-14 所示，无砂混凝土管如图 5-15 所示。

降水作业应确保地下水位保持在隧道基坑开挖面以下 0.5～1m，满足隧道安全施工要求。

降水作业停止前，应验算涌水量和隧道衬砌结构在施工期间的抗浮稳定性，当不能满足要求时不得停止降水作业。

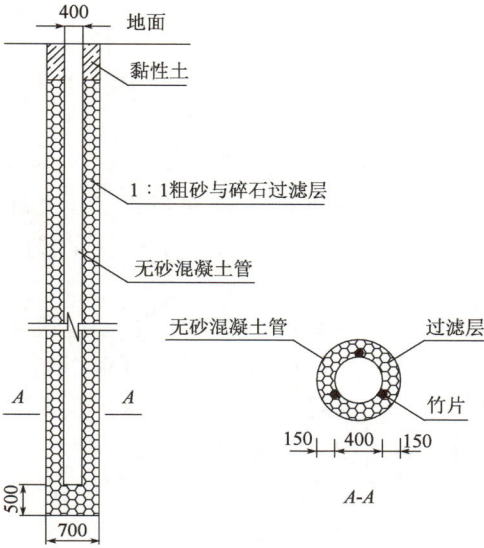

图 5-14　降水井结构设计示意图(尺寸单位:mm)

图 5-15　无砂混凝土管

5.3.3　降水井施工

1)施工准备

(1)施工现场应做到施工便道、电、水通畅,场地平整。

(2)钻机、起重机、备用发电机、电焊机等机具设备使用前应进行试运行,确保状态良好。护筒采用 4mm 厚钢板卷制而成,应做到坚固、不漏水。

(3)无砂混凝土管井在加工场内分节段加工制作,经验收合格后运至降水井孔口位置。

(4)测量孔深采用钢丝测绳。

(5)钻机就位前应将场地平整夯实,防止钻机下沉。钻机就位时要平稳牢固,钻头、磨盘、孔位应做到三对中,对中误差应控制在允许值范围内。

2)降水井施工

(1)测量放线

开工前应先对降水井井位进行定位测量,放出降水井井位中心桩。

(2)钢护筒埋设

当地质条件较差、孔口易坍塌时,应使用钢护筒防护井口。

钢护筒定位后,采用加压、震动方法埋设。钢护筒外围填土应分层对称夯实,严防护筒倾斜、漏水、变形。钢护筒顶应高出地下水位 2.0m,高出施工地面 50cm。

根据地质条件确定钢护筒长度。钢护筒埋置深度符合下列规定:黏性土不应小于 1m,砂类土不应小于 2m。当表层土松软时,应将钢护筒埋置到较坚硬密实的土层中至少 0.5m。钢护筒中心与设计桩中心偏差不应超过 5cm。

(3)钻孔

钻机就位时要求底部平稳,钻杆竖直,钻头在钢护筒中心偏差不应大于 5cm。

两侧降水井为梅花状布置,最大限度地发挥了降水井的作用。钻机套管垂直钻进,垂直度应控制在1%以内,做到孔身正圆。

钻进过程中应随时对水位及涌砂量进行观察、记录。钻至设计深度后应现场验收,并做好原始记录。

开钻前,启动泥浆泵向孔口注浆,使用钻头在钢护筒内旋转,将泥浆搅拌均匀。待钢护筒壁内有牢固的泥皮护壁后,以低速开动钻进。钻至地面护筒下1m后,方可按正常速度旋转钻进。钻进时,应及时向孔内补充浆液,使孔内水位高出地下水位1.5~2.0m,保持足够的泥浆压力。

钻进过程中要时常注意土层变化,对不同土层采用不同的钻头、钻进压力、钻进速度。钻孔中如果发生坍孔现象,应查明原因和位置,进行分析处理。坍孔不严重时,可采用加大泥浆比重、加高水头、埋深护筒等措施处理后继续钻进。坍孔严重时,回填山皮土搁置数日后再重新钻孔。钻孔过程中发生弯孔和缩孔时,一般可将钻机的钻头提起到偏斜处进行反复扫孔,直到钻孔正直。发生卡钻时,不宜强提,宜反复转动钻杆,使钻头松动后再提起。发生掉钻时,应查明情况及时处理。发生卡钻、掉钻时,严禁作业人员进入钻孔内处理。

根据降水井所处的里程,计算对应位置隧道仰拱底面设计高程,降水井深度应超过隧道仰拱底面以下6m。钻孔接近设计深度时,要勤加测量,尽量减少超钻。

(4)清孔换浆

钻孔至设计高程后,对孔径、孔深、垂直度等参数进行检查,确认钻孔合格后立即进行清孔。为了保证孔壁不形成过厚泥浆,当钻孔钻至底板位置时,即开始加清水调浆,同时防止泥浆过清,造成塌孔。

(5)成孔及检查

成孔后,应检查孔位、孔深、孔径、孔形、孔底高程。验收合格后,回填配合比为1:1的粗砂与碎石骨料,开始安装无砂混凝土管井。

3)无砂混凝土管井制作与安装

无砂混凝土管在加工厂内制作,严格控制下料长度、直径。无砂混凝土管加工制作完成后进行养护,经检查验收合格后运至现场,分节吊装。

无砂混凝土管的吊装应设专人指挥。吊装时应采用满足作业要求的起重机。吊装前,应检查吊具、钢丝绳及吊钩保险,在确认完好后方可实施吊装。为保证无砂混凝土管的吊装垂直度,在圆形无砂混凝土管的周围固定三根竹片,竖向的两根竹片连接处进行30cm搭接。

4)过滤层回填

降水地层多为粉质黏土,颗粒细小,为防止淤井,采用直径3~15mm的粗砂与碎石按1:1的比例拌和均匀,形成过滤层。无砂混凝土管安装完毕后,回填过滤层,回填时要分层、对称,防止偏压导致无砂混凝土管倾斜,影响过滤层厚度。井口20cm范围内使用黏性土回填并夯实。

5)洗井

采用高压水冲洗,污水泵抽换污水,以达到洗井目的。洗井时,应从上向下分段冲洗,直至水清砂净,水位反应灵敏。

6)井帽施工

降水井井口采用砖砌或M7.5水泥砂浆模筑形成圆形井帽,井帽结构如图5-16所示。井帽厚13cm,高度20cm。当采用砖砌时,外侧使用砂浆抹面1cm,做到外观平整、圆顺。相邻区段内的井帽顶面高程尽量保持一致,或与线路纵向线型保持一致。每个降水井单独配备直径为0.5m的圆形井盖。

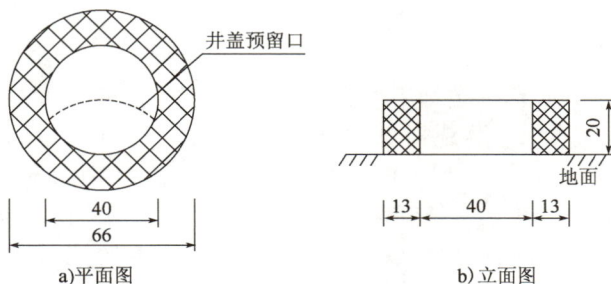

图5-16　降水井井帽结构示意图(尺寸单位:cm)

井帽安装:开口线外侧的降水井直接施作井帽,平台上的降水井待开挖至设计高程后,再施作井帽。

7)渣土外运

钻孔施工中产生的废弃渣土不能在孔口堆积,应及时运走,堆放到隧道开挖范围内的土方堆放处。

5.3.4　降水施工

每个降水井单独使用一台潜水泵,将潜水泵放至距管井井底1m高位置,封闭管口,进行降水。

降水一定时间后,通过观察水位确定是否符合降水设计要求,符合要求后方可进行隧道土方开挖。

降水施工应持续进行,保证水位始终在规定范围内。

5.3.5　降水施工自动预警控制系统

根据东花园隧道工程地质及水文地质条件,通过现场降水试验分析,该工程具有"水量丰富、水位高、补给充沛、回水速度快"的工程特点,因此,降水过程中一旦出现水泵故障发现不及时,降水效果欠佳的情况,势必会形成安全隐患,造成局部涌水、涌砂、边坡坍塌失稳等严重后果。为此,依托东花园隧道,研究开发了降水施工自动预警控制系统,实现了降水施工的自动化、信息化、智能化、高效化。

1)主要技术特点

降水施工自动预警控制系统具有以下主要技术特点:

(1)该系统能自动完成降水井水位控制、水泵工作状态显示、降水量统计、信息自动管理和分析等工作,实现降水施工的实时监控和预警管理。

(2)该系统实时性强,具有应用广、可扩展性好、可靠性高等优点。

(3)该系统通过物联网技术、数据库技术等,可以实现自动化远程监控与信息化管理,对有效控制水位高程,保证隧道深基坑开挖处于无地下水干扰的正常状态,以及充分发挥机械化施工等起到指导性作用。

2）工艺原理

降水施工自动预警控制系统由水位传感器、自动控制模块、无线传输模块和服务器等组成，主要通过采用自动控制技术、物联网技术、数据库技术以及 Web 交互技术等，实现降水施工的自动化远程监控和信息化分析管理。

降水施工自动预警控制系统结构组成如图 5-17 所示。智能控制机柜根据水位传感器实时监测降水井内水位变化，当其超过警戒水位时，自动控制节点控制水泵自动抽水。当其降低到安全水位时，自动控制系统停止水泵抽水。无线网络完成降水信息的收集并传送至服务器。服务器通过数据库分析获得水位信息、水泵工作状态和降水量估计。Web 交互技术将相关统计信息可视化，用户可以通过 PC 端和手机端进行实时监控、统计数据分析和远程管理。

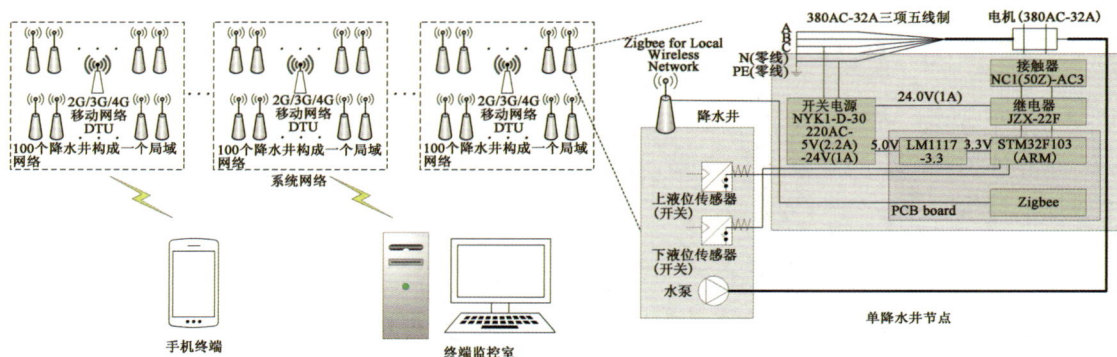

图 5-17　降水施工自动预警控制系统结构组成示意图

3）使用范围

降水施工自动预警控制系统适用于地下水位较高的深基坑开挖工程，或对周边环境安全风险控制要求严格的工程等。

4）软件操作

自动降水监控系统软件操作如下：

（1）登录界面

如图 5-18 所示，输入用户名和密码，完成登录。

（2）降水井信息

如图 5-19 所示，降水井信息页面默认显示的是当前时刻 1 号降水网络，1 号降水井的工作情况，包括当前时刻该降水井的电机工作状态、当天排水量、最近一周、最近一月和最近一年的排水量和电机工作时长汇总。由于排水量信息存在一定误差，该信息可作为参考使用。

①降水井选择。

如图 5-20 所示，点击选择监测点旁的倒三角，即可通过先选择降水网络编号，再选择降水井编号的方式，找到需要查看的降水井所有信息。

②近期查询。

如图 5-21 所示，通过点击左右三角形图标改变日期，查看近期该降水井的所有信息。

图 5-18　登录界面页面

图 5-19　降水井信息页面

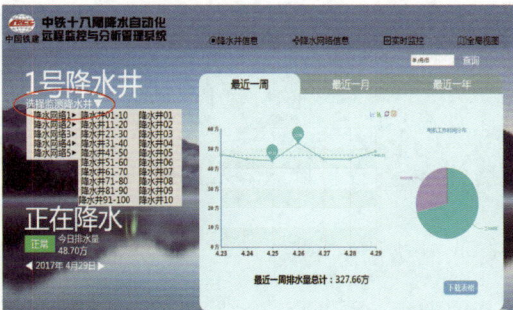

图 5-20　降水井选择页面

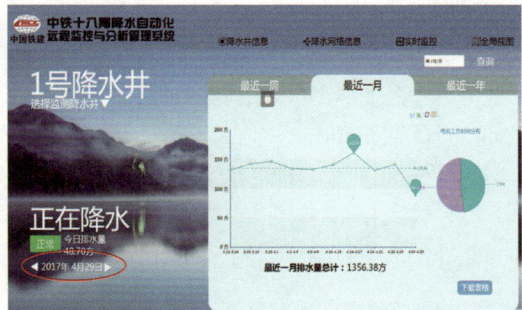

图 5-21　近期查询页面

③按日期查询。

如图 5-22 所示,通过点击左右三角形图标改变日期,查看近期该降水井的所有信息。

④下载表格。

如图 5-23 所示,点击下载表格按钮,即可开始降水井信息下载。

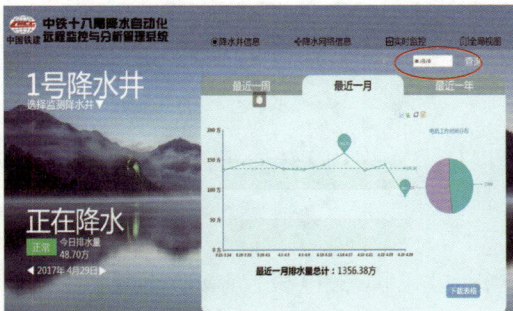

图 5-22　按日期查询页面

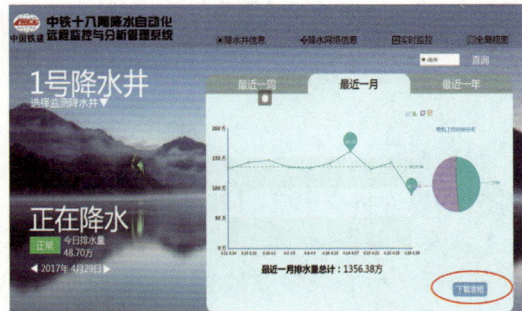

图 5-23　下载表格页面

⑤图表转换。

如图 5-24 所示,点击自左向右四个小图标,可以依次实现【1】转换折线图、【2】转换柱形图、【3】还原为折线图、【4】保存为图片功能。

（3）降水网络信息

如图 5-25 所示，降水网络信息页面默认显示的是当前时刻降水网络 1 的总体统计情况，包括平均工作时间、今日网络总排水量、累计故障次数、最近一周、最近一月和最近一年的排水情况和电机工作时长汇总。

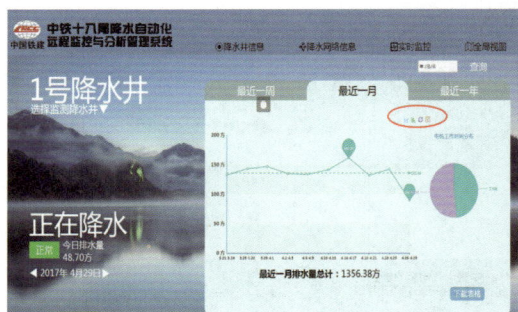

图 5-24　图表转换页面

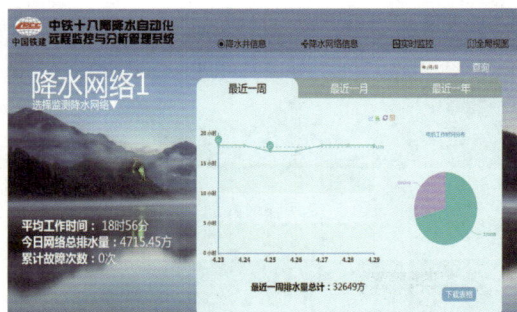

图 5-25　降水网络信息页面

①按日期查询。

如图 5-26 所示，通过输入日期信息，点击查询后，即可查看当日该降水网络所有信息。

②下载表格。

如图 5-27 所示，点击下载表格按钮，即可开始降水网络信息下载。

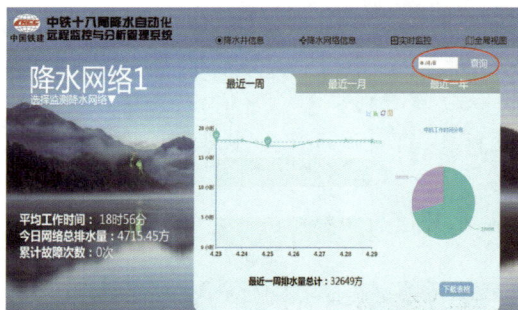

图 5-26　按日期查询页面

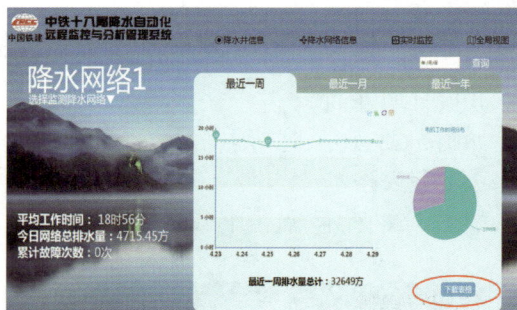

图 5-27　下载表格页面

③图表转换。

如图 5-28 所示，点击自左向右四个小图标，可以依次实现【1】转换折线图、【2】转换柱形图、【3】还原为折线图、【4】保存为图片功能。

（4）实时监控。

如图 5-29 所示，实时监控页面默认显示的是当前电机状态、电机控制、节点复位、工作时间与异常情况，以及该监测点的更新时间。

①节点选择。

如图 5-30 所示，点击选择监测点旁的倒三角，即可通过先选择降水网络编号，再选择降水井编号的方式，找到需要查看的降水井的所有信息。

②电机控制。

如图 5-31 所示，点击开启按钮，即可改变电机工作状态。如点击关闭，则关闭电机运行。

166

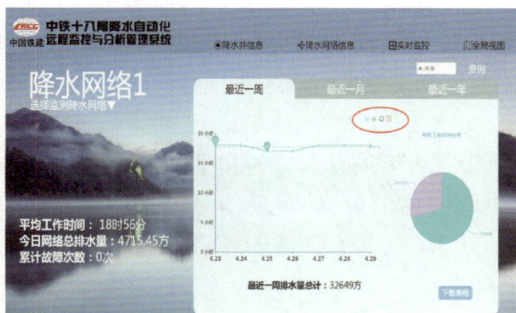

图 5-28　图表转换页面

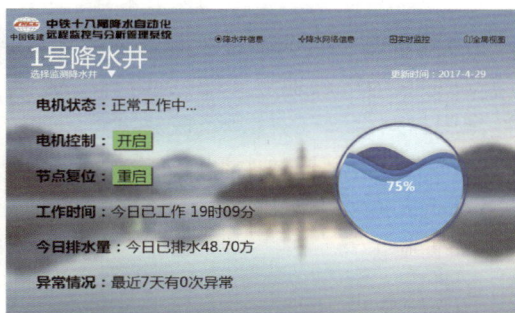

图 5-29　实时监控页面

图 5-30　实时监控节点选择页面

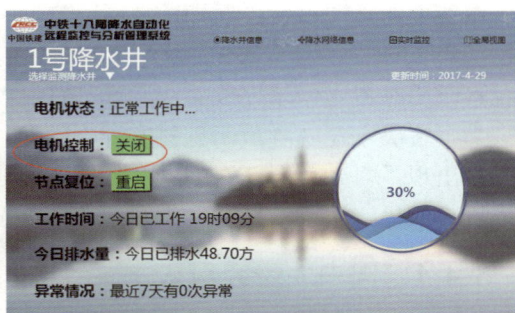

图 5-31　实时监控电机控制页面

③节点复位。

如图 5-32 所示,点击"节点复位"后的"重启"按钮,即可重新启动电机(由管理人员操作)。

(5)全局视图

如图 5-33 所示,全局视图页面可以显示最近一次更新后的电机工作状态,将网络中所有降水井的工作情况一一显示出来,以便最直观的观察降水网络和降水井信息。点击右下角的"更新数据"按钮,即可更新至最新数据情况。

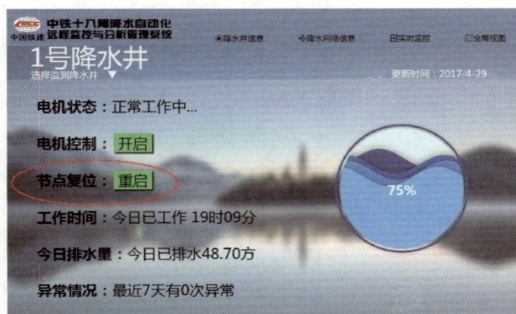

图 5-32　实时监控节点控制页面

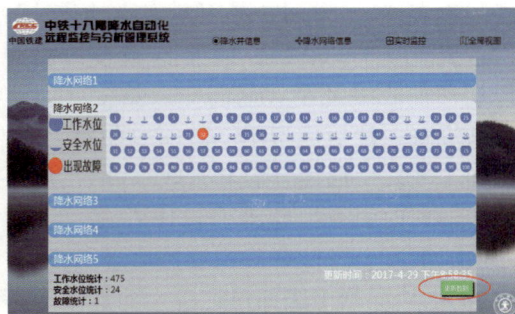

图 5-33　全局视图页面

5)小结

降水施工自动预警控制系统应用于东花园隧道,保证了降水效果,提高了施工效率,节约

167

了施工成本,并积累了宝贵的实践经验,具有广泛的应用前景。

(1)降水施工自动预警控制系统能够对隧道基坑降水实时监控,经现场施工验证,具有良好的效果,它为解决地下深埋、长距离明挖、水文地质条件差的隧道及地下工程降水作业起到指导作用,具有良好的社会效益。

(2)东花园隧道基坑管井降水通过采取自动预警控制系统,大大地降低了系统的维护成本,实现了无人或少人监守,并且结合系统软件提供的信息记录,如重要信息周报、月报和年报等,保证了施工安全和工程质量,极大地提高了施工效率,取得了良好的经济效益,具有示范性推广意义。

5.4　明挖隧道衬砌防裂技术

东花园隧道明挖衬砌前期施工时,发现每板衬砌混凝土中部位置、纵向施工缝以上均出现了长度为 2~4m 的环向裂缝,裂缝宽度为 0.1~0.6mm,局部裂缝深度贯穿衬砌厚度。通过后期观察至明洞覆土回填完成后,裂缝的宽度、长度和深度基本没有发生变化。

为了解决东花园隧道明挖衬砌开裂问题,调研了京张铁路类似明挖的八里村隧道,该隧道同样也出现了衬砌环向开裂问题。依托东花园隧道,开展了衬砌原因分析和防开裂措施研究,并将研究成果应用于八里村隧道和东花园隧道,基本解决了明挖隧道衬砌开裂问题。

5.4.1　国内外研究现状

混凝土是当今世界上用量最大、用途最广泛的工程材料。混凝土开裂问题是混凝土结构劣化病变的宏观体现,一直被人们所关注。

混凝土开裂是从混凝土拌和开始,以及浇筑成型、初凝与终凝、强度发展的全过程。混凝土裂缝就其开裂程度可分为表面裂缝、贯穿裂缝、破坏裂缝;就其表面形状可分为环向裂缝、纵向裂缝、横向裂缝、斜向裂缝、不规则裂缝、网状裂缝、爆裂状裂缝等;按其发展情况可分为稳定裂缝、不稳定裂缝、能闭合裂缝和不能闭合裂缝;按其尺寸大小可分为微观裂缝和宏观裂缝,微观裂缝指宽度小于 0.5mm 的裂缝,宏观裂缝指宽度大于 0.5mm 的裂缝;按其发生时间可分为施工期裂缝和使用期裂缝;按其影响因素可分为材料因素裂缝、施工因素裂缝、使用因素裂缝、温度因素裂缝、不均匀变形因素裂缝、钢筋锈蚀裂缝等。

造成混凝土开裂的原因很多,除受原材料质量、施工工艺、荷载和地基变形等因素影响外,还包括塑性收缩开裂、沉降开裂、温度开裂、自收缩开裂和干燥收缩开裂,以及长期劣化开裂等。从混凝土浇筑成型至终凝前主要发生塑性收缩开裂和沉降开裂,从终凝至终凝前一周左右时间主要发生温度开裂和自收缩开裂,从终凝后一周以后主要发生干燥收缩开裂、长期劣化开裂(冻融作用开裂、盐害引起开裂、硫酸盐侵蚀开裂、中性化开裂、碱骨料反应开裂)等。

造成混凝土塑性开裂主要是由于组成材料存在密度差,水分向混凝土表面移动产生泌水现象,泌水从混凝土表面迅速蒸发而造成。解决对策主要有:提高混凝土的结构黏度,如在混凝土中掺入天然沸石粉、硅粉等;掺入抗离析外加剂,使混凝土具有较好的保水性能;适当降低混凝土用水量。沉降开裂的原因主要是混凝土浇筑成型后,混凝土发生沉降,水平钢筋阻止混凝土下沉,混凝土沉下部分产生拉应力,沿着钢筋上表面混凝土发生开裂。解决对策主要有提高混凝土拌和物结构黏度,降低混凝土水灰比,控制高效减水剂掺加量。温度开裂一般发生在水化热温度上升结束、温度开始下降时,这时混凝土产生体积收缩,由于约束,混凝土产生开裂。发生时间多在混凝土浇筑后一周内的龄期。解决对策主要有:选用低热水泥、降低水泥用量;降低混凝土浇筑温度;对混凝土早期覆盖保温;定期喷浇热水等。自收缩开裂是混凝土自干燥引起的收缩开裂,在混凝土浇筑成型后1d龄期内发生。解决对策主要有加强湿养护等措施。干燥收缩开裂是由于毛细管孔隙中的水分向外部环境逸散,产生毛细管张力,由于负压使混凝土产生体积收缩,如周围存在着约束,内部产生拉应力,如此应力超过混凝土的抗拉强度值,就会发生收缩开裂。干燥收缩开裂一般发生在3个月龄期后,但终结的时间很长。解决对策主要有降低混凝土用水量,优选骨料,选择适当的水泥,掺入降低混凝土收缩的外加剂等。

混凝土裂缝是否有害,与裂缝宽度、裂缝性质、保护层厚度,以及所处环境和所采用的标准有关。通常裂缝宽度小于0.05mm时属于无害裂缝,对防水、防腐蚀与承重的影响均可忽略不计,大于0.05mm的裂缝,从防水角度都需要处理。

国内外学者对隧道衬砌开裂问题十分关注,进行了大量的研究。董飞以北京地铁为例,提出了地铁隧道衬砌结构破坏的裂缝分布模式,分析了地铁隧道衬砌截面裂缝扩展过程及其影响。汤建和通过对高速铁路隧道二次衬砌混凝土裂缝产生的原因进行分析研究,提出了针对性的预防及整治措施。张国华等选取重庆市已建成通车的3段地铁隧道进行调研,重点调研衬砌混凝土的裂缝形式、宽度、深度,并分析了裂缝的产生原因。叶飞等针对某高速公路隧道工程刚投入运营即出现较多衬砌开裂的工程实际,结合施工期地质观测报告、施工记录、施工监控量测资料、现场调查情况,以及数值模拟分析结果,系统总结分析了裂缝产生的原因。吕康成等针对寒冷地区隧道的气温特点和衬砌裂缝成因,提出了尽量隔离各衬砌段以减少其周边约束的防裂措施。荣耀结合厦门翔安海底隧道工程的设计实践,围绕海底隧道钢筋混凝土衬砌裂缝控制问题,对海底隧道裂缝形成机理、衬砌裂缝参数的计算模式、衬砌模型试验等进行了较为深入的系统分析研究。

5.4.2　明挖隧道衬砌结构防排水设计

东花园隧道明挖及衬砌结构防排水形式如图5-34所示。

(1)隧道明洞衬砌采用C40钢筋混凝土结构,衬砌厚度70cm,抗渗等级P10。

(2)隧道明洞拱墙衬砌外缘向外依次设置局部环氧水泥砂浆找平层、1mm厚环氧水泥浆、2.5mm厚喷涂速凝橡胶沥青防水涂料、2层400g/m²无纺布、1.5cm厚绿色可降解缓冲层。仰拱外缘向外依次设置3mm厚喷涂速凝橡胶沥青防水涂料、1.5mm厚HDPE膜,及C20混凝土垫层。拱墙环、纵向施工缝和拱墙变形缝两侧各50cm范围喷涂速凝橡胶沥青防水涂料,厚度4cm,且一次连续多遍喷涂到位。

(3)隧道纵向施工缝设置中埋式钢板止水带+1mm厚水泥基渗透结晶型防水涂料+可维护注浆管。环向施工缝设置中埋式钢边橡胶止水带+1mm厚水泥基渗透结晶型防水涂料+可维护注浆管。变形缝设置中埋式钢边橡胶止水带+聚乙烯闭孔泡沫板+聚硫密封膏嵌缝。

(4)隧道仰拱上方设置C40钢筋混凝土中心排水管,管径700mm。洞内检查井间距按30m布设,采用刚性接头平口管。在隧道最低点设置集水井(容积900m³),运营期进行抽排。

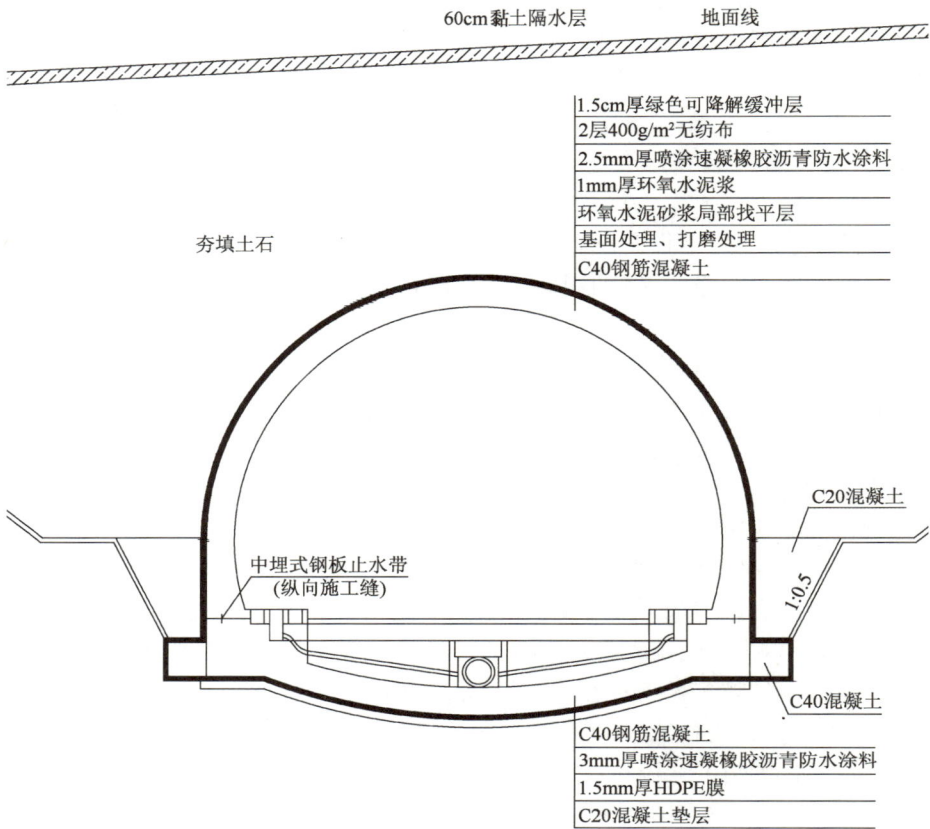

图 5-34　东花园隧道明挖及衬砌结构防排水形式设计示意图

5.4.3　明挖隧道衬砌开裂原因分析

1）衬砌开裂情况

八里村隧道明挖段前期共施工衬砌 39 板，除 1 板衬砌长度为 8m 外，其余衬砌长度均为 12m。衬砌完成后，出现了不同程度的开裂现象，经检测，裂缝总数量为 79 条，裂缝分布位置如图 5-35 所示。按裂缝位置、裂缝长度、裂缝宽度、裂缝深度等统计衬砌开裂情况，统计结果见表 5-6。

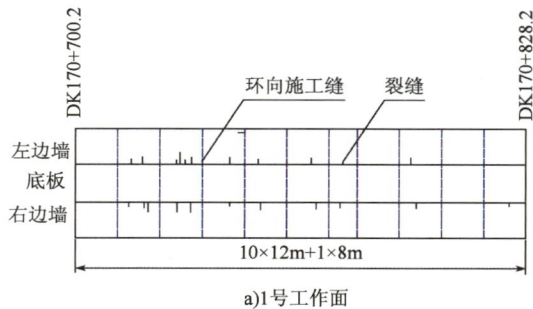

a)1号工作面

图　5-35

b)2号工作面

c)3号工作面

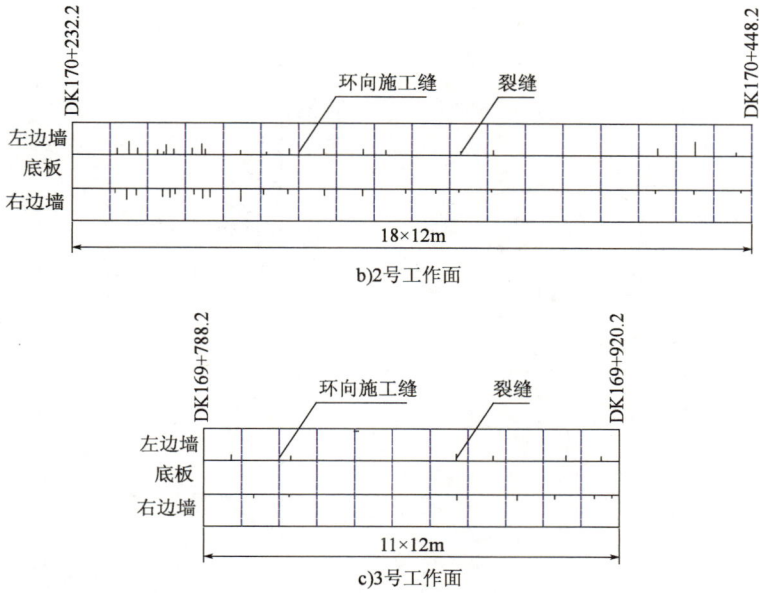

图5-35　衬砌裂缝分布位置示意图

衬砌开裂情况统计表　　　　　　　　　　　　　　　表5-6

序号	分　　类		数量（处）
1	裂缝形状	环向裂缝	77
		纵向裂缝	2
2	裂缝长度 （m）	0~1	8
		1~2	48
		2~3	15
		3~4	6
		4~5	2
		>5	0
3	裂缝宽度 （mm）	0~0.2	18
		0.2~0.5	53
		0.5~1	8
		>1	0
4	裂缝深度 （cm）	0~5	27
		5~10	37
		10~20	13
		20~30	2
		>30	0

　　根据统计结果绘制裂缝数量与裂缝形状、裂缝长度、裂缝宽度和裂缝深度的关系，如图5-36~图5-39所示。

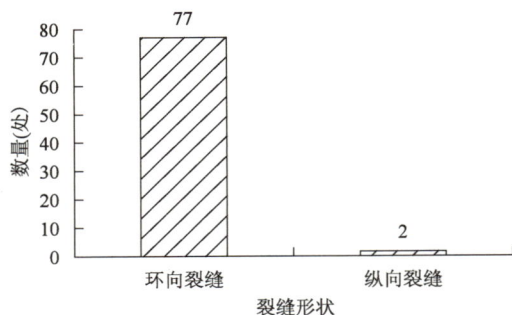

图 5-36　裂缝数量与裂缝形状关系

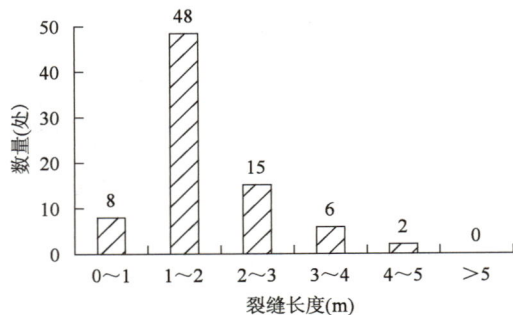

图 5-37　裂缝数量与裂缝长度关系

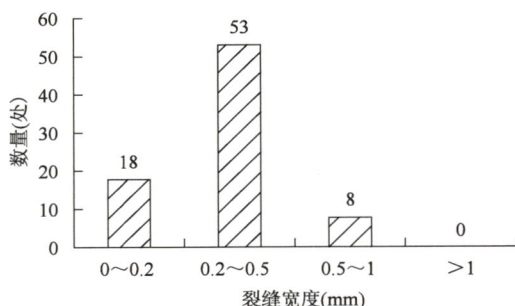

图 5-38　裂缝数量与裂缝宽度关系

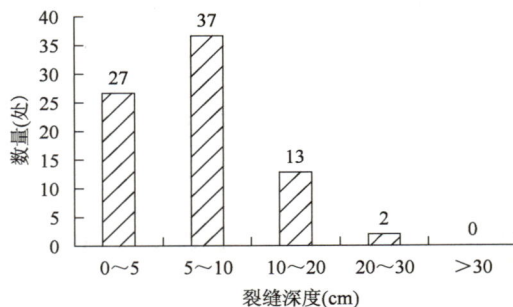

图 5-39　裂缝数量与裂缝深度关系

由以上各图分析得出：

（1）衬砌裂缝以环向裂缝为主，主要分布在边墙以上、衬砌中部附近。

（2）裂缝长度以 1～2m 为主，裂缝宽度以 0.2～0.5mm 为主，裂缝深度以 5～10cm 为主。

2）衬砌开裂原因

根据开裂特征，分析开裂原因，主要是由于温差应力、混凝土收缩和施工工艺控制所造成。

5.4.4　明挖隧道衬砌开裂预防措施

针对明挖隧道衬砌混凝土开裂原因，通过研究并经现场试验，确定了"三时机、三措施、两加强"的综合预防措施。

1）三时机

明挖隧道混凝土衬砌应选择合理的施工时机，降低温差应力、减少混凝土收缩引起衬砌开裂。合理的施工时机主要包括浇筑时机、拆模时机和回填时机三个方面。

（1）浇筑时机

统计施工现场环境温度，如图 5-40 所示。

从施工现场环境温度变化情况来看：现场高温时间主要集中在 8:00～16:00，因此，为避免因气温过高，导致混凝土失水过快、混凝土芯部与表层温差较大，混凝土浇筑时间宜选择在每天 16:00 开盘，至次日 8:00 前完成浇筑。

（2）拆模时机

混凝土浇筑完成后，拆模越早越有利于混凝土的保湿养护，可以有效地减少因失水造成混凝土干缩裂缝的产生。但拆模过早,对混凝土表面保护不利。

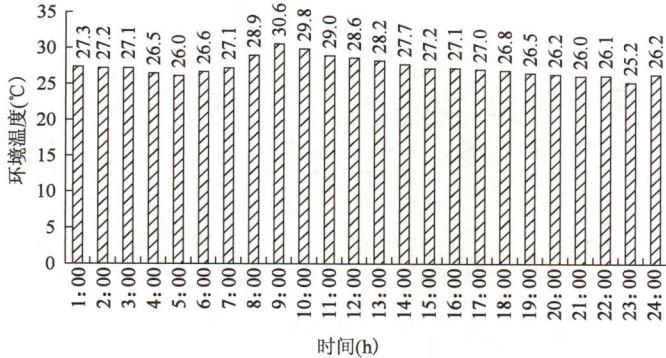

图5-40　施工现场环境温度变化情况

现行《高速铁路隧道工程施工技术规程》(Q/CR 9604)规定:

①拆模时混凝土强度应达到8MPa以上。

②拆模时混凝土内部与表层、表层与环境之间的温差不得大于20℃,结构内外侧表面温差不得大于15℃。

③混凝土内部开始降温前不得拆模。

现场使用的混凝土配合比见表5-7。

现场使用混凝土配合比参数(1m³ 用量)　　　　　　　　　表5-7

强度等级	水胶比	坍落度(mm)	最大粒径(mm)	砂率(%)	水泥(kg)	水(kg)	细骨料(kg)	粗骨料(kg)	粉煤灰(kg)	减水剂(kg)	引气剂(kg)
C40	0.35	160~200	31.5	40	352	154	706	1060	90	4.4	2.2

测试不同龄期混凝土强度,测试结果见表5-8。根据测试结果绘制混凝土强度增长曲线,如图5-41所示。

不同龄期混凝土强度表　　　　　　　　　表5-8

时间(h)	抗压强度(MPa)
0	0
10	3.0
18	9.7
24	15.0
49	28.4
103	30.0

由混凝土强度增长曲线可以看出:混凝土强度在10h时达到了3MPa,到24h时达到了15MPa。

监测衬砌施工过程中混凝土的内部温度和环境温度,监测结果见表5-9。根据监测结果绘制的混凝土温度变化曲线,如图5-42所示。

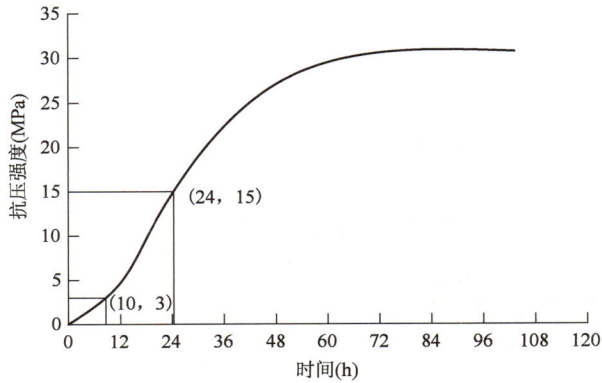

图 5-41 混凝土强度增长曲线

衬砌施工过程温度监测结果表 表 5-9

时间（h）	内部温度（℃）	内部与表层温差（℃）	表层与环境温差（℃）
0.0	26.3	−0.4	2.7
3.5	31.4	0.5	0.1
5.5	32.4	1.1	0.9
7.5	32.1	0.5	1.8
9.5	29.6	−1.1	1.4
11.5	31	0.6	1.9
13.5	31.8	1.3	2.8
15.5	35	3	4.7
17.5	39.3	5.3	6.9
19.5	47.5	11	10.5
21.5	49.5	12.4	10
23.5	51.8	13.2	8
27.5	55	17.8	9
29.5	54.8	17.1	10.7
31.5	55.3	17.1	11
33.5	58.7	20.1	12.1
35.5	56.1	17.1	13
37.5	56.3	18	13.1
48.0	54.6	19.2	8.1
50.0	54.3	20	6.7
53.0	52.9	15.5	9.7
55.0	52.1	14.2	9.3
57.8	52.2	14.8	9.7
71.7	44.6	11.1	7

时间(h)	内部温度(℃)	内部与表层温差(℃)	表层与环境温差(℃)
80.2	41	8.3	4.2
102.5	39.4	7	2.2
121.5	34.8	3.3	1.3
150.5	31.4	2.1	−0.9

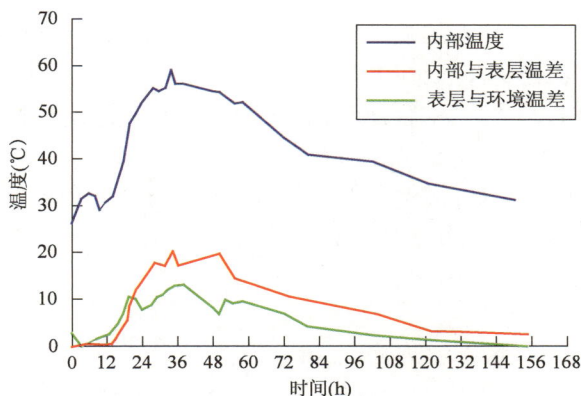

图5-42　衬砌混凝土温度变化曲线

从衬砌混凝土温度变化曲线可以看出:混凝土内部温度在36h时开始下降,内部与表层温差、表层与环境温差均小于20℃。

综合衬砌混凝土强度增长曲线和混凝土温度变化曲线,根据相关规程、规定要求,并从结构受力和及时养护的角度考虑,确定外模、内模拆除时机。

①外模拆除时机应选择在混凝土浇筑完成后12h,保证表面及棱角不受损伤;

②内模拆除时机应选择在混凝土浇筑完成后36h。

(3)回填时机

及时对明挖隧道衬砌外侧拱脚4m高度范围进行回填,这对控制裂缝产生,以及裂缝增加和发展均有一定的作用。回填时机一般选择在混凝土浇筑完成后7d内进行。

回填方法采取两侧分层对称施工,每次分层高度不超过40cm,左、右两侧高差不超过50cm。混凝土捣固延续时间宜为15~20s,间隔20~30min后进行第二次复振,使混凝土表面呈现浮浆和不再沉落,防止过振、漏振。回填混凝土浇筑完成后采取覆盖土工布保湿养护。

2)三措施

施工工艺对控制裂缝的产生十分重要,经现场试验,主要采取外模浇筑、多开窗口、快速浇筑三项重要措施。

(1)外模浇筑

明挖隧道衬砌施工采用内、外两层模板。为确保安全,结构设计时钢筋配筋率较高,钢筋间距较密,若利用内模浇筑,易造成混凝土振捣不密实,因此,为提高混凝土振捣效果,应采取外模浇筑的施工措施。

（2）多开窗口

为提高混凝土振捣质量，应采取多开振捣窗口，以减小振捣窗口间的距离，避免因振捣窗口间距过大而出现局部漏振现象。

与传统的衬砌模板台车（长度12m）相比，衬砌台车窗口数量应由原来的24个增加到32个，增加了1/3数量。同时，增加后窗口分4层，两侧对称布置，每侧数量分别为4-4-4-4个。相邻窗口间距为2m，上、下层间距为2.2m。

（3）快速浇筑

为满足浇筑时机要求，现场应加强机械设备配置和现场管理，确保浇筑的快速、顺利进行，一般情况下，混凝土浇筑时间应控制在12h以内。

为保证混凝土浇筑的连续性，结合该工程，现场配备了5台混凝土罐车（备用1台），泵车2台（备用1台），300kW发电机1台。

混凝土采用分窗、逐层、对称浇筑，最大下落高度不超过2m，台车前、后混凝土高差不超过0.6m，左、右侧混凝土高差不超过0.5m。

3）两加强

（1）加强振捣

加强混凝土振捣是保证混凝土质量的关键。

①振捣时间：每一振点的捣固延续时间宜为15~30s，间隔20~30min后进行第二次复振，使混凝土表面呈现浮浆和不再沉落，防止过振、漏振。

②振捣深度：在浇筑过程中应控制间歇时间，上层混凝土在下层混凝土初凝前浇筑完成。在振捣上层混凝土时，振捣棒插入下层5~10cm，使上、下层混凝土之间更好地结合。

③操作方式：混凝土通过泵车从外模入仓，操作过程中应快插慢拔。振捣过程中，振捣棒略上下抽动，使混凝土振捣密实，插点要均匀，插点之间距离控制在50cm左右。

④人员配备：现场浇筑时，外模左、右两侧分别配备4名振捣工，每名振捣工负责每层窗口中的2个窗口的振捣。内模左、右两侧分别配备2名振捣工，负责内模的附着式振捣器振捣。为避免局部漏振，相邻两振捣工在交接部位振捣时搭接30cm。内、外模分别配备2名技术员，负责全程盯控。

（2）加强养护

①衬砌外侧养护。拱墙衬砌混凝土外侧模板拆除后，采用可移动支架保湿养护。养护装置内层采用土工布保湿覆盖，外层采用塑料薄膜覆盖防止水分流失，使混凝土始终保持湿润状态，防止干缩裂缝。养护时间不小于14d。

②衬砌内侧养护。拱墙衬砌混凝土内侧模板拆除后，采用混凝土自动喷淋养护设施外加喷雾机进行洒水保湿养护，防止干缩裂缝。养护时间不小于14d。

5.4.5 小结

通过对明挖隧道衬砌开裂原因分析，以及防裂措施研究，可以得到以下结论：

（1）明挖隧道衬砌开裂主要是由于温差应力、混凝土收缩和施工工艺控制措施不当所引起。

（2）针对明挖隧道，通过采取"三时机、三措施、两加强"综合预防措施，基本可以避免衬砌裂缝的产生。

（3）明挖隧道衬砌施工，混凝土浇筑时机宜选择在每天的 16:00 开盘，至次日 8:00 前完成；外模、内模拆除时机宜分别选择在混凝土浇筑完成后 12h、36h 左右完成；外侧拱脚 4m 高度范围混凝土回填宜选择在混凝土浇筑完成后 7d 内完成。

（4）明挖隧道衬砌施工，宜采取外模浇筑、多开窗口、快速浇筑等技术措施，一般情况下混凝土浇筑时间应控制在 12h 以内。

（5）明挖隧道衬砌施工，应加强振捣、加强养护，确保混凝土质量。

5.5 隧道衬砌内掺渗透结晶防水剂新技术

混凝土是当今世界上用量最大、用途最广泛的工程材料，我国是世界上混凝土生产与应用最多的国家，据中国混凝土网不完全统计，2018 年我国商品混凝土总产量约 25.47 亿 m^3。

混凝土开裂是混凝土劣化征兆最常见的现象。自古以来，对抑制混凝土开裂就有许多研究。关于混凝土发生开裂的原因有 40 多项，涵盖材料、施工、使用环境和结构外力等多个方面，主要表现为干缩裂缝、温度裂缝、钢筋锈蚀裂缝、碱—骨料反应裂缝、超载裂缝、地基不均匀沉降裂缝和冻胀裂缝等。总体来讲，混凝土产生裂缝的原因是综合的、复杂的。因此，有的学者认为："裂缝与混凝土同时存在"，即有混凝土必有裂缝，裂缝是混凝土材料不可避免的，这是水泥基材料的先天缺陷。对于混凝土裂缝的抑制和防止，即使是现在，也还没有一个十分有效的方法，由于种种原因，混凝土结构的开裂依然呈现出渐增的趋势。因此，对于混凝土工作者来讲，需要不断地探讨混凝土裂缝形成的原因，采取方法加以预防，降低有害裂缝的出现，对有害裂缝采取补救措施。

渗漏水是隧道工程最主要的质量通病之一。渗漏水发生后通常采用注浆法处理，这种后处理方法往往难以达到满意的效果。依托东花园隧道，通过在隧道衬砌混凝土中掺加水泥基渗透结晶防水剂，试验研究了衬砌裂缝自动愈合的防水技术，以期对类似工程提供借鉴。

5.5.1 混凝土裂缝与渗漏水的相关性

混凝土裂缝渗漏水量与裂缝宽度和水压力等因素有关。

1）裂缝宽度与渗漏水量的关系

（1）Poiseuil 基于毛管束模型，推导出管道渗漏水量计算公式：

$$Q = \frac{Ar^2}{8\eta} \cdot \frac{p}{L} \tag{5-5}$$

式中：Q——水的渗漏量（cm^3/s）；

A——透水面积（cm^2）；

r——透水管半径（cm）；

η——水的黏性系数（$Pa \cdot s$）；

p——水压力（Pa）；

L——渗流长度（cm）。

（2）日本松下推导出裂缝渗漏水量计算公式：

$$Q = C \cdot \frac{\rho g t^3}{12\eta} \tag{5-6}$$

式中:Q——水的渗漏量(cm^3/s);

  C——系数(根据裂缝状态而定);

  ρ——水的密度(g/cm^3);

  g——重力加速度(cm/s^2);

  t——裂缝宽度(cm);

  η——水的黏性系数($Pa \cdot s$)。

(3)日本石川推导出裂缝渗漏水量计算公式:

$$Q = C \cdot \frac{\beta t^3 \rho H}{12\sigma\eta d} \tag{5-7}$$

式中:Q——水的渗漏量(cm^3/s);

  β——裂缝长度(cm);

  t——裂缝宽度(cm);

  ρ——水的密度(g/cm^3);

  H——水头压力(cm);

  σ——系数;

  η——水的黏性系数($Pa \cdot s$);

  d——壁厚(cm)。

从以上公式来看,裂缝渗漏水量与裂缝宽度的3次方成正比。而实际裂缝渗漏水量比这个计算值还要大。因此,裂缝宽度对渗漏水量的影响是相当大的,将裂缝变小、分散,裂缝宽度降低后,对减少渗漏水效果是十分明显的。

2)混凝土结构防水允许裂缝宽度

采用不同裂缝宽度的普通混凝土试件进行渗漏水量测试,试件厚度10cm,试验水压力100Pa。测试结果如图5-43所示。

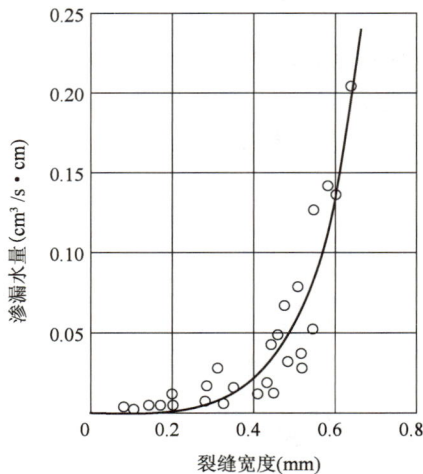

图5-43　裂缝宽度和渗漏水量关系曲线

从裂缝宽度与渗漏水量关系曲线来看：当裂缝宽度为 0.2mm 时，已有明显渗漏水。裂缝宽度大于 0.5mm 时，渗漏水量直线上升。因此，从渗漏水角度来看，当裂缝宽度≥0.2mm 时，必须进行渗漏水处理。

国外混凝土学者研究了建筑结构物防水性允许的裂缝宽度，研究成果见表 5-10。

混凝土的水密性与裂缝宽度研究成果表　　　　　　　　　　　　表 5-10

研 究 学 者	允许裂缝宽度（mm）	研 究 成 果
狩野春一等	0.06	通过数年调查研究，厚度为 12cm 的混凝土板，表观裂缝宽度为 0.04mm 时，下雨时几乎不漏水；但当裂缝宽度为 0.06mm 时，漏水的危险度为 20% 左右。当水压增大时，<0.06mm 的裂缝也会漏水
仕人丰和	0.05	厚度为 10cm 的混凝土试件，水压力为 100Pa 时，连续进行 1h 试验。当裂缝宽度≤0.05mm 时，基本不透水。对 RC 建筑物裂缝和漏水情况调查表明，裂缝宽度≤0.05mm 时对防水无害
溴田稔	0.03	对实际公寓住宅调查，最初认为 0.06mm 裂缝宽度是渗雨的临界极限，但最近调查表明，裂缝宽度应为 0.03mm 比较适当
向井毅	0.06	采用 5cm×10cm×30cm 的砂浆试件，在水压力 100Pa 作用下，裂缝宽度为 0.03mm 时试件显示为透水、潮湿现象，裂缝宽度为 0.07mm 时基本不漏水，但超过此值则漏水
重仓祐光	0.12	采用 φ15×4cm 的砂浆试件，水压力为 300Pa，裂缝宽度为 0.12mm 时透水量基本为 0
松下清大等	0.08	厚度为 15cm 的砂浆试件，一面裂缝宽度为 0.08mm，另一面裂缝宽度为 0.3mm，从垂直面长时间进行细小水流渗透，10min 后一面试件渗水，另一面 8.5min 后开始渗水
石川广三	0.15	厚度为 8cm 的气干状态混凝土试件，水压力为 200Pa，连续放水 3h，裂缝宽度<0.15mm 时，裂缝周边渗水，但还不至于漏水

从以上研究成果来看，从防水角度考虑，即使 0.05mm 的裂缝，也会在压力条件下发生渗漏水。

5.5.2　水泥基渗透结晶防水剂作用机理

水泥基渗透结晶型防水剂（Cementitious Capillary Crystalline Waterproofing Materials，CCCW）是以硅酸盐水泥为主要成分，掺入一定量活性化学物质制成的一种复合材料。该材料主要应用于水泥混凝土结构防水工程。

水泥基渗透结晶型防水剂是 1942 年由德国化学家 Lauritz Jensen（劳伦斯·杰逊）在解决水泥船渗漏水的实践中产生和发明的。1965 年从欧洲引进到日本、韩国等地，由于该材料综合性价比优于其他类型防水材料，从而使该材料迅速成为全世界最主流的防水材料之一。我国使用水泥基渗透结晶型防水剂已有十多年的历史。

水泥基渗透结晶防水剂作用机理如图 5-44 所示。防水剂中活性化学物质硅酮离子以水为载体在混凝土中渗透扩散（一般可渗透 10 ~ 30cm），与混凝土中的钙离子发生化学反应，生成不溶于水的硅酸钙水化物（枝蔓状结晶体），结晶体充满毛细管孔隙并与混凝土结合成整体,堵塞混凝土内部的毛细孔道,从而使混凝土致密,防止水渗漏。并且防水材料具有催化特性,一旦遇水可以不断产生化学反应,生成的结晶体不断生长并填充混凝土内部的毛细孔隙,因此,混凝土结构即使局部受损发生渗漏,在遇到水后也会产生结晶作用自动修补愈合 0.4mm 以下的裂缝。

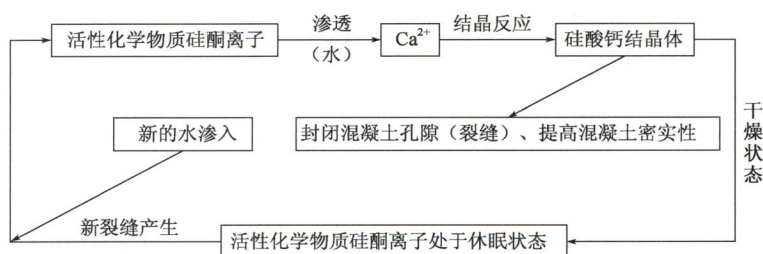

图 5-44 水泥基渗透结晶防水剂作用机理

5.5.3 现场试验

为了检验隧道衬砌混凝土内掺加水泥基渗透结晶防水剂时裂缝的自动愈合效果,在东花园隧道进行了现场试验。

现场试验共进行了 4 板衬砌,每板衬砌长度 15m,里程分别为 DK83 + 425 ~ DK83 + 440、DK84 + 565 ~ DK84 + 580、DK85 + 750 ~ DK85 + 765、DK86 + 515 ~ DK86 + 530。

防水剂掺量为混凝土水泥用量的 1.3%。

(1)观测仪器

采用钢卷尺、GTJ-FKY 裂缝宽度测试仪和 CS650 裂缝测深仪,分别对裂缝长度、裂缝宽度、裂缝深度进行测量。采用裂缝宽度测试仪和裂缝测深仪观测衬砌裂缝发展状况。采用卡兰德 OMA-50X 折射光微观痕迹鉴别仪与手机连接对裂缝内部晶体进行观测和拍照记录。观测仪器主要性能标见表 5-11。

衬砌裂缝发展状况观测仪器主要性能指标 表 5-11

GTJ-FKY 裂缝宽度测试仪		CS650 裂缝测深仪		OMA-50X 折射光微观痕迹鉴别仪	
项目名称	数据/标准	项目名称	数据/标准	项目名称	数据/标准
测量范围(mm)	0.01 ~ 0.02	测量范围(mm)	5 ~ 500	目镜直径(mm)	12
读数精度(mm)	0.01	读数精度(mm)	0.5	镜片层数(组)	7
放大倍数(倍)	40	数据传输接口	USB	标准倍数(倍)	100 ~ 400
最小分度(mm)	0.02	数据存储容量(测点)	5900	外形尺寸(mm × mm × mm)	128 × 50 × 21
供电方式	内置充电锂电池	供电方式	5 号碱性电池 6 节	重量(g)	89.5
主机尺寸(mm × mm × mm)	140 × 120 × 45	主机尺寸(mm × mm × mm)	220 × 145 × 60		
探头尺寸(mm × mm × mm)	42 × 42 × 42	使用温度范围(℃)	-10 ~ 40		
重量(g)	950				

（2）衬砌开裂原始情况

隧道衬砌拆模后，共发现 6 条环向裂缝。裂缝位于衬砌两侧边墙部位，裂缝原始情况见表 5-12。

试验段衬砌裂缝原始情况统计

表 5-12

试验段编号	衬砌里程	裂缝位置	裂缝原始情况		
			裂缝长度（m）	裂缝宽度（mm）	裂缝深度（mm）
1	DK83+425~DK83+440	DK83+433 左侧边墙	3.6	0.20	342
		DK83+432.6 右侧边墙	4.2	0.14	256
2	DK84+565~DK84+580	DK84+571.6 左侧边墙	3.2	0.36	382
		DK84+572 右侧边墙	3.4	0.1	428
3	DK85+750~DK85+765	DK85+759.8 左侧边墙	3.6	0.28	732
		DK85+756.8 右侧边墙	3.8	0.2	453
4	DK86+515~DK86+530	无裂缝			

（3）试验方法

在衬砌外侧（隧道外）裂缝处外表面贴铺一层电热毯、一层棉被、一层土工布，宽度 2m。用方木和跳板苫压，保证边角不被风吹起。覆盖棉被内部安放温度计，温度≤5℃时采取其他措施升温。

在衬砌内侧（隧道内）搭设彩钢棚作为养护棚，养护棚尺寸为 2.5m×2.5m×4m，高度超过裂缝顶部 1m。养护棚利用钢管作为骨架，外侧包 5cm 厚彩钢板，棚内放置 2 台电暖器、1 支温度计，保证室内温度≥5℃。

在养护棚顶挂设水桶，水桶底打孔，用注射器往裂缝内不断滴水，保证裂缝内部湿润，室内温度≥5℃，由专人负责测温和升温工作。

现场试验如图 5-45 所示。

a) 　　　　　　　　　　　b)

图 5-45　隧道衬砌内掺渗透结晶防水剂现场试验

5.5.4　试验结果

（1）裂缝参数发展变化

裂缝发展变化观测结果见表 5-13。

裂缝发展变化观测结果表　　　　　　　　　　　　　　表 5-13

裂 缝 参 数		观测时间（d）								
		0	4	7	12	16	20	23	26	30
DK83＋433 左侧边墙裂缝	长度（m）	3.6	3.6	3.6	3.6	3.6	3.6	3.6	3.6	3.6
	宽度（mm）	0.2	0.2	0.2	0.2	0.2	0.2	0.2	0.2	0.2
	深度（mm）	342	382	352	348	322	314	282	280	254
DK83＋432.6 右侧边墙裂缝	长度（m）	4.2	4.2	4.2	4.2	4.2	4.2	4.2	4.2	4.2
	宽度（mm）	0.14	0.14	0.14	0.14	0.14	0.14	0.12	0.14	0.14
	深度（mm）	256	268	254	236	238	224	231	216	220
DK84＋571.6 左侧边墙裂缝	长度（m）	3.2	3.2	3.2	3.2	3.2	3.2	3.2	3.2	3.2
	宽度（mm）	0.36	0.36	0.36	0.36	0.36	0.34	0.34	0.34	0.34
	深度（mm）	382	410	383	365	368	360	364	356	358
DK84＋572 右侧边墙裂缝	长度（m）	3.4	3.4	3.4	3.4	3.4	3.4	3.4	3.4	3.4
	宽度（mm）	0.1	0.1	0.1	0.1	0.1	0.1	0.1	0.1	0.1
	深度（mm）	428	436	430	430	428	414	412	416	410
DK85＋759.8 左侧边墙裂缝	长度（m）	3.6	3.6	3.6	3.6	3.6	3.6	3.6	3.6	3.6
	宽度（mm）	0.28	0.28	0.28	0.28	0.28	0.28	0.28	0.28	0.28
	深度（mm）	736	740	738	725	728	730	724	710	706
DK84＋756.8 右侧边墙裂缝	长度（m）	3.8	3.8	3.8	3.8	3.8	3.8	3.8	3.8	3.8
	宽度（mm）	0.2	0.2	0.2	0.2	0.2	0.2	0.2	0.2	0.2
	深度（mm）	453	450	455	448	432	440	436	432	434

根据裂缝深度观测数据绘制裂缝深度随时间变化曲线，如图 5-46 所示。

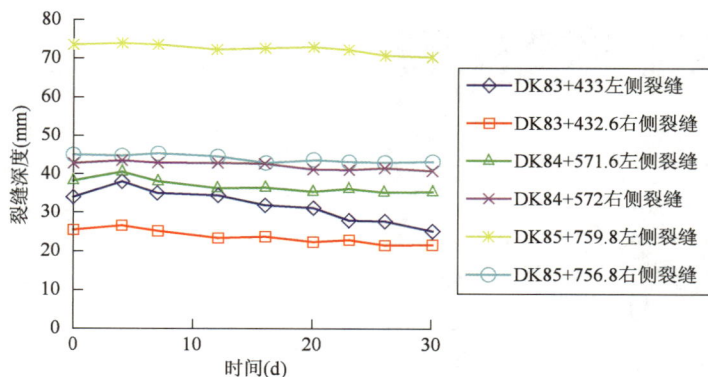

图 5-46　裂缝深度随时间变化曲线

（2）渗透结晶发展变化

以 DK83＋433 左侧边墙裂缝为例，渗透结晶发展变化过程如图 5-47 所示。

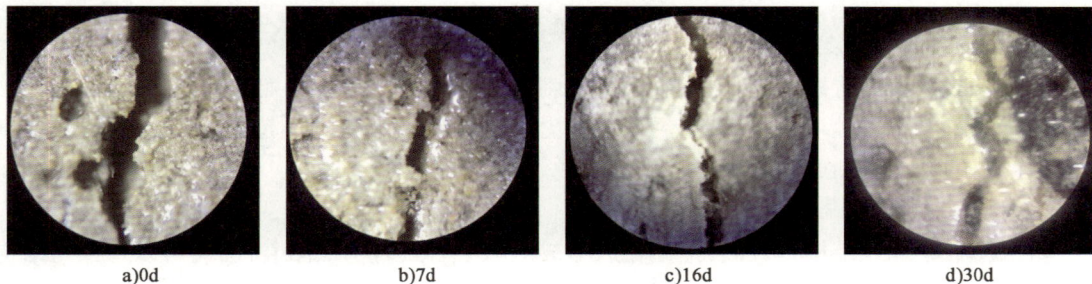

| a)0d | b)7d | c)16d | d)30d |

图 5-47 DK83+433 左侧边墙裂缝渗透结晶发展变化过程

5.5.5 小结

通过东花园隧道衬砌混凝土内掺渗透结晶防水剂现场试验,可以得到以下结论:

(1)在隧道衬砌混凝土中掺加水泥基渗透结晶防水剂,可以实现衬砌裂缝的自愈合防水功能,减少隧道衬砌渗漏水的发生。

(2)隧道衬砌混凝土中掺加水泥基渗透结晶防水剂掺量宜为水泥用量的1%～1.5%。

5.6 橡胶沥青防水涂料智能喷涂技术

隧道渗漏水不仅直接损坏衬砌结构,降低使用年限,而且加速钢轨和扣件锈蚀,损害道床和基础,影响线路稳定,在严寒地区更会因渗漏水结冰侵限影响列车运营安全,因此,必须高度重视隧道衬砌结构防排水效果。

隧道修建方式主要有盾构法、沉管法、矿山法、明挖法等,明挖法施工以造价低廉、适用性强、质量易于控制等优点广泛应用于不同条件下的隧道。喷涂速凝橡胶沥青防水涂料是一种为适应目前施工和环保要求而研发的一种新型无溶剂、无污染的绿色防水涂料。该防水涂料具有耐老化性好、施工便捷、黏结性能优异等特点,可广泛应用于防水、防腐、防护等领域。目前建筑施工领域,尤其是房建和市政工程中应用较广,但在铁路隧道中的应用尚处在起步阶段,这主要是由于该材料存在着两个技术难点:一是明挖隧道外衬喷涂防水施工困难,安全风险高;二是人工喷涂速度慢,喷涂的均匀性和厚度难以保证。

基于以上两个技术难点,依托东花园隧道,开展了智能喷涂技术研究。研究成果表明,通过采用智能喷涂机器人作业,不仅可以实现快速喷涂,保证喷涂的均匀性和厚度,还可以有效缩短施工工期,从而彻底解决了富水地区明挖基坑隧道外包防水施工困难、防水效果差的技术难题,同时节约了施工成本。

5.6.1 喷涂速凝橡胶沥青防水涂料特性

喷涂速凝橡胶沥青防水涂料被称为"Liquid Rubber",即液体橡胶。该涂料是由橡胶沥青乳液及促凝剂两种组分混合,通过化学反应生成的防水材料。其中,橡胶沥青乳液(A组分)由超细、悬浮、微乳型的改性阴离子乳化沥青和合成高分子聚合物配制而成;促凝剂(B组分)为电解质配制成的水溶液。将A组分和B组分充分混合,喷至混凝土基面时瞬间固化,从而形成致密、连续、完整的涂膜。这种新型喷涂防水材料与传统隧道防水材料相比,主要特性如下：

（1）抗穿刺性及抗裂性强。

喷涂速凝橡胶沥青防水涂料延伸率、抗穿刺能力远高于防水板，对混凝土产生的温度收缩裂缝具有显著的防护效果，具有破损后自愈能力。能够有效解决因隧道结构变形、开裂、穿刺等因素产生的结构渗漏或钢筋锈蚀等病害问题。

（2）防水密贴性强。

防水涂料涂刷到结构物表面，经固化后形成的防水薄膜与基面附着性好，可以达到与结构完全密贴的效果，且涂层连续无接缝，防水可靠性更高，工艺性好。

（3）耐高低温性好。

该涂料具有显著的耐高低温性特点，成膜施工对温度要求不高，可适用于 $-20 \sim 130℃$ 气候条件施工。

（4）环保性高。

传统防水板在施工过程不可避免地使用热熔焊接，容易造成一定的环境污染。而速凝橡胶沥青防水涂料是无毒无味、无废料、无污染的水性涂料，满足节能、生态环保的要求。

（5）施工便捷。

该涂料固化速度快，具备大规模施工、一次成型的条件，具有施工速度快、工效高的特点。

综上所述，喷涂速凝橡胶沥青防水涂料作为隧道新型防水材料具有传统防水板所不具备的优异性能，在隧道工程中应用前景非常广阔，可作为隧道防水工程的优选材料。

5.6.2　隧道喷涂式防水体系设计

中国国家铁路集团有限公司颁布了铁路工程喷膜防水材料关于喷涂橡胶沥青的企业标准，提出了防水材料物理力学性能指标，但未对隧道防水设计提出具体要求。为了提高隧道防排水技术水平，改善隧道运营环境，节约工程全寿命周期总成本，在借鉴现有研究、设计、施工经验的基础上，提出一种全封闭喷涂橡胶沥青防水体系。

1）类似工程实例

目前，喷涂速凝橡胶防水涂料在隧道、管道、地铁车站、地下室和屋面等工程的防水体系中均有一定的应用，见表5-14。铁路工程喷膜防水材料企标中要求隧道用喷涂橡胶沥青防水层厚度不应小于1.5mm，喷层基本厚度可以参考规范及既有工程实例进行设置。

工程实例中的喷涂厚度参考值 表 5-14

工程类型	工 程 名 称	喷涂厚度（mm）	结 合 工 艺
隧道	某机库工程	1.5	无
	张呼高铁站前土建3标段	1.5	0.7mm 厚 HDPE 防水板
	芮城大禹渡泵站工程	1.5	无
地铁车站	厦门市轨道交通2号线一期工程金融中心站（顶板）	2.0	1.5mm 厚耐根系穿刺防水层
	厦门市轨道交通2号线一期工程金融中心站（侧墙、底板）	2.0	无
	长沙地铁4号线汉王陵公园站	1.5	0.5mm 厚 HDPE 防水板
	厦门市轨道交通3号线工程洪坑站	1.5	0.5mm 厚 HDPE 防水板

工程类型	工程名称	喷涂厚度（mm）	结合工艺
地下室	郑州市经济技术开发区滨水家园	双层1.2	无
	中信银行杭州分行新大楼	1.5	无
屋面	台州市广聚能源科技有限公司厂房及办公楼	1.0	1.0mm厚喷涂水性非固化橡胶沥青
	陕西省卷烟材料厂滤棒工房	2.0	无
渠道	江苏某地渠道防渗工程	1.5	无

2）喷涂式防水喷层厚度设计方法

（1）工程防水等级

铁路隧道防水等级根据工程重要性、使用功能及运营安全等要求分为四级,喷涂式防水层厚度应根据防水等级设置基本厚度,见表5-15。

喷涂式防水层厚度设置建议值　　　　　　　　　　　表5-15

防水等级	一级	二级	三级	四级
喷层基本厚度（mm）	2.0	1.8	1.5	1.2

（2）工程设计使用年限

喷涂式防水的失效是喷涂材料随着时间逐渐老化的过程,增加喷层厚度可有效提高整个防水体系的耐久性。因此,可根据工程的设计使用年限,设计不同的喷层厚度。设计使用年限修正建议值见表5-16。

设计使用年限修正建议值　　　　　　　　　　　表5-16

设计使用年限（年）	＜10	10～40	40～60	60～120	＞120
耐久性修正值（mm）	−0.5	−0.2	0	+0.2	+0.5

（3）地下水状况

当隧道衬砌出现开裂时,地下水将在喷层内外两侧形成压力差,导致喷层受力拉伸,水压力越大,需要的喷层厚度越大。地下水状况修正建议值见表5-17。

地下水状况修正建议值　　　　　　　　　　　表5-17

地下水状态	贫水	富水,低水压（水压＜0.2MPa）	富水,高水压（水压≥0.2MPa）
富水状态修正值（mm）	−0.2	0	+0.2

（4）隧道纵坡设计

隧道纵坡的型式影响隧道运营期排水成本,人字坡自然排水,隧道渗漏量不影响运营成本;而V形坡隧道的抽排水成本由渗漏量决定,应尽量减少V形坡隧道的渗漏量,因此,V形坡隧道的喷层厚度应适当增大。隧道纵坡设计形式修正建议值见表5-18。

隧道纵坡设计形式修正建议值　　　　　　　　　　　表5-18

隧道纵坡设计	人字坡	V形坡
修正值（mm）	−0.2	+0.2

（5）隧道所处环境条件

隧道所处的环境是影响喷涂材料老化劣化的主要因素,恒温恒湿最有利于喷涂材料的耐久,而暴晒、干湿交替、温度频繁变化、地下水侵蚀性都将加速喷涂材料的老化。隧道环境条件修正建议见表5-19。

隧道环境条件修正建议值　　　　　　　　　　　　　　　　表5-19

周边环境条件	恒温恒湿	地下水侵蚀	暴晒	干湿交替
修正值(mm)	0	+0.2	+0.2	+0.2

（6）喷涂方式

不同喷涂方式施工质量差异较大,人工喷涂的随机性大,喷层厚度不均匀;而机械喷涂喷层厚度均一,施工质量较好。喷涂方式修正建议值见表5-20。

喷涂方式修正建议值　　　　　　　　　　　　　　　　表5-20

喷涂方式	机械喷涂	人工喷涂
修正值(mm)	−0.2	+0.2

（7）混凝土表面状态

混凝土表面是指喷涂速凝橡胶沥青防水材料的接合面,混凝土表面状态修正建议值见表5-21。

混凝土表面状态修正建议值　　　　　　　　　　　　　　　　表5-21

混凝土表面的状态	平整、无毛刺	不平整、有毛刺
修正值(mm)	0	+0.2

（8）特殊部位喷层厚度设计

隧道结构变形缝、施工缝等特殊部位防水是保证隧道防水成败的关键,由于变形缝、施工缝存在张拉、变形,该部位喷层厚度需考虑接缝处伸缩变形影响。

假设施工缝最大张开量为m_2,最大错动量为m_1,施工缝处防水涂料的初始厚度为d_1,裂缝发生错动和张开后,防水涂层被拉长,厚度减薄,建立上述参量相互关系的计算模型,如图5-48所示,则减薄后的防水涂层厚度d_2可采用式(5-8)计算。

$$d_2 = \frac{2L_2 \cdot d_1}{2L_2 + \sqrt{m_1^2 + m_2^2}}$$
(5-8)

式中:L_2——裂缝错动对喷层的影响范围(mm),根据现场试验确定。

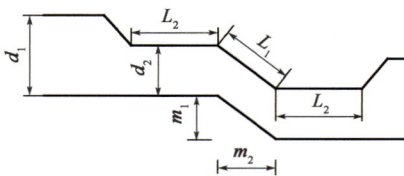

图5-48　裂缝处喷层厚度计算模型

东花园隧道采用全封闭防水,按现行《铁路隧道设计规范》(TB 10003)规定,防水为一级标准。明洞衬砌为钢筋混凝土结构,按100年设计标准,拱墙采用自动化喷涂设备。根据喷层厚度设计计算可以得到拱墙处修正0.4mm,喷层厚度建议≥2.4mm;仰拱修正0.8mm,喷层厚度建议≥2.8mm。

5.6.3　智能喷涂机器人

当前,明挖隧道防水涂料喷涂主要是通过操作人员将喷涂台车移动到固定位置后,操作人员站在喷涂台车平台上进行人工手动喷涂。人工手动喷涂存在的主要问题有:

(1)喷涂效率低,施工进程缓慢,并且人工成本高,风险大,喷涂的均匀性和厚度不宜达到设计要求。

(2)损害操作人员的身体健康,导致隧道施工中的风险和各项成本较高。

为解决以上技术难题,在参建各方的共同努力下,研发了智能喷涂机器人,实现了防水材料的智能喷涂。

智能喷涂机器人主要适用于具备喷涂作业面的明挖隧道及其他开放式建筑结构表面等。该设备具有喷涂均匀、效率高、安全性好、操作简便、人工成本低等特点。智能喷涂机器人结构组成如图 5-49 所示,喷涂成膜原理如图 5-50 所示。

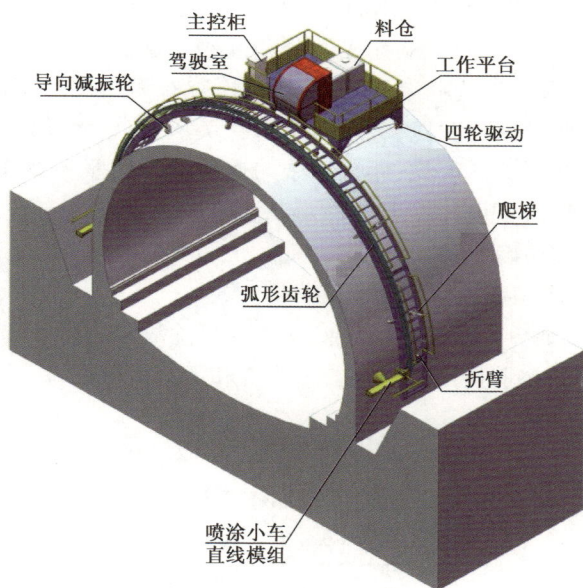

图 5-49　智能喷涂机器人结构组成示意图

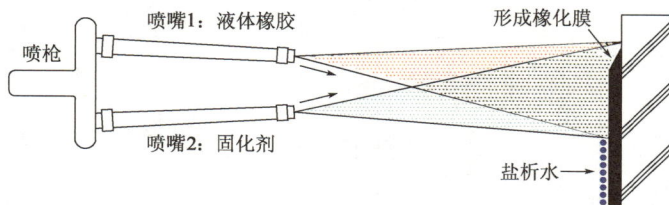

图 5-50　喷涂成膜原理示意图

智能喷涂机器人包括控制单元和喷涂单元两部分,主要装置有支撑机构、行走机构、喷涂轨道、喷涂轨道调整装置、喷涂机构。喷涂轨道设置在支撑机构上,喷涂轨道与支撑机构之间设置喷涂轨道调整装置,用于调整喷涂轨道的位置,使得喷涂轨道各处与隧道断面外壁距离相等。喷涂作业时,根据设计喷涂厚度,设置喷涂机构往复速度和行走机构行走速度。将行走机构及喷涂机构位置设置在初始位置并对整个喷涂装置遥控控制,喷涂机构开始工作。喷涂过程中行走机构偏离设定路线时,调整喷涂轨道调整装置,使得喷涂轨道各处始终与隧道断面外壁距离相等。完成一个工位后,移动到下一个工位,重复操作。

5.6.4 喷涂技术特点

喷涂速凝橡胶沥青防水涂料具有以下技术特点:

(1)喷涂速凝橡胶沥青防水材料为双组分涂料。防水涂料主剂 A 组分为棕褐色黏稠状液体,固化剂 B 组分为无色透明液体,其采用专用喷枪喷涂,两组分在距基面 60～80cm 处交汇,混合并落地析水成膜,成为完整的橡胶质防水层。喷涂作业前应缓慢、充分搅拌 A 组分,现场严禁向 A 组分和 B 组分中添加任何其他物质,严禁混淆 A 组分和 B 组分的进料系统。

(2)启动喷涂设备发动机。调节工作压力,A 组分泵 200kPa,B 组分泵 100～150kPa,打开控压阀,检查压力表压力是否稳定。检查 A 组分和 B 组分回流管流通正常。卸掉 B 组分喷嘴打开转储阀,清洗管道。调试喷枪喷涂流量与扇面,检查有无堵塞和不畅,一切正常后开始喷涂作业。喷涂作业完成后,按照"关压、关闭转储阀""关压、停止发动机"的顺序作业。

(3)喷涂作业时,喷枪垂直于基层,距离适中匀速移动。按照先细部构造后整体的顺序连续作业,一次多遍、交叉喷涂至设计厚度。每遍喷涂厚度约为 0.3mm,2.5mm 喷涂 8 遍,并经常检查总结力求喷涂能够精确。

(4)相邻区域涂层的搭接宽度不小于 100mm。

(5)当出现异常情况时,应立即停止作业,检查并排除故障后再继续作业。

(6)喷涂作业完毕后,按照使用说明书要求检查和清理机械设备,并妥善处理剩余涂料。

5.6.5 施工工艺流程

喷涂速凝橡胶沥青防水涂料施工工艺流程如图 5-51 所示。

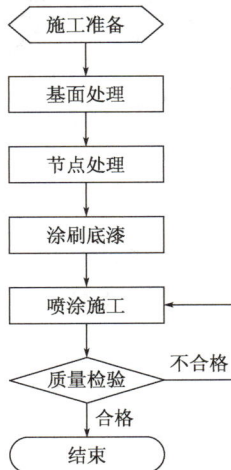

图 5-51 喷涂速凝橡胶沥青防水涂料施工工艺流程

5.6.6　施工工序

（1）基面处理

清除基面酥松、起砂、起皮的混凝土,清扫基面灰尘。采用角磨机将基面表层浮浆进行打磨,然后采用吹风机进行清理。对阴角凹凸不平部位、局部孔洞缺陷处采用环氧水泥浆进行抹平修补。基面处理如图 5-52 所示。

a)基面打磨处理

b)吹风处理

c)环氧水泥浆抹平处理

图 5-52　基面处理

（2）节点处理

对纵向施工缝和环向施工缝应加强处理,处理方式采用手刷料加无纺布,处理范围为施工缝两侧各 0.5m,涂层厚度为 1.5mm。

处理时,首先涂刷一层手刷料,然后铺贴无纺布,要求无纺布铺贴顺直,不得褶皱、起鼓、翘边。无纺布铺贴完成后再次涂刷手刷料,要求第二遍手刷料完全浸润无纺布。

节点处理设计如图 5-53 所示,节点处理效果如图 5-54 所示。

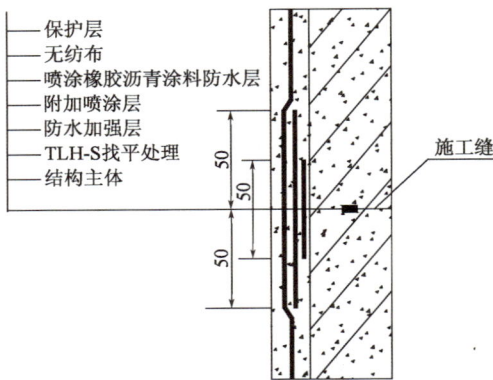
图 5-53 节点处理设计示意图(尺寸单位:cm)

列表项:
- 保护层
- 无纺布
- 喷涂橡胶沥青涂料防水层
- 附加喷涂层
- 防水加强层
- TLH-S找平处理
- 结构主体

施工缝

图 5-54 节点处理效果

图 5-55 现场涂刷底漆

（3）涂刷底漆

喷涂施工区域应涂刷专用底漆,专用底漆由3 种组分组成,A 组分:B 组分:C 组分 = 1:1:1。配置时,首先按照比例将 B 组分加入 A 组分中,机械搅拌 3min;搅拌均匀后加入 C 组分。现场实施时不宜调配过多,调配完成后应在 30min 内用完,防止时间过长黏度上升影响质量。用辊轮辊刷,涂布量为 0.3kg/m²,涂布均匀,不得漏涂。现场涂刷底漆如图 5-55 所示。

（4）仰拱喷涂及搭接处理

仰拱预喷反黏系统施工完成后,将 HDPE 防水膜端头卷起并压住,以防污染。

展开预留的仰拱 HDPE 防水膜端头,清理干净,拱墙防水层直接与其喷涂搭接,要求阴角 $R=50mm$,采用 M10 水泥砂浆处理,如图 5-56 所示。

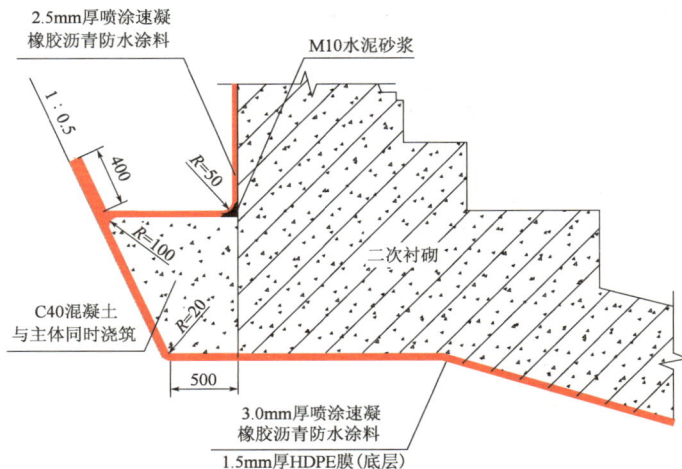
图 5-56 仰拱与拱墙防水搭接处理设计示意图(尺寸单位:mm)

翻折搭接后的复合防水层,边缘用垫圈固定,加强处理后再次喷涂覆盖,如图5-57所示。

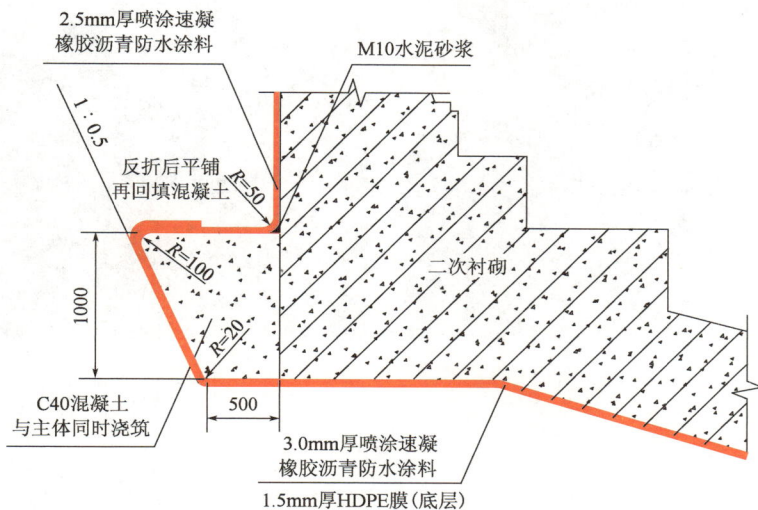

图5-57 仰拱与拱墙搭接处理设计示意图(尺寸单位:mm)

搭接面采用保护膜进行保护,下次喷涂时揭开保护膜,确保50cm搭接面清洁、干净、无灰尘。

(5)拱墙喷涂

喷涂作业时,喷涂操作手将安全带固定在衬砌外侧行走支架上,利用行走支架逐环进行喷涂。两侧拱腰及直墙段施工时,应按设计要求厚度和层数喷涂到位,不得有漏喷。操作手利用行走支架进行匀速喷涂,防止涂料滴淌,减少涂料浪费。

喷涂作业时,喷枪应垂直于喷涂面,距离适中匀速移动。按照先细部构造后整体的顺序连续作业,一次多遍、交叉喷涂。在立面或坡面施工时,喷枪应按照从下到上、由低到高的顺序喷涂。

喷涂后静置12h以上,保证析出水分和排出气体,然后进行下道工序施工。

现场喷涂防水层施工如图5-58所示。

(6)实时监测

喷涂过程中应加强监控,根据实测涂层厚度及均匀度,调整喷涂机压力及喷涂层数、厚度,保证喷涂质量。

目测检查防水涂层应喷涂均匀,不应流淌和露槎,不应划伤和龟裂,与基面黏结牢固,如图5-59所示。

采用测厚仪对涂膜防水层进行实时监测,每100m²抽查一处,最小厚度不应小于设计厚度的80%,涂膜搭接部位采用逐渐薄喷处理,如图5-60所示。

图5-58 现场智能化喷涂施工

191

图 5-59　喷涂层外观检查

图 5-60　实测涂层厚度

5.6.7　材料和设备

（1）主要材料

防水涂料采用喷涂速凝橡胶沥青防水涂料，水泥采用普通硅酸盐水泥。

（2）主要机械设备

配置的主要机械设备见表 5-22。

喷涂施工主要机械设备表　　　　　　　　　　　表 5-22

序号	机械或设备名称	型号规格	数量（台）	额定功率（kW）	生产能力（L/min）	备　　注
1	汽车式起重机	25t	1			
2	喷涂机	智能喷涂机械人	4	4.1	8.0	项目自主研发

5.6.8　质量保证措施

1）基本要求

（1）喷涂速凝橡胶沥青防水涂料的防水施工、质量验收应符合国家和铁路行业现行有关标准、规范的规定，以及国家劳动保护与安全技术要求。

（2）防水层主配套材料应达到产品的标准性能指标，并符合设计要求。细部构造及节点做法应符合防水工程设计要求。

（3）喷涂后 24h 内，由专职人员检查和修补孔洞、翘边、缝隙、人为踩踏、机械划伤等。

（4）修补方法：使用涂刷料，采取用力画圆圈动作涂刷，确保达到最好的黏合性。

（5）喷涂速凝橡胶沥青防水涂料的储存和运输应密闭保存，避免雨淋和暴晒，并远离震源，夏季应存放在阴凉干燥处或采取防晒措施。

2）原材料要求

（1）喷涂速凝橡胶沥青防水材料以同一厂家、同一品种、同一批次的 A 组分产品 20t 为一批进行检验，不足 20t 时按一批计。

（2）在每批喷涂橡胶沥青产品中随机抽取两组样品，一组样品用于检验，另一组样品封存备用,每组至少5kg(A组分),抽样前产品应搅拌均匀。若试验室不具备喷涂制样能力,可采取现场喷涂制膜取样,取样量根据需要抽取,抽样基数不应少于500kg。

(3)外观、物理力学性能、有害物质限量和氯离子含量均符合要求时,判定该批产品合格。物理力学性能若有两项或两项以上指标不符合规定,则判定该批产品物理力学性能不合格。若仅有一项指标不符合标准规定,应对不合格项进行加倍抽样和复检,复检结果均达到标准规定时,则判定该批产品物理力学性能合格。

5.6.9　质量检测仪器、方法及要求

(1)主要测试仪器

配置主要试验测量仪器见表5-23。

喷涂施工主要测试仪器表　　　　　　　　　表5-23

序　号	仪器设备名称	规格型号	单　位	数　量
1	靠尺	3m	把	2
2	卷尺	5m	把	4
3	测厚仪	ETG-100	台	1
4	面差仪	JST-C	台	1

(2)检测方法及检测要求

检测方法及检测要求见表5-24。

喷涂施工质量检测方法及检测要求　　　　　　　　　表5-24

序号	检测项目	检测方法	检测要求
1	涂膜防水层平均厚度	针测法或取样测量	每100m²抽查1处,且检验批的总抽样检验数量不得少于3处,每处10 m²,抽5个点,两点间距不小于2m。最小厚度不应小于设计厚度
2	原材料质量情况	检查出厂合格证、质量检验报告和进场检验报告	防水涂料性能应符合设计要求
3	涂膜防水层搭接头情况	观察检查	涂膜防水层的搭接头采用逐渐薄喷处理
4	铺贴增强材料平整情况	观察和尺量检查	铺贴增强材料应平整顺直,搭接尺寸应准确。胎体增强材料搭接宽度的允许偏差为－10mm
5	涂膜防水层效果检验	雨后观察或淋水	降雨或淋水时间不应小于2h

5.6.10　成品保护措施

(1)防水层施工中和完成后,不得在防水层上放置材料。

(2)防水层施工过程中不允许穿钉鞋踩踏,不准使用尖锐利器或其他物品撞击。

(3)防水层后续施工过程中,如不慎破坏了已做好的防水层,一经发现应及时采取补救措施及时补修。

（4）指定成品保护负责人，明确责任范围，必要时派专人巡视施工现场。

（5）严禁在未进行保护的防水层上托运重型器物和运输设备。

5.6.11　小结

针对明挖隧道外表面喷涂防水作业，通过科研攻关和隧道施工现场应用及改进、完善、总结，研发了智能喷涂机器人。该智能喷涂机器人不仅实现了快速喷涂、保证喷涂的均匀性和厚度，而且有效地缩短了施工工期，解决了强富水地区明挖基坑隧道外包防水施工困难、防水效果差的技术难题，同时节约了施工成本。通过东花园隧道现场实践应用，得到如下结论：

（1）智能喷涂技术具有先进性、科学性和实用性，经济效益、社会效益、环保节能效益显著，在明挖隧道和类似地下结构工程中具有广泛的应用前景。

（2）东花园隧道通过积极推广应用智能喷涂技术，开展 QC 活动，有效缩短了施工工期，提高了工程质量，实现了现场文明、环保施工。与传统卷材防水施工相比，共缩短工期30d，节省了25t 汽车式起重机使用的台班费和人工费。具体计算如下：

台班费：1700 元/班 ×30 = 51000 元；

人工费：230 元/人 ×48 人 ×30 = 331200 元；

材料费：22.21 元/kg ×27.5m ×4970m ×0.0025m ×1500kg/m^3 ×0.08 = 910665.5 元；

共计：129.28 万元。

（3）明挖隧道外侧喷涂速凝橡胶沥青防水涂料施工技术研究成果，攻克了特定条件下隧道衬砌外防水施工技术难题。同时，总结了长距离明挖、大断面、强富水、无围护结构等不利条件下的隧道喷涂速凝橡胶沥青防水涂料的施工工艺，提出了多项实用性工艺改进，为解决现代地下深埋、长距离明挖、水文地质条件差的隧道和地下结构起到了借鉴指导作用，具有良好的社会效益，值得进一步推广应用。

（4）喷涂橡胶沥青材料为水性，无毒无味，无污染，是新一代节能环保材料。在喷涂施工过程中，无需加热，常温施工，无明火，保证了施工的安全性和可靠性。采用国际防水行业最新发展趋势的单层防水用材，既减少了材料用量、节约资源，又减少了施工过程产生的建筑垃圾，真正实现了节材、节能，具有良好的环保效益。

5.7　衬砌开裂及渗漏水处理技术

东花园隧道衬砌结构完成后，部分衬砌区段出现了开裂和渗漏水问题，对此进行了原因分析，并采取了注浆处理措施。

5.7.1　原因分析

1）衬砌开裂原因分析

东花园隧道衬砌裂缝均为环向裂缝，大多位于衬砌中部、纵向施工缝以上4m 范围内，裂缝宽度为0.1 ~ 0.7mm，大部分为0.3mm 左右。衬砌开裂主要集中在混凝土浇筑完成后3 ~ 4d 出现。

经勘查分析，造成隧道衬砌混凝土开裂的原因如下：

（1）混凝土收缩徐变，仰拱与衬砌收缩不同步。

（2）混凝土内部应力变化不均匀。

（3）隧道区域昼夜温差较大，反复热胀冷缩。

（4）隧道周边风力较大，混凝土表面失水过快，养护不到位。

（5）隧道基底的不均匀沉降。

2）衬砌渗漏水原因分析

（1）仰拱底部渗漏水。自黏式胶膜防水卷材搭接胶面遇水、阳光暴晒、风沙扬尘污染后胶膜易脱开，导致渗水现象出现，未起到防水效果。

（2）纵向缝渗漏水。仰拱施工工艺决定先施工混凝土，后对卷材进行反包，抗浮墙趾和边墙处高分子自黏胶膜防水卷材与基面黏结不牢固未完全密贴。由于水压原因，渗漏水沿通道窜到纵向施工缝部位，导致渗漏水现象。后期降水停止后，随着水位回升，渗漏水现象会加剧。

（3）衬砌拱腰部位渗水。由于衬砌混凝土表面有浮浆、麻面现象，防水基面处理不彻底，影响喷涂速凝橡胶沥青防水涂料的黏结效果。前期喷涂采用人工操作，现场受气温、风速、工人的熟练程度等因素影响，出现针孔和砂眼，影响防水效果。拱墙衬砌边墙以上4m范围内出现的环向裂缝也导致了渗漏水现象的发生。

5.7.2　处理原则

1）衬砌开裂处理原则

封堵整治前对裂缝进行观测，裂缝发展情况稳定后，再对裂缝进行整治。

针对衬砌裂缝宽度在0.1~0.7mm之间的特点，当裂缝宽度>0.2mm时，在裂缝两侧交叉钻孔，钻孔采用$\phi14mm \times 350mm$的钻头，钻孔深度30cm，安装注浆针头，深层注射高聚合物环氧树脂，然后在表面涂刷无机防水涂料的方法填充封堵裂缝。

2）衬砌渗漏水处理原则

（1）渗漏水治理应遵循"以堵为主、以排为辅、标本兼治、综合治理"的原则。

（2）渗漏水治理方式：大漏变小漏、线漏变点漏、面漏变孔漏、逐渐缩小渗漏水范围、最后堵住渗漏水。

（3）渗漏水治理顺序：先堵小漏、后堵大漏；先高后低；先拱墙、再边墙。

5.7.3　处理方法

隧道衬砌开裂和施工缝渗漏水处理方法应根据具体情况确定。对于浅层开裂和渗水漏裂缝可采用高强水泥基裂缝修补材料封堵隧道表面，深层时应采用高聚合物环氧树脂注浆处理。

1）衬砌开裂处理

（1）在衬砌开裂裂缝两侧使用电钻钻孔，钻孔角度30°~45°，间距20~45cm，安装注浆针头，每条缝至少两个以上钻孔，以保证注浆时可以排气。

（2）涂刷防水剂或抹压高强水泥基裂缝修补材料封堵裂缝表面，同时保证表面光洁。

（3）通过预埋注浆针头注射高聚合物环氧树脂，注浆压力为0.2~0.5MPa，设计扩散半径为30cm。

（4）注浆完成后，清除表面封堵材料和注浆针头，采用砂浆材料将孔口抹平抹光，并施作无机防水涂料，恢复混凝土表面处理。

2）渗漏水部位确认

隧道衬砌内部渗漏水处理应在外侧水位上升后确认渗漏水的位置、大小，需要处理的部位应进行标示。

3）注浆材料选择

施工前，应根据现场实际情况分别对环氧树脂、双组分注浆剂、油性聚氨酯、KF-B修补材料、W-21堵水砂浆、W-22防水砂浆（防水涂料）、超细硫铝酸盐水泥等材料进行现场试验研证。总体来讲，渗漏水注浆材料都具有明显的优缺点，应根据具体情况进行选择。

（1）环氧树脂：注浆材料堵水效果明显，但受温度影响严重，适合于夏季施工，冬季施工时由于天气较冷，初凝时间变长，对于渗漏水裂缝不易达到理想的堵水效果，但对于无渗漏水的干缝封堵效果好，强度高，耐久性有保证。

（2）双组分注浆剂或油性聚氨酯：初凝时间快，堵水效果明显，但考虑到其环境影响及降解作用，注浆堵水后1个月即出现反复渗漏水，耐久性无法保证。

（3）W-21堵水砂浆、W-22防水砂浆：由于材料颗粒粗，无法满足注入到结构缝，仅仅适用于封堵表面裂隙。

（4）超细硫铝酸盐水泥：操作简单，可重复注浆，平均每米长度需要注浆处理 $4 \sim 5$ 次，导致后期处理没有位置钻孔，且属于微颗粒材料，细微裂缝浆液不会返出，一次注浆封堵后，耐久性好，无需反复封堵。

经过前期反复试验比较，针对东花园隧道衬砌开裂，主要采用超细硫铝酸盐水泥和环氧树脂进行注浆处理。对于渗漏水处理，主要采用超细水泥注浆封堵，然后刷涂防水涂料。

4）注浆施工工艺流程

（1）点状、线状、面状渗漏水处理工艺流程：渗漏水点确认→表面临时封闭→钻孔→安装注浆针头→高聚合物环氧树脂注浆→打磨清理注浆面→粉刷无机防水涂料。

（2）环向施工缝开裂及渗漏水处理工艺流程：开裂及渗漏水点确认→施工缝环向封闭→钻孔→安装注浆针头→高聚合物环氧树脂注浆→打磨清理注浆面→粉刷无机防水涂料。

（3）环向变形缝开裂及渗漏水处理工艺流程：开裂及渗漏水点确认→开槽→槽内临时封闭→变形缝两侧钻孔→安装注浆针头→高聚合物环氧树脂注浆→清理槽内→安装模板→灌注HPC接缝材料。

5）堵排相结合处理原则

渗漏水处理时，对于流水较大的地方，采用堵排相结合的方法进行处理。首先开槽预埋$\phi 76$mm半圆形PVC管进行排水，然后进行注浆处理。

5.7.4 处理过程

现场注浆施工情况如图5-61～图5-64所示。

图 5-61　衬砌开裂钻孔

图 5-62　衬砌渗漏水钻孔

图 5-63　无渗漏水裂缝采用环氧树脂注浆

图 5-64　渗漏水裂缝采用超细硫铝盐水泥浆注浆

5.7.5　处理效果

采取注浆处理后,基本达到了衬砌开裂和渗漏水处理的目的,注浆前后对比如图 5-65、图 5-66所示。

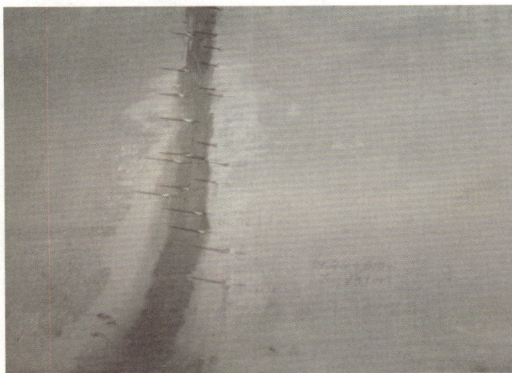

a)处理前

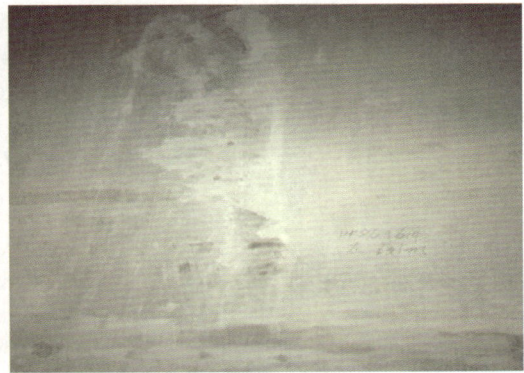

b)处理后

图 5-65　DK86 +614 里程渗漏水处理前后对比

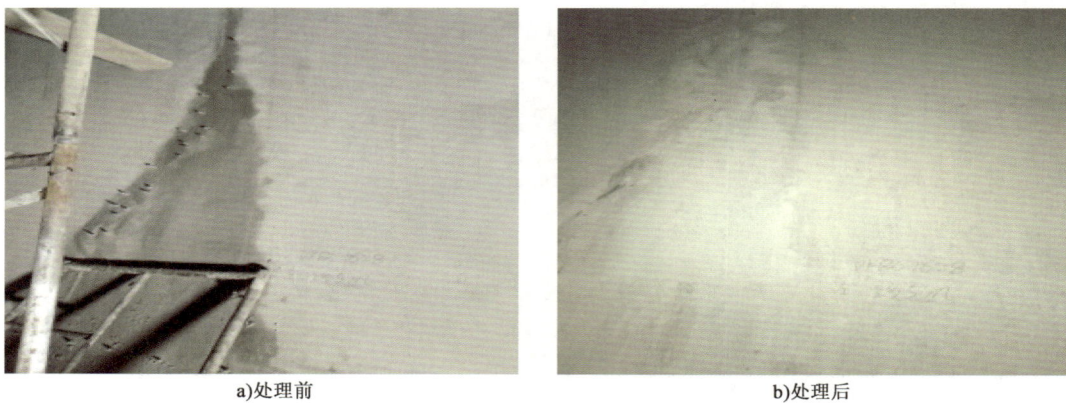

a)处理前

b)处理后

图 5-66　DK86 +628 里程渗漏水处理前后对比

第 6 章

清华园隧道

清华园隧道是京张高铁唯一的盾构隧道,全长 6020m,为 I 级高风险隧道和全线重难点控制性工程。

清华园隧道开挖直径 12.64m,是目前北京地区直径最大的盾构隧道,隧道开挖断面面积相当于北京地铁隧道断面面积的 4 倍。同时,由于各种客观条件限制,整条隧道也是全线站前工程中"施工进场最晚、干扰强度最大、风险等级最高、制约因素最多"的隧道工程。针对"征拆难度大、风险等级高、制约因素多、环保要求严"等工程难点,在参建各方共同努力下,以科技创新为引领,以智能建造为核心,攻难关、控风险、强质量、保进度,从而安全优质地建成了清华园隧道。

清华园隧道 2017 年 11 月 6 日开工建设,2018 年 11 月 20 日顺利贯通,历时 1 年,创造了铁路盾构隧道的奇迹。清华园隧道贯通电视新闻如图 6-1、图 6-2 所示,盾构隧道如图 6-3 所示,隧道洞口如图 6-4 所示。

图 6-1　清华园隧道贯通电视新闻 1

图 6-2　清华园隧道贯通电视新闻 2

图 6-3　清华园盾构隧道　　　　　　　　图 6-4　清华园隧道洞口

6.1　工程概况

清华园隧道是目前在北京市区穿越通行的唯一一条高铁隧道。隧道位于北京市海淀区，进口里程为 DK12+413，出口里程为 DK22+900，全长 6020m。线路自北京北站出发向北引出，在 DK13+400 处进入清华园隧道，依次下穿学院南路、北三环、知春路、北四环、成府路、清华东路等城市主干道，从 DK19+420 露出地面，利用现有京包铁路路基段至本标段终点里程 DK22+900。清华园隧道线路如图 6-5 所示。

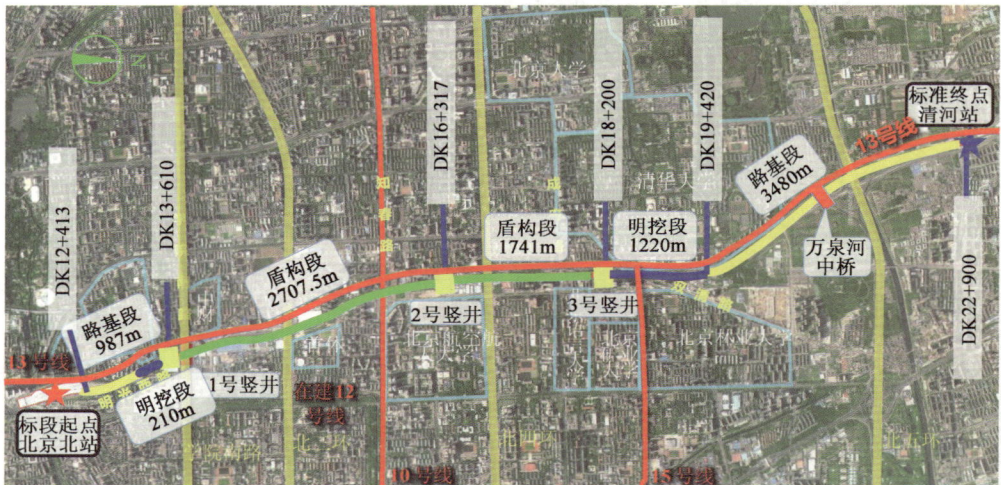

图 6-5　清华园隧道线路示意图

清华园隧道由盾构隧道、明挖隧道和暗挖隧道三部分组成，其中盾构隧道 4448.5m、明挖隧道 1507.5m、暗挖隧道 64m。

清华园隧道盾构段为单洞双线隧道，采用全预制管片拼装，混凝土强度等级 C50，抗渗等级 P12，管片外径 12.2m、内径 11.1m，环宽 2m、壁厚 0.55m，采用 6+2+1 模式拼装。隧道最大纵坡 30‰，最小曲线半径 995m，设计时速 120km。采用两台直径为 12.64m 的泥水平衡盾构机施工,分别自2A(深37m)、3号(深22.6m)盾构竖井始发,1号(深20.8m)、2B盾构竖井(深35m)接收。隧道管片结构设计如图6-6所示。

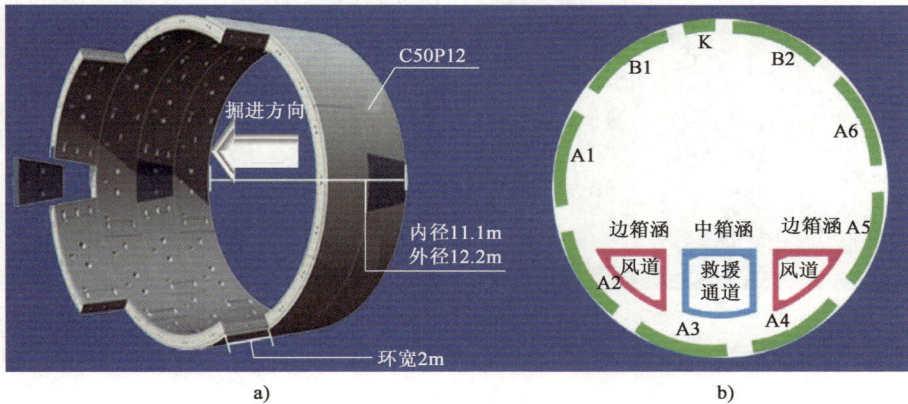

图 6-6　清华园隧道管片结构设计示意图

　　结合清华园隧道工程地质及水文地质条件,综合考虑隧道的周边环境状况及设计情况,该隧道具有敏感度高、拆迁难、断面大、地质差、埋深浅、掘进难、风险多、工期紧、指标高、技术新等工程技术特点。

　　(1)敏感度高

　　京张高铁是2022年冬季奥会的保障工程,各级领导高度重视,社会各界高度关注,政治敏感度极高,图6-7所示为隧道技术研讨会现场。

图 6-7　清华园隧道技术研讨会

　　(2)拆迁难

　　清华园隧道位于北京市核心区,面临着征地拆迁困难、快速进场困难、顺利施工困难等各种困扰。清华园隧道地面环境条件如图6-8所示。

　　(3)断面大

　　清华园隧道盾构管片外径为12.2m,是北京市盾构施工历史上直径最大的盾构隧道。清华园隧道采用的天佑号盾构机如图6-9所示。

a)隧道沿线车站

b)隧道沿线房屋

图 6-8　清华园隧道地面环境条件

图 6-9　清华园隧道天佑号（S-1050）盾构机

（4）地质差

清华园隧道盾构区间地质条件异常复杂,盾构穿越地层主要有粉质黏土、粉砂、中粗砂及卵石土。其中,盾构全断面通过粉质黏土、粉土地层长度为 750m,盾构断面顶部通过粉质黏土、粉土地层长度为 1200m,盾构全断面通过卵石土地层长度约 2400m,这些地质条件都会对盾构的正常掘进产生影响。清华园隧道工程地质条件如图 6-10 所示。

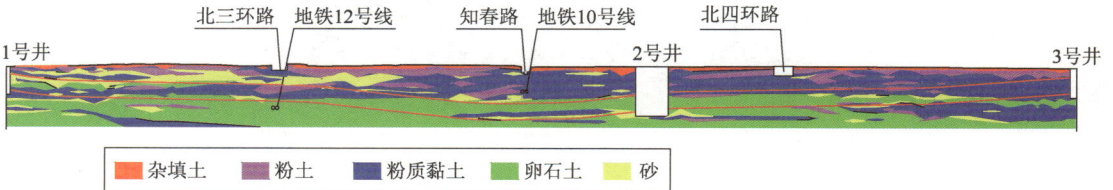

图 6-10　清华园隧道工程地质纵断面图

（5）埋深浅

清华园隧道 S-1050 盾构机始发端顶部覆土厚仅为 6.9m,S-1051 盾构机接收端顶部覆土厚仅为 5.5m,均为超浅埋地段,且地处北京市核心区,施工场地狭窄,周边邻近运营地铁线,施工环境复杂,施工风险极高。清华园隧道天佑号盾构机始发如图 6-11 所示。

图6-11　清花园隧道天佑号盾构机始发

（6）掘进难

清华园隧道通过卵石土地层时对盾构刀具磨损特别严重,据现场统计,每掘进60～80m就需要更换一批刀具。清华园隧道为粉质黏土地层,粒径在50μm以下成分的段落长度约600m,占粉质黏土地层的50%。盾构全断面通过粉质黏土地层时,刀盘极易结泥饼,严重影响正常掘进,同时会造成施工废浆量大,在北京市海淀区城市核心区处理极为困难。盾构刀具磨损如图6-12所示。

图6-12　清华园隧道盾构刀具磨损

（7）风险多

清华园隧道并行地铁线路及相关车站,沿线穿越成府路、北四环、北京地铁10号线（下穿最小净距5.42m）、知春路、北三环（下穿热力管道最小净距2.65m）、北京地铁13号线（侧穿最小净距3.0m）、学院南路等7条主要市政道路和88条重要管线,施工难度极大,安全风险极高。盾构施工中如何控制构（建）筑物变形是该工程需要研究解决的技术难题。隧道沿线风险点如图6-13、图6-14所示。

（8）工期紧

清华园隧道作为京张高铁控制性工程,关键线路2-1盾构区间2707.5m需要10个月贯通,日均指标高达9.1m,在城市核心区交通受限、环保高压、政治影响的外部环境下,施工组织难度极大,工期风险极高,远超出国内同类项目要求。

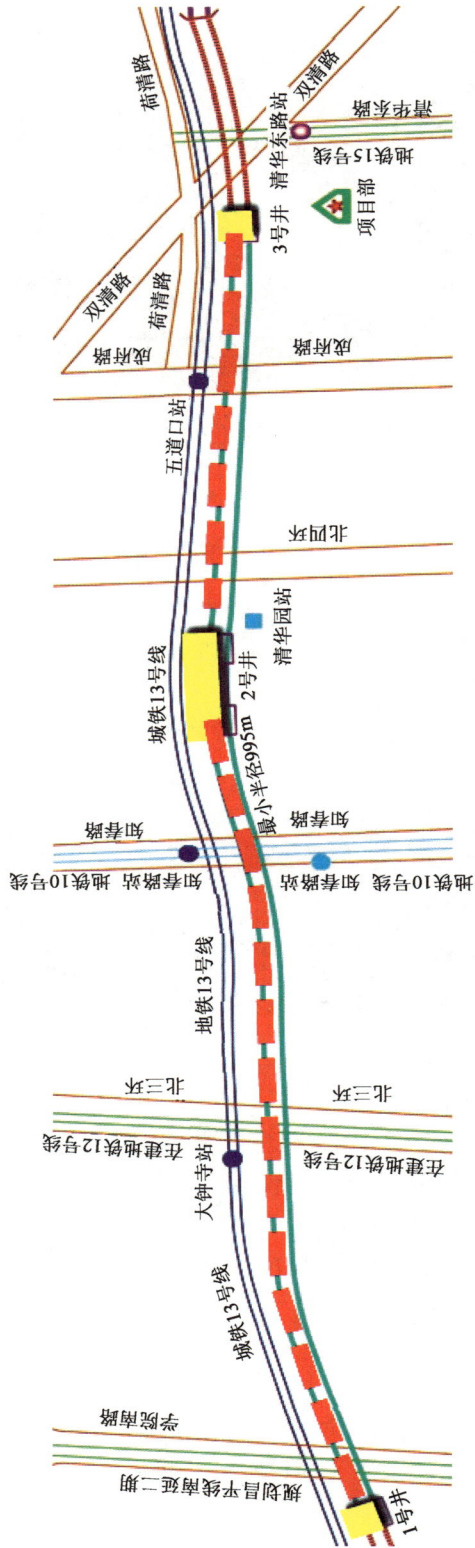

图6-13　清华园隧道沿线风险点示意图

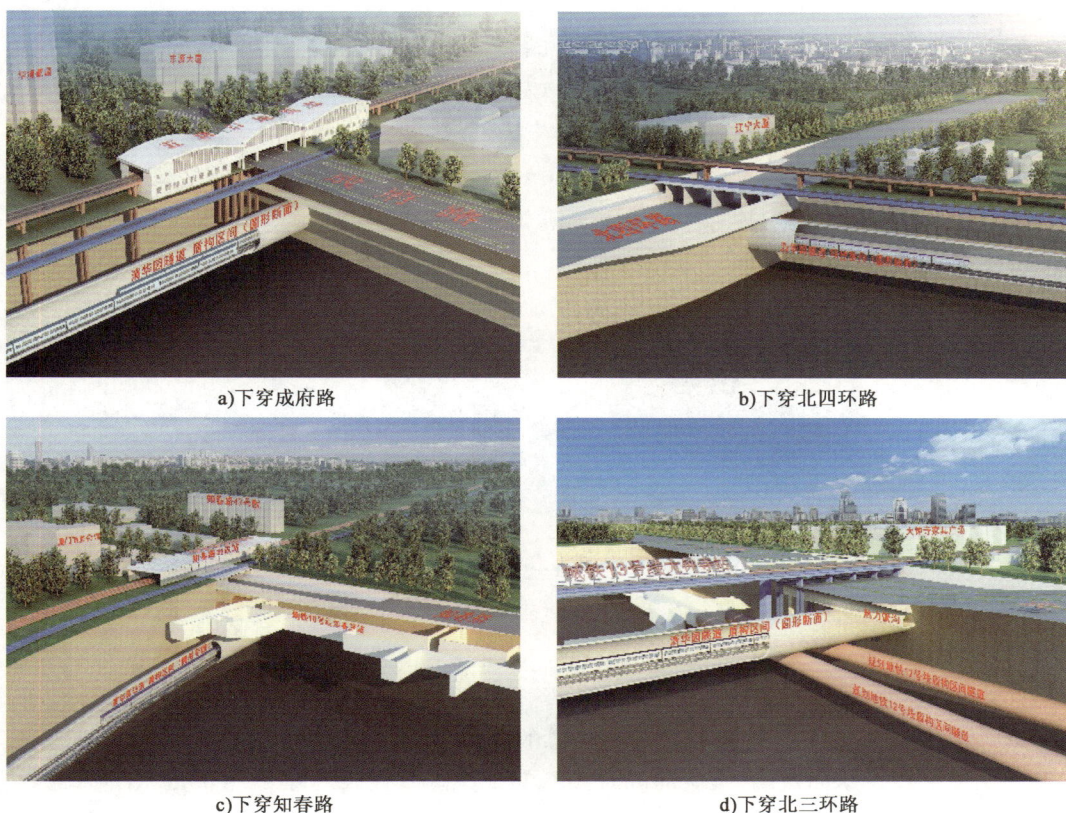

a)下穿成府路　　　　　　　b)下穿北四环路

c)下穿知春路　　　　　　　d)下穿北三环路

图6-14　清华园隧道下穿主要风险点

（9）指标高

根据京张高铁全线施工组织要求,清华园隧道工期最为紧张。施工组织要求清华园盾构隧道进度指标应达到300m/月以上,否则将严重影响全线施工组织。对于环境敏感、复杂地质条件下的大型盾构,这个进度指标前所未有。图6-15所示为清华园隧道盾构掘进情况。

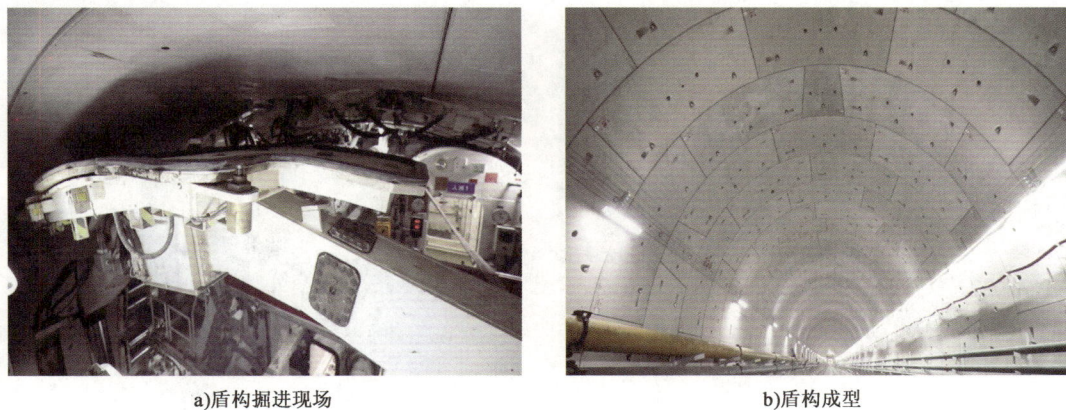

a)盾构掘进现场　　　　　　b)盾构成型

图6-15　清华园隧道盾构施工

（10）技术新

清华园隧道首次研制了全预制拼装盾构轨下结构，提高了轨下结构工程质量，节约了施工工期。全预制拼装盾构轨下结构如图6-16所示。

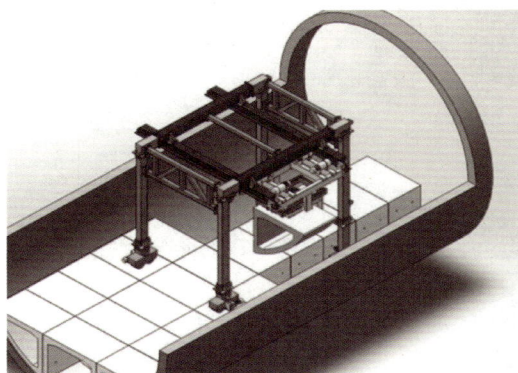

a)全预制拼装盾构轨下结构施工

b)全预制拼装盾构轨下结构施工效果

图6-16　盾构隧道全预制轨下结构

6.2　工程地质及水文地质

北京市位于华北平原的北端，东南距渤海约150km。北京市中心位于北纬39°、东经116°，地势西北高、东南低。西部是太行山余脉的西山，北部是燕山山脉的军都山，东南是永定河、潮白河等河流冲积而成的、缓缓向渤海倾斜的平原。海拔高度在20～60m，山地一般海拔1000～1500m，与河北交界的东灵山海拔2303m，为北京市最高峰。

清华园隧道位于北京市海淀区，处于北京平原区的西北部，地面高程为48.5～51.0m，地形平坦。线路基本沿既有京包线、地铁13号线走行，沿线均位于北京市繁华市区，地表建筑物密集，地下管线密布。城市干道较多，自南向北依次与北三环路、知春路、北四环路、成府路、双清路相交，交通便利。地面地形地貌如图6-17所示。

a)北三环路(镜向东)

b)知春路(镜向西)

图　6-17

c)北四环路(镜向东)

d)成府路(镜向西)

e)双清路(镜向北)

图6-17　清华园隧道地面地形地貌

6.2.1　气象特征

隧道沿线经过地区地处中纬度欧亚大陆东侧,北京市属暖温带大陆性半湿润~半干旱气候。受季风影响,形成春季干旱多风、秋季秋高气爽、夏季炎热多雨、冬季寒冷干燥,四季分明的气候特点。清华园隧道区域主要气象特征参数见表6-1。

清华园隧道区域主要气象特征参数表　　　　　　　　　表6-1

序　号	类　别	参数名称	参数值
1	气温	年平均气温(℃)	13.3
		最热月平均气温(℃)	28.0
		最冷月平均气温(℃)	-3.0
		极端最高气温(℃)	41.7
		极端最低气温(℃)	-14.5
2	湿度	年平均湿度(%)	53.0
		年最小湿度(%)	0

序　号	类　别	参 数 名 称	参 数 值
3	降水量	年平均降雨量(mm)	493
		年最大降雨量(mm)	787
		年最小降雨量(mm)	358
		月极端最大降雨量(mm)	320.9
		月极端最小降雨量(mm)	0
		日极端最大降雨量(mm)	95.3
		年平均降雨天数(d)	67
4	蒸发量	年平均蒸发量(mm)	2103
		年最大蒸发量(mm)	2421
5	风	平均风速(m/s)	2.6
		最大风速(m/s)	15.7
		年平均大风天数(8级以上)(d)	13
6	雪	最大积雪厚度(cm)	13
7	其他天气	年平均雾天数(d)	9
		年平均雷暴天数(d)	32
		土壤冻结天数(d)	114
		最大冻结深度(cm)	80

6.2.2　地震区划

根据史料记载及仪器记录,北京市及周边邻近地区(北纬 38.5°~41.0°,东经 114.0°~120.0°)自公元 274 年 3 月以来,共发生 4.75 级以上的大地震近百次,其中对北京城区影响最大的是 1057 年发生在固安的 6.75 级地震、1679 年 9 月 2 日发生在三河和平谷的 8 级地震,以及 1730 年 9 月 30 日发生在北京西郊的 6.5 级地震,这三次地震北京城区的地震烈度均为 8度。1976 年 7 月 28 日的唐山地震,北京地区的地震烈度为 8 度。

根据现行《中国地震动参数区划图》(GB 18306)、《建筑抗震设计规范》(GB 50011)及本线地震安全评估报告,隧道区域范围内地震动峰值加速度为 $0.20g$,抗震设防烈度为 8 度。设计地震分组为第一组。

6.2.3　工程地质

(1)地层岩性

隧道区域地层主要为第四系全新统人工堆积层(Q_4^{ml})杂填土和第四系全新统冲洪积层(Q_4^{al+pl})黏性土、粉土、砂类土、圆砾土及卵石土。清华园隧道地层按由上至下顺序主要特征见表 6-2。

清华园隧道地层主要特征表　　　　　　　　　　　　　　　　表 6-2

序号	地　层	符号	主　要　特　征
1	第四系全新统人工堆积层	Q_4^{ml}	①杂填土:稍湿,主要为建筑垃圾、碎石等,以粉质黏土、粉土充填,厚度 0.8～6.5m; ①₁ 素填土:稍湿,主要为既有铁路路基
2	第四系全新统冲洪积层	Q_4^{al+pl}	②粉质黏土:黄褐色,硬塑,含少量铁锰质氧化物,局部夹粉砂,属中压缩性土,厚度 0.4～21.5m; ②₁ 粉土:黄褐色,中密,稍湿～饱和,土质不均,含砂量较高,局部含少量钙质结核,属中压缩性土～低压缩性土,厚度 0.5～9.3m; ②₂ 粉砂:黄褐色,中密,稍湿～饱和,主要矿物成分为石英、长石,属中低压缩性土,厚度 0.3～7.4m; ②₃ 细砂:黄褐色,中密,饱和,主要矿物成分为石英、长石,属中低压缩性土,厚度 0.7～3.3m; ②₄ 中砂:黄褐色,稍密～中密,饱和,主要矿物成分为石英、长石,属中低压缩性土,厚度 0.5～4.0m; ②₅ 卵石土:杂色,稍密～中密,饱和,呈圆棱状,母岩成分主要为砂岩、花岗岩,一般粒径大于 60mm,最大粒径超过 75mm,级配较好,岩芯呈散状,未见胶结,充填少量中粗砂和粉质黏土,含量约为 15%,厚度 0.8～4.4m; ②₆ 圆砾土:黄褐色,稍密～中密,饱和,呈圆棱状,母岩成分主要为砂岩、花岗岩,填充物主要为中粗砂,一般粒径 2～20mm,最大粒径大于 35mm,>2mm 的颗粒含量约占 50%,级配较好,岩芯呈散状,未见胶结,厚度 0.8～4.4m; ②₇ 粉质黏土:黄褐色,软塑,刀切面光滑,可见铁锰结核和氧化铁,土质较均匀,含姜石约占 5%; ③卵石土夹粉土、粉质黏土薄层:黄褐色,稍密～中密,饱和,呈圆棱状,母岩成分主要为砂岩、花岗岩,岩质坚硬,粒径最大约为 150mm,大于 60mm 含量约 55%,20～60mm 含量约 15%,其余为砂充填,级配较好,岩芯呈散状,未见胶结,厚度 0.8～16.6m,常夹粉土、粉质黏土薄层及透镜体; ③₁ 粉土:黄褐色,中密,饱和,土质不均含砂量较高局部含少量钙质结核,属中压缩性土～低压缩性土,厚度 1.0～1.7m; ③₂ 粉砂:黄褐色,中密,饱和,主要矿物成分为石英、长石,属低压缩性土,厚度 0.4～3.7m; ③₃ 细砂:黄褐色,中密,饱和,主要矿物成分为石英、长石,属低压缩性土,厚度 1.0～1.2m; ③₄ 中砂:黄褐色,稍密～中密,饱和,主要矿物成分为石英、长石,属低压缩性土,厚度 1.0～1.4m; ③₅ 粗砂:黄褐色,稍密～中密,饱和,主要矿物成分为石英、长石,属低压缩性土,厚度 0.4～3.4m; ③₆ 砾砂:黄褐色,稍密～中密,饱和,主要矿物成分为石英、长石,属低压缩性土,厚度 1.5～2.8m; ④粉质黏土:黄褐色,硬塑,含少量铁锰质氧化物,局部夹粉砂,属中压缩性土,厚度 1.8～12.5m; ④₁ 粉土:黄褐色,密实,饱和,土质不均含砂量较高局部含少量钙质结核,属中压缩性土～低压缩性土,厚度 0.5～0.7m; ④₂ 细砂:黄褐色,密实,饱和,主要矿物成分为石英、长石,属低压缩性土,厚度 0.2～0.4m; ④₃ 粉砂:黄褐色,密实,饱和,主要矿物成分为石英、长石,属低压缩性土,厚度 0.5～3.4m;

序号	地 层	符号	主 要 特 征
2	第四系全新统冲洪积层	Q_4^{al+pl}	④4粗砂：黄褐色，中密~密实，饱和，主要矿物成分为石英、长石，属低压缩性土，厚度1.5~2.2m； ④5中砂：黄褐色，中密~密实，饱和，主要矿物成分为石英、长石，属低压缩性土，厚度1.0~2.0m； ⑤卵石土夹粉土、粉质黏土薄层：黄褐色，中密~密实，饱和，呈圆棱状，母岩成分主要为砂岩、花岗岩，一般粒径60mm约占70%，20~60mm约占15%，级配较好，岩芯呈散状，未见胶结，厚度2.0~18.2m，常夹粉土、粉质黏土薄层及透镜体； ⑤1粉质黏土：黄褐色，硬塑，含少量铁锰质氧化物，局部夹粉砂，属中压缩性土，厚度0.5~3.1m； ⑤2粉土：黄褐色，密实，饱和，土质不均，含砂量较高，局部含少量钙质结核，属中压缩性土~低压缩性土，厚度1.2~3.2m； ⑤3细砂：黄褐色，密实，饱和，主要矿物成分为石英、长石，属低压缩性土，厚度1.1~2.3m； ⑥粉质黏土：黄褐色，硬塑，含少量铁锰质氧化物，局部夹粉砂，属中压缩性土，厚度4.1~13.2m； ⑥1粉土：黄褐色，密实，饱和，土质不均，含砂量较高，局部含少量钙质结核，属中压缩性土~低压缩性土，该层钻探未揭穿； ⑥2粉砂：黄褐色，密实，饱和，主要矿物成分为石英、长石，属低压缩性土，呈透镜体分布； ⑥3粗砂：黄褐色，中密~密实，饱和，主要矿物成分为石英、长石，属低压缩性土，呈透镜体分布

清华园隧道盾构段地层岩芯如图6-18所示。

a)40~45m   b)45~50m

图6-18　清华园隧道盾构段地层岩芯

（2）地质构造

北京地区位于华北平原北部边缘，北部、西部为山区，属燕山和太行山余脉。大地构造位置位于祁吕贺兰山字型构造东翼反射弧南翼，新华夏系第二沉降带与第二隆起带之间，构造主要受新华夏系控制，与我国东部大地构造总体背景基本一致。北京地区的地质构造格局是新生代地壳构造运动形成，其特点是以断裂及其控制的断块活动为主要特征，新生代活动的断裂主要有北北东—北东向和北西—东西向两组,大部分为正断裂性质,并在不同程度上控制着新生代不同时期发育的断陷盆地。断裂分布多集中成带。

北京地区北东—北北东向的断裂主要有延矾盆地北缘断裂、南口山前断裂、沿河城—紫荆关断裂、八宝山断裂、黄庄—高丽营断裂、顺义—前门—良乡隐伏断裂、南苑—通县断裂、礼贤—牛堡屯断裂、夏垫—马坊断裂、大华山断裂、河防口—北石城断裂、青石岭断裂。各条断裂第四纪以来活动性差异较大,具有分段活动的特点。

清华园隧道经过黄庄—高丽营断裂,大致相交于北三环附近。该断裂为隐伏断裂,上覆较厚的第四系地层,该断裂主要活动于晚更新世以前,全新世以来没有活动,对工程影响较小。

(3)岩土物理力学指标

根据室内土工试验结果进行统计分析,清华园隧道各层岩土物理力学指标见表6-3、表6-4。

清华园隧道各层岩土物理力学指标表(1)　　　　　　　　表6-3

岩土编号	岩土名称	天然含水率(%)	土粒相对密度	天然孔隙比	孔隙度(%)	饱和度(%)	干密度(g/cm³)	饱和密度(g/cm³)	液限(%)	塑限(%)
②	粉质黏土	22.1	2.72	0.648	39.4	93.5	1.64	2.04	29.2	17.8
②₁	粉土	20.5	2.70	0.631	38.8	90.5	1.66	2.04	26.3	18.3
②₂	粉砂			0.65						
②₃	细砂			0.60						
②₄	中砂			0.55						
②₅	卵石土			0.73						
②₆	圆砾土			0.69						
③	卵石土			0.73						
③₁	粉土	23.9		0.66						
③₂	粉砂			0.65						
③₃	细砂			0.60						
③₄	中砂			0.58						
③₅	粗砂			0.58						
③₆	砾砂			0.60						
④	粉质黏土	24.1	2.72	0.694	41.0	93.4	1.60	2.01	31.7	19.6
④₁	粉土	23.2	2.69	0.665	40.0	93.8	1.62	2.01	27.7	21.2
④₂	细砂			0.5						
④₃	粉砂			0.6						
④₄	粗砂			0.5						
④₅	中砂			0.5						
⑤	卵石土			0.7						
⑤₁	粉质黏土	24.8	2.73	0.706	41.3	95.8	1.60	2.01	36.0	20.6
⑤₂	粉土	25.5	2.71	0.736	42.4	93.9	1.56	1.98	32.8	21.4
⑥	粉质黏土	24.8	2.73	0.724	42.4	94.4	1.57	1.99	35.5	20.9

清华园隧道各层岩土物理力学指标表（2）　　　　　表 6-4

岩土编号	岩土名称	液性指数	塑性指数	直剪（快剪）		压 缩 模 量	
				内摩擦角（°）	黏聚力（kPa）	0.1～0.2（MPa）	0.2～0.4（MPa）
②	粉质黏土	0.34	12.0	21.0	28.1	6.56	10.54
②₁	粉土		8.4	25.6	23.5	8.27	13.12
②₂	粉砂			34	6		
②₃	细砂			36	4		
②₄	中砂			38	2		
②₅	卵石土			45	0		
②₆	圆砾土			43	0		
③	卵石土			45	0		
③₁	粉土			25.2	24.3		
③₂	粉砂			34	6		
③₃	细砂			34	4		
③₄	中砂			38	2		
③₅	粗砂			40	1		
③₆	砾砂			41	0		
④	粉质黏土	0.36	12.5	19.6	36.0	7.44	12.07
④₁	粉土	0.31	6.5	31.4	21.2	12.81	18.50
④₂	细砂			38	6		
④₃	粉砂			36	8		
④₄	粗砂			42	2		
④₅	中砂			40	3		
⑤	卵石土			45	0		
⑤₁	粉质黏土	0.29	15.4	31.5	21.7	9.83	14.06
⑤₂	粉土	0.34	11.4			11.27	15.99
⑥	粉质黏土	0.29	14.9			8.52	13.47

（4）围岩级别、岩土施工工程分级及承载力基本值

围岩级别、岩土施工工程分级及承载力基本值见表 6-5。

清华园隧道围岩级别、岩土施工工程分级及承载力基本值表　　　表 6-5

岩土编号	岩土名称	围岩级别	岩土施工工程分级	承载力基本值（kPa）
②	粉质黏土	Ⅴ	Ⅱ	150
②₁	粉土	Ⅵ	Ⅱ	150
②₂	粉砂	Ⅵ	Ⅰ	150
②₃	细砂	Ⅵ	Ⅰ	150
②₄	中砂	Ⅵ	Ⅰ	220
②₅	卵石土	Ⅴ	Ⅳ	450

续上表

岩土编号	岩土名称	围岩级别	岩土施工工程分级	承载力基本值(kPa)
②₆	圆砾土	V	III	250
②₇	粉质黏土	V	II	120
③	卵石土夹粉土、粉质黏土	V	IV	450
③₁	粉土	VI	II	150
③₂	粉砂	VI	I	150
③₃	细砂	VI	I	150
③₄	中砂	VI	I	220
③₅	粗砂	VI	I	300
③₆	砾砂	VI	I	350
④	粉质黏土	V	II	180
④₁	粉土	VI	II	180
④₂	细砂	VI	I	180
④₃	粉砂	VI	I	150
④₄	粗砂	VI	I	400
④₅	中砂	VI	I	250
⑤	卵石土夹粉土、粉质黏土	V	IV	500
⑤₁	粉质黏土	V	II	180
⑤₂	粉土	VI	II	180
⑤₃	细砂	VI	I	180
⑥	粉质黏土	V	II	180
⑥₁	粉土	VI	II	180
⑥₂	粉砂	VI	I	150
⑥₃	粗砂	VI	I	400

6.2.4　水文地质

隧道附近河流主要有两条,分别为转河及万泉河。转河是北京西北部的一条河流,起点为动物园闸,上接高梁河,终点为北护城河西端的松林闸,是通惠河水系的一条人工河流,水量较大,流速较缓。转河位于本线路起点端,与线路垂直交叉,距离本隧道入口约1.3km。万泉河位于海淀区西北侧,全长8.5km,发源于北京市海淀区玉泉山,部分水源由京密引水渠引入,最终汇入北京市海淀区清河,水量较小,流速较缓。万泉河与线路垂直交叉,距离本隧道出口约1.28km。

(1)区域水文地质条件

北京是华北平原地下水资源最丰富的地区之一,地下水主要赋存在平原区第四系砂砾卵石层和山区及平原隐伏碳岩地层中。平原区地下水为第四系松散层孔隙水,水文地质条件主要受永定河、潮白河、温榆河、错河和大石河等冲洪积层所控制,含水层具有明显的水平分带性。

北京平原地区第四系地层中的松散岩类孔隙水按埋藏条件分为上层滞水、潜水和承压水。

上层滞水分布不均,水位高低变化大,主要受大气降水、生活废水、污水等地下管线渗漏水的垂直补给,不同地段含水层的渗透系数相差很大,补给方式和补给量悬殊较大,以蒸发、向下越流补给潜水和降水等方式排泄。

潜水普遍分布,受地形起伏和地层埋深变化的影响,地下水位略有起伏,接受大气降水和上层滞水的垂直渗透补给,以向下越流补给承压水的方式排泄。

承压水主要分布在中、下部,被若干隔水层分隔,形成多层承压水。部分含水层局部地段因隔水层分布的变化或受地下水开采的影响,地下水位低于含水层顶板,形成层间潜水,补给以侧向径流和越流为主,排泄以侧向径流和人工抽取地下水的方式为主。

(2)地下水类型及特征

上层滞水:水位高程一般为 44.91~49.62m,含水层为粉土②$_1$层及粉砂②$_2$层,主要受大气降水补给,其次为管沟渗漏水补给。钻探揭示该层水位埋深为 3.4~5.7m。

承压水:水头高程为 27.97~29.00m,含水层为卵石土③层、粉土③$_1$层、粉砂③$_2$层、细砂③$_3$层、中砂④$_4$层、粗砂④$_5$层等。受区域性地下水位下降的影响,局部承压,部分地段已失去承压性。钻探揭示该层水位埋深为 21.0~25.0m。

北京城近郊区地下水严重超采,处于负均衡状态,供需矛盾突出。

勘察过程中进行了抽水试验,粉土、粉质黏土进行了室内渗透系数试验,地层渗透系数见表 6-6。

清华园隧道地层渗透系数表

表 6-6

地 层 名 称	渗透系数(cm/s)		确 定 方 法
	垂直	水平	
粉土	3.4×10^{-5}	4.0×10^{-5}	室内试验
粉质黏土	1.6×10^{-6}	2.2×10^{-6}	
粉砂、细砂	5.8×10^{-3}		现场试验及北京地区经验
中粗砂	$3.5 \times 10^{-2} \sim 5.8 \times 10^{-2}$		
圆砾土、卵石土	$9.3 \times 10^{-2} \sim 1.2 \times 10^{-1}$		

(3)地下水腐蚀性

根据现行《岩土工程勘察规范》(GB 50021)判定,隧道区域地下水对混凝土具微腐蚀性,对钢筋混凝土结构中的钢筋具微腐蚀性。在干湿交替条件下,对钢筋混凝土中的钢筋具弱腐蚀性,对钢结构具弱腐蚀性。

(4)历年水位

1959 年最高水位高程为 47.0m,1971—1973 年最高水位高程为 42.0m,近 3~5 年地下水位高程为 25.0m。在 20 世纪 80 年代中后期到 90 年代初期,水位的下降幅度和速度较大。下降后水位高程为 13.5m。

(5)设防水位

根据历年最高水位及近 3~5 年最高水位,参考钻探时实测地下水位,并考虑隧道区域地层分布情况,该隧道抗浮水位按高程42.0m考虑,防渗设计水位按自然地面考虑。

6.2.5 场地土类型、场地复杂程度及类别

根据现行《城市轨道交通岩土工程勘察规范》(GB 50307)判定,场地复杂程度为一级。经实地测量,场地等效剪切波速为205~212m/s,场地土类型为中软土,场地类别为Ⅲ类。

6.2.6 不良地质及特殊岩土

(1)不良地质

经判定,隧道区域为非液化场地,无泥石流、滑坡等其他不良地质作用,不良地质作用主要为区域沉降。

根据地质灾害危险性评估报告,本线穿越北京地区三个沉降中心之一:昌平区的沙河—八仙庄沉降中心。该沉降区中心位于北京市区北部,大致呈东西向带状分布,本线穿越该沉降区的西段,其中心区与线路相交的位置大致在沙河附近(DK26+800~DK35+600)。隧道中部至出口端位于该沉降区域的西南部边缘,1955—2007年累计沉降量为50~300mm,年平均沉降量最大为5.76mm/a,各段累计沉降值、发育程度和危害等级见表6-7。

清华园隧道区域1955—2007年地面沉降分段评价表 表6-7

里程桩号	累计沉降量(mm)	发育程度	危害等级
DK17+700~DK18+200	50~100	弱发育	轻微区
DK18+200~DK19+200	100~200	弱发育	轻微区
DK19+200~DK22+100	200~300	弱发育	轻微区

根据实测资料,2014—2015年既有铁路K18+700~K46+800段轨面沉降呈漏斗形渐变,沉降量最大值为100mm,年平均沉降率100mm/a。根据北京市地面沉降地质灾害规模等级划分,隧道范围内地面沉降发育程度属弱发育,危害等级属轻微区。

(2)特殊岩土

特殊岩土主要为人工填土,广泛分布于表层,厚度0.8~6.5m,力学性质差异较大,稳定性较差,在设计施工中应予以重视。

6.2.7 岩土工程分析评价

1)区域稳定性

隧道区域位于平原区,第四系地层深厚,且分布较为均匀,稳定性较好。黄庄—高丽营断裂与本线相交,但为较厚的第四系地层所覆盖,系隐伏断裂,勘察及地质调查中未发现其在第四系地层中活动迹象,地震安全评价报告显示该断裂主要活动于晚更新世以前,为非活动断裂。整个场地不存在滑坡、泥石流等不良地质作用,场地稳定性良好。

2)围岩稳定性

隧道区域主要地层有杂填土、粉质黏土、粉土、粉砂、细砂、粗砂、卵石土。相对而言,粉土、粉质黏土的自稳性较好,砂类土、卵石土自稳性差,易出现坍塌等问题。各段地层分布如下:

（1）隧道进口～DK14+450段

采用明挖法施工。自上至下围岩依次为①杂填土、②粉质黏土、②₁粉土、②₂粉砂。洞顶主要为①杂填土，洞身和洞底分别为粉砂、粉土、粉质黏土及卵石土。粉砂自稳性差，易坍塌，且局部含有上层滞水，易产生管涌、流砂等问题，危及施工安全，也容易引起基坑两侧地面塌陷、建筑物沉降等。

（2）DK14+450～DK18+200段

采用盾构法施工。

顶板：DK14+950～DK15+515段主要为②层粉质黏土，黄褐色，硬塑状，但在DK15+110～DK15+255段为粉砂，或顶板虽为粉质黏土但土层较薄，且上部夹粉砂层。DK15+515～DK16+870段主要为卵石土，少部分饱和细砂。DK16+870～DK18+200段主要为②层黄褐色、硬塑状粉质黏土为主，局部为②₁层中密状粉土。

边墙：DK14+950～DK15+515段上部为粉质黏土，下部为卵石土。DK15+515～DK16+870段以饱和、密实卵石土为主，夹粉质黏土及饱和粉细砂层。DK16+870～DK17+565段上部为硬塑状粉质黏土，下部为饱和密实卵石土层，局部夹硬塑状粉质黏土、粉土。DK17+565～DK17+740段上部为硬塑状粉质黏土，下部为饱和粉细砂及粗砂层。DK17+740～DK18+200段为粉质黏土。

底板：DK14+950～DK15+545、DK16+160～DK16+375、DK16+590～DK17+190、DK17+515～DK17+560段主要为密实、饱和卵石土，其他段落为硬塑粉质黏土及饱和粉砂、粗砂、粉土等。

（3）DK18+200～隧道出口段

采用明挖法施工。自上至下围岩依次为①杂填土、②粉质黏土、②₁粉土、②₂粉砂。人工填土密实度差，自稳性差，易产生坍塌。

3）场地稳定性和适宜性

隧道区域地层属中压缩性～低压缩性，地基土稳定性较好，无不良地质作用，建筑场地的稳定性和适宜性良好。以结构主体压缩层内各土层的分布情况及压缩模量为评价依据，结构主体地基可以视为均匀地基。

隧道范围内区域沉降会加大铁路工程工后沉降，以及过渡段落产生不均匀沉降，设计时应考虑区域沉降对本工程的影响。

4）基坑岩土工程问题

隧道区域上部人工填土较厚，施工开挖时，边坡自稳定能力差，如不能采取有效的支护措施，会出现边坡失稳，设计施工中予以考虑，应预先做好支护工作。

DK14+025～DK14+500、DK15+560～DK16+650及DK17+200～DK17+730段洞顶附近存在粉、细砂层，应采取相应的安全措施及加强监测，防止产生坍塌及突然涌水、涌砂等问题。

卵石土地层中，钻孔中可见卵石最大粒径为150mm左右，颗粒成分多以花岗岩、灰岩、硅质岩等硬质岩为主，岩质坚硬，级配较好，勘察过程中岩芯呈散状，未见任何形式的胶结。受钻探孔位布置及钻探工艺局限，不排除分布有更大粒径颗粒的可能性，盾构机刀盘选择时应予以适当考虑。

5）周围环境与工程的相互作用

（1）基坑开挖对周围环境的影响

由于基坑开挖引起的基坑边缘周围环境内的地面沉降，会影响基坑周围既有建筑物的稳定与安全。

（2）施工降水对周围环境的影响

施工降水引起地下水位的下降，一方面，减小了水的浮托力，增加了土的有效压力，使土体产生附加沉降变形；另一方面，产生的动水压力可能使粉、细砂层产生流砂、潜蚀现象，使粉土产生"流泥"现象，从而引起局部底层掏空，造成基坑周围建筑物下沉，周围地面塌陷。当不均匀沉降超过建筑物或地下管线承受变形能力时，还将发生错位、开裂等现象，影响既有建筑物或地下管线的正常使用，严重的可能导致城市供水、供电中断、上下水管道的堵塞甚至破裂等环境问题。

降水井点施工中，泥浆废液还可能会引起周围环境污染、阻碍交通和堵塞上下水管道等环境问题，必须加强管理，防止泥浆废液流入城市下水管网，污染周围环境。要保护好地下水资源，在工程施工降排水期间，对排出的地下水应进行有效回灌，不能回灌的须合理安排出路，防止淹没道路或周围建筑物。

（3）隧道开挖对环境的影响

清华园隧道自学院南路北侧入地后依次穿越北三环路、知春路、北四环路、成府路、双清路、清华东路等重要城市干道，西侧为北京地铁13号线，东侧依次经过明光寺农副产品批发市场、金五星百货批发城、好家居建材装饰市场、罗庄南里小区、罗庄西里小区、碧兴园小区、五道口嘉园、五道口购物中心华联商厦等住宅区和建筑物。各类建筑物及构筑物众多，且部分建筑物距隧道线路较近。

隧道施工过程中所引起的地面沉降、横向变形等对周边既有建筑影响较大，严重时会引起较近建筑物地基土体变形，影响建筑物的安全使用。因此，施工前应对可能产生影响的建筑物进行详细调查，查明其基础类型并采取相应处理后再进行施工。特别是穿越重要城市道路、地下管线、地铁线路及重要建筑物或距离较近时，应首先做好防护工程，并加强支护及监测，做好风险评估和防范。

6.3　盾构隧道轨下结构全预制拼装技术

目前，盾构隧道轨下结构有全部现浇、部分预制＋部分现浇两种形式，轨下结构采用全预制构件拼装的施工方法，国内外尚属空白。

清华园隧道是京张高铁重难点控制性工程，是全线施工的关键线路，为保证京张高铁2019年年底建成通车，该隧道必须按期建成，否则将直接影响全线工期。

为节约清华园隧道施工工期，经多次专家会议论证，将该盾构隧道运输方式由有轨运输调整为无轨运输，研究盾构隧道轨下结构全预制拼装新技术，以加快施工进度，同时避免后期大量植筋损伤盾构管片，提高结构的耐久性和可靠性。

参建各方联合科研院校，历经一年科研攻关，成功攻克了大直径盾构隧道轨下结构全预制拼装技术难题，形成了完善的设计、制造及施工方法，该技术具有"施工灵活、效率高、节能环保"的明显特点，取得了显著的经济效益及社会效益，是国内外盾构隧道轨下结构施工的革命性创举。

6.3.1 国内外技术现状

构件预制化在国内外都被作为技术发展的一个重要指标,预制化施工是施工工厂化技术发展的必然趋势。国内外采用盾构法施工的隧道较多,但对盾构隧道轨下预制结构的研究及应用较少。上海复兴东路越江隧道为双层隧道,采用先进行上部预制板安装,后进行下层现浇的施工技术。杭州钱江隧道盾构段,采用先安装中部口形预制构件,后现浇边侧牛腿及边侧行车道板的施工技术。扬州瘦西湖隧道,设计了一种双层台车,在不干扰隧道内运输的前提下,进行行车道板的安装和立柱现浇。南江纬三路过江盾构隧道,采用了大量的预制构件,但结构内立柱等依然为现浇结构。长春地铁 2 号线袁家店车站,是我国第一座预制装配式地铁车站的试验站,开拓了预制施工在轨道交通领域的应用。武汉地铁 8 号线黄浦路站至徐家棚站越江区间,为单洞双线盾构隧道,其中箱涵使用预制施工,但后续边跨结构及中隔墙使用整体式现浇施工。十堰市地下综合管廊,采用了墙板分离预制拼装施工工艺。

综合而言,目前国内外盾构隧道轨下结构施工有:无轨下结构、简易轨下预制结构、中箱涵轨下预制结构三种。

(1)无轨下结构

通常盾构隧道施工期间不做轨下结构,直接在盾构底部铺设钢轨,采取有轨运输方式。盾构一侧架设管线,另一侧铺设人行通道。隧道贯通后浇筑轨下结构。代表性工程有北京直径线盾构隧道、京沈客专望京盾构隧道(中铁隧道局集团有限公司施工),如图 6-19 所示。

a)北京直径线盾构隧道   b)京沈客专望京盾构隧道

图 6-19　盾构隧道无轨下结构

(2)简易轨下预制结构

盾构隧道采用简易轨下预制结构,以提高施工期间有轨运输能力。代表性工程有京沈客专望京隧道如图 6-20 所示。

(3)中箱涵轨下预制结构

中箱涵轨下预制结构是由中铁第四勘察设计院依托广深港高铁福田盾构隧道首次研制并采用的一种盾构隧道轨下预制结构形式。盾构隧道施工中,随着盾构掘进,安装预制的中箱涵轨下结构,从而满足无轨运输需要,待隧道贯通后浇筑两侧轨下结构。

a)简易轨下预制结构吊装　　　　　　　　b)简易轨下预制结构形成运输线路

图 6-20　盾构隧道简易轨下预制结构

中箱涵轨下预制结构形式实现了盾构隧道施工期间的无轨运输,颠覆了传统盾构隧道有轨运输的设计及施工理念,它是盾构隧道轨下预制结构技术的一次重大飞跃。福田盾构隧道中箱涵轨下预制结构如图 6-21 所示。

a)中箱涵轨下预制结构吊装　　　　　　　　b)中箱涵疏散楼梯段轨下预制结构

c)轨下结构两侧现浇混凝土

图 6-21　盾构隧道中箱涵轨下预制结构

219

6.3.2 全预制拼装轨下结构设计

（1）轨下结构主要功能

盾构隧道轨下结构主要功能：轨下中部为贯通的疏散通道；两侧为风道；每隔100m 设置一处疏散楼梯。轨下结构功能设计如图6-22 所示。

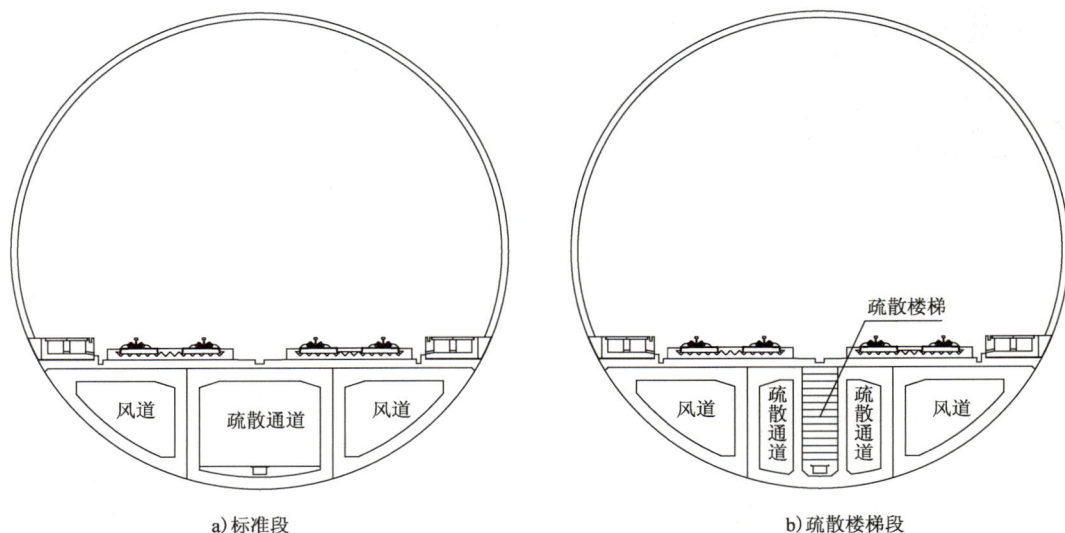

图6-22 盾构隧道轨下结构主要功能设计示意图

（2）轨下结构全预制拼装设计方案研究

轨下结构全预制拼装设计方案研究时，共规划了两种方案，如图6-23 所示。

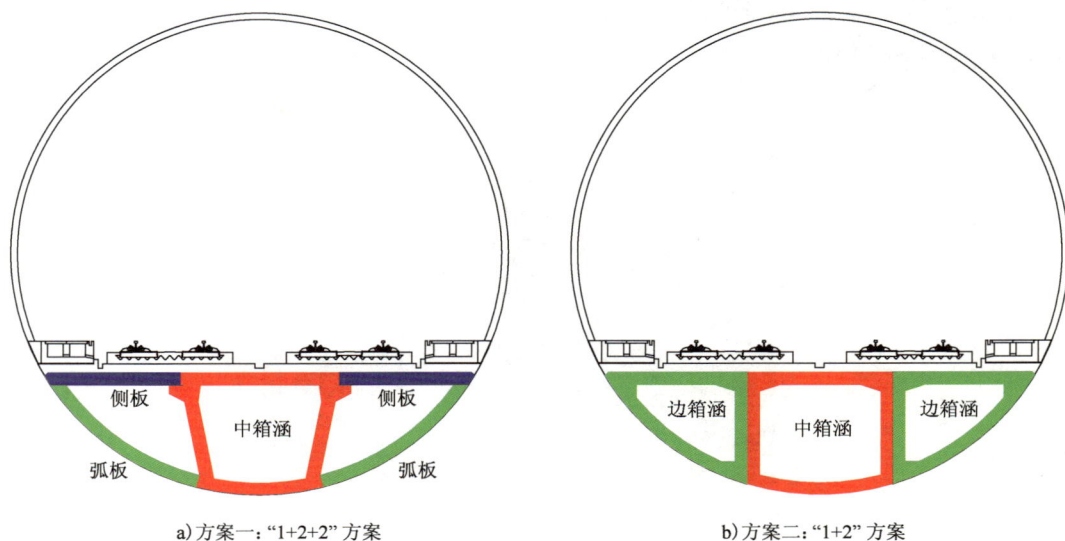

图6-23 盾构隧道轨下结构全预制拼装设计方案示意图

方案一:1(中箱涵)+2(两侧板)+2(两侧弧板)方案。该方案轨下结构由5块预制件拼装组成,块体之间采用螺栓连接。

方案二:1(中箱涵)+2(两侧边箱涵)方案。该方案轨下结构由3块预制件拼装组成,块体之间采用螺栓连接。

专家会论证认为方案二结构简捷,可操作性强,现场拼装更加简单易行,更能够实现全预制拼装结构的设计理念,因此,清华园隧道轨下结构采用了方案二。

(3)轨下全预制结构设计

轨下全预制结构设计如图6-24所示。

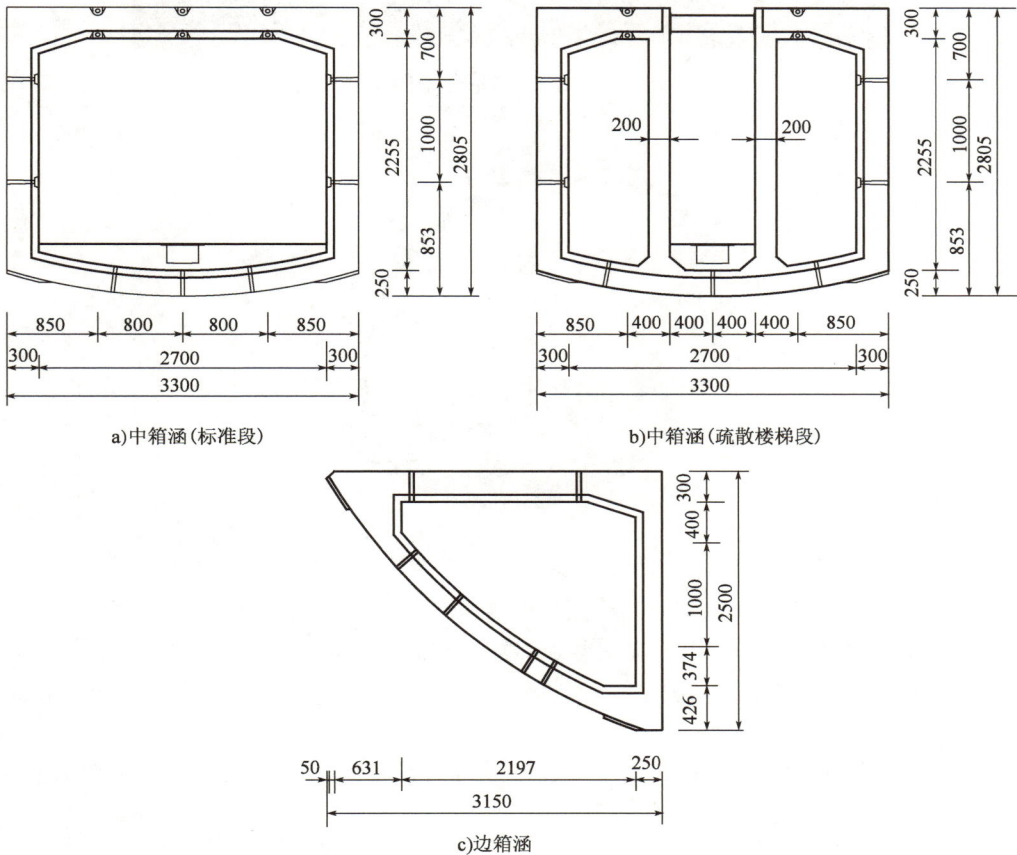

图6-24　盾构隧道轨下全预制结构设计示意图(尺寸单位:mm)

(4)轨下全预结构工厂试拼装

轨下全预制结构在工厂进行生产,生产后进行试拼装,拼装效果良好,如图6-25所示。

6.3.3　全预制拼装轨下结构安全检算

1)建立模型

采用Midas NX有限元分析软件进行三维建模。模型宽2m,为一环管片及箱涵宽度,模型三维网格单元共32660个,如图6-26所示。

图 6-25　盾构隧道轨下全预制结构试拼装

图 6-26　盾构隧道管片及全预制拼装轨下结构模型

清华园隧道管片结构采用 C50 钢筋混凝土,箱涵结构及现浇轨道板采用 C40 钢筋混凝土,轨下填充结构采用微膨胀 52.5 快硬型硫铝酸盐水泥浆,水灰比为 1∶0.8。

模型采用弹性-各向同性本构模型,模型计算时,假定管片单元不产生位移,将管片最外侧单元固定约束。

轨下拼装结构箱涵模型如图 6-27 所示,轨下拼装结构接缝注浆填充结构模型如图 6-28 所示。

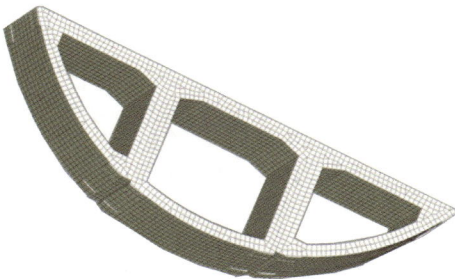

图 6-27　轨下拼装结构箱涵模型

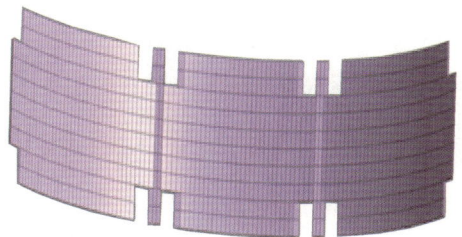

图 6-28　轨下拼装结构接缝注浆填充结构模型

2）荷载作用

考虑双向列车荷载和单向列车荷载两种工况,如图6-29所示。

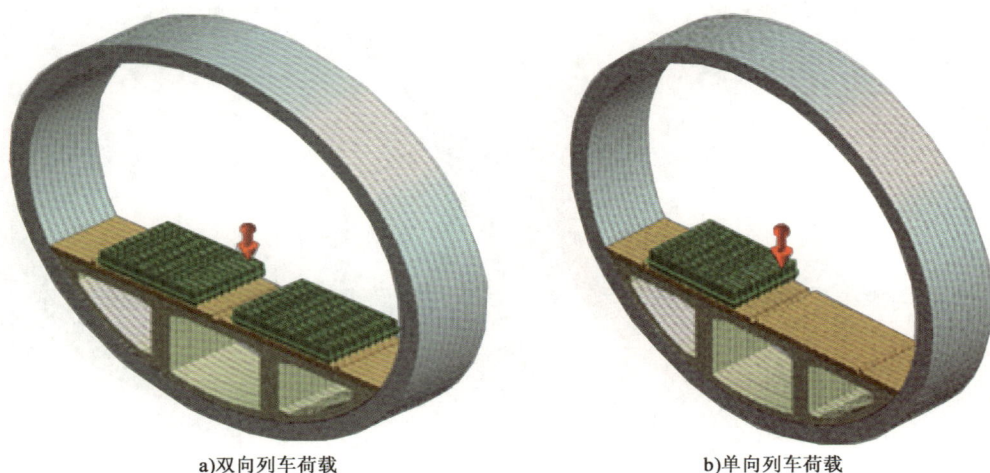

a)双向列车荷载　　　　　　　　　　　b)单向列车荷载

图6-29　盾构隧道全预制拼装轨下结构荷载作用模型图

所用材料如下。

(1)钢轨:60kg/m 钢轨。

(2)轨道板:CTRS I 型双块式无砟轨道,轨道板厚度为238mm、宽度为2800mm。

(3)结构自重:钢筋混凝土,重度为25kN/m³。

(4)荷载作用按表6-8取值。

荷载作用取值表　　　　　　　　　　　　　　　　表6-8

荷 载 种 类	荷 载 名 称	数值(kN/m)	备　　注
活载	列车荷载	107	(1)考虑动力系数; (2)单条轨活载
恒载	钢轨自重荷载	0.6	
	轨道板自重	16.66	
	结构自重	软件自行加载	

3）双向列车荷载作用下位移及受力

双向列车荷载作用下模型位移如图6-30所示,受力如图6-31所示,数值模拟结果见表6-9。

双向列车荷载作用下代表节点位移及受力模拟结果　　　　　　表6-9

节点编号	节点反力 (kN)	竖向位移 (mm)	水平位移 (mm)	应力 S_{ZZ} (kPa)	应力 S_{XX} (kPa)	节点反力 归一化
1	2.3			25	81	25.6
2	0.18			−128	−39	2
3	0.09	$-1.7 \times 10^{-3} \sim 4 \times 10^{-5}$ (最大值为节点5位置)	$-2.8 \times 10^{-4} \sim 2.8 \times 10^{-4}$ (最大值为节点6位置)	−8	−2.4	1
4	3.0			−170	−73	33.3
5	3.9			−403	−72.5	43.3
6	4.0			−356	−37	44.4
7	0.1			−7	−1.9	1.1

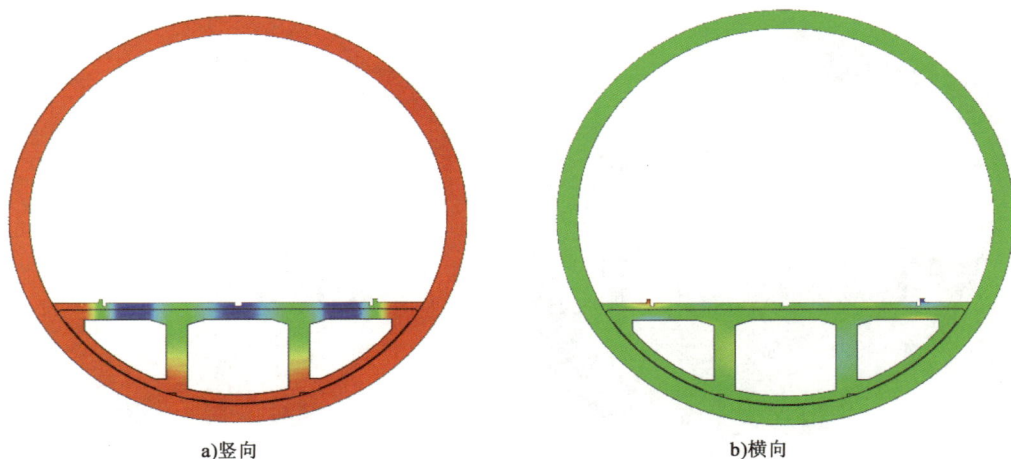

a)竖向   b)横向

图 6-30 双向列车荷载作用下模型位移云图

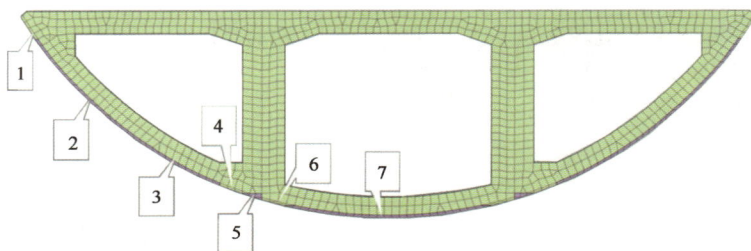

图 6-31 双向列车荷载作用下模型受力云图
注:1~7 表示节点编号

从数值模拟结果来看:

(1)在双向列车荷载作用下,底部采取注浆填充后位移变化极小,能够保证列车运行安全。

(2)箱涵底部凸台及轨下填充结构位移很小,可忽略不计。

(3)5 号位置处轨下填充结构及 6 号位置处中箱涵底部凸台为受力最不利位置,应力值均远小于材料的抗压强度(C40 混凝土极限抗压强度为 29.5MPa,微膨胀 52.5 快硬型硫铝酸盐水泥浆极限抗压强度为 5.1MPa),表明正常条件下轨下结构在双向列车荷载作用下安全稳定。

4)单向列车荷载作用下位移及受力

单向列车荷载作用下模型位移如图 6-32 所示,受力如图 6-33 所示,数值模拟结果见表 6-10。

a)竖向　　　　　　　　　　　　　　　b)横向

图6-32　单向列车荷载作用下模型位移云图

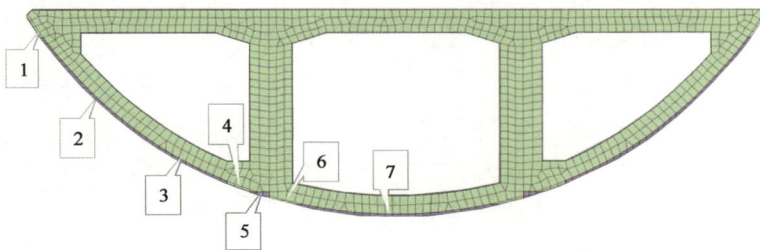

图6-33　单向列车荷载作用下模型受力云图

注:1~7表示节点编号

单向列车荷载作用下代表节点位移及受力模拟结果表　　　　　　表6-10

节点编号	节点反力（kN）	竖向位移（mm）	水平位移（mm）	应力 S_{ZZ}（kPa）	应力 S_{XX}（kPa）	节点反力归一化
1	2.3			26	92	25.6
2	0.13			−144	−70	1.4
3	0.09	$-1.6 \times 10^{-3} \sim 3.5 \times 10^{-5}$（最大值为节点5位置）	$-2.6 \times 10^{-4} \sim 2.8 \times 10^{-4}$（最大值为节点6位置）	−8	−2	1
4	2.81			−156	−66	31.2
5	3.8			−367	−75	42.2
6	4.6			−268	−18	51.1
7	0.09			−7	−1.7	1

从数值模拟结果来看:

(1)在单向列车荷载作用下,底部采取注浆填充后位移变化极小,能够保证列车运行安全。

（2）在单向列车荷载作用下,边箱涵1、2、3点位置处节点位移反力、竖向位移、水平位移、S_{zz}、S_{xx}值较双向荷载作用计算值有小幅增加,但控制性点位(4、5、6点)计算值较双向荷载作用计算值显著减小。计算结果表明,正常条件下轨下结构在单向列车荷载作用下安全稳定,单向列车荷载作用较双向列车荷载作用结构更为安全。

6.3.4 轨下结构全预制拼装施工工艺流程

轨下结构全预制拼装施工工艺流程如图6-34所示。

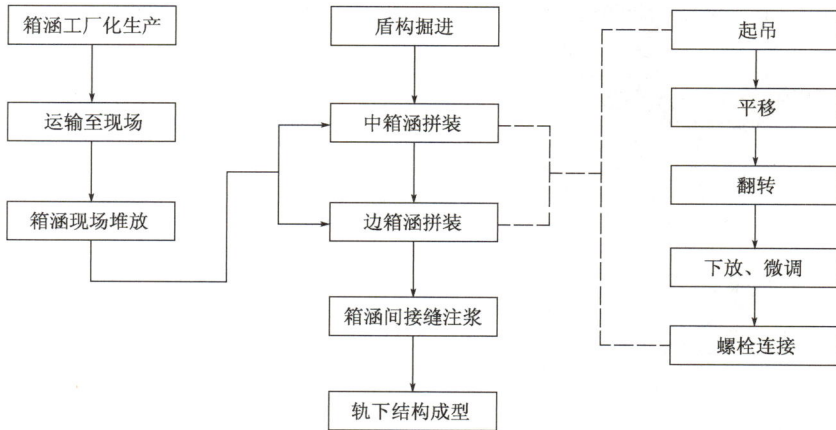

图6-34 轨下结构全预制拼装施工工艺流程图

6.3.5 箱涵预制

盾构隧道轨下预制结构采用高强度、高精度的模具在工厂生产。预制生产时,按照设计图纸,将加工好的钢筋及混凝土按照一定顺序放入模具,采用附着式振动器及人工振捣后,进行蒸汽养护,待达到强度后脱模,形成预制构件。箱涵预制生产工艺流程如图6-35所示。

1)钢筋加工与钢筋笼制作

原材料进厂,收集质量证明,登记进厂材料台账。自检和见证取样按相关规范要求进行,自检合格并经监理同意后使用。原材料堆放设置明显标识,将"已检"材料与"待检"材料分开存放。

（1）钢筋笼焊接成型

钢筋骨架采用高精度钢胎卡具拼装焊接,保证钢筋骨架两端面平齐,使钢筋骨架入模后其保护层均匀。施焊人员根据骨架型号,在指定的位置按数量、规格挑选钢筋,摆放在拼装模上。拼装时仔细检查受力筋的品种、级别、规格和数量,各项指标经检验合格后,才可以批量实施焊接。

钢筋焊接采用二氧化碳气体保护焊,焊点的位置要准确,不得漏焊,焊点要牢固,焊缝表面不允许有气孔及夹渣,或者焊伤钢筋。焊接时,先焊牢端部有定位挡板一端的上下主筋,再摆正另一端焊牢连接点位。主筋与箍筋应从中间位置依次分别向两端进行焊接,端部构造附筋按图纸等间距点焊。

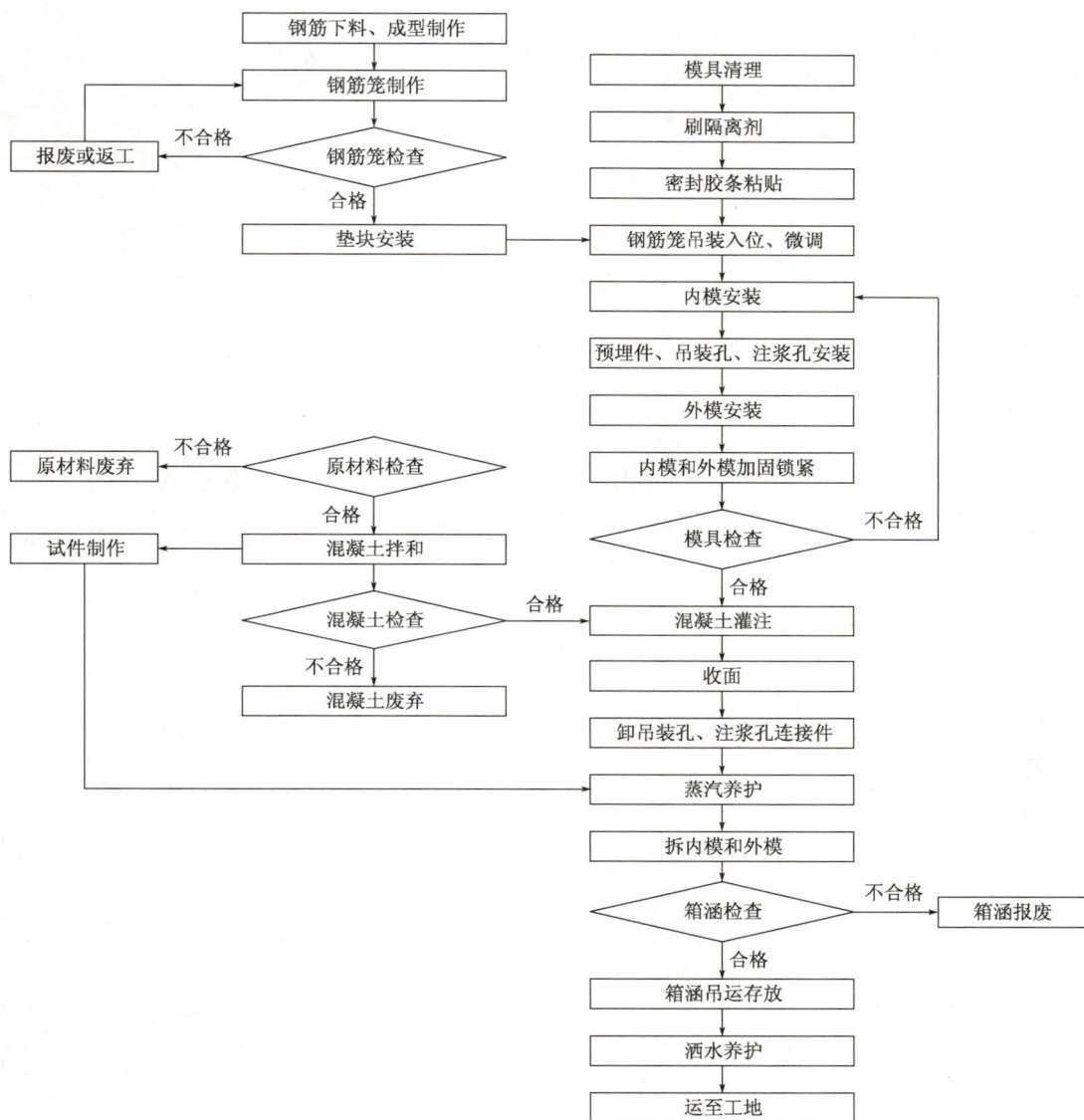

图 6-35　盾构隧道轨下箱涵预制生产工艺流程图

　　焊接以牢固而不伤主筋为标准,焊接烧伤主筋深度 1mm 以上均为不合格。焊接后,氧化皮及焊渣必须及时清除干净,保证焊接质量。

　　同一连接区段内的受力钢筋接头面积百分率不得大于 50%,接头形式宜为闪光对焊,且接头末端至钢筋弯起点的距离不应小于钢筋直径的 10 倍。

　　将焊接成型后的钢筋笼吊离胎具,放在指定地方。测量钢筋笼的弧长、拱高、扭曲度、主副筋间距等项目,若尺寸合格,则挂上标识牌并填写记录焊接者姓名;若不合格,则追溯焊接者返修,直至合格为止。箱涵钢筋笼允许误差见表 6-11。

箱涵钢筋笼允许误差表 　　　　　　　　表 6-11

序号	项　　目		允许偏差(mm)	检 验 方 法	检 查 数 量
1	钢筋骨架	长度	+5、-10	尺量	按照日生产量的3%进行抽查,每日抽检不少于3件,且每件各项目检验4点
		宽度			
		高度			
2	主钢筋	间距	±5		
		层距			
		保护层厚度	+5、-3		
3	箍筋间距		±10		
4	分布筋间距		±5		

(2)钢筋笼吊装

钢筋笼吊运采用专门制作的吊架,吊架应具有足够的强度和刚度,以保证吊运过程中不会发生变形和扭曲。利用行车将绑扎好的钢筋笼吊至预制箱涵台位。起吊及移运过程中,严禁急速升降和快速行走制动,避免钢筋笼扭曲变形。

2)模具安装

预制箱涵的模板主要包括底模、内模、外模、以及各种连接件、紧固件等。模板应具有足够的强度、刚度和稳定性,以保证箱涵各部分形状、尺寸及预埋件的准确位置。

模板进场后,应进行全面细致检查,并进行试拼装,拼装顺序为先底模,其次是内模,最后为侧模。

(1)组模注意事项

①组模前,应检查模具各部件、各部位是否洁净,脱模剂喷涂是否均匀,不足的地方要清抹、补漏。

②检查内、外侧模板及底模相互之间的连接缝胶条是否有移位或脱落,如有此现象,要及时修正。

③钢模组合好后要认真检查,由专人负责对模具各尺寸进行测量。未经检验的模具,严禁捣制混凝土。检验结果经监理代表签认后,方可进行下一道工序。

(2)模具组装

①底模安装

箱涵预制采用固定式钢底模。底模要有足够的刚度,水平误差不应超过±2mm。底模拼接时,应保证各段中心线在同一直线上。

②内模安装

钢筋笼吊装就位后,开始安装内模。通过液压缸的驱动使模板张开和收缩。张开状态时,外形尺寸与箱涵的孔洞尺寸应吻合;收缩状态时,外形尺寸应小于箱涵内腔,以利于四面内模的收缩。

③外模安装

安装外模时,通过液压缸的驱动使模板张开和收缩。组模时,通过液压缸将外模拉紧与底模靠紧,然后采用顶推螺杆将内、外模一起向底模靠紧,直至没有缝隙,最后安装连接螺栓,将外模连接成整体。

边箱涵钢模板合模如图6-36所示。

3）钢筋笼入模

在钢筋笼上指定位置装上塑料专用保护卡块后,由起重机配合专用吊具按规格将钢筋笼吊放入模具。吊装过程中,起重机司机应与地面操作者密切配合,两端由操作者扶牢,以明确手势指挥,对准位置轻吊、轻放,避免钢筋笼与模具发生碰撞。

钢筋笼放入模具后,应检查模侧底部保护层是否匀称,任何一侧保护层超出规定公差,或发生扭曲的钢筋笼都不得使用,吊离模具运走。

由专人按规定安装预埋配件。

钢筋笼入模后,按要求对每个钢筋笼进行一一校正,对保护层等技术参数进行校正、实测,并填写验收表格,经监理代表签认后,方可进行箱涵混凝土的浇捣。

钢筋笼吊装如图6-37所示。

图6-36 边箱涵钢模板合模

图6-37 钢筋笼吊装

4）混凝土灌注

混凝土灌注前,按规定对组装好的模具进行验收。发现不合格项目后通知上道工序返工,验收合格后取走挂在钢筋笼上的标志牌表示可以灌注。

混凝土坍落度经检测在100~140mm范围内才可使用,否则要废弃。

混凝土振捣由专业混凝土工操作。采用中低频附着式振动器与插入式振捣棒相结合的振捣方式,振动至混凝土与侧模板接触处不再有喷射状气、水泡,并均匀为止。每个振动点间距为200mm,振动时间控制在10~20s内。振捣过程中,应注意预埋管及吊装孔位置的振捣质量,并加强对预埋件的保护。振捣完成后将振捣棒慢慢拔出。

全部振捣成型后,抹平箱涵顶面。每片箱涵顶面收水过程不应少于三次。确保生产的箱涵内实外美,外弧面平整光滑。混凝土表面拾光后进入静养阶段,在混凝土蒸养前拔出注浆孔成孔器。

混凝土灌注如图6-38所示。

5）箱涵蒸养

箱涵混凝土初凝或浇筑完成后静置时间不小于1h之后,在箱涵混凝土表面覆盖一层塑料薄膜,防止蒸汽养护时产生的水蒸气冷却后出现水珠,影响管片成品的外观质量。

箱涵蒸汽养护分静停、升温、恒温、降温四个阶段。

（1）静停阶段：混凝土浇筑后在 15 ~ 25℃ 的厂房中静置 2h。

（2）升温阶段：利用控制阀门调整进气量，从而实现温度控制，对温控装置每 1h 检测温度一次。升温 2h，升温速度不大于 15℃/h。

（3）恒温阶段：箱涵处于稳定的温度环境中，每块箱涵恒温时间为 6h。恒温阶段蒸汽养护温度不得高于 50℃，温度稳定范围不大于 ±5℃。

（4）降温阶段：通过调整蒸汽养护窑蒸汽阀门，使环境温度逐渐降低到蒸养时间蒸汽养护窑温度。降温时间为 2h，降温速度不大于 10℃/h。

6）箱涵脱模

箱涵脱模时，表面温度与环境温度之差不得大于 20℃。依据经相同条件养护混凝土试件强度值达到工艺要求脱模强度（设计强度的 40%）以上时，方可进行拆模。箱涵脱模后，经专用吊具吊入存放场，在存放场进行不少于 7d 的洒水养护。预制箱涵脱模如图 6-39 所示。

图 6-38　混凝土灌注　　　　　　　　　图 6-39　预制箱涵脱模

6.3.6　中箱涵拼装

盾构机应配备中箱涵吊装机械（简称"箱涵起重机"）。

1）施工准备

（1）中箱涵一般一次安装两块。安装前，盾构机操作人员确定箱涵起重机与已安装的箱涵之间的空间是否满足安装要求。

（2）盾构机司机与地面技术员确定将要吊装的中箱涵型号。地面技术人员现场检查中箱涵外观质量，检查合格后才允许运输至井下拼装施工。

（3）中箱涵安装前，清理预安装箱涵位置的垃圾杂物，准备好中箱涵连接件、连接螺栓及垫片。

2）拼装施工

施工准备完毕后，盾构机司机下达指令。箱涵拼装负责人接到拼装指令后，组织人员进行箱涵拼装作业。拼装过程中，盾构技术员负责监督箱涵操作手操作的规范性，并对拼装质量进行监控;质检工程师负责检查箱涵施工质量。

（1）测量定位

测量人员对中箱涵位置进行测量放样,并做好标记,确保中箱涵位于隧道中轴线上,箱涵顶面处于水平位置。

（2）箱涵处理

根据现场实际情况,盾构技术员安排拼装人员在箱涵底端凸台粘贴 2～5mm 厚的丁晴软木衬垫,以调整箱涵的走向及坡度。

（3）水平起吊箱涵

平板运输车开至合适位置后,移动箱涵起重机,降低并平移吊具至箱涵下方。初步对正后,提升吊具使其恰好卡在箱涵上。移动到位后,接近开关会给出一个信号,操作手可以加紧夹具,提升箱涵,箱涵触到限位开关后,即可吊起箱涵。

（4）前移箱涵起重机

箱涵起吊后,前移箱涵起重机至拼装位置,水平下放箱涵至一定高度,然后缓慢下放,同时调整箱涵轴线位置和与上块箱涵的间距,使箱涵基本就位。

（5）定位拼装

按照测量人员做好的标记,左右调整箱涵,使之与设计方位基本平齐,同时靠紧上块箱涵。调整箱涵使其与上块箱涵端面密贴,通过对箱涵接缝平整度测量,精确定位箱涵。相邻两箱涵之间的间隙可以通过垫橡胶垫调整,箱涵底部接触面与管片之间的间隙可以通过在底部凸台设置 2.0mm 厚 HDPE 垫片进行调整。定位过程中,应保证箱涵之间的预留螺栓孔一一对应。

（6）安装连接件

完成定位后,安装螺栓连接件,确保箱涵之间连接紧密。

（7）恢复起重机

中箱涵拼装完成后,恢复起重机,进行下一块拼装。由质检工程师对已拼装好的成品进行检查验收。中箱涵现场拼装如图 6-40 所示。

图 6-40 中箱涵现场拼装

6.3.7 边箱涵拼装

1）边箱涵拼装机

针对盾构隧道轨下结构全预制施工,自主研发了一种边箱涵预制件拼装的施工装置,即边箱涵拼装机。边箱涵拼装机主要由车架系统、行走及导向系统、定位安装系统、电气控制及安全保护系统四大系统组成。边箱涵拼装机可以将边箱涵从运输车吊起,并平移调整后放到指定安装位置,最终将边箱涵精确安装于隧道内,实现隧道边箱涵的快速拼装施工。边箱涵拼装机结构组成如图6-41所示。

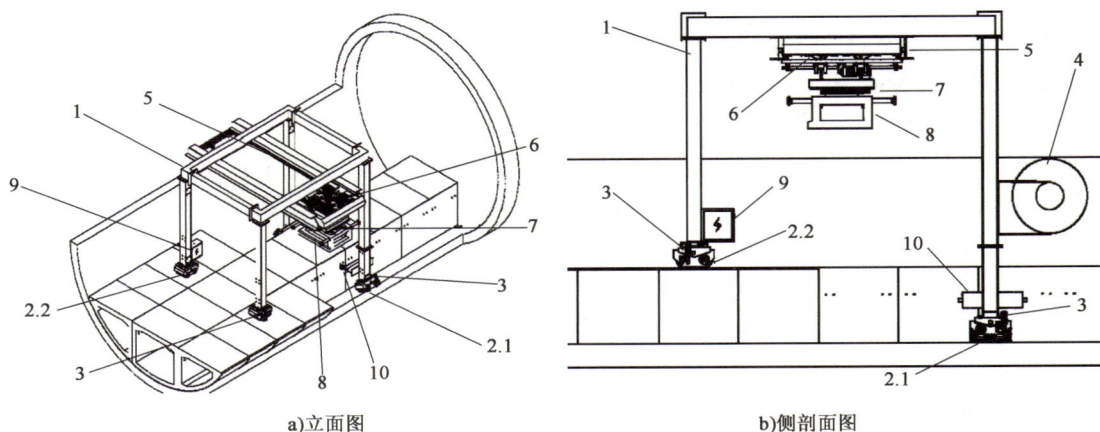

a)立面图 b)侧剖面图

图6-41　边箱涵拼装机结构组成示意图

1-车架;2.1-作用于盾构隧道管片衬砌上的行走车轮组;2.2-作用于已安装的预制边箱涵上的行走车轮组;3-车轮组驱动机构;4-磁滞式电缆卷筒;5-横移机构;6-起吊机构;7-旋转机构;8-U形吊具;9-电气控制及安全保护系统;10-导向机构

2)拼装施工

边箱涵拼装滞后于中箱涵,位于盾构机尾部,拼装施工步骤如下:

(1)边箱涵运输。

在地面,采用龙门式起重机将检验合格且粘贴嵌缝条完毕的边箱涵吊装至井下,放置在安装有边箱涵专用托架的运输车上(图6-42),每辆车一次可运输一环(两块)边箱涵。

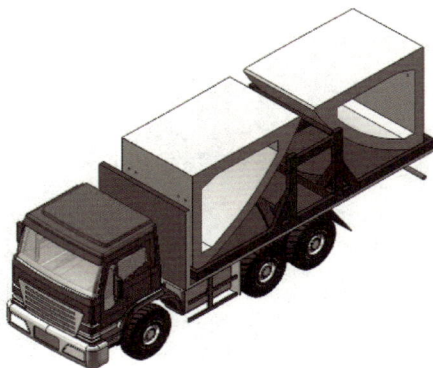

图6-42　边箱涵专用运输车

(2)清理杂物。

拼装人员对待拼装边箱涵区域内的灰尘、积水、杂物进行全面清理。

(3)拼装机就位。

拼装机操作手对拼装机行走系统、起吊系统、箱涵件的吊具及定位调整系统(图6-43)进行全面检查。一切正常后,操作手操作拼装机前进至边箱涵拼装区域。前行过程中,尤其是在通过管片及箱涵件错台处时,利用驱动系统的变频器进行调速,以确保起动和行走平稳。同时由于隧道具有向下或向上的坡度,因此,应利用驱动系统配备的电磁制动功能,对行走轮进行及时制动。

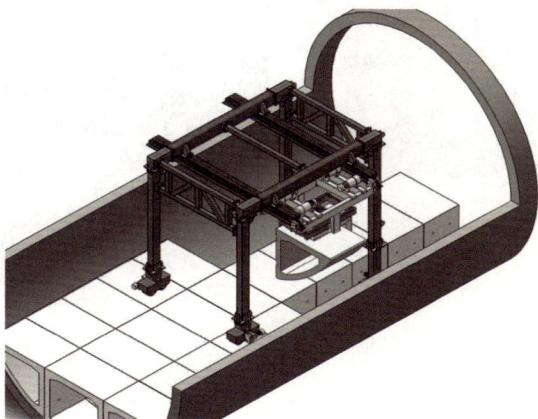

图 6-43　边箱涵拼装机拼装定位示意图

(4)边箱涵拼装。

①拼装机到达指定位置后,起吊小车起吊箱涵件吊具至最高位置,并水平移动至最右端。箱涵件运输车在中箱涵上前进至拼装机正下方。吊具根据边箱涵在运输车上的位置进行回转调整,使前一块箱涵与箱涵件吊具保持横向水平。

②拼装机操作手操作拼装机,将 U 形吊具下落至合适位置,然后向左移动,使 U 形吊具的 U 形槽插入边箱涵预制件的顶部混凝土层。插入过程中,应留意 U 形吊具两侧的距离检测装置,避免 U 形吊具磕碰边箱涵。使用 U 形吊具上的定位装置控制其的停止时机,停止后,使用夹紧装置夹紧边箱涵。

③缓缓起吊边箱涵,待其升至最高处,且与支架完全脱离接触后,水平右移吊具,移动至最右端后,逆时针旋转吊具,使边箱涵以正确姿态处于待拼装区上方。

④缓慢下落 U 形吊具,当边箱涵下落至拼装位置时,伸长 U 形吊具左右两侧的电动推杆,使其末端顶紧在管片上,实现边箱涵位置的微动精调。同时,可对边箱涵和中箱涵的接触面产生顶紧力,确保两结构件连接位置的精确度。末端的球铰结构可保证电动推杆的着力点适应管片的圆弧结构。之后松开夹紧装置,退出 U 形吊具,至此完成一块边箱涵的拼装。边箱涵拼装如图 6-44 所示。

⑤收回 U 形吊具,运输车前进至合适位置。

重复以上步骤,进行左侧边箱涵的拼装。接下来采用螺栓通过预留孔洞将中箱涵与边箱涵连接成一个整体。起吊后,运输车倒车离开拼装区,至此完成一环边箱涵(两块边箱涵)的拼装作业。盾构隧道轨下结构全预制拼装完成后如图 6-45 所示。

待箱涵全部拼装完成后,对箱涵之间以及箱涵和管片之间的空隙处进行接缝注浆,使得隧道内部轨下结构连接密实,至此完成轨下结构全预制拼装施工。

图6-44　边箱涵拼装

图6-45　盾构隧道轨下结构全预制拼装完成

6.3.8　主要人员和机械设备配置

预制结构进场后,采用机械化拼装施工,大大节省了人力。现场主要人员、机械设备及辅助材料配置见表6-12、表6-13。

盾构隧道轨下结构全预制拼装主要人员配置表　　　　表6-12

序号	分　工	数量(人)	任　务
1	负责人	1	箱涵拼装总体安排
2	安全员	1	负责施工过程中安全检查
3	质量员	1	负责箱涵拼装质量检查
4	操作手	2	操作拼装机
5	司机	3	运输箱涵
6	杂工	4	辅助箱涵运输及拼装
	合计	12	

盾构隧道轨下结构全预制拼装主要机械设备及辅助材料配置表　　　　表6-13

序号	机械设备名称	型　号	数量	单位	备　注
1	管片箱涵双头运输车	DCY60型	2	辆	
2	中箱涵拼装机	15t	1	台	盾构机自带
3	边箱涵拼装机	13t	1	台	自主研发
4	双用扳手	36	4	把	
5	中箱涵连接螺栓	M24($L=544$mm)	3	套	一环箱涵需用量
6	边箱涵连接螺栓	M24($L=552$mm)	8	套	一环箱涵需用量

6.3.9　拼装管理

1)现场拼装操作要点

(1)严格按照设计要求进行施工操作,认真执行工程技术交底工作,作业班组之间实行质量交接制度和工序检查制度。

(2)经常保养拼装机械设备,使之处于良好状态,避免机械故障影响拼装质量。

（3）按照现场状况合理安排箱涵、管片等运输。井下运输作业做到多而不乱。

（4）箱涵吊装下井前，必须检查龙门式起重机的钢丝绳、吊钩、卡环、滑轮及滑轮组、卸扣、绳卡及卷扬机等是否正常。

（5）箱涵吊装运输以及拼装时，应做到"轻拿轻放"，避免边角磕碰破损。

（6）将箱涵运至合适位置再进行卸载，减少微调。

（7）拼装过程中注意保护橡胶密封条，不得脱落、损坏，避免影响后续底部注浆。

（8）箱涵环向之间存在嵌缝橡胶条，拼装时无法对底部进行挤压，当造成水平间距超出要求时，采用手拉葫芦对箱涵进行纵向拉动，使间距符合设计要求。箱涵拼装，当顶面间存在错台时，采用 HDPE 垫片垫在箱涵底部凸台处，调整箱涵错台尺寸，使之满足设计要求。

（9）箱涵拼装后，应认真检查底部凸台与管片之间是否存有间隙，若有则采用 HDPE 垫片填充。

（10）箱涵拼装连接后，应确认连接部分是否正确紧密连接。

2）质量控制

轨下结构全预制拼装应做到内实外美，外观质量无明显缺陷，表面光洁。预制构件尺寸偏差、预埋件和预留洞口的设置应符合现行《装配式混凝土建筑技术标准》（GB/T 51231）要求，预制构件尺寸允许偏差见表 6-14。

盾构隧道轨下结构全预制拼装构件尺寸允许偏差表　　　　　表 6-14

序号	检 查 项 目			允许偏差（mm）
1	规格尺寸	高度		±4
2		宽度		±4
3		厚度		±3
4	对角误差			5
5	表面平整度	内表面		4
6		外表面		3
7	预埋部件	预埋钢板	中心线位置偏移	5
8			平面高差	0 ~ −5
9		预埋螺栓	中心线位置偏移	2
10			外露长度	+10 ~ −5
11		预埋套筒、螺母	中心线位置偏移	2
12			平面高差	0 ~ −5
13	预留孔	中心线位置偏移		5
14		孔尺寸		±3

（1）外形尺寸及外观检验方法

外形尺寸及外观检验方法主要为测量检测和目视检查，检测率为 100%。

①测量检测：用于箱涵外形尺寸公差检验。主要测量工具有钢卷尺、板尺、角尺。

②目视检查:用于外观质量缺陷检验。

(2)外观质量检验要求

①每块箱涵均应进行外观质量检验,箱涵表面光洁平整,无蜂窝、露筋,无裂纹、缺角,无气、水泡,无水泥浆等杂物。

②预埋件、吊装孔、注浆孔完整,安装位置应正确,无破损。

(3)拼装精度要求

箱涵顶面与圆形隧道结构水平轴线距离、箱涵竖直轴线与圆形隧道结构竖直轴线距离误差不超出±10mm,并保证箱涵之间的顺畅连接。

6.3.10 接缝注浆

盾构隧道轨下全预制结构每块构件底部四角均留有凸台,以确保预制结构和盾构管片之间的接触,从而保证在盾构管片拼装存在错台的情况下,箱涵能够四点受力均衡地放置在盾构管片上,保证结构体系的整体稳定,因此,轨下结构与盾构管片之间存在着20mm左右的缝隙。

为实现盾构隧道轨下全预制结构与盾构管片之间形成面受力,避免构件底部凸台点受力或产生应力集中,保证轨下结构整体稳定,对轨下全预制结构与成型隧道管片之间缝隙进行注浆填充,即接缝注浆。注浆填充目标区域如图6-46所示。

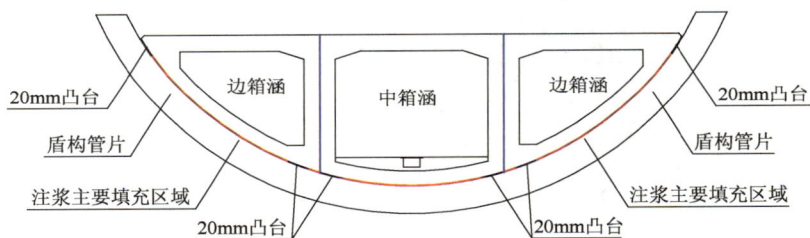

图6-46 盾构隧道轨下全预制拼装结构注浆填充目标区域示意图

1)接缝注浆施工工艺流程

轨下全预制拼装结构接缝注浆整体采取从隧道上游向隧道下游方向施工,施工工艺流程如图6-47所示。

2)箱涵底部清理

盾构掘进过程中,泥水循环出浆管路磨损严重,当管路磨穿时,泄漏的泥浆会污染尚未注浆的轨下预制结构空隙。另外,进行管路延伸作业时,由于储浆槽容量有限,部分泥浆会泄漏到轨下预制结构拼装区域,因此,注浆前应箱涵底部泥浆进行清洗处理。

箱涵底部接缝采用高压水冲洗方式清理。

同一环箱涵先两侧边箱涵,由高到低,利用结构预留注浆孔依次注水清洗,直到下部孔出水呈清水状态为止。中箱涵底部接缝清洗时,利用预留注浆孔,由上游高位向下游低位依次冲洗,直至下游箱涵底部预留注浆孔中有清水流出,即可推断清洗达到要求。

冲洗完成后,对箱涵底部冲洗的泥浆进行清理,为封仓提供条件。

箱涵底部泥浆冲洗清理如图6-48所示。

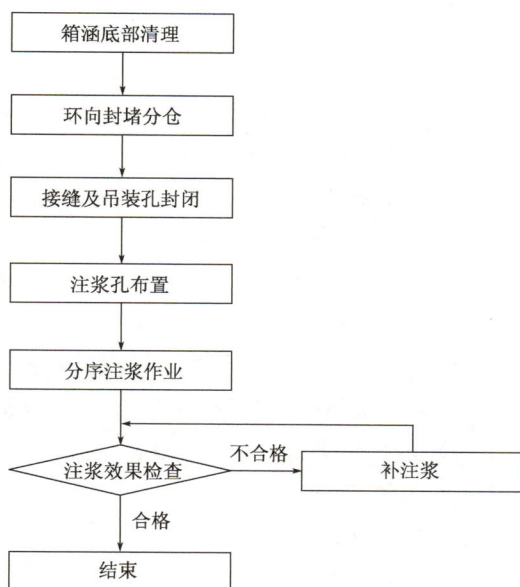

图6-47　盾构隧道轨下全预制拼装结构接缝注浆施工工艺流程图

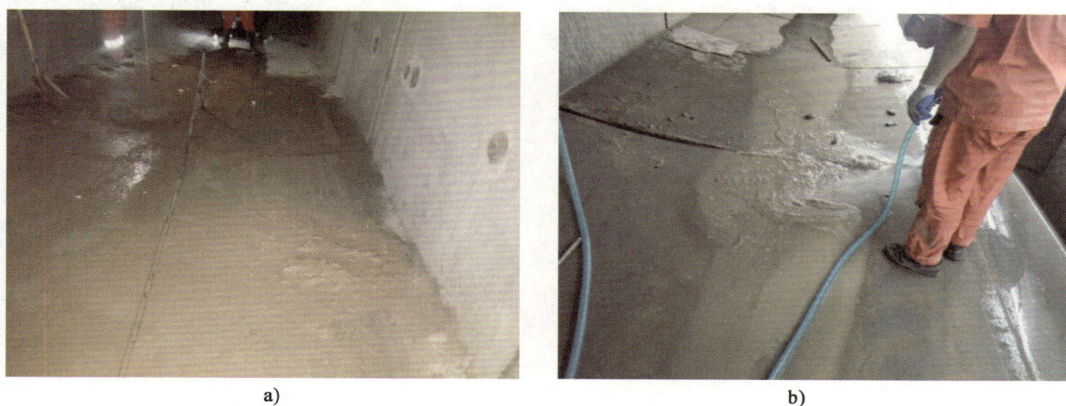

图6-48　箱涵底部泥浆冲洗清理

3）环向封堵分仓

轨下全预制结构由1块中箱涵+2块边箱涵拼装而成，每环长度1.98m。环向、纵向空隙连通性强，且为单面坡隧道，为保证结构缝注浆饱满，宜采取分区注浆施工。分区原则为每间隔一定的纵向距离（3～5环），采用高强快凝材料进行纵向截断，形成独立封闭的注浆仓位，避免注浆时浆液纵向串流，提高浆液对结构缝的填充密实度。

（1）封仓施工。封仓时，既要保证封仓的密闭性，又要考虑封仓强度能够抵抗注浆压力，避免被击穿形成漏浆，影响注浆填充效果。封仓材料采用强度高、黏结性好的改性高强环氧灌浆材料，按照"由低到高，先中箱涵后边箱涵"的顺序进行封堵。对于中箱涵与边箱函之间的结构缝，先采用聚氨酯封闭，再采用改性高强环氧灌浆材料进行补强封闭。分仓封闭区域如图6-49所示。

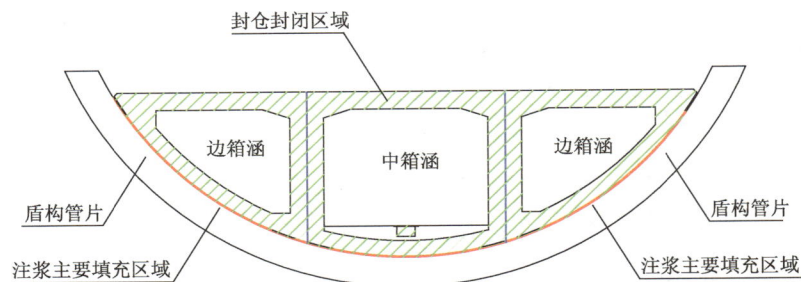

图 6-49　环向封仓区域示意图

（2）分仓长度。前期试验段按照 1～3 环/仓进行分仓注浆试验,注浆流量为 20L/min。注浆试验完成后,通过观察,发现轨下结构接缝连通性强,接缝间浆液充填饱满,满足设计要求,但由于注浆泵流量较小,施工效率较低。因此,后期采用额定流量为 90L/min 的注浆泵,按照 5～7 环/仓进行试验,每环平均注浆量与前期试验基本一致,通过采用雷达检测,结果表明浆液填充饱满,满足设计要求,施工效率明显提高。总结试验成果,综合考虑注浆材料凝胶时间、结构接缝连通性、机械设备、施工效率,并充分考虑施工的可靠性及封仓条件,最终确定采用 3～5 环/仓作为分仓注浆单元进行隔断封闭施工。分仓隔断封闭施工如图 6-50 所示。

图 6-50　分仓隔断封闭施工

（3）环向接缝及吊装孔封闭

对分隔仓内的结构环间缝、结构吊装孔,以及表面缝等采用高强改性环氧树脂材料封堵成密封体系,满足结构缝填充注浆要求。环向接缝及吊装孔封闭如图 6-51 所示。

4）注浆孔布设

利用箱涵既有预留注浆孔安设注浆孔口装置。每环边箱涵每侧 6 个注浆孔,中箱涵每环 5 个注浆孔,均预埋 DN20mm 镀锌管,长度 40cm,并安装 DN20mm 球阀,以满足注浆和闭浆要求。

中箱涵底部预留注浆孔采用止浆塞封闭,连接注浆管路,作为主要注浆孔。现场注浆孔布置如图 6-52 所示。

5）注浆材料

根据设计要求,确定轨下结构接缝注浆材料技术指标。北京工业大学岩土与地下工程研究所分别对普通硅酸盐水泥浆、普通硅酸盐水泥砂浆，快硬硫铝酸盐水泥浆等进行了不同配合比的试验研究，测试其物理力学性能指标。注浆材料试验结果见表6-15～表6-17。

图6-51　箱涵结构环向接缝及吊装孔封闭施工

图6-52　注浆孔布置

注浆材料流动度试验结果   表6-15

编号	水　　泥	水灰比	粉煤灰掺量（%）	外加剂掺量（%）	流动度（mm）
1			0	0	282.1
2			30	0	320.6
3			35	0	315.6
4			40	0	322.5
5	硫铝酸盐水泥	0.8∶1	45	0	332.1
6			40	3（微膨胀剂）	330.6
7			40	3（黏结剂）	325.6
8			40	3（增韧剂）	350.3
9			40	3（微膨胀剂1% + 黏结剂1% + 增韧剂1%）	336.5

注浆材料抗压强度试验结果　　　　　　　　　　　　表 6-16

编号	水　泥	水灰比	粉煤灰掺量(%)	外加剂掺量(%)	抗压强度(MPa)			
					6h	12h	1d	28d
1	硫铝酸盐水泥	0.8:1	0	0	5.75	6.61	7.60	13.95
2			30	0	2.32	2.38	2.48	3.97
3			35	0	2.01	2.06	2.02	4.05
4			40	0	1.57	1.63	1.71	3.26
5			45	0	1.33	1.40	1.68	3.46
6			40	3(微膨胀剂)	1.32	1.42	1.55	3.55
7			40	3(黏结剂)	1.40	1.38	1.48	3.21
8			40	3(增韧剂)	1.20	1.30	1.37	3.03
9			40	3(微膨胀剂1% + 黏结剂1% + 增韧剂1%)	1.25	1.32	1.36	3.44

注浆材料膨胀性试验结果　　　　　　　　　　　　表 6-17

编号	水　泥	水灰比	粉煤灰掺量(%)	外加剂掺量(%)	拆模长度(mm)	伸长率(%)				
						1d	3d	7d	14d	28d
1	硫铝酸盐水泥	0.8:1	0	0	300.421	0.052	0.203	0.155	0.100	0.133
2			30	0	299.553	0.001	0.105	0.081	0.035	0.045
3			35	0	301.335	−0.001	0.008	0.085	0.041	0.066
4			40	0	300.354	0.000	0.102	0.055	0.022	0.042
5			45	0	299.766	−0.001	0.121	0.103	0.034	0.048
6			40	3(微膨胀剂)	301.035	0.003	0.203	0.096	0.063	0.096
7			40	3(黏结剂)	301.194	0.001	0.122	0.103	0.052	0.077
8			40	3(增韧剂)	299.765	−0.002	0.132	0.102	0.055	0.074
9			40	3(微膨胀剂1% + 黏结剂1% + 增韧剂1%)	300.096	0.001	0.108	0.088	0.069	0.075

　　综合清华园盾构隧道工程特点,在满足可注性及强度要求的情况下,充分考虑经济性,最终确定采用硫铝酸盐水泥—粉煤灰混合型注浆材料,其材料配合比及性能指标见表 6-18。

硫铝酸盐水泥—粉煤灰混合型注浆材料配合比及主要性能指标　　　　表 6-18

项　目	主　要　内　容		参　数　值	备　注
材料组成	主材	硫铝酸盐水泥	60%	42.5R 快硬硫铝酸盐水泥
		粉煤灰	40%	
	外加剂	膨胀剂	3%	

续上表

项　目	主要内容		参 数 值	备　注
材料配合比	水灰比		0.6∶1~0.8∶1	
主要性能指标	初凝时间(min)		40~60	
	流动度(mm)		300~330	
	抗压强度(MPa)	1h	≥1	
		28d	≥3	
	膨胀性	28d	无收缩	

6)主要机械设备配置

主要机械设备配置见表6-19。

主要机械设备配置表 　　　　表6-19

序　号	名　称	型　号	单　位	数　量
1	灌浆泵	KBY20/2-2.2	台	1
2	灌浆泵	KBY90/15	台	1
3	化学灌浆泵		台	2
4	高速制浆机	JGD-300L	台	2
5	灌浆记录仪	JT-E6	台	1

7)分序注浆施工工艺流程

接缝填充注浆采用"分仓封闭、由低向高、分序施作、带压灌浆"的纯压式"赶灌法"分序进行施工。即对同一注浆仓位,按照"先中箱涵后两侧边箱涵,由隧道高程低的一端向隧道高程高的一端"依次进行注浆施工。分序注浆施工工艺流程如图6-53所示。

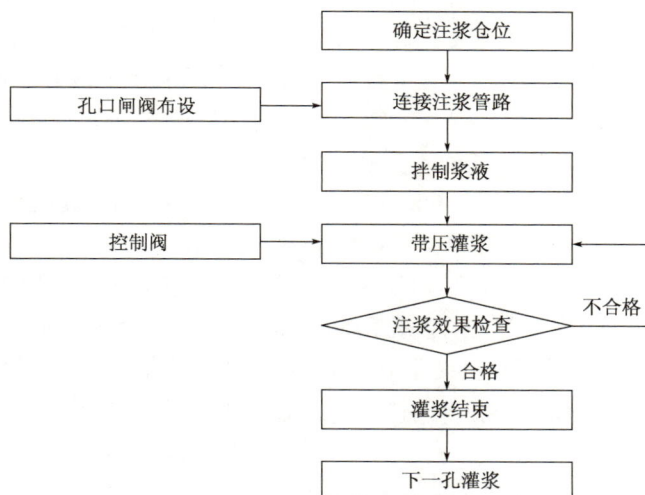

图6-53　分序注浆施工工艺流程图

8)注浆施工

轨下结构接缝注浆每3~5环(根据封仓截断施工条件确定)作为一个注浆单元进行封闭封仓。以3环作为一个注浆单元为例,注浆孔布置如图6-54所示。

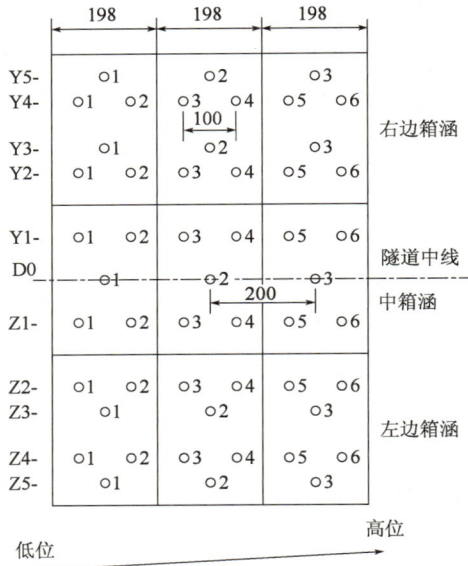

图6-54　注浆孔布置示意图(尺寸单位:cm)

注浆孔顺序。每个注浆单元按照由"低位到高位、先中箱涵后边箱涵"的顺序依次施工。即按照中箱涵 D 序孔→中箱涵 Y(Z)1 排孔→边箱涵 Y(Z)2 排孔→边箱涵 Y(Z)4 排孔。边箱涵 Y(Z)3 排孔、Y(Z)5 排孔作为观察孔及补充注浆孔。

每一注浆仓由低端向高端推进,由中箱涵底部中线上低端 D1-1 孔进浆,当相邻孔排出浓浆(等于注入浆液的水灰比)后,依次关闭溢浆孔球阀,继续注浆,直至封闭完所有出浆孔,且注浆单元持续注浆至满足结束条件。赶灌注浆过程中,若某孔及后续孔不出浆,待该孔以前所有进、出浆孔注浆至结束后,对该注浆单元剩余的不出浆孔采用同方法进行灌注。

由于隧道管片安装接触缝局部嵌缝条未完全密封,注浆过程中可能会出现浆液沿管片接触缝纵向串流,为保证浆液有效饱满填充注浆仓,施工中应及时采取调整浆液水灰比、间隔注浆,或多次少量注浆,控制浆液扩散范围。

边箱涵注浆顺序和中箱涵一样,按照"由下游到上游、从低到高"的顺序进行注浆作业。注浆时,若任意孔有浓浆流出,则关闭该孔闸阀后继续注浆,直至浓浆(现场用密度计测定相对密度值为1.6)从边箱涵设置的观察孔中溢出(或达到注浆结束标准),继而结束该孔注浆。如相邻仓有漏浆,则采用间歇注浆或间隔注浆,直至达到注浆结束标准。现场注浆施工如图6-55所示。

现场注浆时,主要采用稳压循环注浆工艺。该注浆工艺是在低压状态下注浆,注浆泵流量相对稳定。通过控制控压分流器,调节回浆流量,控制进浆量,从而实现恒压、小流量注浆、闭浆,保证注浆的饱满度。采用的控压分流器如图6-56所示。

图 6-55　现场注浆施工

a)

b)

图 6-56　控压分流器(自制)

为观察浆液填充饱满程度,可在箱涵顶部两侧设置观察孔,观察是否有浆液溢出,判断注浆饱满度。

9)注浆结束标准

(1)单孔注浆结束标准:注浆压力为 0.2MPa 时,注浆速度小于 10L/min 并闭浆 5min。

(2)单仓注浆结束标准:所有预留注浆孔或观察孔都有浓浆(接近注浆原配合比)溢出。

(3)实际注浆量≥理论计算注浆量(0.76m³/环)。

注浆过程观察孔溢浆,如图 6-57 所示。

10)注浆主要技术指标要求及检测方法

(1)主要技术指标要求

盾构隧道轨下全预制拼装结构接缝注浆主要技术指标要求如下:

①浆液填充饱满密实。

②注浆填充材料固结体 28d 抗压强度不应小于 0.6MPa。

(2)检测方法

采用以下两种方式进行检测:

①地质雷达检测。注浆结束后,对接缝部位进行地质雷达检测。检测区域应填充密实,无明显缝隙。

②注浆材料强度检测。注浆过程中,在结构顶部的溢浆孔处采集溢出的注浆材料。制作试验,测试注浆材料固结体28d抗压强度。

a)

b)

图6-57　注浆过程观察孔溢浆

11)现场注浆验收评定

注浆完成后,委托第三方采用瑞典生产的RAMAC X3M系列地质雷达,选用800MHz屏蔽天线,对注浆密实度进行检测。现场地质雷达检测如图6-58所示。

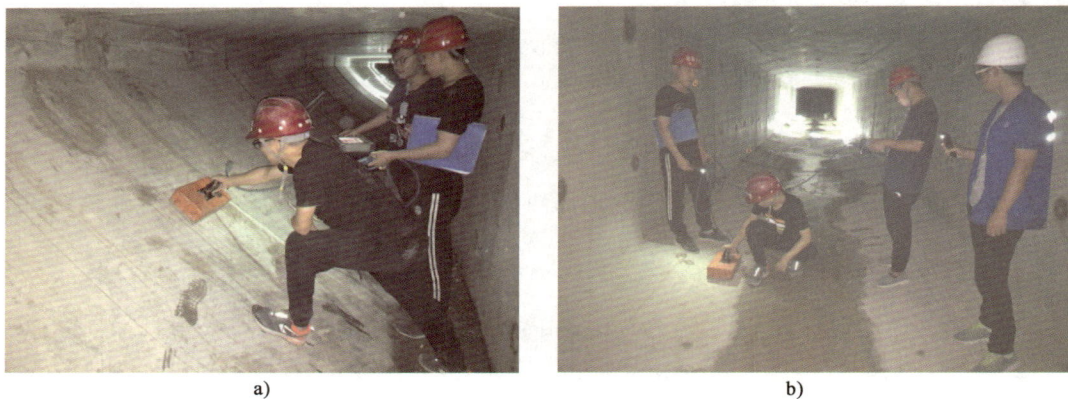

a)

b)

图6-58　注浆后现场地质雷达检测

在左、右边箱涵和中箱涵各布置2条测线,共6条测线。注浆前、后地质雷达测试结果如图6-59所示。

从注浆前、后接缝处地质雷达图像对比情况来看:注浆前箱涵与盾构管片之间缝隙清晰可见,注浆后缝隙已被注浆材料填充饱满,达到了接缝注浆的预期效果。

12)质量控制措施

盾构隧道轨下结构全预制拼装接缝注浆施工主要质量控制措施如下:

(1)箱涵底部应采用高压水枪加强冲洗,确保底部无杂物,以保证注浆后密实无异物。

（2）环间分仓封堵密实牢固后方可进行注浆,避免注浆压力冲破分仓封堵处,导致浆液外溢。

（3）吊装口以及暂不使用的注浆孔应做好封堵,避免漏浆污染箱涵内部环境,增加额外清洗工作量。

（4）控制注浆压力均匀稳步提升至设计压力值,待箱涵顶面侧边浆液溢出与顶面平齐,降低注浆压力,进行保压注浆 10 ~ 15min,使箱涵底部注浆饱满。

（5）水泥的储藏和保管应做到防湿、防潮。水泥的品种、强度等级,以及水泥浆的水灰比和外加剂的品种、掺量应符合设计要求。

（6）注浆施工前应检查高压设备和管路系统,检查注浆压力和流量能否满足设计要求。注浆管和喷嘴内不得有任何杂物,注浆管的接头密封必须良好。

（7）注浆时,现场施工人员和技术员应注意检查浆液凝胶时间、注浆压力、注浆速度等参数,以及封堵处是否冒浆,并随时记录、处理。

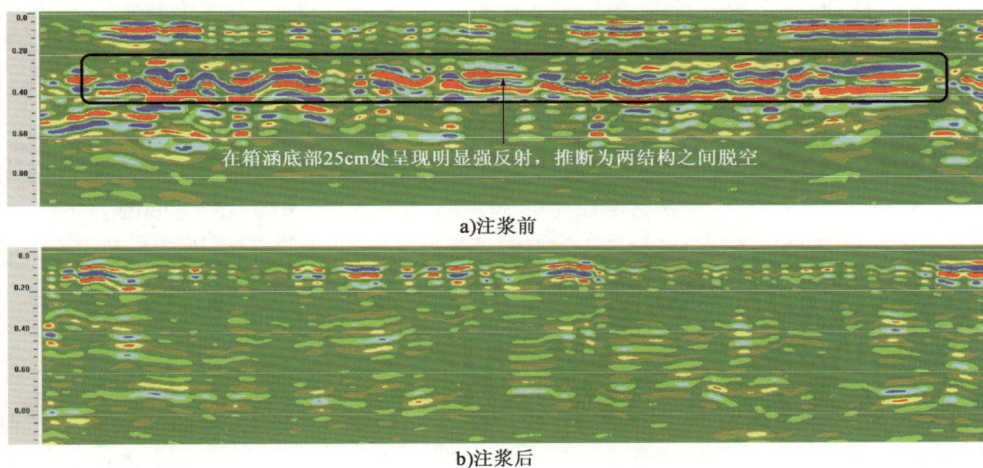

a)注浆前

在箱涵底部25cm处呈现明显强反射,推断为两结构之间脱空

b)注浆后

图 6-59　注浆前后接缝处地质雷达图像

13）安全保障措施

（1）认真贯彻"安全第一,预防为主"的方针。根据国家有关法律、法规,结合工程实际情况和具体特点,建立由专职安全员、班组兼职安全员,以及工地安全用电负责人组成的安全生产管理网络,实行安全生产责任制,明确各级人员职责,做到工程安全生产。

（2）以"持续安全理念"和全员参与的模式进行工程生产安全管理,将安全、质量、施工生产融为一体。

（3）施工现场应符合防火、防触电、防砸伤等安全规程规定,按安全生产要求进行布置。现场应设置醒目的安全标识。

（4）施工现场临时用电应严格按照现行《施工现场临时用电安全技术规范》（JGJ 46）的有关规定执行。

（5）管理人员、特种作业人员持证上岗,所有作业人员必须经过安全教育及相关培训合格后,方可参与施工。

（6）根据各工种作业需要,配发足够的劳动防护用品、用具,并由专职安全员强制正确使用,杜绝无防护或保护作业。

（7）作业前必须对起重设备、吊具进行检查,确认安全才能使用。

（8）起重吊装时必须有专人指挥,信号不清时不得操作。

6.3.11　小结

清华园隧道研究及应用表明,盾构隧道全预制拼装轨下结构具有以下五个特点:

（1）提高了轨下结构质量。全预制轨下结构采取工厂化生产,采用固定模具加工,精度高、耐久性好、养护条件好、成品质量高。相对而言,采用现浇轨下结构时,各工序均在现场完成,施工精度和质量控制难度大。

（2）节约了盾构隧道工期。全预制拼装轨下结构,实现了施工期间无轨运输,与盾构施工同步安装,功效高、工期缩短。而采用现浇轨下结构时,施工期间采用有轨运输,轨下结构在隧道贯通后施作,作业空间狭小,绑扎钢筋、安装模板等难度较大,施工效率较低。一般长度约4km的盾构隧道,采用全预制拼装轨下结构,可节约工期3个月以上。

（3）提升了管片保护效果。采用全预制拼装轨下结构,避免了大量植筋损坏盾构管片,提升了盾构结构的耐久性和可靠性。

（4）增强了结构整体稳定。与传统的盾构隧道轨下结构相比,将现浇的开口结构优化为3个环形封闭全预制结构,不需要和管片接驳,增强了结构的整体性、稳定性和耐久性。

（5）改善了洞内作业环境。采用全预制拼装轨下结构,改善了洞内作业环境,减少了环境污染,提高了现场作业人员健康指数。

6.4　盾构机底部变形处理技术

清华园隧道2号竖井—1号竖井区间,盾构机自2017年12月20日始发掘进后顺利完成488环,在此期间各项施工技术参数正常。2018年6月1日至7日夜间,共完成76把刀具的常压更换。8日夜间恢复盾构掘进,至9日凌晨5:00掘进完成489环,准备拼装管片时,发现盾尾底部（时钟6点钟方向）发生隆起,管片与尾盾测量环之间已无间隙,导致管片无法拼装。经测量,发现底部2.0m×2.2m区域内发生不同程度的隆起,最大隆起量为19.9cm。

盾构停机里程为DK15+339.5,地表周边建（构）筑物西侧为北京市地铁13号线,距离盾体21.3m;东侧为北京市青年公寓,距离盾体17.1m。盾尾隆起变形如图6-60所示,管片受挤压情况如图6-61所示,盾尾隆起状况如图6-62所示。

6.4.1　原因分析

盾构机的盾尾隆起问题在盾构隧道掘进施工中并不多见。结合清华园隧道工程地质及水文地质条件,以及盾构设备状况,通过现场分析,认为引起盾构盾尾隆起的原因可能主要有以下几个方面:

（1）盾构机盾尾钢结构存在设计、焊接、材质等方面的问题。

（2）盾尾外部存在孤石等异物,盾尾局部承重导致。

（3）同步注浆压力过大，浆液绕过止浆板流至盾体底部导致该处隆起。

（4）盾尾内油脂管破损，油脂压力将内层钢板顶起。

图6-60 盾尾隆起变形（尺寸单位：mm）

图6-61 管片受挤压情况

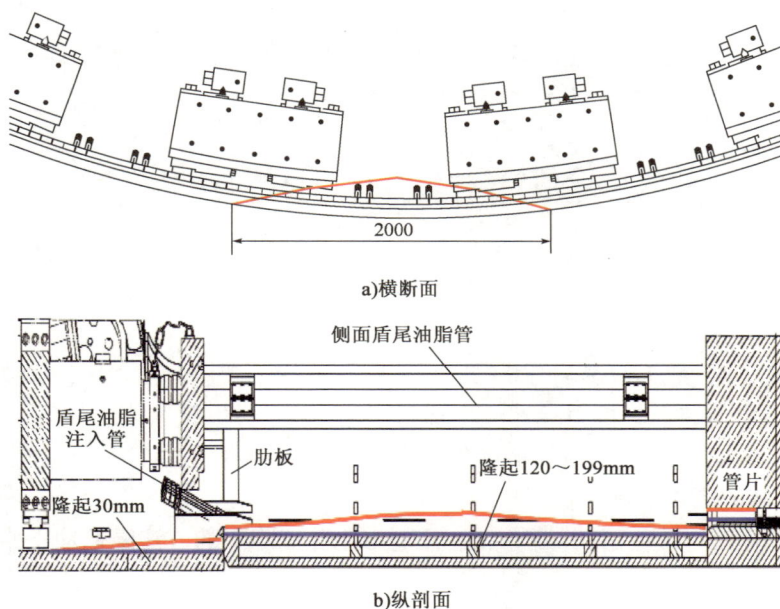

a)横断面

b)纵剖面

图6-62 盾尾隆起状况示意图（尺寸单位：mm）

6.4.2 总体处理方案

经过多次专家会议论证，结合清华园隧道工程特征和工期要求，本着"安全、快速"原则，对盾尾隆起进行原位恢复处理，主要处理措施为：

（1）采取地表管井降水，将水位降到盾尾以下。

（2）对隧道周边构（建）筑物采取隔离保护措施。

（3）对盾尾隆起处开孔探测，采用千斤顶顶压消减变形，并做好密封处理。

（4）对盾尾变形处采取整块更换。

6.4.3　地表降水

盾尾隆起处盾构掘进断面地层为卵石土,大卵石极少,以直径2~6cm卵石为主,含量约为65%。该处覆土厚度为23.80m,上行坡度18.53‰。结合地质勘察资料,隧道区域地下水类型主要为上层滞水和承压水,该处为微承压潜水,水位高程为29.00m,高于刀盘顶77cm。盾尾隆起位置地质纵断面如图6-63所示。

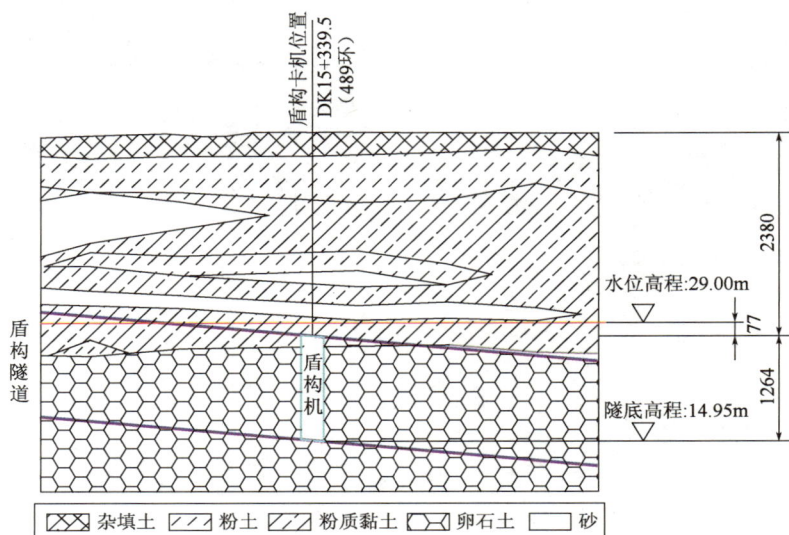

图6-63　盾尾隆起位置地质纵断面示意图(尺寸单位:cm)

1)降水方案技术要求

通过对勘察资料、地下水影响分析、现场施工场地条件、地下管线情况、周边建(构)筑物影响等多方面因素的综合分析,并结合施工组织安排,降水方案技术要求如下:

(1)根据地下水控制难度、地下水资源影响程度、需要保护的建(构)筑物与降水区域的距离等,将降水区域地下水控制工程划分为一级。

(2)地下水(潜水)水位高于结构底板,需要采用井点降水的方法降低地下水,确保盾构处理作业环境处于无水状态。

(3)含水层地质主要为卵石土,渗透系数为200m/d,涌水量较大,采取延长布置降水井的方法满足结构开挖要求。

(4)加强地下水观测,及时了解地下水情况及降水实施效果,根据观测的地下水位及时调整抽水泵型、泵量,确保降水效果。

2)基坑排水量计算

根据现行《城市建设工程地下水控制技术规范》(DB 11/1115),采用承压水非完整井进行排水量计算,计算公式为:

$$Q = 2.73k \frac{Ms}{\lg\left(1 + \dfrac{R}{r_0}\right) + \dfrac{M - l}{l}\lg\left(1 + 0.2\dfrac{M}{r_0}\right)} \tag{6-1}$$

式中：Q ——基坑涌水量（m^3/d）；

　　　k ——渗透系数（m/d）；

　　　M ——承压水层厚度（m）；

　　　s ——基坑水位降深（m）；

　　　R ——降水影响半径（m）；

　　　r_0 ——基坑等效半径（m）；

　　　l ——过滤管有效工作部分长度（m）。

当基坑为圆形、不规则形状或长宽比≤2.5时，基坑等效半径采用 $r_0 = 0.565\sqrt{A}$ 计算；当基坑为条形且长宽比≤10时，基坑等效半径可采用长方形公式计算；当基坑长宽比>10时，可按线状基坑等效半径公式计算。降水计算参数及结果见表6-20。

降水计算参数及结果表 表6-20

降水部位里程	含水层类型	最小降深（m）	基坑等效半径（m）	渗透系数（m/d）	影响半径（m）	排水量（m³/d）
DK15+339.5	承压水	15.55	11.8	200	2310.35	83899.81

3）降水方案

在地面上对应尾盾东、西两侧，分别布置地表降水井，钻井深度大于尾盾最底部3m左右。降水井设计参数见表6-21，地表降水井布置如图6-64所示，地表降水井设计如图6-65所示。

降水井设计参数表 表6-21

位　　置	降水井类型	井径（mm）	管径（mm）	井管类型	井深（m）	井间距（m）	滤料（mm）	井数（眼）
盾构机盾尾两侧	管井	600	325	桥式滤水管	50	5~6	3~7	34

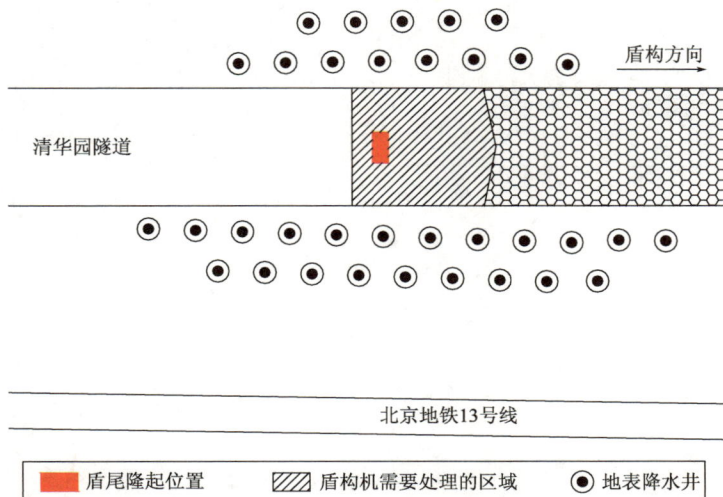

图6-64　地表降水井平面布置示意图

4）降水范围预测

根据降水井布置、降水设计参数、工程地质及水文地质，预测降水范围如图6-66所示。

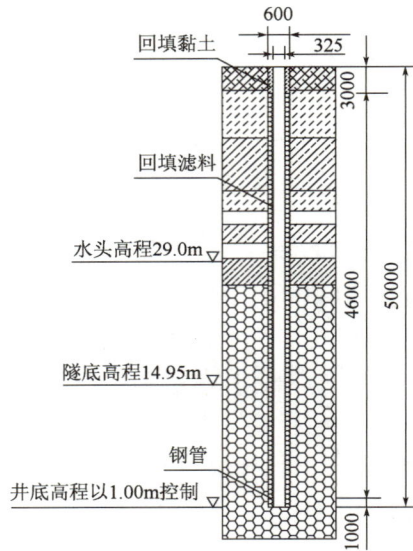

图 6-65 地表降水井纵剖面设计示意图(尺寸单位:mm)

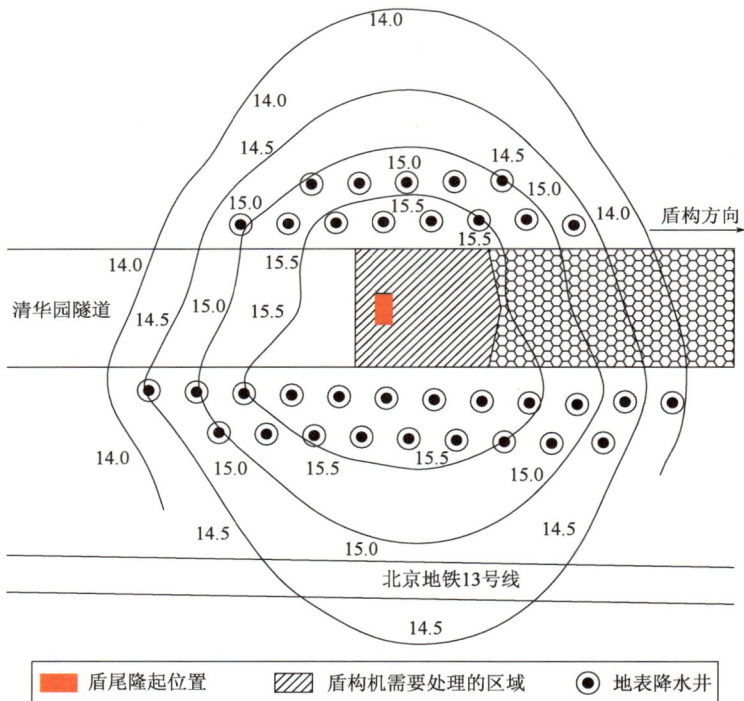

图 6-66 降水范围及降深预测示意图(数字单位:m)

从预测降水范围来看:通过降水,可以保证盾尾处理安全,但对北京地铁 13 号线应进行隔离防护,并加强施工期间地面沉降监控量测,避免降水引起轨道沉降。

5）地表监控量测

对降水区域地面及建（构）筑物进行监控量测，根据监控量测结果及时采取措施，确保地铁 13 号线、盾构隧道上方，以及周边建（构）筑物安全。地表监控量测点布置如图 6-67 所示。

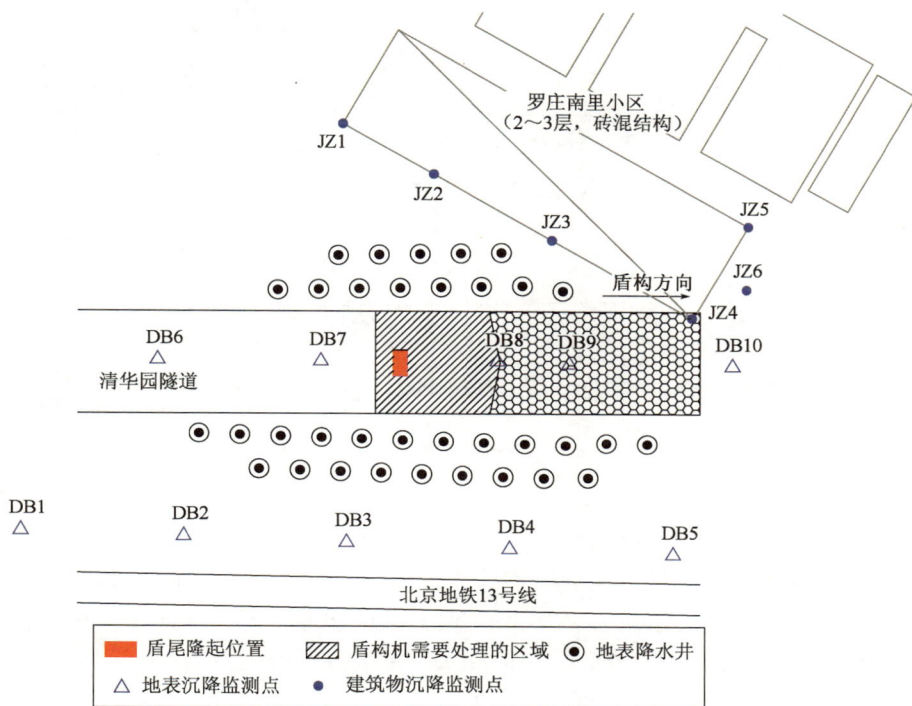

图 6-67　地表监控量测点布置示意图

6）地表沉降量预测

降水引起的最大地面沉降量，按照现行《城市建设工程地下水控制技术规范》（DB 11/1115）规定的公式计算。

$$s = \sum_{i=1}^{n} \psi_i \frac{\Delta p_i \Delta h_i}{Es_i} \tag{6-2}$$

式中：s ——计算点的总沉降量（mm）；

ψ_i ——沉降经验修正系数；

Δp_i ——计算点因水位变化施加于第 i 层土的平均附加应力（kPa）；

Δh_i ——计算点第 i 层土的厚度（m）；

Es_i ——第 i 层土的压缩模量（kPa），取土的自重应力至自重应力与附加应力之和的压力段的压缩模量值。

通过分析清华园隧道工程地质及水文地质参数，计算降水施工引起的地表沉降量如图 6-68 所示。总体而言，降水所引起的地层沉降量约为 2.6mm，降水对地表沉降影响不大。

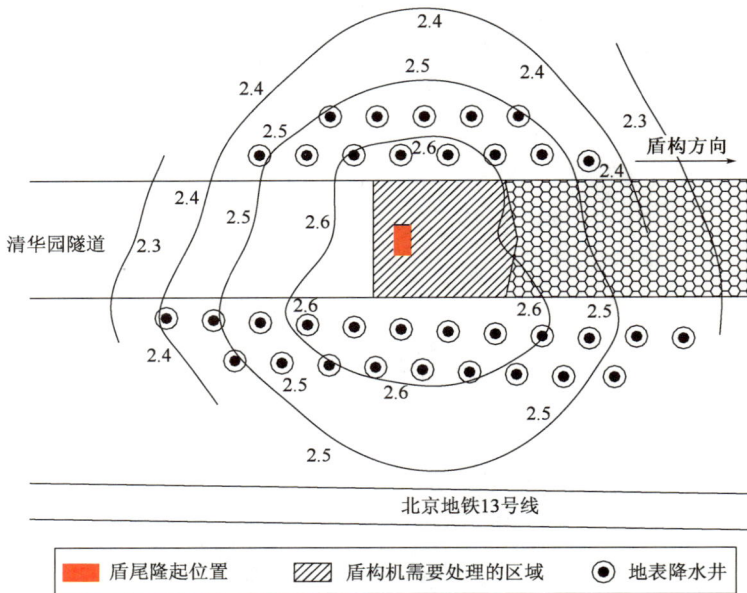

图 6-68　降水施工引起地表沉降量预测（数字单位：mm）

7）降水施工技术要求

（1）井位要求

井位施作时，井距离明挖基坑围护结构外轮廓应≥2.0m，必须详细调查核实场区地下管线分布情况，当无法确定时可采用人工开孔的方法，当确认地下无各种管线后方可施工。为避开各种障碍物，降水井间距可做局部调整，但降水井总数量不得减少。

（2）误差要求

井径误差为 −20mm，降水井垂直度误差≤1%。

（3）成井方法

降水井施工采用反循环钻进工艺。

（4）填料要求

含水层段滤料含泥量应（含石粉）≤3%。要避免填料速度过快或不均造成滤管偏移及滤料在孔内架桥现象。洗井后滤料下沉应及时补充滤料，要求实际填料量不小于95%理论计算量。

（5）洗井要求

洗井要求达到"水清砂净"。下管、填料完成后应立即进行洗井，成井—洗井间隔时间不能超过 8h。采用空气压缩机洗井，如果泥浆中含泥沙量较大，可先进行捞渣，再进行洗井。当常规洗井效果不好时，可加洗井剂浸泡后再洗井。

（6）抽水要求

降水初期和降水过程中，抽排水的含砂量应符合以下规定：管井抽水半小时内含砂量小于1/10000，管井正常运行时含砂量小于1/50000。

首次（洗井后抽水前）含砂量检测合格后，在抽水期间，间隔时间不应超过 3 个月，定期进行含砂量检测,异常情况下应根据情况加密检测次数。

(7)抽水维护期地下水位观测要求

维护降水期应对地下水动态进行观测,并对地下水动态变化进行及时分析。当地下水位急剧变化应时,应及时分析原因(如水泵损坏、地下含水建(构)筑物突然破裂漏水,或区域地下水位上升等),并采取相应的处理措施。

6.4.4 周边建(构)筑物隔离保护

清华园隧道并行北京地铁13号线,沉降控制要求高,同时停机位置周边地下市政管网复杂,尤其是高压燃气管对环境变化极为敏感,施工风险极高。

考虑到盾构机修复时间较长,修复过程中需要采取洞外降水作业,因此对北京地铁13号线进行隔离保护,并对附近建(构)筑物进行监控量测,以确保周边环境安全。

沿北京地铁13号线和盾构机之间布置两排 ϕ180mm 垂直复合锚杆桩进行隔离。隔离桩距与北京地铁13号线横向距离 5m,纵向布置长度 24.8m,桩间距 0.8m、排距 0.5m,桩长 31.7m。隔离保护方案如图6-69所示。

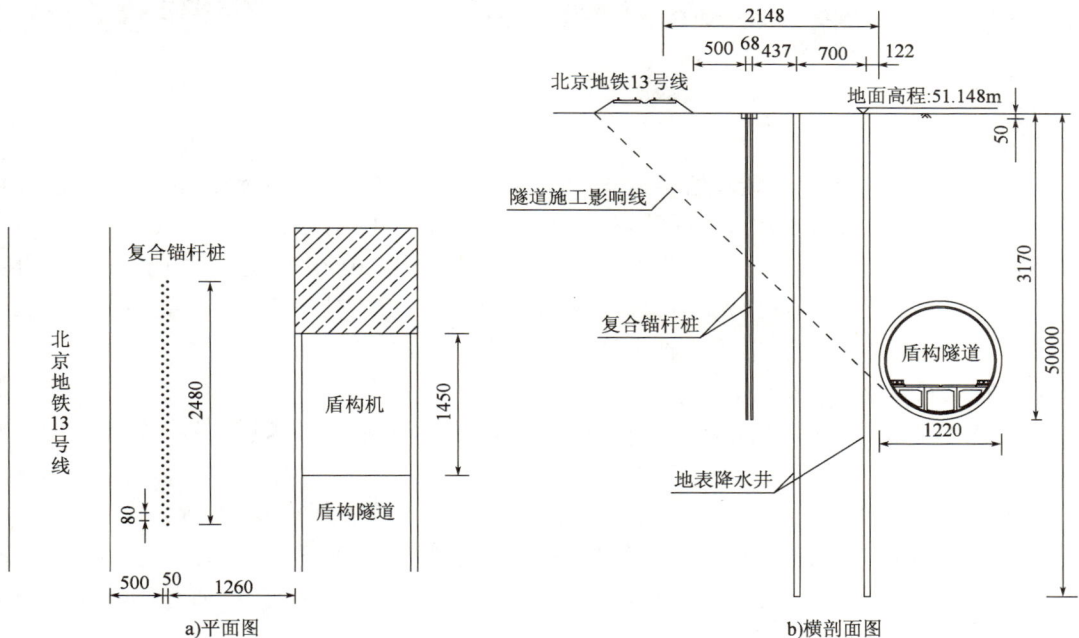

图6-69 北京地铁13号线隔离保护方案设计示意图(尺寸单位:cm)

每根复合锚杆桩孔内安装 3 根 ϕ20mm 螺纹钢和 3 根注浆管,采用普通水泥单液浆进行封填。单液浆水灰比为 1:1。注浆分三次进行。第一次注浆压力为 0.1~0.3MPa;第二次一般在第一次注浆完成后 10~15h 进行,注浆压力为 1MPa;第三次在第二次注浆完成后 5~10h 进行,注浆压力为 1.5MPa。注浆完成后施作混凝土冠梁,将所有复合锚杆桩连接成整体。

6.4.5 盾尾变形修复

1）开孔观测外部压力

对隆起位置内侧钢板开口探测，确定内、外侧钢板变形是否一致。对盾尾外层钢板进行钻孔，安装水位观测球阀，外部持续降水，待球阀无水涌出，确认降水效果良好，判断是否具备修复作业条件。开孔观测水压力状况，如图6-70所示。

| a）开孔前 | b）开孔后 |

图6-70　开孔前后观测水压力状况

2）焊接尾盾支撑和门架

针对2号井盾构机尾盾隆起处，采取在盾构机内对盾尾隆起部位的钢板进行千斤顶反压，修复至原有弧度，之后封闭开口，进行钢板补强，完成整个处理工作。

采用6个500kN的机械千斤顶撑在门架上，必要时辅以1000kN液压千斤顶加压。由于盾尾钢板受力较大，因而应进行受力分析，确保施工中不对盾尾结构产生二次伤害。

基于千斤顶原位恢复变形下的盾体及反力架承载力模拟分析如下：

（1）盾尾变形及修复受力分析

对盾尾整体施加不同大小的围压，及一小块区域施加不同大小的载荷，分析盾体结构的承载能力。

分别对盾尾只施加1MPa水土压力，以及同时对盾体外部施加0.4MPa水土压力、底部施加500～2000kN荷载两种加载方式。通过数值模拟分析，结果显示：应力较大的区域及变形最大区域主要集中在中盾和尾盾的连接处。当水土压力超过2MPa后，中盾与尾盾连接处会发生失效。经计算，当外载超过1500kN后，盾体易发生塑性变形，产生局部凸起。

（2）盾体顶起范围预测分析

由于盾尾刷部分被管片覆盖，看不见拱起部分的范围，无法判断盾体外部需要开挖的砂土范围，通过有限元分析盾体顶起范围，可对施工给予参考指导。盾体的整体变形云图如图6-71～图6-73所示。

从盾尾变形云图来看：盾体最大变形位于尾盾最底部，距离基准环1150mm处，最大变形量为170mm。整体被顶起超过37mm，顶起范围为3076mm×2258mm。盾尾刷部位顶起超过37mm，顶起范围距基准环为527mm，盾尾刷部位顶起超过18mm，顶起范围距基准环为 1032mm。

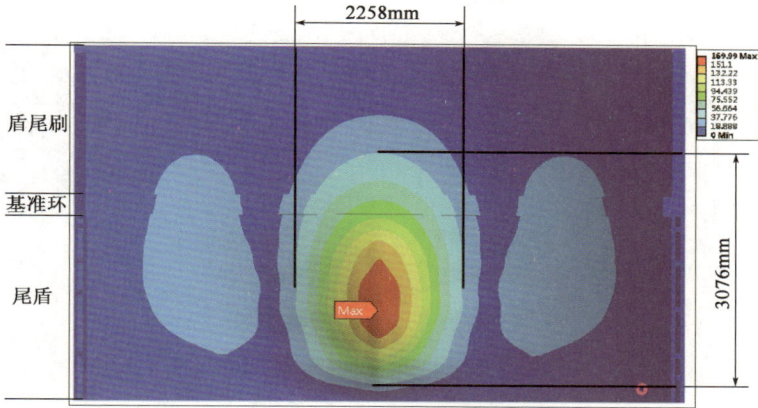

图 6-71　盾尾变形总云图

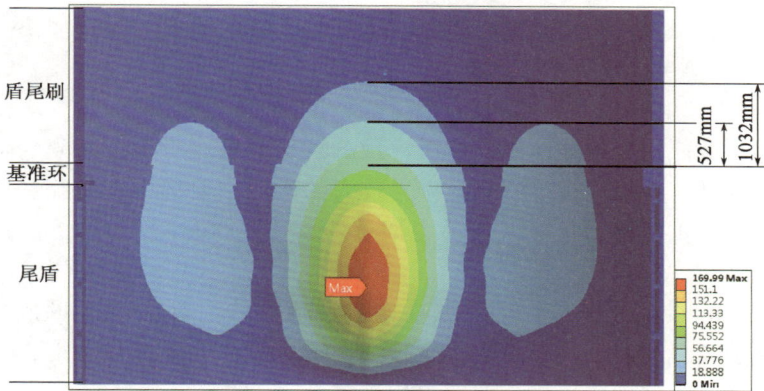

图 6-72　盾尾刷变形云图

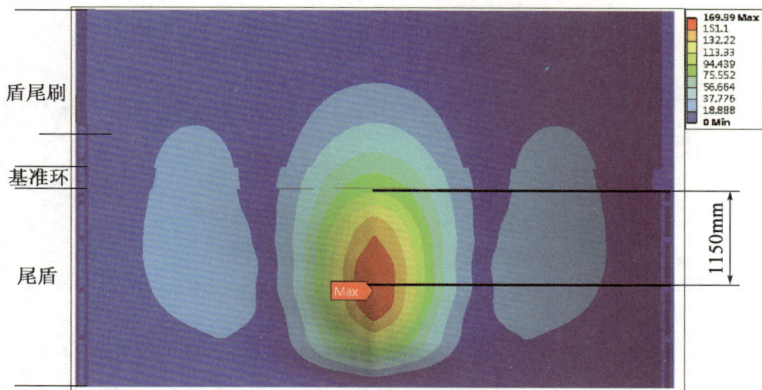

图 6-73　盾尾变形云图

（3）盾体修复受力分析

模拟千斤顶的作业方式,对盾尾顶起部分施加小块区域的载荷,分析预测盾体隆起变形量的修复需要多大载荷。整体应力云图如图 6-74 所示。

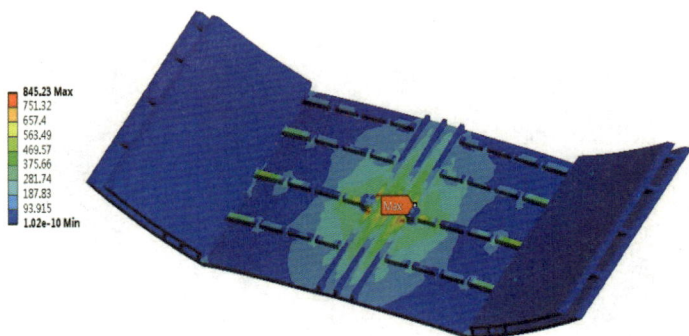

图 6-74　整体应力云图

从整体应力云图来看：当千斤顶施加 1000kN 推力时，最大应力点在千斤顶加载处周围，最大应力达到 845MPa，已经超过盾体材料 Q345 的屈服极限（345MPa），产生塑性变形。每个千斤顶能提供 500kN 载荷，因而施工时两个千斤顶即可满足需求。如需加快施工速率，可多加几个千斤顶，但需要考虑反力架承载能力。

（4）反力架承载分析

分析反力架承载能力是否能达到支撑千斤顶的载荷要求。对反力架分别施加 1500kN 和 2000kN 的反力。通过应力云图计算发现：应力较大的区域主要集中在支腿和盾体的连接处，以及反力架中间两承重横梁焊接处。当反力架整体承受 2000kN 反力时，反力架应力超过其材料极限屈服强度。

为提高反力架能够承受的千斤顶反力，在如图 6-75 中的红圈处焊接加强肋板。优化后反力架相对于优化前承载能力提高了 500kN，能够承受 2000kN 的千斤顶反力，支腿和盾体的连接处和反力架中间两承重横梁焊接处的应力相对较大，属于薄弱区域，施工时应多注意这几个区域是否出现失效情况。

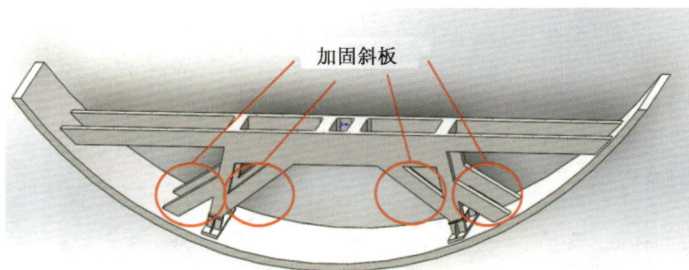

图 6-75　优化后反力架三维模型

（5）尾盾内板强度分析

在尾盾修复过程中，反力架受到的千斤顶的反力通过支腿传递到尾盾内层板上，总载荷最高可达 2000kN，内层板与尾盾筋板仅通过焊接孔进行连接，受力薄弱，因此，通过有限元分析对两者焊接处是否满足强度要求进行预测。整体应力云图如图 6-76 所示。

从整体应力云图来看：当尾盾内层板承受总计 2000kN 反力时，最大应力出现在尾盾内层板承受支腿反力的位置,应力集中区域主要是焊接孔位置,最大应力为284MPa,最大变形2.67mm。

图6-76　整体应力云图

通过以上盾体结构受力论证分析,采用H型钢焊接反力梁,以加固尾盾,并为调整尾盾提供反力,满足结构受力要求,防止修复尾盾过程中出现更大变形。H型钢焊接支撑及门架如图6-77所示。

图6-77　H型钢焊接支撑和门架

H型钢与筒体连接处,其附近区域内层板上的焊接孔的角焊缝应进行加强焊接,防止在调整过程中将这些焊缝拉裂。

3)切割处理

(1)切除内层板

无地下水压力时,在尾盾外部,将尾盾变形区域的内层板用火焰切割的方法切除,切除区域如图6-78所示的红线内区域。

(2)内层板切割要求

切割前应先画好线,切口应平直。切割时注意不能割伤油脂管。焊接孔内的角焊缝使用碳弧气刨的方法刨除。

(3)观察尾盾外部情况及初步清理

内层板切割完成后,在外层筒体板上焊接安装1in(1in=25.4mm)球阀,用于观察盾尾下部情况,同时对最后一环管片进行加固处理。

a)

图 6-78　盾尾变形处割除示意

根据图纸对变形区域进行球阀设置,准备进行冲刷清理。安装完成后,依次打开球阀进行冲刷处理。冲洗时,水压力不得超过 0.3MPa,将冲出的细砂和其他材料集中收集排出。

2018 年 6 月 18 至 20 日,通过采用 11 个 1in 球阀冲刷,排出大约 0.8m³ 渣土(砂),变形量减少了 67mm。处理过程中,海瑞克发现在前盾推进液压缸底部的 1in 球阀被坚固的材料完全堵住。从 1in 球阀往下钻进 20cm 后,封堵材料被清开,细砂和水进入盾尾内。

(4)外层筒体上切割清理窗

切割前应先制作应急闸门,以防止突然涌水,如图 6-79 所示。

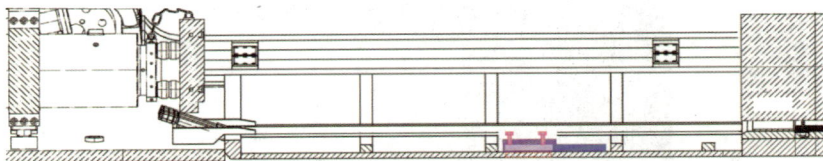

图 6-79　盾尾内层板割除防护示意图

切割前应做好安全措施,准备应急的防水、止水等材料,准备各种应急工具、设备,准备好大排量的排水泵,并将其与隧道排水系统连接。

(5)闸门尺寸及切割区域

闸门尺寸约为 250mm×250mm。确认尾盾外部无压力、地下水位已低于尾盾后,在闸门区域内画好线,用碳弧气刨和火焰切割的方法,在外层筒体上切割一个约为 200mm×200mm 的清理窗。

(6)外层筒体异物处理

使用手动、电动工具,以及高压水等各种方法清理外部异物。清理过程中,应注意观察地层变化及涌水情况。清理范围为筒体变形区域,清理深度应超出变形量 50~100mm。如果单一窗口无法清理整个区域时,考虑按照同样的方法再打开 1~2 个清理窗。

4)千斤顶原位恢复变形调整

(1)外层筒体板变形调整

调整前,将轴向和周向的筋条切开几个 V 形开口。使用 6 个 500kN 的机械千斤顶撑在门

258

架上,必要时可以辅以1000kN的液压千斤顶。千斤顶与筒体之间如果接触面积较小,应垫上钢板以避免筒体局部变形。

使用氧气-乙炔烤枪,对外层筒体板进行点线状加热。加热的路径依据变形的趋势现场确定,加热宽度50~100mm,加热温度为500~800℃。加热的同时,及时调整千斤顶,使其一直处于受力状态。千斤顶应沿加热路径布置,避免在某处集中造成外层板局部变形。重复这一步骤,对各个变形部位逐步调整。加热过程中禁止水冷。

（2）内层板调整

内层板调整如图6-80所示。调整过程中,应注意观察地层变化及涌水情况,同时注意筒体外部是否有足够空间调整。如果上述调整不到位,应考虑将外层筒体板的部分焊缝切开来调整,前提是地层必须稳定,并排除地下涌水的可能性。

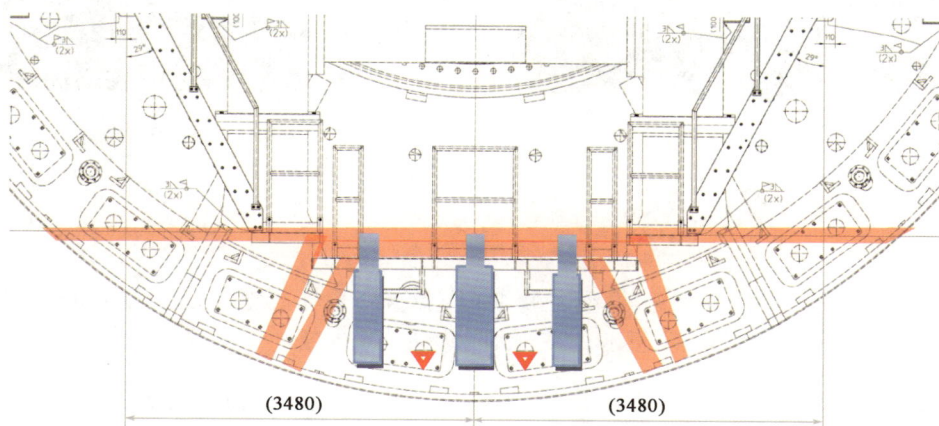

图6-80 内层板调整示意图(尺寸单位:mm)

（3）重新焊接

确认外层筒体板调整到位后,用厚度为30mm的钢板将清理窗口封闭。坡口形式为单边V形坡口,全熔透。焊接完成后,对焊缝进行着色渗透检测或磁粉检测。

焊接筋条上切割的V形开口。另外,在原有的环形筋条之间增加环形筋条进行额外的增强,焊接形式为10mm角焊缝,如图6-81所示。

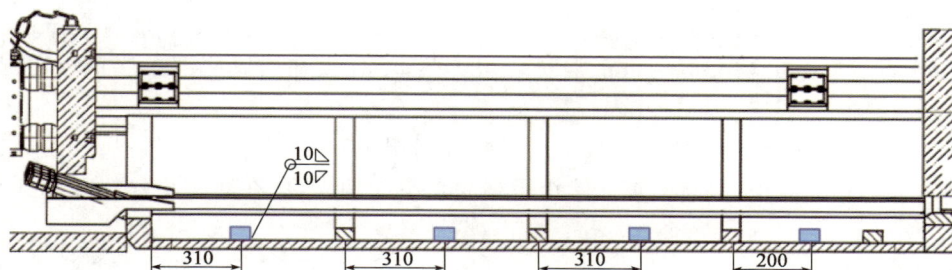

图6-81 焊接示意图(尺寸单位:cm)

装配新的厚度为30mm的内层板。内层板周边的坡口形式为单边Y形坡口,部分熔透焊缝,熔深27mm,内部焊接孔为10mm角焊缝。焊接完成后,对焊缝进行着色渗透检测或磁粉检测。

上述焊接过程中,使用千斤顶顶住筒体,以减小焊接变形。

2018年7月6日完成筋条、内层板的焊接。修复焊接完成后停止降水。7月8日测得水位高程基本恢复至原水位。筋板加固焊接如图6-82所示,内层板焊接如图6-83所示。

图6-82　筋板加固焊接完成后

图6-83　内层板焊接完成后

6.4.6　恢复掘进

1）观察盾尾与管片之间的间隙

盾尾与管片之间的间隙理论值:管片拼装时,要求测量环与管片距离为45mm,盾尾前部与管片距离为85mm,如图6-84所示。

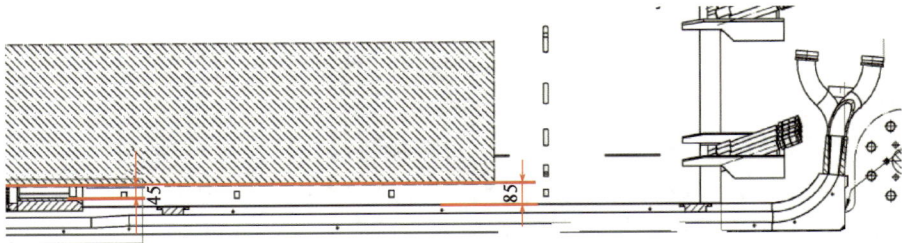

图6-84　盾尾与管片的理论间隙示意图(尺寸单位:mm)

分析盾尾与管片之间的实际间隙:基于最新变形恢复尺寸,最大变形量为98mm,已减少67mm,初步将变形减少至45mm,可正常安装489环管片(仅在盾尾底部单层钢板情况下,无上层夹板)。

将临时支撑切除后,在一直观察盾尾底部管片情况下,平稳缓慢小心掘进,如有异常或有问题,掘进必须立即停止,重新检查。停止盾尾注浆泵和油脂泵,在盾构机停机时间无须提前注浆。

2）恢复盾尾变形

安装完成489环后,盾尾前部区域将向前移动约2m,盾尾底部钢板变形将会减少,如无异常,持续掘进2~3环,钢板将恢复至接近原设计值,此时应定位上部筋板和钢板,进行上部钢板焊接。

3) 恢复掘进后注意事项

(1) 最后一环管片的底部防水密封已经损坏,损坏部分必须修复,以达到管片密封有足够的效果。

(2) 489 环应选用尽可能向上趋势(和稍向左)的管片,以尽可能增加下部管片间隙。

(3) 刚开始推进时,推力会稍大,现场操作手应安排人员实时观察盾尾底部和管片状态,并将相关信息反馈至操作室。

(4) 推进过程中,应控制注浆量和盾尾油脂的注入,有异常时,及时分析处理。

(5) 推进过程中,应注意主推液压缸各组的压力及推力情况,尤其是 A、D 组。由于最后一环底部管片有轻微向上趋势,待推力平稳和有掘进速度时,应使盾构机依管片趋势进行推进,采用平推趋势。

(6) 推进速度控制在 10mm/min 以下。

(7) 后续管片点位选择应充分考虑,以调整盾尾和管片之间的间隙,尤其是底部。

(8) 后续推进应注意盾构机姿态、管片姿态,以及隧道洞轴线相关数据。如出现同隧洞轴线有偏差时,应缓慢调整,避免出现短距离内进行较大调整。同时,推进过程中应实时观察分析盾构机参数的变化值,如有异常,及时分析并解决,避免错误扩大化。

6.4.7 小结

清华园隧道盾构机盾尾隆起是一个较为特殊的案例,隆起原因复杂,最终也没有得到一个明确的结论。盾尾修复时,环境因素复杂,需要确保修复期间的环境安全,同时修复难度也较大,在此提供一个完整的案例,以期对今后盾构机的制造和使用提供借鉴。

1) 盾尾钢板隆起原因分析

(1) 机械设备原因:根据实际情况发现,盾尾钢板的设计、焊接及材质对盾尾钢板隆起影响很大。在超大直径盾尾设计中,应优化盾尾结构设计,提高双层结构段的刚度,如连通油脂管断开处的环向肋板和适当增加纵向肋板。

(2) 施工原因:盾构推进过程中,若发现盾尾异常时,没有及时控制掘进参数,如同步注浆压力和盾尾油脂注入量,也会导致盾尾钢板隆起。

(3) 施工环境因素:现场操作人员对盾尾底部没有及时测量盾尾间隙,没有第一时间发现盾尾隆起异常变化并作出有效响应。

2) 盾尾底部变形预防及处理措施

(1) 针对京张高铁清华园隧道盾尾底部钢板变形案例,对今后的盾构项目,在设计联络阶段,应注意加强盾尾钢板的设计,提高双层结构段的刚度。施工阶段,设备操作人员应注意掘进参数异常变化,安排专人及时排查,发现盾尾异常时应及时上报,根据排查原因及时作出响应。

(2) 针对盾尾发生隆起过大变形情况,应及时召开专家论证会,研究解决处理方案。清华园隧道针对盾尾隆起情况,前后共召开了四次专家论证会,邀请内部专家以及海瑞克专家参会,取得了较好的处理效果。

(3) 通过本次案例,可以借鉴千斤顶反压矫正盾尾变形及开孔清理外部异物等措施。根据变形情况,通过论证分析,合理配置千斤顶数量,以及加强门架支撑与焊接,防止反压对盾体造成二次伤害。同时,要做好整块盾尾全部更换的备选方案准备工作。

(4)根据地质环境情况,确定风险等级,制定合理有效的降水方案,尽快采取降水处理,降至盾尾底部以下1m左右,提供安全维修施工环境。同时,要做好隔离防护,保证降水带来的沉降对周边环境影响最小,控制在限值以内。

(5)针对盾尾隆起修复方案,应同步制定盾尾修复方案的应急预案,成立应急抢险机构,组织做好突发事件的分析及应急响应处理。

6.5 盾构隧道并行地铁13号线隔离防护技术

清华园隧道近距离并行北京地铁13号线,隧道与13号线桥梁桩基净距离最近处仅为3.4m,为了对比分析不同加固措施控制变形的效果,设置了不同隔离防护措施效果试验段,根据试验成果,选择采用安全可靠、经济合理的防护措施。

在盾构试验段范围内,对盾构施工地层变形采取了不同的隔离防护措施,其中DK17+985断面采用的是钻孔灌注桩防护结构,DK17+935断面采用的是门形墩防护结构(具体为钻孔灌注桩围护+横撑+内部土体加固的综合防护结构),DK17+860断面采用的是复合锚杆桩防护结构。3个断面的地质条件相近,均为粉质黏土地层,埋深差别不大。试验段内布设不同的隔离防护措施旨在各种不同防护措施条件下研究盾构施工引起周边环境变形的隔离控制情况,并对各种防护措施对于地层变形的控制效果进行研究分析,为后续盾构段防护措施的选择提供依据。

钻孔灌注桩是工程中常用的防护隔离措施,可有效防护北京地铁13号线的结构安全。全护筒钻孔灌注桩施工技术是利用专用摇动、振动设备使钢护筒克服各土层间与护筒间的摩擦力,使护筒穿越桩机钻孔施工中的不利地层直至到达稳定的桩端持力层,利用钻孔设备掏空护筒内渣土,保证灌注桩成桩的施工技术。

门形墩防护对于变形控制的要求极高,全护筒跟进施工,不仅能够起到隔离防护作用,而且能够防止盾构泥浆和土体加固注浆浆液对地铁13号线桥梁桩基造成影响。两侧钻孔灌注桩完成后,对中间土体进行旋喷加固,加固区位于盾构机中线以上,沿盾构机外轮廓进行加固、不侵入掘进断面,用于加强土体整体性,并预防泥水压力提高时引起的冒顶风险,能够大幅增强先期沉降控制效果。

复合锚杆桩通常采用钢筋加水泥浆液组成,类似于垂直锚杆,通过多排桩组合布置形成高强度的隔离区,是地铁防护的常用措施。复合锚杆桩采用先钻孔,孔径为180mm,成孔后冲洗淤泥,并清理干净孔内,再插入预做的钢筋,安放后,灌入普通水泥浆,浆液配合比为1:1,最后进行养护成桩。利用空气压缩机产生的高压空气进行排渣,可保证施工过程中周边土体稳定。

6.5.1 隔离桩及测点布置

隔离柱及测点布置按照三种防护方案设计,如图6-85~图6-87所示。

6.5.2 监测数据分析

整理现场实测数据,可得到盾构在不同施工阶段的横向地表沉降槽的分布规律,如图6-88~图6-93所示(图中1D表示1倍的洞径)。根据Peck经验公式,拟合给出各断面位置处的地层损失率、沉降槽宽度等系数。

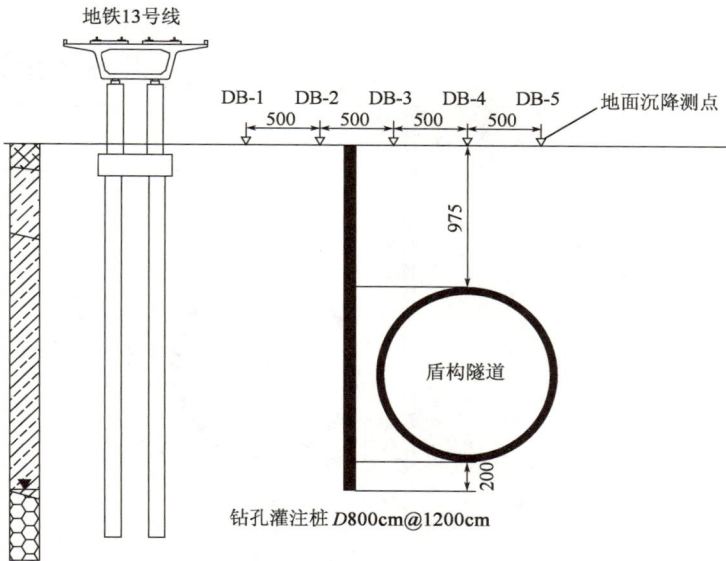

图 6-85　DK17 +985 横断面隔离桩及测点布置示意图(尺寸单位:cm)

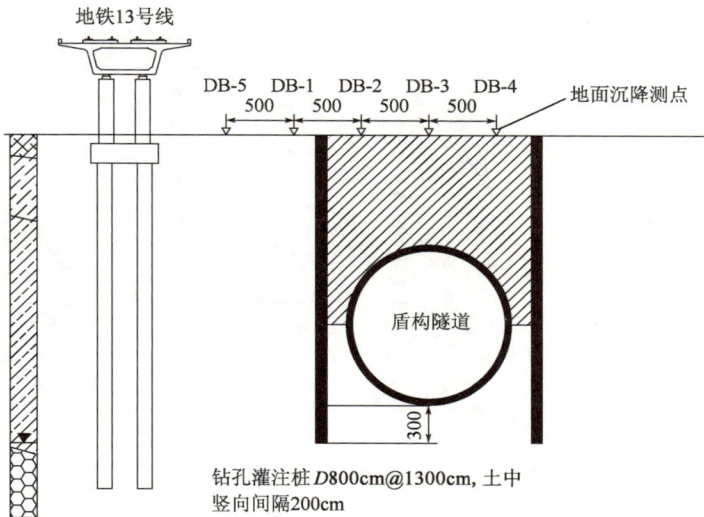

图 6-86　DK17 +935 横断面隔离桩及测点布置示意图(尺寸单位:cm)

综合 3 个断面的地表沉降和防护桩体的水平位移的监测结果可发现:采用门形墩防护措施的 DK17 +935 断面的最大沉降值约为 6mm,最大水平位移约为 1.0mm;采用钻孔灌注桩防护措施的 DK17 +985 断面的最大沉降值约为 8mm,最大水平位移约为 1.5mm;采用复合锚杆桩防护措施的 DK17 +860 断面的最大沉降值约为 13mm,最大水平位移约为 2.0mm。

整理 3 个断面的横向地表沉降测点的实测数据,采用 Peck 公式(6-3)与公式(6-4)拟合计算,结果见表6-22。

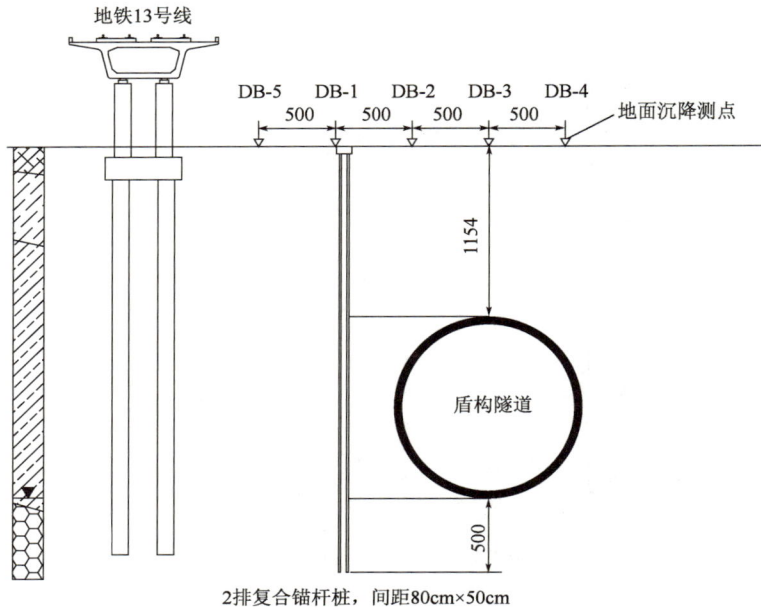

图 6-87　DK17+860 横断面隔离桩及测点布置示意图(尺寸单位:cm)

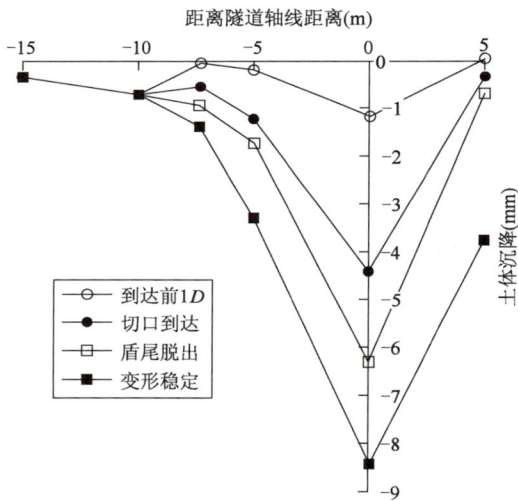

图 6-88　DK17+985 横断面沉降槽分布

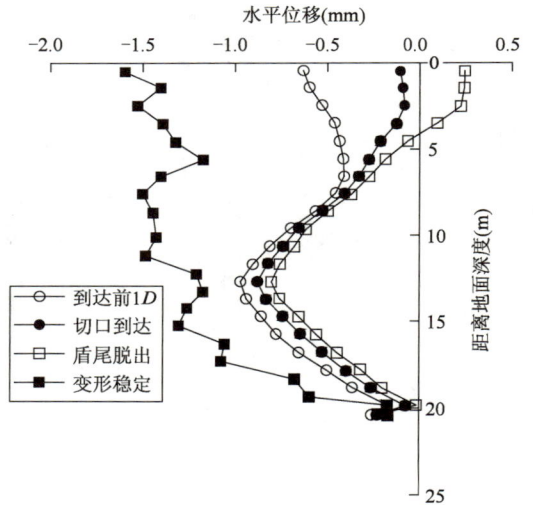

图 6-89　DK17+985 横断面桩体水平位移

$$s = \frac{V_L A_{exc}}{i \sqrt{2\pi}} \exp\left(-\frac{y^2}{2i^2}\right) \tag{6-3}$$

$$K = \frac{i}{H} \tag{6-4}$$

式中: s ——距离隧道轴线 y 处的沉降;

　　　V_L ——地层损失率;

　　　A_{exc} ——隧道开挖面积;

i ——沉降槽宽度；

K ——沉降槽宽度系数；

H ——隧道轴线埋深。

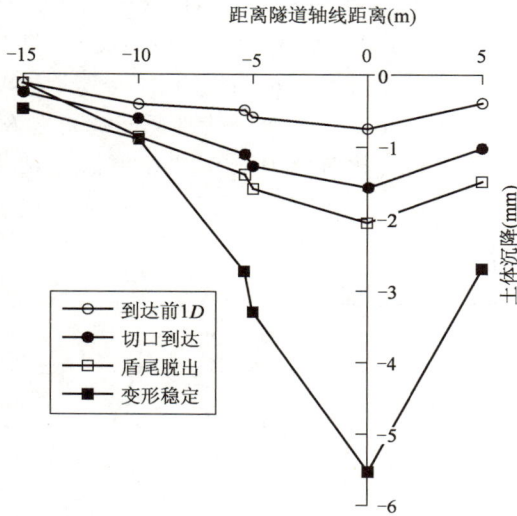

图 6-90 DK17＋935 横断面沉降槽分布

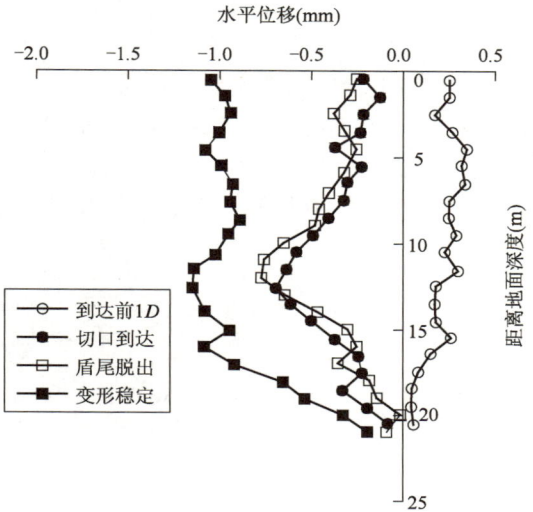

图 6-91 DK17＋935 横断面桩体水平位移

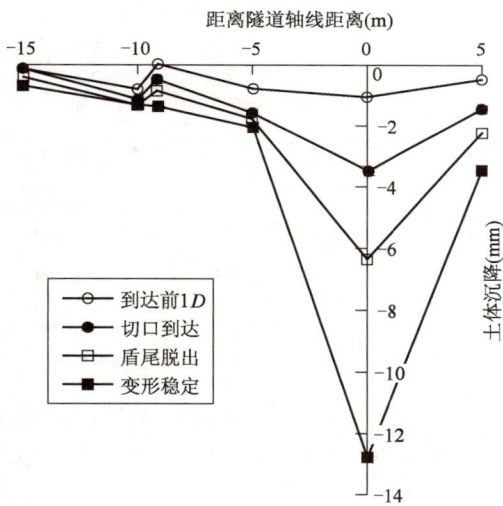

图 6-92 DK17＋860 横断面沉降槽分布图

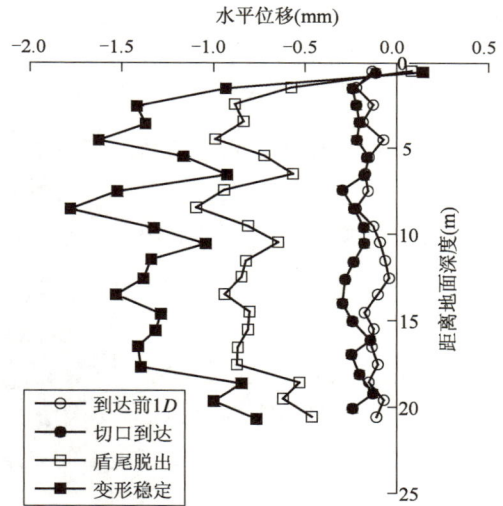

图 6-93 DK17＋860 横断面桩体水平位移

各断面实测 Peck 拟合计算结果

表 6-22

断面里程	防护形式	V_L（％）	i（m）	K	拟合优度
DK17＋985	钻孔灌注桩	0.081	4.918	0.310	0.920
DK17＋935	门形墩	0.052	4.770	0.288	0.958
DK17＋860	复合锚杆桩	0.074	2.860	0.162	0.961

6.5.3 隔离桩隔离效果评价

1) 隔离效果参数分析

根据试验段各断面测点的实测数据,通过联合地表沉降测点和防护桩顶位移提出防护效率参数来评价三种防护措施的隔离效果。防护措施的作用主要是隔断变形的传递过程,即土体变形在防护结构两侧表现出不同的变化规律,为了定量化地体现防护结构的这种防护效果,基于防护结构横断面变形稳定阶段的地表变形曲线,选取变形曲线防护结构外侧曲线斜率 K_0 与防护结构内侧曲线斜率 K_i,通过式(6-5)计算得到变形斜率相对减小率 η,以该值作为隔离效果的判别参数,其计算原理如图6-94所示。

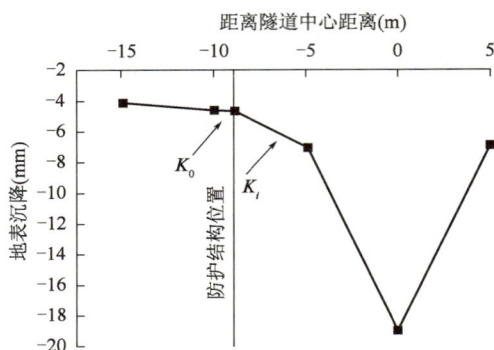

图6-94 隔离效果判定参数计算原理

$$\eta = \frac{K_i - K_0}{K_i} \tag{6-5}$$

按照上述隔离效果判定参数的计算原理,得到各不同防护措施的评价效果,见表6-23。

三种防护措施效果评价表 表6-23

断面里程	隔离形式	K_0	K_i	η
DK17+985	钻孔灌注桩	−0.287	−0.735	0.609
DK17+935	门形墩	−0.400	−1.750	0.772
DK17+860	复合锚杆桩	−0.100	−0.171	0.417

复合锚杆桩虽然在三种防护措施中的隔离效果最差,但是与其他两种隔离措施的隔离效果差别不是很大。且复合锚杆桩施工的难度较小,且投资较低,因此在类似的工程中使用复合锚杆桩就可以实现隔离变形的目的。

2) 隔离措施数值模拟

三维数值方法在模拟盾构施工对地层的影响中具有重要的意义,计算结果可以为设计及施工提供重要参考。基于实际工程情况,把三种不同的防护措施同时放在一个数值模型中,整体分析不同防护措施的对于地层变形的控制效果。数值模型建立如图6-95所示,数值模型采用大型数值岩土数值软件 MIDAS-GTS 模拟。

按照上面数值模型,分别分析计算不同隔离措施下盾构施工引起的地层变形以及桥桩变形,各断面的计算云图如图6-96~图6-101所示。

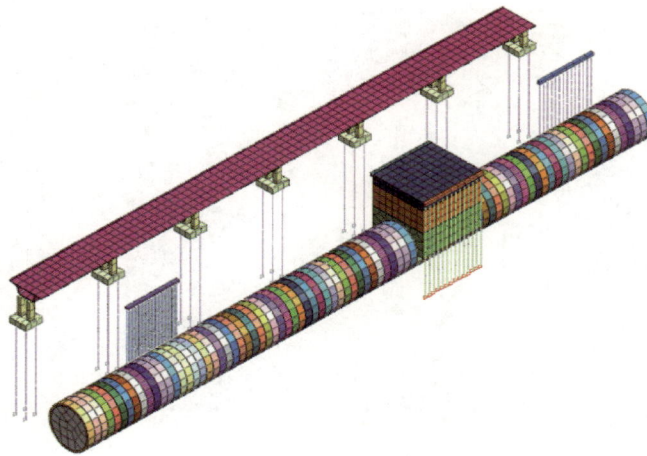

图 6-95　不同防护措施数值模型图

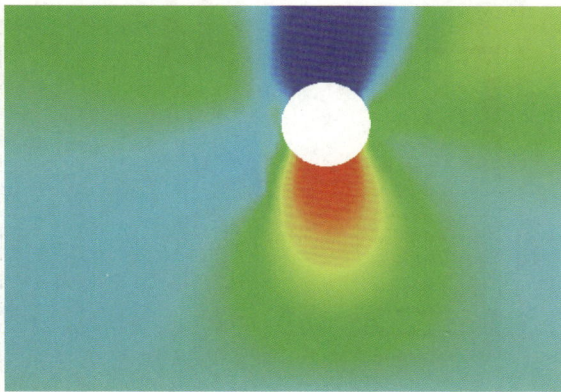

NCR=1 (LOAD=1.000), 　[UNIT]　kN, 　mm

图 6-96　DK17 + 985 断面地层变形云图

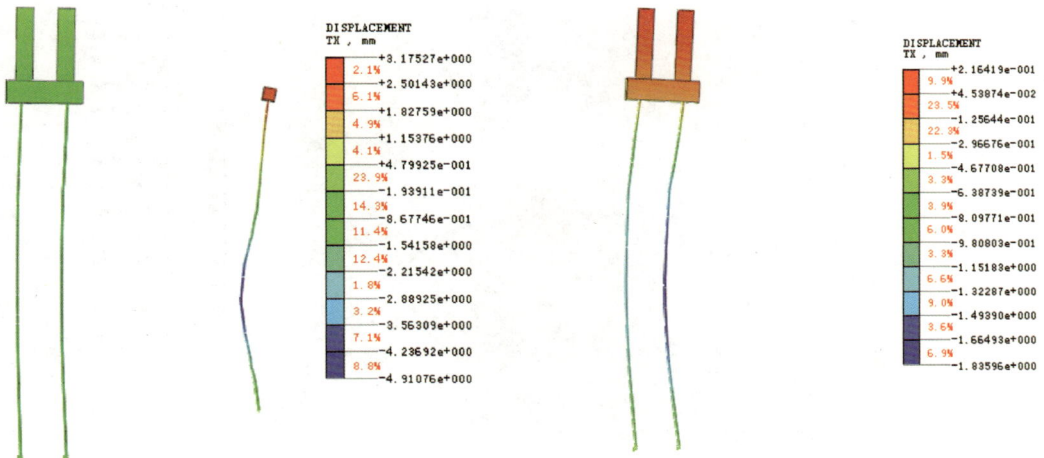

图 6-97　DK17 + 985 钻孔灌注桩与桥桩变形云图

267

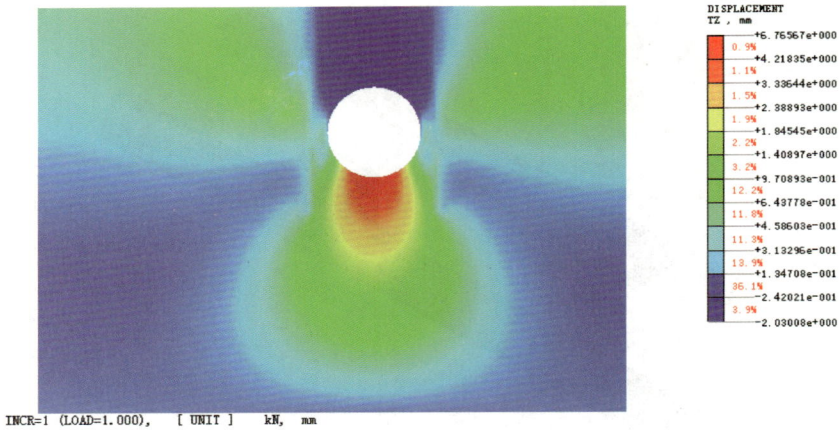

图 6-98　DK17+935 断面地层变形云图

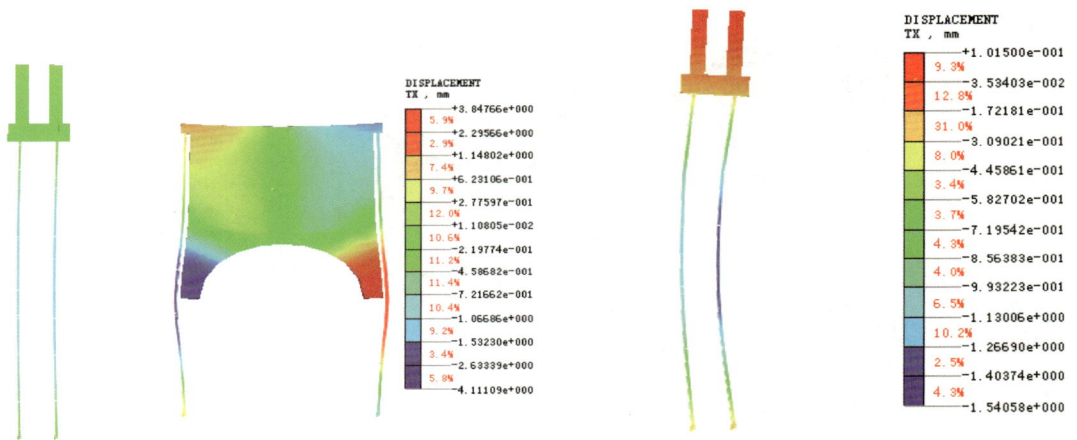

图 6-99　DK17+985 门形墩与桥桩变形云图

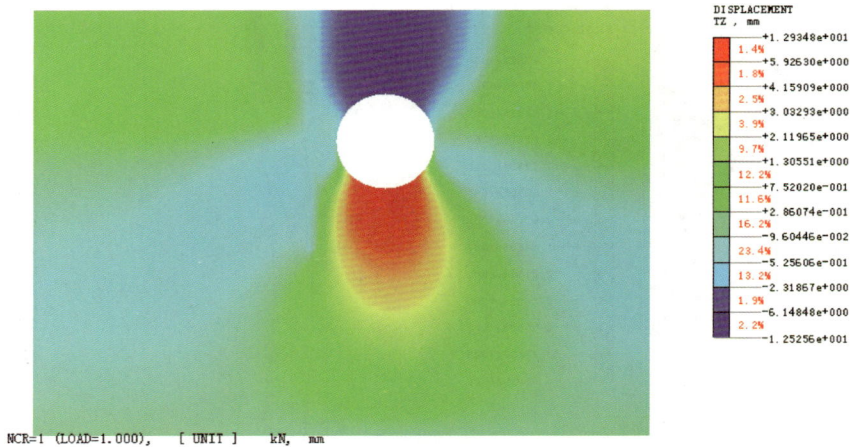

图 6-100　DK17+860 断面地层变形云图

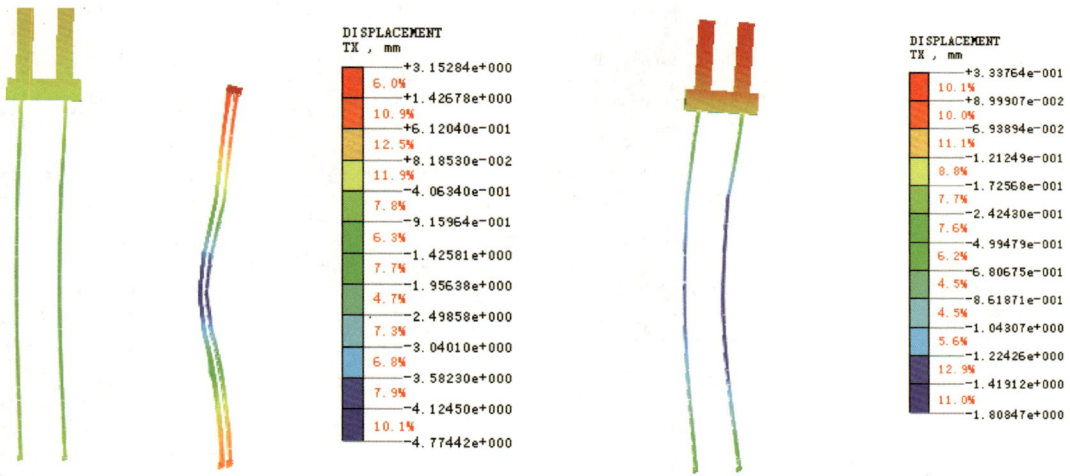

图 6-101　DK17 + 860 复合锚杆桩与桥桩的横向变形

　　整理三个断面数值模拟的计算结果,可得到三个断面采取不同防护措施后地表横向沉降的曲线变化如图 6-102 所示。由三个断面的模拟沉降槽曲线可以看出:由于存在防护结构,地表沉降曲线明显不对称,有防护措施的一侧沉降整体小于没有布置防护措施的一侧,且曲线中能够明显看出在各断面的防护结构设计处沉降曲线存在拐点,这表明采用门形墩、防护桩或复合锚杆桩,均能够有效隔断地层变形传递。

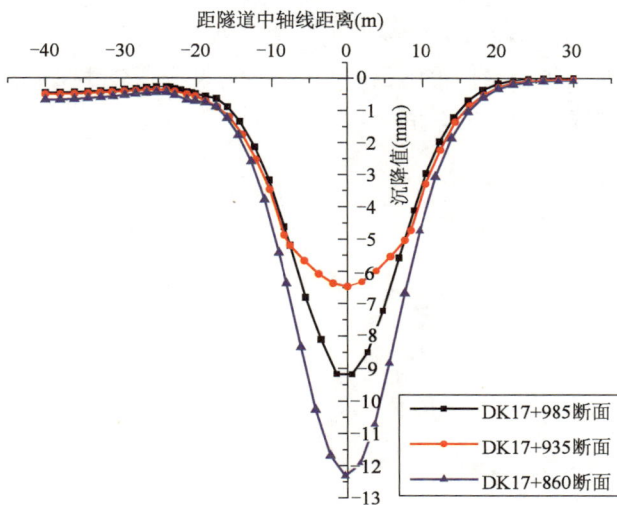

图 6-102　三个断面的数值模拟沉降槽分布

整理数值模拟与现场监测的地表沉降与桩体位移的对比情况,对比结果见表6-24。

三个断面现场监测与数值模拟结果对比 表6-24

断面里程	项目名称	现场监测	数值模拟
DK17+985	最大地表沉降(mm)	8.34	9.21
	最大桩体水平位移(mm)	1.63	1.88
	隔离判别参数	0.609	0.632
DK17+935	最大地表沉降(mm)	5.63	6.06
	最大桩体水平位移(mm)	1.23	1.48
	隔离判别参数	0.772	0.781
DK17+960	最大地表沉降(mm)	13.07	12.45
	最大桩体水平位移(mm)	1.98	1.91
	隔离判别参数	0.417	0.406

由上表统计结果可以发现,数值模拟结果与实测情况相差不大,说明了数值模拟结果的合理性,同时由三个断面数值模拟和现场监测的结果对比得到门形墩防护措施在对地表最大沉降、桩体最大水平位移以及地层变形隔离效果方面均表现出最优的控制效果。

依据以上的研究结果表明,基于盾构施工过程中试验段不同防护措施试验断面的实测数据分析和数值模拟结果可得到以下结论:

(1)采用钻孔灌注桩、门型墩和复合锚杆桩三种地层隔离防护设计有效阻隔了地层变形的传递路径,实现了地层变形控制和周边环境保护的目的。

(2)由隔离效果参数分析和数值模拟计算结果可得到:门形墩防护措施对地层变形的隔断效果最佳,钻孔灌注桩次之,复合锚杆桩的防护效果相对最弱。

(3)复合锚杆桩虽然在三种防护措施中的隔离效果最差,但是与其他两种隔离措施的隔离效果差别不是很大。且复合锚杆桩施工的难度较小,且投资较小,因此在类似的工程中使用复合锚杆桩就可以实现隔离变形的目的。

参 考 文 献

[1] 张民庆,吕刚,王文成. 明挖法隧道衬砌开裂原因分析与预防措施研究[J]. 铁道工程学报,2019,36(05):41-46.

[2] 张民庆,吕刚,岳岭,等. 铁路隧道衬砌内掺渗透结晶防水剂试验研究[J]. 铁道工程学报,2019,36(09):60-65.

[3] 张民庆,彭峰. 地下工程注浆技术[M]. 北京:地质出版社,2008.

[4] 张民庆,孙国庆,彭峰. 铁路隧道地表垂直注浆技术研究与应用[J]. 铁道工程学报,2017,34(03):41-45+73.

[5] 国家安全生产监督管理总局. 爆破安全规程:GB 6722—2014[S]. 北京:中国标准出版社,2015.

[6] 吴德伦,叶晓明. 工程爆破安全振动速度综合研究[J]. 岩石力学与工程学报,1997(03):67-74.

[7] 苏德龙. 微振爆破技术在复杂环境下硬岩隧道施工中的应用探析[J]. 建筑技术开发,2018,45(01):81-83.

[8] 丁雄. 轻轨隧道爆破引起的古建筑群地震效应及其控制[D]. 湘潭:湖南科技大学,2015.

[9] 管晓明,傅洪贤,王梦恕. 隧道近距下穿山坡楼房爆破振动测试研究[J]. 岩土力学,2014,35(07):1995-2003.

[10] 张永兴,张远华. 隧道爆破开挖条件下地表建筑振动速度响应研究[J]. 地震工程与工程振动,2010,30(06):112-119.

[11] 王源,刘松玉,谭跃虎,等. 九华山隧道爆破施工对明城墙振动影响的监测与分析[J]. 岩石力学与工程学报,2007(S1):3584-3589.

[12] 谢志招,姚道平,张艺峰. 爆破振动对古建筑物影响测试和分析方法的研究[J]. 爆破,2007(04):77-81,84.

[13] 于晨昀. 张呼客运专线隧道下穿长城烽火台遗址容许振动速度研究[J]. 铁道标准设计,2012(S1):39-42.

[14] 姚道平,张艺峰,谢志招. 古建筑的爆破安全允许振动限值研究[J]. 工程爆破,2008(03):77-81.

[15] 张奇. 工程爆破动力学分析及其应用[M]. 北京:煤炭工业出版社,1998.

[16] 夏梦然,魏盼,刘建友. 京张高铁八达岭隧道下穿长城爆破振动影响的预测与分析[J]. 铁道勘察,2020,46(01):30-36.

[17] 陈彬科. 新建地铁下穿既有轨道车站沉降控制研究[D]. 重庆:重庆交通大学,2018.

[18] 李文峰,俞蔡城,杜江涛. 新建隧道穿越既有车站地下连续墙围护结构洞门稳定性分析[J]. 施工技术,2017,46(17):82-86.

[19] 杜江涛,俞蔡城,黄耀庆,等. 地铁新建线路下穿既有线路车站方案研究及风险分析[J]. 施工技术,2016,45(S1):409-415.

[20] 朱春杰. 新建地铁隧道下穿既有车站影响及安全控制措施研究[D]. 北京:北京建筑大

学,2015.

[21] 李磊.既有隧道车站影响下隧道施工引起的地表沉降研究[D].湘潭:湖南科技大学,2014.

[22] 谢彤彤.北京地铁15号线盾构下穿望京西站站房基础结构变形规律及动力响应分析[D].北京:北京交通大学,2013.

[23] 王子甲.双线暗涵近距离下穿既有地铁车站的影响及变形控制研究[D].北京:北京交通大学,2009.

[24] 宋文杰,董军,崔玉萍,等.多种因素对新建隧道下穿既有地铁车站力学性能影响的研究[C].中国力学学会结构工程专业委员会,中国力学学会《工程力学》编委会,新疆大学.第22届全国结构工程学术会议论文集第Ⅰ册《工程力学》编辑部,2013.

[25] 高玄涛.后建车站基坑开挖及区间近距离下穿既有车站安全技术措施研究[J].贵州大学学报(自然科学版),2019,36(04):101-110.

[26] 房居旺.盾构隧道下穿既有地铁车站施工影响及控制措施研究[J].现代城市轨道交通,2019(02):53-56.

[27] 龙喜安.盾构隧道近距离下穿在建城际车站影响分析[J].铁道勘察,2018,44(06):83-87.

[28] 张社荣,王振振,王世强,等.双线隧道零距离下穿既有地铁车站暗挖施工方案研究[J].城市轨道交通研究,2018,21(09):132-134.

[29] 王明均,崔文辉,赵向忠,等.小净距隧道下穿既有地铁车站施工方法研究[J].地下空间与工程学报,2018,14(S1):200-204.

[30] 宋南涛.复合地层隧道下穿既有地铁车站设计施工技术措施[J].现代城市轨道交通,2018(06):29-32.

[31] 李本.区间盾构隧道下穿既有车站变形机理及变形控制研究[D].石家庄:石家庄铁道大学,2018.

[32] 赵勇.高速铁路刚性挡土墙土压力模型试验与数值分析[D].成都:西南交通大学,2006.

[33] 马凤伟.三台阶法隧道施工关键施工技术研究[J].科技创新导报,2018,15(14):24-25,27.

[34] 娄国充.铁路隧道下穿既有路基沉降规律及控制标准研究[D].北京:北京交通大学,2012.

[35] 马驰.袖阀管注浆技术的应用——以九瑞铁路隧道塌方体加固处理为例[J].四川建材,2018,44(04):196-198.

[36] 陈阳.基于袖阀管地表注浆加固的超浅埋大断面隧道施工技术[J].建筑技术开发,2019,46(02):38-40.

[37] 欧阳林,杨双发,张东明.高压旋喷桩联合袖阀管注浆加固法下盾构隧道施工过程路基沉降影响分析[J].铁道勘察,2016,42(04):64-67.

[38] 黄松,周书明,闫国栋.浅埋大跨隧道小角度下穿既有线沉降控制技术[J].石家庄铁道大学学报(自然科学版),2011,24(03):50-54,101.

[39] 杨庆刚,孙明,倪小东,等.超浅埋隧道下穿铁路引起变形敏感度数值分析[J].现代隧道

技术,2017,54(03):112-119.

[40] 王小林,李冀伟,刘砚鹏,等.新建隧道下穿施工对既有铁路的影响研究[J].路基工程,2012(06):106-109.

[41] 王建功,卓越,刘建友.新八达岭隧道下穿青龙桥车站变形控制技术[J].铁道标准设计,2020,64(01):50-56.

[42] 单红雨.新建隧道下穿既有铁路车站加固技术研究[J].工程建设与设计,2019(16):113-114.

[43] 陈宇,董琪,王媛,等.山岭隧道运营期排水系统排水能力研究[J].河南科学,2018,36(09):1414-1420.

[44] 要美芬,林本涛,张俊儒.梁山隧道带状深风化富水陡倾软弱构造集成排水系统研究[J].石家庄铁道大学学报(自然科学版),2013,26(S2):81-84.

[45] 贾元霞.乌鞘岭特长隧道排水系统设计[J].隧道建设,2009,29(04):431-434.

[46] 郑孝福.隧道涌水处理对策分析及强制排水方法[J].西部探矿工程,2018,30(05):188-191.

[47] 高文涛,吴志刚.反坡排水技术在隧道涌水处理中的应用[J].土工基础,2012,26(02):16-18.

[48] 陈建国.隧道大规模突涌水水量预测及抽排技术[J].公路交通技术,2019,35(04):111-115,122.

[49] 孙振.深埋高渗压反坡大涌水隧洞长距离排水技术[J].铁道建筑,2014(02):53-55.

[50] 张怡兴.梅大高速公路圣人山隧道渗水处理[J].交通世界,2019(09):90-91,97.

[51] 王磊,于晨昀,吕刚.京张高铁正盘台隧道立体式多径路排水方案研究[J].铁道勘察,2020,46(01):37-41.

[52] 胡清波.瓦日铁路太行山隧道嶂石岩地貌区水文地质特征研究[J].铁道标准设计,2018,62(04):124-129.

[53] 张祉道.隧道涌水量及水压计算公式半理论推导及防排水应用建议[J].现代隧道技术,2006(01):1-6,11.

[54] 周锦屏.某断层导水条件下的隧道涌水量预测与计算实例分析[J].福建地质,2009,28(03):234-238.

[55] 马青,罗禄森,阳军生,等.岩溶富水区深埋水沟排水隧道注浆圈参数研究[J].隧道建设(中英文),2018,38(11):1793-1799.

[56] 程庭.隧道涌水量计算的尴尬困境和研究现状[J].西部探矿工程,2013,25(10):185-188.

[57] 钟小勇.隧道涌水量预测方法的分析与对比[J].西部探矿工程,2015,27(10):169-172,175.

[58] 张雄文.襄渝铁路新大巴山隧道涌水量预测研究[J].铁道工程学报,2018,35(06):54-58.

[59] 刘佳,刘晒搏,曹文翰,等.隧道涌水量预测计算方法总结探讨[J].甘肃水利水电技术,2018,54(02):33-37.

[60] 李铮,何川,杨赛舟,等.不考虑开挖扰动影响的隧道涌水量预测模型试验研究[J].岩石力学与工程学报,2016,35(12):2499-2506.

[61] 顾博渊.山岭隧道涌水量预测方法分类及相关因素分析[J].隧道建设,2015,35(12):1258-1263.

[62] 徐承宇.数值模拟法在隧道涌水量预测中的应用[J].人民长江,2015,46(13):47-50.

[63] 袁广祥.隧道工程勘察阶段涌水预测的问题探讨[J].地质与勘探,2015,51(05):993-998.

[64] 王健华,李术才,李利平,等.富水岩层隧道区域涌水量预测方法及工程应用[J].人民长江,2016,47(14):40-45.

[65] 杨南辉.青云山特长隧道 F_9 断层带涌水治理方案研究[J].铁道工程学报,2018,35(04):87-91.

[66] 张金平.基于实地监测的常用隧道涌水量预测方法对比分析[J].安徽农业科学,2016,44(31):235-237.

[67] 智刚.黔张常铁路某隧道工程水文地质勘察分析及涌水量预测[J].路基工程,2016(05):202-206.

[68] 朱鹏普.新旗号岭隧道涌水量分析[J].四川建筑,2016,36(01):82-85.

[69] 贺小勇.复杂地质条件下隧道涌水量预测中集水面积的研究[J].隧道建设,2017,37(01):56-61.

[70] 郭淋,徐伟.西南某岩溶隧道涌水量预测的应用研究[J].四川建材,2017,43(11):183-184,192.

[71] 程方权.万开高速浦里隧道水文地质勘查及涌水量预测[J].人民长江,2018,49(06):70-74.

[72] 曾祥福,钱国玉,胡勇伟,等.京张高铁正盘台隧道强涌水段单次开挖瞬时涌水量预测[J].铁道勘察,2020,46(01):64-68.

[73] 中国建筑科学研究院.建筑基坑支护技术规程:JGJ 120—2012[S].北京:中国建筑工业出版社,2012.

[74] 吴林高.工程降水设计施工与基坑渗流理论[M].北京:人民交通出版社,2003.

[75] 梁旭农.造成混凝土结构裂缝的主要因素及其控制要点[J].科技风,2009(14):137-138.

[76] 孙志峰.砼施工中的有效管理与组织设计[J].中国科技信息,2005(11):94.

[77] 洪福云,李以飞,潘铜林.混凝土裂缝的产生原因及控制措施[J].交通标准化,2011(23):77-80.

[78] 许诚.浅谈建筑施工中的混凝土裂缝控制[J].魅力中国,2009(25):120.

[79] 刘刚,刘卫兵.论现浇混凝土结构裂缝产生的原因及防治[J].四川建筑,2018,38(06):223-226.

[80] 董飞.地铁隧道衬砌结构破坏机理与安全性评价[D].北京:北京交通大学,2018.

[81] 汤建和.高速铁路隧道二次衬砌混凝土裂缝分析与预防及整治[J].四川水泥,2018(03):29,125.

[82] 张国华,游元明,林文修,等.重庆地铁隧道衬砌混凝土开裂及原因分析[J].重庆建筑,2018,17(02):56-59.

[83] 叶飞,何川,夏永旭.公路隧道衬砌裂缝的跟踪监测与分析研究[J].土木工程学报,2010,43(07):97-104.

[84] 吕康成,吉哲,马超超,等.寒冷地区隧道衬砌裂缝成因及预防[J].公路,2012(10):196-200.

[85] 荣耀.海底隧道衬砌裂缝控制关键技术研究[D].上海:同济大学,2007.

[86] 王梦恕.工程结构裂缝控制[M].北京:中国建筑工业出版社,2006.

[87] 刘浩.内外温差对明挖隧道主体结构内力的影响研究[J].铁道标准设计,2016,60(06):65-70.

[88] 黄泽钦,王培旭.大体积混凝土水化热温度应力裂缝控制的试验及有限元仿真分析[J].工程建设,2017,49(12):24-29.

[89] 岳岭,于进江,吕刚.明洞隧道衬砌环向非受力裂缝分析及控制技术[J].铁道标准设计,2020,64(01):127-130+163.

[90] 冯乃谦,顾晴霞,郝挺宇.混凝土结构的裂缝与对策[M].北京:机械工业出版社,2006.

[91] 中国铁路总公司.高速铁路隧道工程施工技术规程:Q/CR 9604—2015[S].北京:中国铁道出版社,2015.

[92] 董亮亮.隧道衬砌裂缝产生的原因分析及预防措施[J].科技信息,2011(01):726,745.

[93] 王勇,钱江成,陶阳春.缙云山隧道衬砌开裂原因与整治措施[J].路基工程,2013(01):181-184.

[94] 李晓.鹰鹞山隧道衬砌纵向裂缝检测与处置对策[J].铁道建筑技术,2016(03):50-52,56.

[95] 冯乃谦,顾晴霞,郝挺宇.混凝土结构的裂缝与对策[M].北京:机械工业出版社,2006.

[96] 但汉成,李亮,李凌.开裂沥青路面结构渗水量计算[J].哈尔滨工业大学学报,2011,43(06):105-111.

[97] 沈春林.水泥基渗透结晶型防水材料[M].北京:化学工业出版社,2018.

[98] 周松.上海复兴东路越江隧道工程施工技术综述[J].岩石力学与工程学报,2004(S2):4761-4769.

[99] 郭霄,李伟平,高翔,等.钱江隧道盾构段内部结构设计[J].公路,2011(08):260-264.

[100] 晏胜荣.单管双层盾构隧道内部结构同步施工台车设计与制造技术[J].铁道建筑技术,2015(02):82-85.

[101] 王善高,史世波,舒恒,等.单管双层特长盾构隧道内部结构预制施工技术——以南京纬三路过江盾构隧道工程为例[J].隧道建设,2016,36(04):451-457.

[102] 陈久恒.预制装配式地铁车站施工技术研究[J].铁道建筑技术,2015(11):62-65,69.

[103] 孟凡伦.预制装配+整体模筑的双层复合式衬砌在地下轨道交通中的施工研究[J].铁道建筑技术,2017(03):14-16,27.

[104] 刘建文,李锐,曾小勇.预制拼装技术在管廊隧道内部结构施工中的应用[J].施工技术,2018,47(12):145-147.

［105］刘磊.大直径盾构隧道轨下结构全预制施工技术［J］.施工技术,2019,48（S1）:807-810.

［106］金张澜,刘方,岳岭,等.大直径盾构隧道轨下结构设计方案比选研究［J］.铁道标准设计,2020,64（01）:116-121.

［107］吕刚,刘建友,赵勇,等.京张高铁清华园隧道轨下结构预制拼装技术［J］.隧道建设（中英文）,2019,39（08）:1357-1364.

［108］赵勇,吕刚,刘建友,等.京张高铁清华园隧道建造关键技术创新与应用［J］.铁道标准设计,2020,64（01）:109-115,136.

［109］王建功.京张高铁清华园隧道南延施工方案研究［J］.铁道勘察,2020,46（01）:23-30.

［110］徐汪豪,倪婉昱,赵海涛,等.清华园盾构隧道复杂互层地层下的掘进参数研究［J］.隧道建设（中英文）,2018,38（S2）:373-378.

［111］赵海涛.全预制盾构隧道边箱涵精细化施工分析［J］.铁道标准设计,2020,64（01）:142-146.